T0081461

HOMILÉTICA BÍBLICA

NATURALEZA Y ANÁLISIS
DE LA PREDICACIÓN

Alfonso Ropero Berzosa

HOMILÉTICA BÍBLICA

NATURALEZA Y ANÁLISIS
DE LA PREDICACIÓN

Editorial CLIE
www.clie.es

EDITORIAL CLIE
C/ Ferrocarril, 8
08232 VILADECAVALLS
(Barcelona) ESPAÑA
E-mail: libros@clie.es
http://www.clie.es

© 2015 Alfonso Ropero Berzosa

Cualquier forma de reproducción, distribución, comunicación pública o transformación de esta obra solo puede ser realizada con la autorización de sus titulares, salvo excepción prevista por la ley. Diríjase a CEDRO (Centro Español de Derechos Reprográficos) si necesita fotocopiar o escanear algún fragmento de esta obra (www.conlicencia.com; 917 021 970 / 932 720 447).

© 2015 por editorial CLIE, para esta edición en español

Homilética Bíblica. Naturaleza y análisis de la predicación
ISBN: 978-84-8267-955-6
Depósito Legal: B. 11916-2015
MINISTERIOS CRISTIANOS
Predicación
Referencia: 224925

Impreso en USA / *Printed in USA*

Datos biográficos

Alfonso Ropero Berzosa, Th. M., Ph. D. (St Anselm of Canterbury University & St Alcuin House), escritor e historiador español, y director editorial de CLIE; ha dedicado casi tres décadas a la enseñanza de la historia del cristianismo y a la historia de la filosofía. Sus investigaciones se han plasmado en un buen número de libros, ensayos y conferencias. Ha editado las principales obras de los Padres de la Iglesia (*Grandes Autores de la Fe*, 13 vols.) y los comentarios y sermones de Lutero al Nuevo Testamento (*Comentarios de Lutero*, 8 vols.), *Introducción a la Filosofía, Filosofía y Cristianismo, Historia de los Mártires* y en la actualidad el *Gran Diccionario Enciclopédico de la Biblia*, premiado como el mejor libro en español por SEPA el 2013.

ÍNDICE GENERAL

PARTE I
TEOLOGÍA Y PRÁCTICA DE LA PREDICACIÓN

Alfonso Ropero

I

La predicación y sus problemas

Bibl.: Fred B. Craddock, *The Pulpit in the Shadow*, en *As One Without Authority*, cap. 1 (Chalice Press, St. Louis 1971); Jacques Ellul, *La palabra humillada* (Ediciones SM, Madrid 1983); Dallas M. High, *Language, Persons and Belief* (Oxford Univ. Press, New York 1967); Reuel L. Howe, «Cap. 1. The Crisis in Preaching», en *Partners in Preaching* (Seabury, New York 1967); Waiter J. Ong, *The Presence of the Word* (Yale Univ. Press, New Haven 1967); Joseph Sittler, *The Anguish of Preaching* (Fortress Press, Philadelphia 1966); Arthur Van Seters (ed.), *Preaching As A Social Act: Theology and Practice* (Abingdon Press, Nashville 1988).

1. ¿La predicación en crisis?

Que hay *crisis* en las iglesias, y a muchos niveles, es un hecho innegable, pero a la hora de hablar de crisis no hay que equivocarse en el diagnóstico, ni de paciente. Los planteamientos erróneos y las respuestas incorrectas no solucionan nada, sino que lo empeoran todo, por lo que, desgraciadamente, ahondan la crisis que pretenden atajar. Lo que está en *crisis* no es la predicación, en cierta medida sería bueno que fuese cierto, pues entonces tendríamos identificado el paciente y el remedio sería relativamente fácil, al menos estaría localizada y se sabría hacia dónde dirigir la atención con vistas a concentrar todos los esfuerzos para remediar la enfermedad. Pero la crisis está en otro lugar. Es una crisis recurrente del mundo moderno de raíces sociológicas que afecta a la totalidad de la cosmovisión cristiana y no a un aspecto aislado de su mensaje, doctrina o práctica. Por esta razón, como bien hace notar Gary M. Simpson, nos cuesta tanto trabajo encontrar nuestro camino en el mundo de las ideas[1], que a semejanza del universo en expansión cada vez se aleja más del núcleo de la tradición cristiana.

Esta crisis, esta lejanía, este desencuentro entre la modernidad y la fe tradicional, se acentúa más en el protestantismo, y si se identifica como "crisis de predicación" es porque existe una larga tradición que hace consistir casi toda la expresión del cristianismo en una decisión de fe entre Dios y

1. Gary M. Simpson, *Critical Social Theory. Prophetic reason, civil society and christian imagination*, p. vii., Fortress Press, Mineapolis 2002.

el hombre por la que éste se juega el destino eterno, fe que viene por el oír la Palabra, ya predicada, ya escrita. Por esta razón, la mayoría de las iglesias evangélicas son más centros de predicación que asambleas de culto[2]. El siglo xix fue el Siglo de Oro de la predicación evangélica en el mundo anglosajón, y concretamente victoriano. Como dice el profesor David Newsome, los victorianos disfrutaban de los sermones, les gustaba leerlos, "pero lo mejor era beberlos en la elocuencia de la palabra hablada. El fervor de los victorianos por la oratoria del púlpito casi desafía la credulidad"[3].

Es la época de los grandes predicadores: J. C. Ryle, obispo de Liverpool, W. C. Magee, obispo de Peterborough y arzobispo de York, H. P. Liddon, predicador de *St. Paul* de Londres, J. B. Mozley de Oxford, A. P. Stanley de Westminster, F. W. Farrar de Canterbury[4], William Landels de *Regent's Park Baptist Church* de Londres, Alexander Maclaren de Manchester, John Clifford de Londres, John Watson de Liverpool, Alexander Whyte de *Free St. George* de Edimburgo, George Matheson, George Adam Smith, Hugh Price Hughes, M. G. Pearse, W. L. Watkinson, R. W. Dale de Birmingham, George Campbell Morgan, Reginald John Campbell, Charles Sylvester Horns, Charles H. Spurgeon, Thomas Charles, Rowland Hill, John A. Jones, F. B. Meyer, E. W. Robertson, etc.[5].

Una encuesta realizada en 1884 por los editores del *Contemporary Pulpit* sobre los grandes predicadores vivos en el púlpito protestante de habla inglesa dio como resultado la siguiente lista: Henry P. Liddon (*St. Paul*, Londres), C. H. Spurgeon (*Metropolitan Tabernacle*, Londres), Joseph Parker (*City Temple*, Londres), Alexander Maclaren (*Union Chapel*, Manchester), Frederic William Farrar (*St. Margaret's Church*, Londres); Henry Ward Beecher (*Plymouth Congregational Church*, Brooklyn); William Magee (obispo de Peterborough), William J. Knox-Little (*St. Paul*, Londres); William Boyd Carpenter (canónigo de Windsor y posterior obispo de Ripon), R. W. Dale (*Carr's Lane Church*, Birmingham)[6].

Los sermones se alargaban mucho y se tenían por ineficaces los que duraban menos de una hora, «pues en menos tiempo no es posible explicar ningún texto de las Sagradas Escrituras». Los sermones se discutían en el

---

2. Esto cambió parcialmente con la irrupción del pentecostalismo y el carismatismo con su énfasis en la *alabanza* como núcleo central de la adoración.

3. D. Newsome, *El mundo según los victorianos*, p. 162, Ed. Andrés Bello, Chile 2001.

4. F. W. Farrar (1831-1903), predicó el sermón funeral en el sepelio del conocido científico evolucionista Charles Darwin.

5. Lewis O. Brastow, *Representative modern preachers*, Macmillan, New York 1904.

6. Robert H. Ellison, *The Victorian Pulpit: Spoken and Written sermons in Nineteenth-Century Britain*, Susquehanna University Press, Cranbury 1998; Edwin Charles Dargan, *A History of Preaching*, vol. 2, Baker Book House, Grand Rapids 1954.

mercado, en el trabajo, en la barbería, como hoy se puede hablar de deportes, política o estrellas del celuloide. Aristócratas y plebeyos, ministros del gobierno y obreros de la industria comparten una afición común: escuchar a los predicadores más famosos. Con todo, a finales de siglo se oyen voces inquietas que se preguntan si el púlpito está perdiendo su poder[7]. A principios del siglo xx algunos detectan una crisis que afecta al cristianismo protestante. Decrece la membresía en las iglesias y decae la asistencia a las Escuelas Dominicales[8], aunque el púlpito todavía sigue ocupado por una galaxia de predicadores extraordinarios[9].

Los años 1914-1918, con la contienda de la Primera Guerra Mundial, suponen la gran ruptura con el pasado que todavía gozaba de los últimos privilegios del régimen de "cristiandad". Los supervivientes vuelven del campo de batalla con las imágenes del horror impresas en sus retinas, han sido testigos de una matanza sin precedentes, absurda, sin sentido, horrorosamente cruel, muchos de ellos ya no querrán saber nada de discursos idealistas, patrióticos, ni religiosos. Se sumen en la angustia de sus recuerdos y en la más cerrada indiferencia. Jóvenes alegres que habían asistido a las clases bíblicas y a las predicaciones son ahora hombres sin esperanza. Todos los esfuerzos por llegar a ellos se quiebran sobre el rompeolas de la incredulidad invencible de unos hombres que contemplaron con sus propios ojos cómo la Providencia de buen Dios estallaba delante de sus propios ojos en la lucha cuerpo a cuerpo, en las trincheras, en las nubes de gas mortífero. El cristianismo en su totalidad entra en crisis, pues las naciones que se dieron a tal carnicería humana eran confesionalmente cristianas. Pastores y sacerdotes de uno y otro bando bendecían las armas con las que se destrozarían unos a otros a mayor gloria de Dios y de la Patria. Es el primer atisbo de la "muerte de Dios" anunciada por Nietzsche. Dios yace muerto en los campos de batalla donde los cuerpos moribundos agonizan atravesados por una bayoneta o destrozados parcialmente por una granada. El lugar dejado vacío por la fe que se desvanece, lo van a ocupar ideologías totalitarias que pronto llevarán al mundo a una hecatombe de proporciones todavía mayores que la guerra del 14-18, sacrificando millones de almas en el falso altar de un mañana mejor.

Cuando rebrota un rayo de esperanza y se aprecia como un renacer evangélico de la predicación, con Martyn Lloyd-Jones como su mayor exponente, se aprecia que los resultados del púlpito dejan mucho que desear,

---

7. J. Baldwin Brown, *Is the Pulpit Losing its Power?*: Living Age 133 (1877) 304-313; *The Abolition of sermons*: Saturday Review 56 (1883) 499-500.

8. J. Dodd Jackson, *The message and the man: some essentials of effective preaching*, W. A. Hammond, Primitive Methodist Publishing House, London 1912, 5.

9. Cf. Joseph Fort Newton, *Some Living Masters of the Pulpit*, Georde H. Doran, New York 1923; Alexander Gammie, *Preachers I have herard*, Pickering & Inglis, London 1945.

luego del fulgor del primer momento. La predicación se topa con un escepticismo generalizado de la sociedad. Las iglesias se vacían progresivamente, las escuelas dominicales se cierran. Para ser más eficaces y alcanzar a los de "fuera" con el mensaje evangélico muchos cristianos piensan que ha llegado la hora de cambiar las estructuras y prácticas tradicionales. El sermón se convierte en el blanco de las críticas de los que lo consideran una práctica anacrónica. Se desplaza física y doctrinalmente de su posición prominente y en su lugar se proponen nuevas maneras de culto con más participación de los fieles, más diálogo y menos sermón. El testimonio evangélico se desplaza de la proclamación a la acción social y actividad de los creyentes en medio de la sociedad. "Más hechos y menos palabras", se dice. Los creyentes que todavía asisten a los cultos lo hacen sin esperar nada del sermón, no están expectantes respecto a la sorpresa que les pueda deparar la exposición de la Palabra de Dios. Contagiado por esa mentalidad que poco a poco va invadiendo todo, el mismo predicador deja de considerar el sermón como un instrumento eficaz de la iglesia para comunicar el dinamismo del reino de Dios, y se deja llevar por una rutina profesional según las demandas momentáneas de la congregación. En lugar de transmitir el fuego del Evangelio en las almas, el sermón de costumbre crea en las almas una rutina sin vida. Frustrado, el predicador pierde el sentido trascendente de la predicación, que tiene su origen en Dios, y cae en una especie de monólogo cuyas palabras resuenan vacías en sus oídos. No se produce un encuentro entre la predicación de la Palabra y la experiencia del pueblo. En este sentido es legítimo hablar de *crisis* de la predicación. Crisis que comienza en las iglesias, revierte en los centros de formación de los futuros predicadores, y vuelve a las iglesias acentuando la misma crisis en lugar de contribuir a resolverla.

1.1. La formación del predicador

Los seminarios, con profesores, con poca o nula actividad pastoral, se dejan arrastrar por la corriente general de escepticismo homilético y dedican casi todo su esfuerzo a un temario aparentemente más académico y apropiado a su función intelectual, como exponentes de una cultura superior e inmune a los problemas e intereses de las pequeñas iglesias locales. El resultado no puede ser más desastroso, el púlpito recibe una atención tan pobre en los seminarios que poco le falta para ser desplazado del mobiliario de la iglesia. Los seminarios no son culpables, sino víctimas de una situación socio-religiosa que les supera, pues, como escribe Fred Craddock, los seminarios no sólo crean, sino que reflejan la condición general de las iglesias a las que pertenecen y en las que viven[10]. De este modo

---

10. Fred B. Craddock, *The Pulpit in the Shadow*, en *As One Without Authority*, Chalice Press, St. Louis ³1971.

la crisis se asienta en la cátedra y se enquista como un tumor, pues si la fuente se seca, cesa el arroyo. Jóvenes entusiastas que aspiran al ministerio con más celo que conocimiento son introducidos en las disciplinas teológicas y exegéticas con tan poca creatividad y sabiduría que terminan por confundir sus prioridades y errar de lleno en cuál es la meta, el contenido y la práctica del ministerio que les aguarda.

La experiencia enseña que muchos colegios bíblicos y seminarios teológicos parecen olvidar que son instituciones que existen para el servicio de la Iglesia o iglesias, cuya labor académica es un medio y no un fin en sí misma. Es lo que hace ya mucho tiempo recordó James Black, ministro escocés, a la facultad y alumnado del *Union Theological Seminary* (Richmond, Virginia): «Ustedes no están aquí tanto para adquirir conocimiento como para, una vez adquirido, ponerlo en acción en la predicación. Cualquier obrero en el mundo tiene una meta en su trabajo, no permitan que falsas ideas sobre el conocimiento obscurezcan esta verdad en su mente. Ustedes no pueden valorar el estudio y la adquisición de conocimiento como es debido a menos que consideren que son un medio para un fin. Para nosotros, en cuanto ministros y embajadores de Dios, toda y cada excelencia que podamos aprender deben someterse al alto fin de la utilidad, de modo que lleguemos a ser pensadores agudos, hombres bien formados, predicadores y maestros de influencia y poder. Una institución teológica nunca puede permitirse arruinar a un buen predicador, o apagar su entusiasmo, es y debe ser, de principio a fin, una escuela de predicadores»[11].

La finalidad, la razón de ser del estudio teológico es la formación de hombres de Dios al servicio de la Iglesia, pastores y maestros, cuya primera misión es anunciar la palabra de salvación y renovación en Cristo, dando así cumplimiento al mandato de Jesús: predicar y enseñar el Evangelio a toda criatura (Mc. 16:15; Mt. 28:19-20). El ministerio de la palabra no es una ocupación menor, aparte de las cualidades personales del individuo, es un ejercicio tan exigente que requiere un dominio completo de la teología pastoral, bíblica e histórica, además de estar al tanto del mundo y de la sociedad en que vive, de sus cambios sociológicos –pues la predicación no sólo debe proclamar la palabra de salvación, sino además actualizarla para que el hombre del siglo xxi, con su cultura, su mentalidad y sus problemas, se sienta alcanzado por ella tan vivamente como el hombre del siglo i–, sin dejar a un lado el conocimiento que le aportan las ciencias de la comunicación, la enseñanza y el aprendizaje, pues el ministerio de la palabra conlleva la enseñanza, la instrucción en todo el consejo de Dios. Sólo de esta manera podrá ejercer de un modo adecuado el ministerio de la palabra, que pertenece a la misión profética de la Iglesia, misión necesaria e insustituible en la

---

11. J. Black, *The mystery of preaching*, Fleming H. Revell Co., New York 1935, 14.

economía actual de la salvación. Es una empresa exigente, tanto que pocos hombres pueden estar a su altura, pero conformarse con menos, como decía Calvino, es ganarse la reprobación divina. Instrumento llamado por el Padre, escogido por el Hijo y ungido por el Espíritu, el predicador tiene que estar vitalmente penetrado y poseído por la Palabra de Dios, lo cual es obra de la lectura asidua, oración, estudio y reflexión constante, en una renovación total abierta al futuro. Es aquí donde hay que situar la contribución de las instituciones de enseñanza teológica al ministerio de la predicación.

Los colegios y seminarios deberían tender puentes que permitan salvar la división que separa la teología de la piedad; el dogma de la praxis; la erudición de la pastoral; el conocimiento de la santidad, de modo que puedan hacer accesible el camino en ambos sentidos. Si el teólogo es el científico puro dedicado a la ciencia de Dios, tal cual se revela en su Palabra, el predicador es el divulgador de la misma, y en su calidad de comunicador deben alentar en él tanto el corazón ilustrado como el santo. «Me maravilla –confesaba J. H. Newman– que los teólogos no sean santos y que los santos no sean teólogos». Contaba con la gran tradición cristiana donde los mejores teólogos eran los más destacados en el cultivo de la vida espiritual, un san Agustín, un san Anselmo, un san Bernardo, un santo Tomás, etc. Por esta razón, el predicador no sólo debe tender puentes, que al fin y al cabo se utilizan ocasionalmente, sino mostrar de palabra y hecho la estrecha unidad existente entre la piedad y la teología, la ciencia y la fe, porque si falta uno de los polos, ambos se resienten. El estudiante tiene que percibir la fruición creativa del estudio teológico interactuando en su espíritu, mente y corazón. «La ciencia teológica debe tener su mirada puesta en la *praxis pietatis*, necesita de la levadura mística para no sucumbir al intelectualismo»[12]. La teología abstracta que no afecta a la totalidad de la vida no sirve para nada. Y esa es, precisamente, la enseñanza que se ofrece en muchos seminarios, tanto liberales como conservadores, a juicio del profesor James Daane, del *Fuller Theological Seminary*; el intelectualismo teológico que no se puede traducir en el lenguaje del púlpito y de la adoración, es una maldición. La tarea principal de la enseñanza teológica es informar tanto la mente como alimentar el corazón. «Parece haber llegado el tiempo de equilibrar este déficit en la formación teológica. Pero los intentos estarán condenados al fracaso hasta que no se cree contrapeso alguno contra la intelectualización de la teología. Mientras la ambición de la teología apunte a participar en el concierto científico y no consienta en distinguirse de los instrumentos restantes, existen escasas perspectivas de ver el rostro del misterio divino y de transmitirlo al pueblo de Dios de manera creíble»[13].

12. Hans Jürgen Baden, *Vivencia de Dios*, Herder, Barcelona 1984, 146.
13. *Ibíd.*, p. 152.

1.2. Teología y espiritualidad

La teología auténtica, verdadera en cuanto depende de la acción del Espíritu Santo, va unida de la mano de la espiritualidad más profunda. La teología que nace del espíritu está esencialmente al servicio de la vida; no existe una ruptura entre la explicación razonada del objeto de fe y su valor práctico-existencial[14]. Como decía Oscar Cullmann, la teología es un don del Espíritu para la Iglesia. «Una de las actividades más nobles que están, consiguientemente, al cuidado de la Iglesia. Hablar contra la auténtica teología, contra la tarea de la razón iluminada por el Espíritu Santo, es hablar contra el Espíritu Santo. Es una especie de pecado contra el Espíritu Santo»[15].

En el tema que nos ocupa, no cabe duda de que la teología es siempre kerigmática y homilética, porque «cuando no lo es, es parasitaria»[16]. Si la teología no puede ser predicada y aplicada a la vida no sirve de nada, decía Colin E. Gunton (1941-2003)[17], una de las voces más significativas de la teología británica reciente. Quizá no sea exagerado decir, siguiendo la estela de Karl Barth, que la teología en su totalidad debería entenderse como «teología de la proclamación».

A esta notable característica habría que añadir una tercera nota, la teología, cuando es kerigmática, es también soteriológica, es decir, salvífica, pues gracias a la exposición razonada y convincente de la obra de la salvación el oyente puede tomar conciencia de la sabiduría del plan divino en favor del pecador y del amor solícito que recorre la historia la salvación. Como lo expresa magistralmente el profesor René Latourelle, «pertenece a la teología mostrar cómo cada uno de los misterios nos ha sido revelado para decirnos en qué consiste nuestra salvación y cómo hemos de tender a ella, porque la verdad del misterio consiste en estar ordenado a la salvación. En este sentido la teología está esencialmente al servicio de la vida; por tanto, están equivocados algunos de los representantes de la kerigmática al creer que existe una ruptura entre la explicación científica del objeto de fe y su valor salvífico. No podemos alcanzar el valor objetivo del dogma cristiano más que por la realidad objetiva de la revelación; cuanto más se comprende y mejor se formula el sentido auténtico del contenido de la fe, más iluminado queda su verdadero valor de salvación»[18].

14. Cf. más adelante 11, 3.1, «Espiritualidad y praxis».

15. O. Cullmann, *Estudios de teología bíblica*, Studium, Madrid 1973, 20.

16. James Daane, *Creating a Respect for Theology*: Christian Century (Febrero 2-9) 1977, 89. Cf. Gerhard O. Forde, *Theology is for Proclamation*, Fortress, Philadelphia 1990.

17. C. E. Gunton, *Theology Through Preaching*, T&T Clark, Edinburgh ²2005.

18. René Latourelle, *Teología y Predicación*, en *La Teología, ciencia de la salvación*, Sígueme, Salamanca 1968.

Esto nos lleva de la mano al siguiente paso o cuarta nota de la predicación. Se predica con vistas a un resultado, tiende al fin práctico de arrancar una decisión, a saber, la salvación de alma y todo lo que tiene que ver con la edificación de una vida consagrada a Dios y su reino. Si no fuese así, la predicación caería en mero formalismo cultual, en obligación religiosa de cada domingo, «apariencia de piedad, sin convicción de su eficacia» (2 Tim. 3:5), deslizándose cada vez más hacia una exhibición de retórica, un juego de palabras y emociones propio del mundo del espectáculo destinado a entretener, divertir o manipular. La prueba de toda predicación es su finalidad soteriológica y edificante, el efecto santificante que produce en el oyente respecto al estado de su vida en relación con Dios y el prójimo[19]. Se halla contenida en el mandamiento de predicar el Evangelio a toda criatura, «el que cree y es bautizado será salvo; pero el que no cree será condenado» (Mc. 16:16); de otro modo, es mejor guardar silencio. H. E. Fosdick (1878-1969), uno de los más grandes predicadores de todos los tiempos, al reflexionar sobre la naturaleza de la predicación, asentó la vieja verdad de que el propósito de esta no es tratar un tema, sino influenciar en los individuos. «Un ensayo tiene que ver con la elucidación, un sermón con la transformación. Su fin es que la gente salga de la iglesia distinta de lo que era al entrar»[20]. El buen predicador siempre debe tener en mente que su sermón tiene que ver con un tipo de comunicación que decide la salvación o perdición de una persona, su edificación o ruina. No tiene nada de asombroso que todos los predicadores auténticos, comenzando por san Pablo, experimenten un sentimiento de debilidad, de temor y temblor, a la hora de predicar el Evangelio, conscientes de la transcendencia de su empresa (cf. 1 Cor. 2:3). George Buttrick (1892-1980), que ejerció una profunda influencia en una generación de predicadores americanos y que en dos ocasiones pronunció las prestigiosas Conferencias Lyman Beecher sobre Predicación en Yale, dijo que el contenido y secreto de su ministerio residía en poner en alto a Cristo y creer que la predicación centrada en la cruz puede impactar para la eternidad. A lo que podemos añadir la cita de todo

---

19. Con su genial agudeza, decía Kierkegaard que toda conversión cristiana que no *edifique* es, de golpe, acristiana (*La enfermedad mortal*, Trotta, Madrid 2008). Basta un somero repaso de la enseñanza bíblica al respecto para darse cuenta de su importancia ineludible. «Sigamos lo que contribuye a la paz y a la mutua edificación» (Ro. 14:19). «Cada uno de nosotros agrade a su prójimo para el bien, con miras a la edificación» (Ro. 15:2), «Mayor es el que profetiza que el que habla en lenguas, a no ser que las interprete, para que la iglesia reciba edificación» (1 Cor. 14:5, 12, 26). «Delante de Dios y en Cristo hablamos; y todo, amados, para vuestra edificación» (2 Cor. 12:19). «Ninguna palabra obscena salga de vuestra boca, sino la que sea buena para edificación según sea necesaria, para que imparta gracia a los que oyen» (Ef. 4:29), etc.

20. H. E. Fosdick, *What's the Matter with Preaching?*: Harper's Magazine (July 1928).

un clásico: «predicar es trabajar con la palabra y la doctrina por la eterna salud de los hombres» (San Agustín)[21].

1.3. Importancia del púlpito

Hay personas que se toman demasiado en serio a sí mismos, los miedos y preocupaciones que contraen por contagio del medio ambiente, y aunque sean personas de fe prestan demasiada importancia a lo que pasa a su alrededor –sin reparar en su caducidad–, como si la incredulidad o el rechazo fueran las últimas palabras. Es bueno y necesario prestar atención a las circunstancias en medio de las cuales la vida inevitablemente tiene que ir desarrollándose, igual que es bueno y necesario estar atentos a lo que se ha venido en llamar "signos de los tiempos", pero por encima de todo esto y mucho más importante es preguntarse en cada momento en qué consiste el Evangelio, el mensaje cristiano que es confrontado por las circunstancias y por cada nueva generación, a las que hay que iluminar con la claridad de una verdad que pertenece a este tiempo y a este mundo al mismo tiempo que los supera transcendiéndolos. Antes que aprendices de sociólogos, los predicadores tienen que concentrarse en su trabajo, en aquello que les es propio y natural, y tomar muy en serio la exposición y comunicación del mensaje que les ha sido confiado, pues mediante la predicación de la Palabra divina se repite el milagro de la multiplicación de los panes y los peces. Los predicadores que acogen con confianza y responsabilidad la Palabra de Dios para darla a otros cumplen en la actualidad la misión que Jesús encomendó a sus discípulos en aquel día: «Dadles vosotros de comer» (Mt. 14:16; Mc. 6:37; Lc. 9:13). El púlpito, y quien dice el púlpito dice la predicación, «es el medio ordinario para la distribución extraordinaria del pan de vida»[22]. Es un grave error desplazar el púlpito de su centralidad, o reservarle un lugar menor. La historia del cristianismo nos enseña que «con llamativa regularidad cada época ha alimentado la idea de disminuir la importancia del púlpito. Pero el gran oficio permanece, persistente, permanente, precioso, sobreviviendo nuevas teorías y antiguos modos de vida; ayudado, sin sufrir ningún daño, por la nueva situación que se vislumbra en el horizonte»[23].

A la importancia del púlpito, corresponde la importancia de la persona, su formación y talento, que lo ocupa. Se precisa lo mejor una persona, de

---

21. San Agustín, *De doctrina christiana* IV, 30, 63.

22. Charles Bridges, *The Christian Ministry*, Banner of Truth, Edinburgh 1976, 196 (org. 1830).

23. Joseph Fort Newton, *Some Living Masters of the Pulpit*, George Doran Co., New York 1923, 23.

la mente, alma y corazón, para exponer correcta y vitalmente la palabra de verdad (2 Tim. 2:15), de modo que sus receptores puedan decir: «la palabra dicha a tiempo, ¡cuán buena es!» (Prov. 15:23). El púlpito es la parte más importante de la Iglesia y no debería tolerarse ninguna opinión tendente a rebajar su importancia. Tan celosos como eran los judíos del lugar santo en el templo, deberían ser los cristianos de su púlpito, de quién lo ocupa, qué y cómo predica. La percepción que la gente tiene del púlpito indica el grado de valoración del mensaje predicado, de modo que la crisis del púlpito es un síntoma más bien de la crisis del predicador de la teología sustentada por la iglesia.

«El púlpito es siempre la parte más avanzada de la tierra; todo lo demás queda en la zaga; el púlpito guía al mundo», escribe Herman Melville. El mismo Melville añade: «El púlpito conduce el mundo; desde allí se describe la pronta tormenta de ira de Dios y el casco recibe su primer embate. Desde allí se implora por vientos favorables al Dios que es dueño del capricho de las brisas. Sí, el mundo es un barco en este viaje, y el púlpito es su proa»[24].

Debido a su importancia, el púlpito ha sido abusado y desprestigiado hasta el punto de hacerse irreconocible. Ya no impone respeto, sino que es objeto de desconfianza y escarnio, porque muchas personas ambiciosas lo han utilizado para sus fines personales y egoístas. Han hecho verdad con creces lo que el apóstol dice sobre «hombres de mente corrompida y privados de la verdad, que tienen la piedad como fuente de ganancia» (1 Tim. 6:5). El púlpito ha dejado de ser la proa que conduce al mundo en su pasaje por la tormentas de esta vida, más bien se le mira con suspicacia y cierto menosprecio debido a desaprensivos y predicadores sin formación, honradez ni respeto por lo que es y significa la predicación cristiana.

1.4. Predicación como adoración

Bibl.: Vivian Boland, *Don't Put Out the Burning Bush: Worship and Preaching in a Complex World* (ATF Press, 2008); David M. Greenhaw, *Preaching in the Context of Worship* (Chalice Press, St. Louis 2000); E. Albert Mohler, *La predicación como adoración*, en *Proclame la verdad* (Portavoz, Grand Rapids 2010); Michael J. Quicke, *Preaching as Worship: An Integrative Approach to Formation in Your Church* (Baker Books, Grand

---

24. «For the pulpit is ever earth's foremost part; all the rest comes in its rear; the pulpit leads the world. From thence it is that the storm of God's quick wrath is first descried, and the bow must bear the earliest brunt. From thence it is that the God of breezes fair or foul is first invoked for favorable winds. Yes, the world's a ship on its passage out, not a voyage complete; and the pulpit is the prow» (H. Melville, *Moby Dick*, cap. 8, 1851).

Rapids 2011); Marshall Shelley (ed.), *Changing Lives through Preaching and Worship* (Ballantine, Nashville 1995); Gerard S. Sloyan, *Worshipful Preaching* (Fortress Press, Philadelphia 1984); Thomas H. Troeger, *Preaching and Worship* (Chalice Press, St. Louis 2003); June A. Yoder, *Preparing Sunday Dinner: A Collaborative Approach to Worship and Preaching* (Herald Press, Kansas City 2005).

La predicación no es sólo importante cara al *mundo* –evangelización y misión–, lo es también, y de manera prominente, cara a sí misma, a la comunidad reunida en torno a la Palabra como medio de acceso a la transcendencia divina, a la salvación vivida y por vivir.

En la actualidad se suele asociar fácilmente la adoración con la *alabanza* como su máximo exponente y casi único contenido. El *sermón*, la exposición de la Palabra, es para algunos un elemento de la adoración dominical del que se podría prescindir sin ninguna dificultad. Para personas con esta mentalidad, la predicación no parece añadir o contribuir en nada al culto de adoración comunitario, excepto en lo que pueda tener de auxiliar en cuanto a la presentación del mensaje evangélico a los visitantes, o de amonestación de ideas y actitudes discordantes que anidan en la mente de algunos congregantes, o simplemente, para adoctrinar a los reunidos.

No es un problema nuevo. Desde hace casi un siglo en muchas iglesias se viene pidiendo «más adoración y menos predicación»[25]. A veces se entiende esta exigencia, dado el nivel y la "calidad" de la predicación, que cada vez se está supliendo más con elementos tomados del mundo del espectáculo. En las iglesias modernas parece que el púlpito se ha quedado pequeño. El predicador necesita toda la plataforma para ir gesticulando de un lado para otro. No tengo nada contra esto. En la Biblia no hay ningún texto que diga que el predicador debe permanecer inmóvil en su púlpito. Estas son cuestiones secundarias que cambian con los años. Lo que me preocupa un poco más es convertir la predicación en una *actuación sobre un escenario*. Puede entretener a la gente, pero quizá no conmoverle con la gracia de Dios. Conozco a pastores muy creativos que tratan de convertir cada predicación dominical en una pequeña pieza de teatro a modo de una parábola viviente que comunique con eficacia el mensaje cristiano. Me parece que esta es una cuestión muy personal. El problema es cuando

25. «Esta me parece que es una petición semejante al parloteo de un loro. Si adoración es confesión de pecados, alabanza de Dios y glorificación de Jesús como Señor, ¿cómo se puede hacer mejor esto que con un sermón reverente que eleve el corazón y los pensamientos y lleve la conciencia a los pies de la sublime bondad de Dios? Puede que se deba a un prejuicio o falta de formación y herencia, pero para mí la predicación es la más excelsa y completa adoración» (James Black, *The mystery of Preaching*, Fleming H. Revell Co., New York 1935, 19-20).

el culto cristiano se adapta a la cultura del espectáculo y la congregación pierde *el sentido de lo sagrado*.

Entonces, los fieles asisten a los cultos sin esperar nada del sermón, no están expectantes respecto al mensaje de Dios que se les puede revelar desde la exposición de la Escritura. Van por costumbre, quizá por la música y la alabanza, y con una actitud más sociológica que religiosa: mantener la amistad con los hermanos, sin pensar para nada en lo que les pueda deparar la predicación de las Sagradas Escrituras, que son el medio elegido por Dios para manifestar su amor y su voluntad en medio de la comunidad santa.

Es vitalmente necesario tener muy claro desde el principio que la adoración es el gesto religioso por excelencia del hombre que toma conciencia de la presencia y grandeza divina. Nace de un sentimiento espontáneo de asombro, y aun pavor, suscitado por la percepción de lo trascendente, que embarga al ser humano por su grandeza o por su significado. Es un sentimiento que brotó irreprimible del pecho de Moisés cuando, llevado por la curiosidad de contemplar una zarza envuelta en llamas que no se consumía, una voz surgió de ella que le llamó por su nombre, revelándole que era el Dios de sus antepasados. «Al oír esto, Moisés se cubrió el rostro, pues tuvo miedo de mirar a Dios» (cf. Ex. 3:1-7). Palabra, revelación, adoración aparecen aquí unidas como una triple concatenación de actos. La zarza ardiente que no se consumía captó la atención de Moisés, la palabra que resonó en medio de ella sobrecogió a Moisés porque le abría a una nueva realidad, a una dimensión diferente, una dimensión de santidad ante la que tenía que descubrirse y quedar descalzo para no mancillarla.

La Palabra, con su capacidad de desvelarnos aquello que en un principio nos está oculto, nos ofrece una visión de la realidad de las cosas que se nos escapa en una simple mirada *natural*, porque la Palabra no fuerza la realidad de las cosas, sino que responde a la naturaleza más profunda de las mismas. Por eso, el anuncio de la Palabra, la exposición de la Escritura en la iglesia o mediante un sermón, debe contribuir a revelar al congregante su papel en la voluntad divina, y a iluminar la situación y circunstancias en las que se encuentra para que pueda encararlas con el espíritu divino. La predicación ungida e inspirada por la Palabra debe abrir canales de entendimiento y posibilidades de nuevas experiencias de Dios en medio de los grandes momentos transcendentales de cada cual, pero también en medio de lo ordinario, que generalmente conforma la realidad de la mayoría de la gente, en medio de la rutina de quehaceres cotidianos –trabajo, estudios, labores del hogar…–, de tal modo que aprendan a implicarse en la vida de Dios desde sus propias vidas, por más comunes y rutinarias que sean. La predicación debe conducir a vivir en un espíritu constante de adoración en medio de las actividades cotidianas, sin las cuales la vida no sería posible, convertida en un sobresalto continuo. Adorar es sentirse impulsado a amar a Dios y al prójimo, en un espíritu de entrega emocionada y agradecida a aquel que es creador y sustentador de todas las cosas. Moisés salió de la adoración convertido en un libertador de Israel, en un liberador de la opresión y esclavitud de su pueblo. La adoración es uno de los aspectos más importantes del pueblo de Dios, que no se debe descuidar en ningún aspecto, pues tiene tanto implicaciones particulares como sociales. La adoración, como ha escrito Julián López, es el alma del culto de manera que, gracias a ella, coinciden por completo realidad interna y forma externa[26]. Alma del culto, y a la vez alma del mundo, entendida como un sentimiento de lo sagrado de la vida, de toda vida, vegetal, animal y humana por igual.

La predicación, en cuanto exposición solemne de la Palabra revelada y reveladora, es uno de los medios más poderosos para crear ese espacio sagrado donde el lugar que uno ocupa y el tiempo concreto que vive se convierten en pura y simple experiencia de adoración, promesa de tantos cambios y maravillosas transformaciones individuales y colectivas. La historia no se gesta sólo en los despachos presidenciales, sino también allí donde el pueblo creyente se reúne en torno a la Palabra de Dios, en cuanto Palabra de creación y recreación de un mundo nuevo, el Reino de Dios, que arde sin consumirse, y cuyo terreno es sagrado, aquello que hay que cuidar con respeto y entrega incondicional. Es acogimiento de la gracia, el perdón y la renovación que mueven el mundo.

La Palabra, cuya «exposición alumbra» (Sal. 119:130), hace del conocimiento de Dios una disciplina *adorante* cuya meta es la renovación continua de la comunión espiritual con Dios en un movimiento continuo de aprendizaje, entrega y servicio. Cuanto más profundo y completo sea el conocimiento revelado y experimental de Dios, tanto más íntima e inteligente será la adoración del cristiano. Tanto más se fortalecerá en su seguimiento de Jesús y en el servicio del Reino.

Si la adoración es el alma del culto, el acto más elevado del creyente, y si la adoración va unida a la Palabra, como suscitada por ésta, entonces no cabe duda que la predicación es parte del culto cristiano no sólo como un aspecto "informativo" o "doctrinario" del mismo, sino como adoración

---

26. Julián López Martín, «Adoración», en *Diccionario cristiano*, Secretariado Trinitario, Salamanca 1992, 5-11. Cf. James W. Bartley, *La adoración que agrada al Altísimo*, Ed. Mundo Hispano, El Paso 1999; Alan Brown, *Adoración, la joya perdida*, Ed. Las Américas, Puebla 1998; Miguel Ángel Darino, *Adoración, la primera prioridad*, Ed. Mundo Hispano, El Paso 1992; James T. Draper, *Dónde comienza la verdadera adoración*, Ed. Mundo Hispano, El Paso 1999; E. B. Gentile, *Adora a Dios*, CLIE, Terrassa 2000; Ralph Martin, *La teología de la adoración*, Vida, Miami 1993; E. G. Nelson, *Que mi pueblo adore*, Casa Bautista de Publicaciones, El Paso 1992; Bob Sorge, *Exploración de la adoración*, Vida, Miami 1994; A. W. Tozer, *¿Qué le ha sucedido a la adoración?*, CLIE, Terrassa 1990.

propia, o posibilidad de adoración. La *predicación como adoración* comienza desde el primer momento que el pastor/predicador escudriña responsablemente el mensaje de la Escritura para sí y para su pueblo con vistas a su edificación. Todo el proceso de elaboración y final exposición de su estudio ante la congregación concluye en ese momento trascendente en que los creyentes más necesitados y despiertos experimentan el culto como una experiencia renovadora de Dios. Tal es el privilegio del predicador y tan tremenda su responsabilidad ante Dios y los hombres. Aquí los estudios académicos no valen de nada, toda la filología del mundo no sirve de nada, si no logran el encuentro buscado por Dios en su Palabra, que es la comunión del Creador y la criatura en una experiencia de revelación y servicio.

2. La cultura de la imagen frente a la palabra

Dejando a un lado las personas que abusan de su ministerio y que han sido una plaga endémica a lo largo de los siglos, tan difícil de erradicar como separar el trigo de la cizaña, hay que admitir que la importancia que han adquirido los medios de comunicación social en la configuración del mundo moderno nos obliga a una revisión general de nuestra teoría sobre el modo en que las iglesias en general han venido comunicando el mensaje salvífico al mundo. La comunicación oral, usualmente expuesta desde el púlpito –desde arriba hacia abajo, a un auditorio mudo y espectador–, ha sido sometida a examen desde las técnicas modernas de la comunicación donde la *imagen* prima sobre la *palabra*, y la masa deja de ser un rebaño conducido por la magia de la palabra que resuena en sus oídos, para convertirse en protagonistas activos de su propia historia, cuya impronta e imagen queda adosada a los lugares que visita –cualquiera que sea su grandeza o carácter sagrado– mediante la captura que consigue con su cámara de fotos. El avance triunfal de la imagen en nuestra sociedad es un hecho innegable y sin retorno. Nada que objetar. No es la primera vez que el sentido estético del ser humano lleva a la humanidad a volcarse en la arquitectura y en las artes plásticas. Recordemos la época de las catedrales, esos inmensos libros visuales de piedra donde convive lo sacro y lo secular, el personaje bíblico y el humilde labrador que cava la tierra. Lo preocupante de la actual cultura de la imagen es lo que tiene de negativo, a saber, el *retroceso* de la palabra, entendida ésta como actividad oral y comunicación personal, pues existe también la palabra convertida en imagen gracias a la escritura y que hace posible un libro como este.

La palabra oral, en cuanto expresión de una persona, juntamente con sus gestos, pausas, silencios, énfasis, tonos, movimientos, es un extraordinario medio de comunicación personalizada, un acontecimiento tan extraordinario y evocador, que no puede substituirse por ninguna otra imagen que la de la persona viva hablando a otros seres vivos. El cine, la televisión, el video, la telefonía móvil parece habernos acostumbrado a visualizar todo, a substituir la presencia de la persona por un conjunto de medios mecánicos. Ya casi es inconcebible dar una conferencia sin la ayuda del *power point*. El púlpito, reino de la palabra oral por excelencia, también se ve sometido a la invasión de la imagen técnica. La necesidad de poner *imagen* a todo es lo que produce esa sensación de crisis en la predicación tradicional, para muchos obsoleta en sus formas, aburrida, pesada. Es como si el hombre moderno hubiera cambiado la civilización de la palabra oral, que requiere un mayor esfuerzo de concentración y participación auditiva y memorística, por la sociedad de la imagen tecnificada, tendente al espectáculo y a lo superficial. De ahí el carácter infantil y banal de muchos programas de cultura y entretenimiento aunque tengan a adultos como protagonistas.

Sin embargo, tampoco aquí conviene alarmarse y precipitarse en juicios condenatorios. La visión nos hace captar la realidad y nos sirve para ser eficientes, construir instrumentos técnicos que nos ayuden con eficacia, por ejemplo, potenciando el volumen natural de la voz y llegando a más personas. Los teóricos de la pedagogía moderna saben de lo eficaz que es la imagen en la enseñanza visual. La vista nos relaciona más directa y naturalmente con el medio y los hechos. Lo visual satisface nuestra necesidad de certezas, parece que la vista da evidencia a la experiencia. Lo que se *ve* es *evidente*. Pensemos en el apóstol Tomás. Por otra parte, lo visual provoca en nosotros el sentido de la belleza. Precisamente una queja de los teólogos católicos contra los protestantes es que en el culto protestante el hombre es reducido al solo órgano del oído –del cual Lutero dijo que era el más importante–, mientras que el católico toma en cuenta al hombre integral, con su sentido de la belleza, de lo estético, de lo sensual. Para Lutero, ver no es creer, al contrario, ver es una seria amenaza al creer. La visión lleva a la teología de la gloria, mientras que el oír conduce a la teología de la cruz. Oír es el camino a la auténtica comunión con Dios, mediante la cruz. Oír, no ver, es el camino a la salvación[27].

Una mirada desapasionada a la Biblia no enseña la importancia de la visión en relación a la fe y el acontecimiento central de la manifestación de Cristo. Sólo a nivel cuantitativo es digno de notar que *ver* aparece 680 veces en el Nuevo Testamento frente a las 425 de *oír* o *escuchar*. Especialmente en el Evangelio de Juan, la visión juega un importante papel teológico frente a todo tipo docetismo (cf. Jn. 7:29; 10:24-28; 12:19). El autor parte del dog-

---

27. Para un teólogo luterano crítico como Joseph Sittler, esta antítesis entre el oído y la visión lleva al nacimiento de la moderna sociedad industrial, particularmente la concepción mecánica de la naturaleza y la emergencia del espíritu agresivo del capitalismo (cf. las obras de este autor: *The Ecology of Faith*, Muhlenberg Press 1961; *The Care of the Earth*, Augsburg Fortress 1964; *Essays on Nature and Grace*, Fortress Press 1972).

ma veterotestamentario: «A Dios nadie le vio jamás» (Jn. 1:18). Pero aquel que es la «imagen del Dios invisible» (Col. 1:15), «le ha dado a conocer». Tal es así, que en un momento dado de su vida, Jesús hace esta sorprendente declaración: «El que me ha visto, ha visto al Padre» (Jn. 14:9)[28]. La visión del Hijo de Dios precede a la fe que viene por el oír la Palabra de Dios (Ro. 10:17), por eso son «bienaventurados vuestros ojos, porque ven» (Mt. 13:16), ven lo que «muchos profetas y justos desearon ver» (v. 17). Sin embargo, después de los acontecimientos de Pascua la relación con Cristo no va a depender ya más de la visión, por eso se dice: «Bienaventurados los que no ven y creen» (Jn. 20:29). La visión que ahora corresponde es la de "los ojos del entendimiento" por la que se llega a un conocimiento más profundo de Cristo y del plan de la salvación (Ef. 1:18-23). Cristo, en cuanto «imagen de Dios invisible» (Col. 1:15), es el objeto de la visión de fe de todo creyente (Heb. 12:1-2).

El miedo a la tentación idolátrica que late en el *icono*, en la imagen, no es óbice para menospreciar su valor y su importancia en la pedagogía de la fe, pues no hay que olvidar que la idolatría puede darse tanto en las imágenes visuales como en las imágenes verbales, de las que también nos advierte el Decálogo: «No tomarás en vano el nombre de Yahvé tu Dios» (Ex. 20:8), que se puede extender a hacer vano el nombre de Dios mediante interpretaciones sesgadas y limitadas. Palabras e imágenes pueden convertirse en un hechizo. Es el carácter ambiguo de todo lo creado y por ello necesitado de redención. Las imágenes intoxican y las palabras matan. El predicador tiene que moverse entre unas y otras con la ayuda de la gracia de Dios. ¿No son las anécdotas tan recomendadas por los predicadores para ser utilizadas en los sermones imágenes al servicio de la comunicación del Evangelio y que, sin embargo, a veces se convierten en un estorbo? En lugar de llamar la atención del oyente e ilustrar algún punto abstracto, en ocasiones se convierten en todo lo contrario, en una distracción y obscurecimiento del tema a iluminar. Es la maldición que afecta a todos los recursos humanos. Hay imágenes corruptoras y palabras corruptoras. Cuando la palabra no sirve a un propósito ni obedece a una disciplina salvadora se convierte en mera cháchara, en hablar por hablar.

Se oyen tantos mensajes novedosos y contrapuestos que el hombre moderno está cansado de palabras, desconfía de los viejos y nuevos sermones como cuentos demasiado repetidos. Con todo, siempre está especialmente dispuesto a prestar atención a palabras que tocan su vida, su experiencia cotidiana. No es el discurso, sino el contenido del discurso lo que puede llegar a hastiar. Como ya apuntamos arriba, puede que el problema no

---

28. Cf. Edith M. Humphrey, *And I Turned to See the Voice: The Rhetoric of Vision in the New Testament*, Baker, Grand Rapids 2007.

esté en la *predicación*, sino en el *predicador*, en sus modos y expresiones; o dicho de otro modo, el problema está en la predicación en cuanto está en el predicador, debido a su escasa o deficiente formación homilética, teológica y cultural. A esto que hay sumar la desconfianza creciente de la sociedad hacia las iglesias, no tanto por lo que representan –el valor del espíritu en medio de la sociedad material– como por sus mensajes trasnochados y por sus escándalos.

2.1. Revalorización moderna de la palabra

¿No llama la atención que junto a la pretendida "crisis de la predicación" se produzca un renacer del valor de la palabra en la sociedad secular, hasta el punto de que en unos pocos años hemos presenciado una auténtica invasión de técnicas para desarrollar y dominar el "arte de hablar", ya en público, ya en privado? No sólo en el marketing y la publicidad, sino también en el campo de la salud mental, en la psicoterapia, especialmente en la programación neurolingüística; en la logoterapia; y también en el campo empresarial y político. La prueba es la multiplicación de libros, cursos, seminarios y masters sobre técnicas para comunicarse mediante la palabra[29]. Este fenómeno tan propio de nuestros días, que convive con la poderosa atracción de la imagen, del internet y del móvil, debe hacernos reflexionar sobre la necesidad no de cambiar el modo de comunicación cristiana por excelencia, la predicación, sino de instruir a los pastores, evangelistas y todos los miembros con responsabilidad en el arte de comunicar el Evangelio de Dios en público con tal poder convicción y autoridad que el mundo sienta que lo que escucha le llega al fondo del alma y se interese por Jesucristo no como una mercancía en venta para curar todos los males, sino como una realidad personal de la que da testimonio la Palabra predicada con fidelidad, sabiduría y responsabilidad.

Y si es cierto que "una imagen vale más que mil palabras", también es cierto que "una palabra puede transmitir más que mil imágenes", según han descubierto los poderes de los medios de comunicación. Sería un error imperdonable que este preciso momento en que el mundo secular comprueba el poder de la palabra en todas sus dimensiones, la Iglesia, las iglesias, arrinconen la predicación, o la transformen de modo que resulte irreconocible, perdiendo así su necesidad de ser. Lo que esta hora exige es profundizar en la enseñanza de la predicación, su naturaleza, requisitos,

---

29. Cf. Fianna Booher, *Cómo hablar en público sin temor*, Vida, Deerfiel 1994; M. Cuervo y J. Diéguez, *Mejorar la expresión oral*, Narcea, Madrid 1991; R. Ellis y A. McClintock, *Teoría y práctica de la comunicación humana*, Paidós, Barcelona 1993; Allan Pease, *El lenguaje del cuerpo*, Paidós, Barcelona 1988; Carlo A. Brentano, *Hablar en público*, Ed. De Vecchi, Madrid 2004.

contenido, fundamento, finalidad, modos, exigencias personales, académicas, etc. Hoy tenemos la historia entera del cristianismo para reflexionar, no para repetir fórmulas del pasado, sino para encontrar respuestas para el presente sin apartarnos de la fidelidad debida al legado que nos ha sido transmitido. No podemos pensar que con nosotros se inaugura la historia y se cierra el mundo; somos herederos de un esfuerzo doblemente milenario por enseñar a comunicar ideas eficazmente. Hay que integrar los descubrimientos y técnicas modernas en el campo de la hermenéutica, psicología, psicoterapia, sociología y ciencias de la comunicación, pero sin desterrar lo que constituye el fundamento y la razón de ser de la predicación cristiana[30].

Las técnicas modernas de comunicación, cualesquiera que sean su variedad y novedad, se reducen a un punto común de la experiencia humana: un hombre habla, otro escucha. Y si es cierto que las técnicas cambian y varían, los estudios antropológicos coinciden en afirmar que la naturaleza humana no ha cambiado a lo largo de los siglos, si bien se han ido sucediendo y añadiendo diferentes formas culturales de ser y estar, que afectan al diálogo y la comunicación en el tiempo y el espacio. El mundo actual se caracteriza por una elevada sofisticación en las nuevas formas de comunicación, tan ligadas a la alta tecnología, pero, sorprendentemente, en lo esencial no hacen sino "imitar" los viejos ideales clásicos de perfección retórica, consistente en "convencer el entendimiento y excitar la voluntad" (Cicerón, *De Oratore*). La predicación cristiana más genuina nunca ha pretendido otra cosa que convencer al entendimiento de la verdad de su causa y mover a la voluntad para abrazarla[31]. La predicación, en cierto modo, es el arte de la persuasión, como veremos más adelante.

3. La predicación en el plan de la salvación

La predicación oral es indispensable para el cristianismo, y aunque el abuso e inflación de la palabra haya llevado al hombre moderno al hartazgo, al cansancio a la hora de escuchar y, peor aún, a inmunizarle contra la palabra, debido a la fatiga provocada por tantos discursos vacíos y falsos, las iglesias tienen que reafirmar su confianza en la predicación de la Palabra de Dios y en su poder de reconciliación.

30. Cf. José Ramos Domingo, *Retórica, sermón, imagen*, Pub. Univ. Pontificia de Salamanca, Salamanca 1997; D. Borobio y J. Ramos, *Evangelización y medios de comunicación*, Pub. Univ. Pontificia de Salamanca, Salamanca 1997.

31. Cf. Fernando Pascual, *Una retórica para la eternidad: el libro IV del De doctrina christiana de san Agustín*: Alpha Omega 8 (Chile 2005, 2) 307-322.

La operación de rescate divino incluye la palabra rechazada, objeto de desconfianza, saturada, humillada, cautiva, porque la vida del hombre sin la verdad de la palabra es un infierno. Porque la palabra humana sufre, Cristo, el *Verbo* eterno, se hace hombre para sanarla, porque la palabra humana tiene una dignidad eminente que procede del Creador. «Cualquier intento para salvar al hombre actual, debe ante todo tratar de salvar la palabra»[32].

La situación presente nos está diciendo que el hombre está necesitado de *reconciliación*, de reconciliación consigo mismo, comenzando por su palabra –su verbo, su lengua– fuente del pensamiento y de aquellos elementos transcendentales que alimentan su esperanza. La palabra maltratada por los profesionales del engaño, la palabra cautiva por los detentadores del poder, la palabra perdida en el discurso vacío está lanzando un grito de socorro, de auxilio. Está medio muerta, pero igualmente medio viva porque es el centro vital del mundo. Y sabemos y creemos que Dios procede a su rescate. Abriendo los oídos, soltando la lengua para entonar un nuevo y verdadero cántico de alegría.

La predicación no es un esfuerzo inútil, una tradición eclesial de la que se podría prescindir sin más. La Reforma todo lo fundamentó en la Palabra, pero hoy muchos protestantes, como se queja Jacques Ellul, desprecian la palabra justificando este desprecio con vanas razones de sentido común sobre la inutilidad de la palabra para comunicarse; y ya que el hombre moderno no entiende el vocabulario cristiano, dicen, adaptémonos a él; reemplacemos la *Palabra* por la *Acción*. Con la acción podemos entrar en contacto con los demás, pero sólo la Palabra comunica la verdad. «Todo el cristianismo, la Iglesia y la fe se fundamentan sólo en la palabra reconocida, aceptada, escuchada como Palabra de Dios que sólo puede expresarse por la palabra humana; el desprecio y abandono de esta palabra arrastra necesariamente al abandono y desprecio de la Palabra de Dios»[33].

La Palabra que creó el universo y que ha sido confiada a la Iglesia conduce a la humanidad y la hace flotar o hundirse. Tal es el designio de Dios que hace depender la fe y la salvación de la Palabra predicada (cf. Ro. 10:17). La Palabra predicada, escuchada y aceptada abre la puerta a la reconciliación dejando a un lado la larga enemistad del hombre con Dios. Como resultado, encuentra la paz, no sólo con Dios, sino consigo mismo y con sus semejantes. Un nuevo principio entra en su horizonte de valores éticos, si es que le quedaba alguno. La predicación, por más cambios que se produzcan en la historia, ha sido, es y será siempre el instrumento señalado, válido y eficaz para expresar y comunicar una fe que habla al

---

32. Jacques Ellul, *La palabra humillada*, Ediciones SM, Madrid 1983, 343.

33. *Ibid.*, 272.

hombre en su totalidad. Y esto es así porque Dios la ha escogido como medio, sabiendo que es apropiada a la condición humana que Él ha creado. La predicación no deriva su fuerza de la oratoria o del poder persuasivo del predicador, que participa de la ambigüedad y limitación de la palabra creada, y que puede desviarse de la verdad para caer en la mentira. La palabra del predicador depende de la Palabra de Dios y de ella debe recibir su carácter decisivo y su autoridad. Dios podía haber escogido cualquier otro medio para su revelación, pero ha escogido este. «Es más decisiva que la acción y más reveladora» (Ellul). Mediante su Palabra, «Dios enfrenta las tinieblas del espíritu humano con el gran desvelamiento reparador de la luz y la verdad»[34].

La *acción* de Dios en la historia de Israel y, de una manera eminente, en Cristo, ha pasado, pertenece a un orden distinto del tiempo, pero gracias a la palabra y su final cristalización en la Escritura, permanece el testimonio de los que vieron y vivieron una realidad plena de verdad, el cual nos llega a nosotros mediante la Biblia. En el tiempo presente la vista nos aleja de la fe, ya que es imposible reproducir los hechos que han acontecido y, sin embargo, por naturaleza, la vista orienta hacia la comprobación. Pero la Encarnación y la Resurrección fueron momentos fugaces. En este caso, la vista ya no nos sirve de nada. Pero nos queda la palabra de los testigos, palabra que vive primero en la memoria y que después se encarna a su manera, *escriturizándose*. La fidelidad a esa Escritura sagrada hace posible la memoria y la visión que se alimenta de la *comunión*. «Lo que hemos visto y oído lo anunciamos también a vosotros, para que vosotros también tengáis comunión con nosotros. Y nuestra comunión es con el Padre y con su Hijo Jesucristo» (1 Jn. 1:3).

La palabra pertenece al «orden de la verdad», como gusta repetir Ellul[35], y por este motivo Dios siempre se ha servido de ella para llamar la atención de los hombres y abrir sus ojos a la verdad, «para que se conviertan de las tinieblas a la luz» (Hch. 26:18). Frente a las religiones que cifran su cometido en la ejecución del rito, el ceremonial y la liturgia repetidos al detalle, la religión bíblica siempre ha privilegiado la fuerza de la palabra reveladora que ilumina lo verdadero. Noé fue un pregonero de la palabra, igual que fueron los profetas, Juan el Bautista, Jesús, sus discípulos. La gente quedaba impresionada por el poder sugerente de la palabra, su capacidad de alumbrar y de discernir. El Dios que hizo que la luz resplandeciera de las tinieblas, es el que resplandece en los corazones creyentes, para iluminación del conocimiento de su gloria de Dios en el rostro de Jesucristo (2 Cor. 4:6), pues la palabra evangélica ilumina y los que reciben

34. Herbert H. Farmer, *The Servant of the Word*, Nisbet and Co., London 1941, 86.
35. J. Ellul, *op. cit.*, p. 138.

esa palabra son llamados propiamente «hijos de la luz» (1 Ts. 5:5), testimonio de una nueva obra creativa que no cesa (cf. Jn. 5:17).

Como ya dijimos, la fe es suscitada por la predicación de la palabra salvífica (Ro. 10:17). De hecho, la expresión «acoger la palabra» (Hch. 2:41) indica el primer acto de fe. La Palabra predicada realiza aquello para lo que ha sido ordenada. Acogerla, recibirla, es la primera acción práctica de la fe. Parafraseando a Jesús, «el que *recibe* la palabra apostólica predicada *recibe* a Cristo, y el que *recibe* a Jesús *recibe* al Padre que le envió» (Mt. 10:40; cf. Jn. 12:48; 13:20). Tal es el misterio y la grandeza de la predicación. En sus manos están las llaves que abren las puertas del reino del cielo: «Id por todo el mundo y predicad el evangelio a toda criatura. El que creyere y fuere bautizado, será salvo; mas el que no creyere, será condenado» (Mc. 16:15-16). Con este mandamiento Jesús condiciona la recepción de la salvación a la palabra predicada, lo cual es una tremenda responsabilidad para el que oye, pero también para el que la proclama.

Responsabilidad y privilegio, pues ¿hay algo más hermoso que el milagro del renacimiento? La maravilla de la conversión es el gozo supremo y la gloria del predicador. «En cualquier momento Saulo puede entrar en crisis y nacer el nuevo Pablo. Porque nuestro Evangelio no es la supervivencia del más apto, sino el avivamiento del más débil [...] La voz del púlpito es la aliada del alma temerosa y desesperada hasta el punto de renunciar a la batalla por la virtud y la justicia. La conciencia paralizada la lucha por mantenerse sobre sus pies una vez más. La voluntad se anima y fortalece. Es como una oleada de aire puro en un ambiente contaminado. Sientes la exultación de la esperanza. Espíritus enfermos y débiles beben el elixir de la vida y sienten el renacer de la salud. El aire tonificante del monte de Dios obra milagros de rejuvenecimiento y la fe nace de nuevo»[36].

Predicación, fe, bautismo y salvación están de tal manera entrelazados que no se pueden separar en el orden de la experiencia humana. Pues sin predicación no hay conocimiento de la salvación obrada en y por Jesús, sin conocimiento de esa gracia salvífica de Dios no hay fe que reciba ni bautismo que confirme, y sin ambos no hay posibilidad de apropiarse y beneficiarse de la salvación ofertada. Por esta razón, el ministerio de la Palabra constituye una parte tan esencial en la misión que la Iglesia ha recibido de Cristo y que no puede descuidar sin grave perjuicio para ella y el mundo, pues dejaría al hombre solo, «sin Dios y sin esperanza» (Ef. 2:12); el pecador sin justificación y el justo sin justicia.

Decía John Daniel Jones, él mismo un gran predicador y maestro, que «la obra del predicador es más grande y más duradera que la del políti-

---

36. Charles Silvester Horne, *The romance of preaching*, James Clarke, London 1914, 265.

co en sus efectos sobre los grandes intereses de la vida de la nación»[37], y aunque eran otros tiempos y otros usos y los efectos de la secularización no estaban tan extendidos como hoy, con una creciente descristianización en países otrora nominalmente cristianos, continúa siendo cierto que Dios sigue llevando a cabo su obra de redención del género humano mediante la predicación del Evangelio, y que la historia que perdura y la acción que moldea las conciencias con resultados benéficos para la generalidad de la sociedad producen como resultado la predicación de la gracia y de la justificación divinas. Cuando el último velo de la historia universal sea descorrido se comprenderá el alcance y el valor de esa «palabra que permanece para siempre» (cf. 1 Pd. 1:25), que actúa en los individuos, en aquellos que forman las comunidades históricas. Aunque la vida de los individuos está vinculada a la sociedad, de modo más profundo y significativo está vinculada a Dios, y cada cual representa en público algo, pero sólo Dios sabe lo que cada cual es en la intimidad. Qué repercusión tenga la *palabra* que ha albergado o rechazado en su corazón sólo el futuro lo revelará. Para la fe es un axioma innegable, que el misterio total del hombre se esclarece a la luz de Cristo, así como el destino de la humanidad.

«Es imposible», decía William G. Blaikie (1820-1899), pastor, profesor de Teología Pastoral en el *New College* de Edimburgo (Escocia), y promotor de reformas sociales, «concebir una ocupación tan grande y gloriosa como la que el ministro cristiano está llamado a desempeñar. Su meta es el cambio radical en la relación entre los hombres y Dios, un cambio que también implica una transformación del carácter y de la vida; su propósito es situar al pueblo bajo la influencia de los motivos más puros y convertir su vida en lo mejor y más noble posible y la más adecuada para la vida venidera. La influencia del ministro cristiano no termina con su servicio público; está designada, con la bendición divina, para ser un poder silencioso en los espíritus durante cara hora de sus vidas; en tiempo de trabajo y en tiempo de descanso, en el mercado y en el trabajo, en la familia y en la intimidad. Prevalece, por el poder del espíritu, sobre todas las influencias negativas, contrarrestando algunas de las inclinaciones naturales más fuertes y llevando todo pensamiento cautivo a la obediencia de Cristo»[38]. Según el plan de Dios, el Evangelio es para el mundo el remedio a su situación de perdición, y el instrumento que le ayuda a descubrir y realizar la plenitud de su vocación, que trasciende la esfera de todo cuanto existe para proyectarse a la eternidad. Por eso es necesario y urgente enseñar al mundo a que se oriente hacia Cristo, que camine hacia Él, porque ha-

---

37. Arthur Porrit, *J. D. Jones of Bournemouth*, Independent Press, London 1943, 62.

38. William G. Blaikie, *For the Work of the Ministry. Manual of Homiletical and Pastoral Theology*, Edinburgh 1873, 4.

ciéndolo así se acercará al sentido de su vida, salvado de su situación de confusión, debilidad y condenación. La comunidad creyente, a la que ha sido confiada el ministerio de la Palabra, no menosprecia el esfuerzo de la comunidad social que busca el pleno desarrollo del hombre en su vocación temporal, antes bien la saluda como institución divina, pero le recuerda que también debe estar al servicio del hombre en su vocación eterna, sin poner trabas ni impedimentos.

II
Homilética y predicación

Bibl.: AA.VV., *El arte de la homilía* (C. P. L., Barcelona 1979); U. Becker, "Evangelio", en *DTNT* II, 147-153; F. J. Calvo Guinda, *Homilética* (BAC, Madrid 2006); L. della Torre, "Homilía", en *NDL*, 1014-1038; E. Haensli, "Homilética", en *SM* III, 525-533; M. Lattke, "*Homileo*, conversar, hablar", en *DENT* II, 528-530; René Latourelle, *La teología, ciencia de la salvación* (Sígueme, Salamanca 1968); Gabriel Moran, *Catequesis de la revelación* (Sal Terrae, Santander 1968); O. Schilling, "*bsr*", en *TDOT* II, 313-316; Joseph H. Thayer, *Greek-English Lexicon of the New Testament* (Baker, Grand Rapids 1977); Paul Scott Wilson, *Preaching and Homiletical Theory* (Chalice Press, St. Louis 2004).

1. Homilética. Significado y uso

En las obras de este estilo resulta del todo obligado dedicar un poco de tiempo y espacio a la tarea, a veces un poco tediosa, de definir y delimitar los términos empleados para que podamos entender de qué estamos tratando. ¿A qué nos referimos cuando hablamos de *homilética*? Es un término técnico que con el paso del tiempo se ha cargado de connotaciones académicas, perdiendo así su frescura y significado originario. No es un vocablo atractivo, en nuestros oídos resuena a letanía, al latazo que alguien se atreve a dar a los oyentes amparado en su autoridad y en la obligación de aquellos de prestar atención. Pero la historia de esta palabra es bastante rica, dinámica y sugerente. Tiene que ver con el hombre como comunidad, como ser parlante que goza de la comunicación y la compañía. Es la copia exacta de la palabra griega *homilía*, que el gran poeta Homero utiliza para describir las relaciones humanas en lo que tienen de "trato" social, de "estar en compañía", y como ocurre que siempre que varias personas se encuentran hablan y platican sin cesar, pasó a adquirir el significado de "conversar", "comunicar", "hablar", "compartir". Ambos sentidos son utilizados en el Nuevo Testamento, el uno por Pablo: «Las malas compañías [*homiliai*] corrompen las buenas costumbres» (1 Cor. 15:33), y el otro por Lucas, el más helenista de los evangelistas: «Félix esperaba también que se le diera algún dinero de parte de Pablo. Por eso le hacía venir con frecuencia y hablaba [*homilei*] con él» (Hch. 24:26).

El adjetivo *homiletikos*, que significaba "reunión", pasó a significar "conversación" y dar nombre a un género literario especial por el que se explica familiarmente una doctrina. Es el utilizado por san Pablo ante el gobernador Félix y su esposa Drusila, que era judía, cuando fue invitado a hablar de su fe. Lucas refiere que entonces Pablo comenzó a "disertar" (gr. *dialegoménoy*, Hch. 24:25), conforme al género homilético. Lo mismo se repite en Troas, en relación, de nuevo, a la predicación de Pablo, esta vez dirigida a los creyentes, cuando «habló [*homilêsas*] largamente hasta el alba» (Hch. 20:11).

Del griego, la palabra "homilía" pasó al latín para designar fundamentalmente la predicación cristiana dentro de un acto litúrgico[39]. Según el Diccionario de la Real Academia es el «razonamiento o plática para explicar al pueblo las materias de religión». Tertuliano y Justino Mártir nos dicen que la práctica común en las iglesias del norte de África y de Asia era reunirse para leer las Sagradas Escrituras, y cuando las circunstancias lo permiten, amonestarse unos a otros. «En semejante discurso sagrado establecemos nuestra fe, fortalecemos nuestra esperanza, confirmamos nuestra confianza e intensificamos nuestra obediencia a la palabra mediante una renovada aplicación de su verdad»[40]. «El día llamado del sol, se tiene una reunión en un mismo sitio de todos los que habitan en las ciudades o en los campos. Y se leen las memorias de los apóstoles o las escrituras de los profetas mientras el tiempo lo permite. Luego, cuando el lector ha acabado, el que preside hace una invitación y una exhortación a imitar estas cosas excelsas»[41].

Este género de discurso, sencillo y popular, se adaptaba magistralmente a las necesidades de las asambleas cristianas de carácter familiar, pequeñas en número, sin exigencias académicas o de erudición. El uso del término homilética se institucionalizó a partir del siglo XVII para designar la rama de la teología que tiene que ver con el *arte* de la predicación, los principios y reglas imprescindibles que el predicador debe manejar para comunicar el mensaje cristiano de un modo propio, digno y relevante a la situación y tiempo pertinentes. Hay quien propuso para esta materia el nombre de "kerítica", del griego *kéryx*, "heraldo", de donde procede el vocablo *kerigma*, que hizo fortuna en su día, y que consideraremos más tarde.

39. Para la Iglesia católica la homilía es la forma eminente de la predicación, «en la cual se exponen durante el ciclo del año litúrgico, a partir de los textos sagrados, los misterios de la fe y las normas de la vida cristiana» (Conc. Ecum. Vat. II, Const. dogm. *Sacrosanctum Concilium*, n. 52).

40. Tertuliano, *Apología contra los gentiles*, 39, CLIE, Barcelona 2001.

41. Justino, *Apología* I, CLIE, Barcelona 2004.

En el siglo IV Lactancio introduce un nuevo vocablo latino, *praedicatio*, para designar el mensaje o enseñanza de los apóstoles[42].

En hebreo no hay ninguna palabra relativa a la "homilética", aunque los traductores griegos de la Biblia hebrea utilizaron una u otra forma de *homiletikos* en varios pasajes del Antiguo Testamento. Por ejemplo, en Proverbios 7:21 «Lo rindió con su mucha persuasión; lo sedujo con la suavidad de sus labios».

2. Predicación en la Biblia

La palabra "predicación" no aparece en la Biblia, es un término de origen latino, *praedicare*, emparentado con *praeco*, "heraldo". Corresponde a diversas familias de palabras hebreas y griegas que designan distintos géneros de discursos en el ámbito de las relaciones sociales. El término hebreo común es *bâsar*, procedente de una raíz acádica y presente en el árabe *bassara*, el etíope *absara* y el arameo palestino *bsr*, con una polisemia interesante. En su origen denota lo que está fresco, vivo, de ahí que denote tanto la vida humana, la *carne*, que en hebreo es la misma palabra con una ligerísima variante de pronunciación, como la palabra que expresa *buenas noticias*, que trae o lleva noticias frescas, el mensaje de alegres nuevas. Debido a las circunstancias históricas hace referencia a un tiempo de inestabilidad, plagado de conflictos tribales e invasiones, cuando cualquier noticia procedente del campo militar que contara o anunciara la victoria sobre los enemigos jugaba un papel muy importante en la sociedad. El fin es levantar el ánimo de los oyentes y hacerles partícipes de la alegría portada por el mensajero, por ejemplo cuando Ajimaas, hijo de Sadoc, dice: «Correré y daré las buenas noticias al rey, de cómo Yahvé le ha librado de mano de sus enemigos» (2 Sam. 18:19, 20; cf. vv. 25, 26); o cuando los filisteos mataron al rey Saúl y «enviaron mensajeros por toda la tierra de los filisteos para dar la buena noticia en el templo de sus ídolos y al pueblo» (1 Sam. 31:9; cf. 2 Sam. 1:20; 1 Cro. 10:9). La misma palabra aparece de nuevo en relación a la disipación del peligro sirio: «Hoy es día de buenas nuevas» (2 R. 7:9). Del uso militar pasó al religioso, como tantas otras expresiones e imágenes del Antiguo Testamento, aplicado a las victorias de Yahvé sobre los enemigos del pueblo elegido.

La transición del significado secular, profano, al religioso y teológico se produce en los Salmos y los profetas, en especial en relación a los hechos salvíficos de Yahvé. Así tenemos el significativo texto que dice: «El Señor da la palabra, y una gran hueste de mujeres anuncia la buena nueva» (Sal. 68:12). El profeta Isaías utiliza este verbo en relación a su ministerio en

---

42. Lactancio, *Instituciones divinas* IV, 21, Gredos, Madrid 1990.

un emblemático pasaje al comienzo de su misión: «El Espíritu del Señor Yahvé está sobre mí, porque me ha ungido Yahvé. Me ha enviado para anunciar buenas nuevas a los pobres» (Is. 61:1). Otros textos relativos al culto del Templo nos indican que para entonces *bâsar* había adquirido una función litúrgica: «He anunciado justicia en la gran congregación» (Sal. 40:9; cf. 96:2). En este contexto casi siempre se hace referencia no sólo al anuncio de "buenas noticias", sino más concretamente a la proclamación gozosa de los prodigios de Yahvé, para ser partícipes de ellos en alegría y alabanza (cf. 1 Cro. 16:23; Nah. 1:15; Is. 52:7; cf. Is. 40:27; 60:6); cuya exacta correspondencia nos remite al griego *euaggelizô*, la expresión común para "evangelizar". En el Nuevo Testamento se utiliza casi siempre para las "buenas nuevas" acerca del Hijo de Dios (Hch. 8:40; 15:7; 16:10), triunfador de los grandes enemigos de la humanidad: el pecado, el diablo y la muerte (cf. Mt. 12:29; Lc. 4:18; Hch. 10:38; 1 Cor. 15:26, 54-56; Col. 2:13-15).

No sabemos qué palabra aramea intermedia utilizaría Jesús cuando habla del «evangelio del reino» (Mt. 4:23), pero a juzgar por la cita de Lc. 4:18 y de Is. 61:1, es bastante probable que la traducción griega de *bsr* por *euangelizesthai*, que aparece en los LXX sea la base del *euangélion* cristiano (Schilling)[43].

El otro término hebreo afín es el verbo *qârâ*, que denota "proclamar, pregonar, publicar", estrechamente relacionado con el verbo griego *keryssõ*, "proclamar, pregonar", de donde procede el conocido término, *kerygma*, que denota el "bando" o "proclamación" hecha por un pregonero o heraldo (Hch. 8:5; 10:42), y hace referencia al mensaje o noticia, al contenido de lo predicado en contraste con el acto de la predicación.

Los términos hebreos *bâsar* y *qârâ* aparecen juntos en la gran profecía de Is. 61:1: «El Espíritu del Señor Yahvé está sobre mí, porque me ha ungido Yahvé; me ha enviado para anunciar buenas nuevas [*bâsar*] a los pobres, para vendar a los quebrantados de corazón, para proclamar [*qârâ*] libertad a los cautivos y a los prisioneros apertura de la cárcel». Es curioso que en re-

---

43. «Es improbable que el mismo Jesús haya empleado el concepto de *euangélion* o, hablando con más precisión, su equivalente arameo, para designar su mensaje en un sentido amplio. Al menos, no hay de esto ningún testimonio claro [...] La pregunta decisiva no es si Jesús mismo utilizó o no la palabra "evangelio"; lo decisivo aquí es si, con esta palabra, se expresa o no la realidad sobre la que se centra el mensaje. No hay duda de que Jesús ha entendido su mensaje sobre el reino de Dios que ha de venir (M. 1:14), y que está presente en su palabra y obra, como la buena nueva: "Dichosos vuestros ojos porque ven y vuestros oídos porque oyen" (Mt. 13:26). [...] Él no sólo aparece como mensajero y autor de este mensaje sino, al tiempo, como su contenido, es decir, como aquel de quien habla este mensaje. Es, pues, completamente lógico que la iglesia cristiana primitiva haya tomado el concepto de *euangélion* para describir de un modo sintético el mensaje de salvación ligado a la venida de Jesús» (U. Becker, "Evangelio", en *Diccionario Teológico del Nuevo Testamento* II, 149, Sígueme, Salamanca).

lación a la victoria de David sobre los filisteos las mujeres aparezcan como las primeras y más importantes anunciadoras de buenas noticias: «Las mujeres de todas las ciudades de Israel salieron para recibir al rey Saúl, cantando y danzando con gozo, al son de panderos y otros instrumentos musicales» (1 Sam. 18:6, 7). ¿Sería un fácil paralelismo de tipo alegórico hacer referencia al anuncio gozoso de la resurrección de Jesús, triunfante sobre los poderes de la muerte, por parte de la mujeres? (Lc. 24:9).

Qârâ generalmente se traduce por "clamar, llamar, invitar" (cf. Neh. 6:7; Jon. 3:2), significa también "leer en voz alta", el único tipo de lectura conocido en la antigüedad[44]. En este sentido se utiliza más de treinta veces. De ahí el nombre *caraíta*, aplicado a una secta judía que limita su enseñanza a lo que se pueda aprender de la lectura del Antiguo Testamento, sin los añadidos de la posterior tradición rabínica recogida en el Talmud.

En el Nuevo Testamento el verbo *keryssõ*, "proclamar", "ser heraldo", se encuentra alrededor de sesenta veces. Se utiliza de la lectura pública de la ley de Moisés (Hch. 15:21), y de la proclamación del Evangelio de Cristo (por ejemplo: Mt. 24:14; Mc. 13:10; 16:15; Lc. 8:1; 9:2; 24:47; Hch. 8:5; 19:13; 28:31; Ro. 10:14; 1 Cor. 1:23; 1 Ts. 2:9; 1 Ti. 3:16; 2 Ti. 4:2). Allí donde se utiliza esta palabra, se pone más énfasis en el acto del anuncio que en el contenido del mensaje mismo.

2.1. La predicación en los días de la Alianza

La palabra que enseña, ordena e instruye, predicada o simplemente leída, está siempre presente en todos y cada uno de los momentos fundacionales del Pueblo de Dios. En la promulgación de la Ley y el Pacto del Sinaí, juntamente con la aspersión de sangre y el banquete cultual, Moisés «tomó el libro del pacto y lo leyó a oídos del pueblo» (Ex. 24:8). El contenido de ese libro ha de buscarse en los capítulos 20-23 del Éxodo, donde las prescripciones morales y rituales van precedidas de la presentación y revelación del Dios libertador que salva a su pueblo de la esclavitud.

Al celebrar la Alianza en la asamblea de todas las tribus de Israel en Siquem, Josué hizo uso de la palabra, y a modo de predicador, narró la historia de Israel, partiendo del "padre Abraham" y concluyendo con la entrada en Canaán, como iniciativa salvífica del Señor. Como en toda predicación que se precie, Josué no tiene por meta sólo informar, sino mo-

---

44. Hay que esperar a la aparición del cristianismo para que se generalice la práctica de la lectura individual y en silencio; visual y no vocalizada, una adquisición muy importante para el porvenir de la humanidad. «Sabemos que los antiguos leían siempre en voz alta. San Agustín expresó su asombro al ver que su amigo san Ambrosio, obispo de Milán, practicaba la lectura mental» (Régine Pernoud, *La mujer en el tiempo de los catedrales*, Ed. Andrés Bello, Santiago de Chile 1999, 37).

ver la conciencia y voluntad de sus oyentes a tomar una decisión: «Servir a Yahvé o servir a los dioses a los cuales servían sus ancestros» (Jos. 24:15).

Yahvé aparece desde el principio de la historia de Israel como el Dios que se comunica mediante la palabra, en esto se diferencia la religión hebrea de las religiones cananeas, con sus ritos y ceremonias destinadas a asegurar la fertilidad de campos y animales, y la práctica de la sexualidad sagrada con vistas a garantizar la fecundidad humana. Yahvé «se comunica a través de la palabra y, por eso, los ritos destinados a celebrar el despertar de la naturaleza y su fertilidad no tienen cabida en el culto hebreo»[45]. La lluvia que fertiliza la tierra, la fecundidad que perpetúa la familia, se deben a la obediencia de la Palabra de Dios, de sus estatutos y mandamientos, pues la palabra está en el origen de todo (Lv. 26:4, 9; Dt. 11:14; 28:12; cf. Jer. 51:16).

El Deuteronomio recoge una colección de discursos homiléticos en los cuales se aviva la memoria de lo que Yahvé hizo con el faraón y con todo Egipto, para así evitar la tentación de buscar la ayuda de otros dioses e imitar sus prácticas idolátricas, relacionadas con la fertilidad y fecundidad. Todos concluyen con una palabra de ánimo y consuelo para descansar únicamente en la palabra que rememora los hechos salvíficos de Dios: «No desmayes ante ellos, porque Yahvé tu Dios está en medio de ti, Dios grande y temible» (Dt. 7:17-21). La predicación de los hechos salvíficos de Dios tiene por meta instruir moralmente al pueblo, reforzando su voluntad de obediencia y fidelidad al Dios del pacto, en cuyo brazo está el poder, «no sea que digas en tu corazón: Mi fuerza y el poder de mi mano me han traído esta prosperidad. Al contrario, acuérdate de Yahvé tu Dios. Él es el que te da poder para hacer riquezas, con el fin de confirmar su pacto que juró a tus padres, como en este día» (Dt. 8:11-18). Otra nota característica de este tipo de predicación, tan presente en la predicación cristiana, es el recuento, el *memorial* e interpretación de la historia salvífica con vistas a su actualización en la vida de los oyentes: «No fue sólo con nuestros padres que Yahvé hizo este pacto, sino también con nosotros, nosotros que estamos aquí hoy, todos vivos» (Dt. 5:3).

2.2. La predicación en los profetas

El profeta, según lo entiende la Sagrada Escritura, no es sólo aquél que prevé y predice eventos futuros, sino el que habla por Dios o de parte Dios, inspirado por Él e intérprete de su voluntad para una situación concreta, en muchas ocasiones de juicio y condenación por causa de la impiedad.

---

45. Félix María Arocena, *La celebración de la palabra. Teología y pastoral*, Centre de Pastoral Litúrgica, Barcelona 2005, 26.

Moisés es considerado el primer profeta en un sentido prominente. Yahvé habla con él cara a cara (Ex. 33:11), de modo que representa a Dios ante el pueblo, pues en su boca está la palabra de Dios (cf. Ex. 4:15, 17; 7:1-2). La función principal del profeta consiste en anunciar la palabra de Dios previamente recibida por visión o revelación. A veces se hace acompañar por acciones simbólicas externas, pero estas acciones, de carácter dramático, obedecen al propósito de destacar el sentido de la comunicación profética y para imprimirla en la memoria de los oyentes. Así por ejemplo, el profeta Ajías de Silo, al predecir a Jeroboam la división de su reino, que había de cumplirse después de la muerte de Salomón, tomó el manto nuevo que llevaba sobre sí, lo rasgó en doce pedazos, diciendo: «Toma para ti diez pedazos, porque así ha dicho Yahvé Dios de Israel: He aquí, yo arranco el reino de la mano de Salomón, y a ti te daré diez tribus» (1 Re. 11:31, 35). Jeremías recibió la orden de comprar del alfarero una vasija de barro y quebrarla ante los ojos de los ancianos del pueblo y los ancianos de los sacerdotes al tiempo que les decía: «Así ha dicho Yahvé de los Ejércitos: Así quebrantaré a este pueblo y a esta ciudad, como quien quiebra un vaso de barro que no se puede volver a restaurar» (Jer. 19:1, 11).

Gestos y palabras convergen en la tarea de dar a conocer la voluntad de Dios y su carga de urgencia que demanda una respuesta inmediata adecuada a las exigencias del mensaje. El profeta, inspirado por Dios, es llamado a dirigirse al pueblo para que este vea las cosas como Él las ve. En todo momento la intención del profeta, de todos los profetas, es hacer ver el mundo y su historia como Dios lo ve, lo juzga y lo condena; un vigía que desde su atalaya advierte de los peligros de parte de Dios (cf. Is. 21:8; Ez. 3:17), con la esperanza de que muchos se conviertan y eviten la desgracia anunciada. El profeta es un «centinela del pueblo de Dios» (Os. 9:8). Según una de sus etimologías más antiguas, el profeta, en hebreo *nabi*, relacionado con el acádico *nabu*, es el "llamado" por Dios para llamar a los hombres hacia Dios. Una voz que brota y clama en el desierto del mundo: «Preparad el camino del Señor; enderezad sus sendas» (Is. 40:3; Mt. 3:3).

Aunque parezca contradictorio, el mensaje del profeta no es primariamente negativo, condenatorio. Es una grave tergiversación de la profecía creer que su función es la de denunciar y condenar, de utilizar el nombre de Dios para arremeter contra todo y contra todos. La denuncia es únicamente el modo más angustioso de expresar la misericordia de Dios que en todo momento busca el bien de su pueblo. La voz del profeta no es la del guardián de la moral privada que juzga y castiga sin piedad ni conocimiento. Es la voz de la conciencia suprimida de los que detentan la ética y la religión del poder. En este contexto hay que leer a Isaías cuando dice: «Denuncia ante mi pueblo su transgresión, y a la casa de Jacob su pecado» (Is. 58:1). No es cualquier pecado que afrente la conducta de una persona o grupo, es un pecado mucho más grave y radical que infecta todo el sistema de los justos: «Ellos me consultan cada día, y les agrada saber mis caminos, como si fuese gente que hubiera obrado con justicia y que no hubiese dejado el juicio de su Dios. Me piden justos juicios y quieren acercarse a Dios» (v. 2). La voz del profeta llama a la lucidez, no de los ciegos, sino de los que creen ver. «Si tu alma provee para el hambriento y sacias al alma humillada, tu luz irradiará en las tinieblas, y tu oscuridad será como el mediodía» (v. 10), entonces, Yahvé «te guiará siempre y saciará tu alma en medio de los sequedales. El fortalecerá tus huesos, y serás como un jardín de regadío y como un manantial cuyas aguas nunca faltan» (v. 11). Los profetas generalmente anuncian el juicio de Dios por causa del pecado, pero junto a los vaticinios de castigo y desastres por parte de Dios –casi siempre por medio de naciones gentiles, cuando se trata de hecatombes nacionales–, aparece un mensaje de esperanza y restauración, centrado especialmente el *resto* o *remanente* fiel, objeto de la salvación providencial de Dios, a partir del cual el pueblo elegido puede comenzar de nuevo como el pueblo de la alianza. El juicio, la denuncia profética, la amenaza de castigo, no anula nunca la buena noticia de la salvación final: «Ve, proclama a los oídos de Jerusalén y diles que así ha dicho Yahvé: Me acuerdo de ti» (Jer. 2:2). «Ve y proclama estas palabras hacia el norte. Dirás: Vuelve, oh apóstata Israel, dice Yahvé. No haré caer mi ira sobre vosotros, porque soy misericordioso, dice Yahvé» (Jer. 3:12). «Escucha, oh tribu: La voz de Yahvé proclamará a la ciudad, y Él salvará a los que temen su nombre» (Miq. 6:9).

Por su llamada y envío el profeta es un personaje público, que no puede guardar para sí el mensaje que Dios le ha confiado, pues de su misión depende el bienestar del pueblo, aunque este a menudo sea refractario e incluso hostil al mensaje (cf. Jer. 1:18; Ez. 2:3-4), lo cual lleva al profeta a enfrentarse abiertamente a personas e instituciones poderosas, debiendo superar los propios miedos y las amenazas de quienes pretenden amenazarlos. Su única arma y defensa es la palabra de Dios que lo comisiona. Sorprendentemente, ninguno de los grandes profetas tiene dotes de orador. Todo lo contrario. Tienen graves carencias al respecto y en ellas se escudan para escapar al encargo divino. El caso más conocido es el de Moisés, pero también Jeremías, incapacidad de expresarse (Jer. 1:6); Isaías, de «labios impuros» (Is. 6:5). A pesar de esto, Dios les confía el ministerio de la palabra. Así se significa que el profeta no habla por su cuenta, ni dice sus propias palabras, sino que es un fiel transmisor de la palabra divina que siente en su boca (Jr. 1:9). Así es como la palabra de Dios interviene en la historia y se encarna en ella para juzgarla, reconvertirla y salvarla, no con «sabiduría de palabras», sino con «poder de Dios», como dirá después san Pablo (1 Cor. 1:17).

En su aspecto formal, en la profecía que nos es accesible en cuanto obra escrita recogida en el canon, se encuentran todos los otros géneros posibles de discurso. Los profetas generalmente utilizan en sus propios oráculos y discursos conceptos e imágenes del mundo natural, profano y religioso, y los emplean de manera nueva para sus fines. Así utilizan, por ejemplo, lo mismo el procedimiento judicial del gran rey contra vasallos que han roto sus contratos, que los discursos ante la asamblea jurídica de Israel para exponer el "proceso divino" con el pueblo, los cuales pueden terminar tanto en sentencia de castigo como en mera admonición (cf. p. ej., Is. 1:2ss.18ss; Miq. 1:2ss). De la misma manera utilizan también las «exhortaciones» de los maestros de la sabiduría y las explanan a veces en sermones regulares (cf. Ezq. 20). Del orden ritual, hallan aplicación los géneros del himno, de la "lamentación", la *torá* sacerdotal y la litúrgica, amén del ritual de la "lamentación y penitencia" y otras varias fórmulas del culto y de la liturgia. Del orden de la vida diaria, aparecen sobre todo el canto de amor, el canto fúnebre y el de burlas, así como la forma de discusión dialogada. El empleo de todos estos géneros de dicción y de estilo en los profetas está generalmente caracterizado por un fuerte caudal de imágenes y una impresionante plasticidad de la lengua, que se eleva a menudo, en verso, a alta forma poética y retórica. Esta plasticidad se condensa por decirlo así en "acciones simbólicas" de varios profetas que obran como símbolos vivos.

Profetas como Amós recurren con frecuencia a la ironía para denunciar la hipocresía de una religiosidad centrada en actos externos y ajena por completo a la justicia social y la misericordia con los débiles e indefensos. *Id a Betel a prevaricar*, les dice, *aumentad vuestras rebeldías en Gilgal*, ambos centros sagrados, *y traed de mañana vuestros sacrificios, y vuestros diezmos el tercer día* (Am. 4:4), en referencia a las grandes damas de Israel tan cumplidoras de sus deberes religiosos que ofrecen sacrificios matinales, es decir, todos los días, cuando sólo estaban obligadas a hacerlo algunas veces al año, y lo mismo presentan sus *diezmos cada tres días*, cuando sólo les obligaba hacerlo cada tres años (cf. Dt. 14:28-29; 26:12-13), sin embargo permitían el expolio y explotación de los pobres. En nombre de Dios, el profeta dice que, algo tan preciado como el sistema sacrificial y las grandes fiestas solemnes, son verdaderamente aborrecibles: «Aborrezco vuestras solemnidades» (Am. 5:21). Desde el punto de vista de la justicia y el derecho la religiosidad externa carece de valor y produce hastío al mismo Dios (cf. Is. 1:14; Mal. 1:10). Los dirigentes políticos y religiosos aman lo que deberían aborrecer y aborrecen lo que deberían amar. *Aborrecéis lo bueno*, les echa en cara Miqueas (3:1), y utiliza para mostrarlo varias imágenes tomadas del mundo ganadero. Los gobernantes de Israel tratan al pueblo sencillo como a una oveja a la que arrancan su piel y aprovechan después su carne para la olla.

Nada se libra a sus arbitrarias exacciones; por esta razón, cuando llegue la hora de la angustia y el castigo, de nada les servirá el clamar a Yahvé poniendo a su favor el número de ofrendas y sacrificios llevados al templo, pues su menosprecio del pobre y de la viuda clama ante Dios con más fuerza que su falsa religión, puramente externa.

2.3. La predicación durante la monarquía

El asentamiento en Canaán, la sedentarización del pueblo y la posterior monarquía, otorga a muchos israelitas el disfrute de una buena situación económica con la posesión de tierras y la práctica del comercio. Se produce una notable mejora del nivel de vida con la introducción de productos del extranjero, y modas y refinamientos tomadas de los pueblos vecinos más prósperos. La monarquía se consolida, el sistema religioso, paralelo al sistema estatal, se enriquece con edificios, fiestas y ceremoniales espléndidos. Pero algo falla, y como casi siempre, el bienestar de unos pocos se monta sobre el sacrificio de los muchos. La prosperidad y esplendor son injustos con la mayoría. En la nueva situación creada por la monarquía, la estructura comunitaria, basada en la solidaridad del clan, deja paso a una sociedad competitiva e individualista, basada en el tener y el poder. Aparece la codicia de tierras y la codicia por aprovecharse del comercio interior o exterior. Se crea una clase de poderosos funcionarios reales (militares, administrativos, judiciales) que obtienen de los reyes grandes ventajas en dinero, tierras y regalos en especie, y que, sobre todo, pueden ser sobornados con regalos y pueden abusar de su poder para aprovecharse de los más necesitados. El pueblo es gravado con un riguroso sistema de impuestos y contribuciones (1 Re. 5:2-8; 2 Cro. 17:5-14, etc.), requerido para financiar la burocracia y las iniciativas bélicas o suntuarias de la corte. Tenemos noticias del fasto y lujo en que vivió Salomón (1 Re. 4:7; 5:6s). La construcción del templo y otros edificios (1 Re. 7-10), con la finalidad primera de engrandecer la corte, supuso una gran carga económica para el pueblo (1 Re. 12:4). Y su hijo Roboam tuvo la desfachatez de anunciar que haría bueno a Salomón: «Mi padre os puso un yugo muy pesado; yo lo haré más pesado todavía; él os castigó con azotes, yo lo haré con latigazos» (12:14). La monarquía alternativa que surge en el Norte del país por oposición al Sur, no fue menos depredadora. El ejemplo paradigmático es la viña de Nabot, adquirida con un crimen por la reina Jezabel (1 Re. 21:1-16), lo que nos habla de cómo los poderosos utilizaban su poder para robar y exprimir a los débiles. Desde el punto de vista oficial, ambas monarquías gozan de aparente prosperidad y esplendor, pero a los ojos de Yahvé, que vela por su pueblo y por los que sufren la injusticia, toda esta prosperidad y esplendor son reprobables porque han sido construidos sobre la sangre y el sudor de los pobres. El pueblo es reducido a la miseria y no encuentra pastores que lo defienda y alimente. Las lecciones de la esclavitud en Egipto no han servido para nada. Dios es para los poderosos únicamente un símbolo que corona su ambición de poder supremo.

Los profetas, en su calidad de hombres del pueblo y portadores de fe de la alianza, ven claro en qué se ha convertido el proyecto divino de separar para sí un pueblo santo celoso de buenas obras. Y de una y mil maneras expresan con palabras y gestos la decepción y el hartazgo de Dios. «Esperaba el derecho, y he aquí la vileza; esperaba la justicia, y he aquí el clamor» (Is. 5:7). La Tierra Prometida no fue para su pueblo escogido el paraíso que alimenta a todos con leche y miel, sino el espacio geográfico manipulado por gobernantes sin escrúpulos y ricos especuladores para acaparar para sí la mayor parte de la tierra de las haciendas: «Añaden casas a casas y campos a campos hasta no dejar sitio y vivir ellos solos en medio del país» (Is. 5:8; cf. Miq. 2:2). Por si fuera poco, los muy cínicos «llaman al mal bien y al bien mal». Por eso el profeta Miqueas les pregunta, acusa y reprende con justa razón: «Escuchad ahora, príncipes de Jacob, y jefes de la casa de Israel: ¿No concierne a vosotros saber lo que es justo? Vosotros que aborrecéis lo bueno y amáis lo malo, que les quitáis su piel y su carne de sobre los huesos; y luego de haberos comido la carne de mi pueblo, y desollado su piel de sobre ellos, y quebrantado y roto todos sus huesos como para el caldero, y como carnes en olla, entonces clamáis a Yahvé, pero él no os responderá; antes esconderá de vosotros su rostro en aquel tiempo, por cuanto hicisteis obras malvadas» (Miq. 3:1-4). ¡Claro que los gobernantes, jueces y magistrados del pueblo tenían conocimiento más que suficiente de la ley y del derecho debido a los miembros más indefensos de la comunidad, pero, simplemente, pasaban por encima de la justicia debida a su hermanos pobres, ya que sólo les interesaba su posición social propia y el enriquecimiento constante, el cual es imposible conseguir sin desposeer al otro. Con pleno conocimiento y total impunidad, la clase dirigente vendía al inocente en el juicio mediante sobornos, y los prestamistas eran capaces de reducir a sus hermanos al nivel de la esclavitud por una pequeña deuda no saldada, tan insignificante, por ejemplo, como la cantidad que se paga por un par de sandalias (cf. Am. 2:6s). La opresión de los pobres e indigentes estaba al orden del día en Israel (Am. 4:1). Los profetas de esta época saben que hablan en nombre de Dios cuando dicen que Dios detesta la conducta de los injustos y que no quedarán sin castigo: «Derribaré la casa de invierno y de verano, se perderán las arcas de marfil, se desharán los ricos arcones» (Am. 3:15). El culto del Templo con el que pretenden acallar su conciencia es criticado sin piedad por todos los profetas de la época monárquica como un culto vacío e inaceptable a Dios. Los grandes días de ayuno solemne desagradan a Dios y afrentan al pobre. «¿No consiste, más bien, el ayuno que yo escogí, en desatar las ligaduras de impiedad, en soltar las ataduras del yugo, en dejar libres a los quebrantados y en romper todo yugo?» (Is. 58:6).

La conquista de ambos reinos por fuerzas extranjeras, la caída de la monarquía y el exilio babilónico es interpretado por los profetas como justo castigo por haber violado la alianza de Dios, consistente en la perversión de la fe de la alianza, asociando a Yahvé elementos impuros de las religiones politeístas, y faltando de un modo sangrante a la justicia debida a los débiles e indefensos del pueblo de la alianza: viudas, huérfanos, pobres, piadosos sin doblez ni ambición. Los israelitas, tanto en el Reino del Norte como del Sur, cayeron en el error de cumplir y ensalzar la religiosidad externa, consistente en sacrificios abundantes y festividades religiosas, pero carentes de actos internos de justicia y misericordia individual y social[46].

2.4. La predicación después del exilio

La aniquilación del Reino de Israel por los asirios, cuyas diez tribus se pierden para siempre, y la posterior deportación de los habitantes de Judá por los babilonios, conducidos en cautiverio a Mesopotamia, lejos de su tierra y de sus instituciones más queridas –templo, culto, lengua–, supone para el judaísmo un cambio tan radical y profundo que todavía hoy resulta difícil evaluar. Para empezar, aquellos judíos que se acogen al edicto de Ciro el persa y regresan a las ruinas de la vieja y añorada patria, vuelven del exilio con una idea acendrada del exclusivismo de Yahvé y de sí mismos como pueblo elegido de Dios. La preocupante meditación sobe la causa de su ruina durante los largos años de destierro les lleva a ver claro que todas las desgracias que les han ocurrido se deben a su infidelidad a Yahvé y a su transgresión de las condiciones del Pacto o Alianza. Han fallado a Dios como una mujer adúltera a su esposo legítimo y han sido repudiados por éste. Si hasta ese momento la historia de Israel ha estado llena de coqueteos con el politeísmo y recaídas en cultos extraños asociados con la fertilidad o la astrología, la deportación parece haberlos borrado por completo. Para curarse en salud, los cabecillas del retorno, deciden cortar por lo sano cualquier posible tentación de recaída en las viejas infidelidades y prohíben determinantemente no sólo el matrimonio con gentiles, sino que hasta obligan a aquellos judíos que contrajeron matrimonio con mujeres extranjeras durante el exilio a repudiarlas, a arrojarlas de sí, a cercenarlas

---

46. Cf. William Bennet Bizzell, *The Social Teachings of the Jewish Prophets*, Sherman, French & Co., Boston 1916; Pedro Jaramillo Rivas, *La injusticia y la opresión en el lenguaje figurado de los profetas*, Ed. Verbo Divino, Estella 1992; J. David Pleins, *The Social Vision for the Hebrew Bible*, Westminster John Knox Press, Louisville 2001; José Luis Sicre Díaz, *Con los pobres de la tierra. La justicia social en los profetas de Israel*, Cristiandad, Madrid 1985.

de la congregación santa para evitar así cualquier influencia politeísta presente en el mismo seno del hogar. Los judíos del destierro, sin monarquía, sin independencia política, con el Templo por los suelos, se protegen a sí mismos cerrando filas en torno a un concepto de pureza racial y religiosa. Los profetas han desaparecido, pero quedan los escritos sagrados que Dios les ha entregado, la Torá y los oráculos de los profetas. Es la hora de los intérpretes, de los escribas, comenzando por el levita Esdras, ocupados en actividades homiléticas: «Y Esdras leyó el libro de la ley de Dios, traduciendo y explicando el sentido. Así se pudo entender lo que se leía» (Neh. 8:8).

Esdras, cual nuevo Moisés, refundará el Israel del destierro en torno a una Alianza renovada como alma de la nueva nación. La renovación del Pacto o Alianza ya no es sellado con sacrificios, sino con la Escritura misma, es decir, con la recepción de la misma mediante la fe, que es celebrada con una fiesta solemne que duró siete días, durante los cuales Esdras leyó «día tras día en el libro de la Ley de Dios» (Neh. 8:18). El culto se hizo más interno y, en cierto grado, más espiritual.

Es el comienzo del judaísmo caracterizado por el intenso trabajo de los escribas para dar a conocer la Ley al pueblo a fin de que sea fiel en su cumplimiento exacto y garantizar así la bendición divina. De esa época data el culto sinagogal sabático que, sin renegar del Templo y su sistema sacerdotal y sacrificial, da origen a un nuevo tipo de culto consistente en la lectura de los escritos sagrados, ocasionalmente seguida de un comentario homilético o de una palabra de exhortación basada en el texto leído. A diferencia del antiguo judaísmo, el Israel del destierro no tiene ya su centro en un solo lugar, Jerusalén, con el culto confinado al Templo, sino que se esparce por ciudades y villas, y en cada localidad hay asambleas que se reúnen en la sinagoga. Es aquí donde enraízan todas las instituciones de Israel y donde se expresa la vida religiosa teniendo a Dios como su fuente y a las Escrituras como su base. Tal es la importancia de la sinagoga que se toma como dada por el mismo Dios, instituida por el patriarca Moisés. Así es como lo ve Filón de Alejandría: «Moisés prescribió que el pueblo se reúna en asamblea en el mismo lugar en este séptimo día y, sentándose juntos con respeto y orden, escuchen la lectura de las leyes de modo que nadie pueda ignorarlas. Y, en verdad, siempre se reúnen y se encuentran juntos, por lo común en silencio, excepto cuando deben decir algo para manifestar su aprobación a lo que se ha leído. Pero algún sacerdote presente o uno de los ancianos les lee las santas leyes y las explica punto por punto hasta bien avanzada la tarde; luego se van, después de haber adquirido un seguro conocimiento de las santas leyes y un notable progreso en la piedad».

Se puede caracterizar acertadamente este judaísmo de *judaísmo sinagogal*, centrado en la Ley, su estudio y lectura, con una nota democrática frente a la aristocracia sacerdotal. En la sinagoga, no sólo el sacerdote, sino cualquier varón cualificado, puesto en pie, puede instruir en «la ley moral y en lo que es bueno y más se ajusta al bien, en las cosas que pueden mejorar toda su vida». No es una práctica enteramente nueva, encontramos precedentes en los profetas que predicaban en asambleas cultuales, a menudo en contraste con los sacerdotes oficiales. Así Amós toma la palabra en Betel, «santuario del rey y la casa del reino» (7:13). De los Salmos se desprende que el pueblo podía tomar la palabra durante las ceremonias del Templo, a la vista de toda la asamblea: «He anunciado justicia en la gran congregación; he aquí, no he detenido mis labios. Oh Yahvé, tú lo sabes. No he encubierto tu justicia dentro de mi corazón; he proclamado tu fidelidad y tu salvación. No he ocultado tu misericordia ni tu verdad en la gran congregación» (Sal. 40:9-10). «¡Aleluya! ¡Alabad el nombre de Yahvé! Alabadle, oh siervos de Yahvé, vosotros que estáis en la casa de Yahvé, en los atrios de la casa de nuestro Dios» (Sal. 135:1-2).

En el contexto de este *judaísmo sinagogal* surgen técnicas homiléticas más apropiadas al texto sagrado y a las necesidades de la audiencia, que están en el origen del *midrás*, tanto *haggádico* o legal-dogmático, como *halakico* o narrativo-moral, cuya intención es transmitir el conocimiento de los acontecimientos salvíficos en confrontación con las nuevas situaciones, comunicada al pueblo para que se dé cuenta de lo que el Señor obra y dice actualmente, se convierta y viva según la Ley, admire, alabe y bendiga al Señor.

3. La predicación en tiempos de Jesús y los apóstoles

Bibl.: R. Ahlgrim, *Not as the Scribes: Jesus as a Model for Prophetic Preaching* (Herald Press, Kansas City 2002); R. Bailey, *Jesus the Preacher* (Broadman Press, Nashville1990); Id., *Paul the Preacher* (Broadman Press, Nashville 1991); David Buttrick, *Preaching Jesus Christ. Exercise in Homiletic Theology* (Fortress, Philadelphia 1988); C. H. Dodd, *La predicación apostólica y sus desarrollos* (FAX, Madrid 1974); Michael P. Knowles, *We Preach Not Ourselves: Paul on Proclamation* (Brazos Press, Grand Rapids 2008); Hughes Oliphant Old, *The Reading and Preaching of the Scriptures in the Worship of the Christian Church*, vol. 1: *The Biblical Period* (Eerdmans, Grand Rapids 1998); A. Salas, *Jesús, evangelio vivo. Kerigma y catequesis en el cristianismo primitivo* (PPC, Madrid 1977); Douglas M. White, *Así predicó Jesús* (Pub. de la Fuente, México 1961).

La vida de Jesús transcurre en el contexto del *judaísmo sinagogal* de modo tal que su ministerio está más relacionado con el mundo de la sinagoga que con el Templo, lo cual se explica también por su distancia geográfica del Templo. Su vida transcurre mayormente en Galilea, la "Galilea de los gentiles". Como cualquier otro varón judío adulto, Jesús hizo uso de su derecho a comentar, mediante invitación, el texto sagrado leído: «En Nazaret, donde se había criado, y conforme a su costumbre, el día sábado entró en la sinagoga, y se levantó para leer» (Lc. 4:16-21). Práctica que repitió a lo largo y ancho de Galilea: «Él enseñaba en las sinagogas de ellos, y era glorificado por todos» (Lc. 4:15). Sabemos que los apóstoles se sirvieron a menudo de la sinagoga para anunciar la buena nueva en sus viajes misioneros (Hch. 13:15). En este sentido, el cristianismo está en línea de continuidad con el *judaísmo sinagogal*; no viene a anularlo, sino a complementarlo a la luz de la vida y enseñanza de Jesús. Pero no pudo ser, no tanto por las pretensiones mesiánicas de Jesús como por otra característica diametralmente opuesta al *judaísmo del exilio*, a saber, la segregación racial.

En la prédica de Jesús destaca el anuncio del reino, la evangelización de los pobres y la benevolencia o gratuidad del Padre hacia los pecadores. Como Predicador, Jesús destaca por su *rica imaginación*[47]. Se aprecia de modo especial en las parábolas, mezcla de realidad y de ingenio extraordinario. La compasión de Jesús hacia marginados y pecadores tiene su reverso en cierta ironía contra los que se creen justos, «sanos que no tienen necesidad de médico». Por lo demás, no formula proposiciones generales y abstractas, sino que remite a cuadros y situaciones palpables; en vez de lanzar tesis como «la caridad no es ostentosa», dice, «cuando hagas una obra de caridad, no lo vayas anunciando al son de trompetas» (Mt. 6:2).

En la predicación de Jesús destaca notablemente su *vena poética*, como cuando dice: «Aprender de los lirios del campo, cómo crecen, no se fatigan ni hilan, pero yo os digo que ni Salomón en toda su gloria se puede vestir como uno de ellos» (Mt. 6:28); el reino de Dios es «como un hombre que echa el grano en la tierra, duerma o se levante, de noche o de día, el grano brota y crece sin que él sepa cómo» (Mc. 4:26); el Espíritu es como el viento: «sopla donde quiere y oyes su voz, pero no sabes de dónde viene y adónde va» (Jn. 3:8).

Jesús no define qué es el reino, *sino a qué se parece*. No enseña conceptualmente sino con imágenes, parábolas y metáforas. Un modo de hablar que implica cierto escándalo, que vuelve las cosas al revés: ¿Cómo el sembrador tira la simiente fuera de la tierra, en el pedregal o en el camino?, ¿por qué se paga jornal íntegro al que llega tarde?, ¿no parecen egoístas las vírgenes llamadas prudentes? Esas conductas rompen la lógica de las costumbres, dan que pensar y sugieren una nueva posibilidad para que los hombres se decidan libremente. No hay otro lenguaje más adecuado para la gran novedad que llega.

47. Aquí seguimos la obra de Jesús Espeja Pardo, *La experiencia de Jesús*, Ed. San Esteban, Salamanca ²1988, 68-70.

El lenguaje parabólico *remite a una situación*, un drama, una gesta que dice relación o evoca de algún modo ese reino: «¿A qué compararé el reino de Dios o con que parábola lo expondré?» (Mc. 4:30). "Como un rey", "un grano de mostaza", "un comprador de perlas preciosas", son nada más que aproximaciones a una realidad profunda que Jesús experimenta. Él mismo es parábola en su práctica histórica, y sólo en simbolismos poéticos puede comunicar su intimidad. Diríamos que desea notificar en lenguaje secular y de la vida corriente lo que intensamente vive con gozo inexpresable.

3.1. De la Sinagoga a la Iglesia

En los primeros años de su existencia el cristianismo echó raíces en el centro de la ortodoxia judaica, en Jerusalén, y la comunidad primitiva crecía «alabando a Dios y teniendo el favor de todo el pueblo. Y el Señor añadía diariamente a su número los que habían de ser salvos» (Hch. 2:47). Eran judíos los que se convertían y confesaban abiertamente que Jesús era el Mesías y se bautizan en su nombre (Hch. 2:38), entre ellos un buen número de judíos helenistas, que resultarán ser buenos evangelistas, con Antioquía como sede principal de sus misiones.

Hubo conflictos con las autoridades judías, pero todos ellos en el marco que era de esperar y que se producen en todas las ocasiones que surge un nuevo movimiento religioso. De Santiago "el hermano del Señor", cabeza de la asamblea de Jerusalén, se dice que recibía el sobrenombre de "el Justo" por parte de los judíos ortodoxos, y que muchos de ellos eran atraídos por el movimiento de Jesús y lo aceptaban[48]. El problema tampoco surge del cada vez mayor número de gentiles en las asambleas cristianas, también los judíos eran activos a lo largo y ancho de la *Diáspora* en la expansión de su fe y tenían sus prosélitos del paganismo. El conflicto que decide la ruptura final entre la Sinagoga y la Iglesia es que ésta no exige a sus conversos del paganismo que acepten y acaten los rasgos distintivos del judaísmo: la circuncisión y la observancia de la Ley de Moisés. La Iglesia de Jerusalén decide por amplia mayoría, con Santiago y los apóstoles a la cabeza, que no se obligue ni se moleste «a los gentiles que se convierten a Dios» con cuestiones relativas a la identidad nacional del judaísmo (Hch. 15:19-20).

Hasta que se produce la ruptura total entre la Iglesia y la Sinagoga, los apóstoles y primeros misioneros cristianos predicaron en las sinagogas dondequiera que estuviesen. También para los cristianos la sinagoga era considerada una institución divina. Desde luego una institución providencial que favoreció la extensión del cristianismo, condicionó su culto y hasta su espíritu universalista, pues, como dice Jacques Gillet, «la sinagoga era

---

48. Cf. Eusebio, *Historia eclesiástica* II, CLIE, Barcelona 2008, 23.

una expresión a la vez de la unidad y universalidad del judaísmo»[49]. Los Hechos nos presentan la práctica común de los apóstoles de dirigirse primero a las sinagogas a anunciar la buena nueva de Jesucristo. En la misma Jerusalén se calcula que había un gran número de sinagogas. En Antioquía, en Psidia, Iconio, Listra, Tesalónica, Filipos, etc., san Pablo se dirigía a las sinagogas con el Evangelio, cuyo resultado solía ser de división entre los que estaban dispuestos a recibir el mensaje y aquellos que lo rechazaban. Sabía que allí, entre sus compatriotas, encontraría con seguridad un auditorio versado en las Escrituras, a partir de las cuales presentar la vida y obra de Cristo.

El cristianismo primitivo no sólo participa y se "aprovecha" de las instituciones del judaísmo sinagogal, sino que copia y conserva el mismo patrón litúrgico, a saber, la lectura y comentario de las Sagradas Escrituras, así como las partes principales de su culto. El hecho de que la Sinagoga diera a Israel las Escrituras puede haber sido providencial para el cristianismo, tanto como la traducción griega de los Setenta, para uso en las sinagogas, adoptada por la Iglesia[50].

El "predicador cristiano" es equiparado al "escriba instruido en el reino de los cielos", y semejante a un padre de familia que saca del tesoro de la Palabra cosas nuevas y viejas (Mt. 13:52). Lo nuevo es el conocimiento de los misterios del reino de Dios, que se introduce con Dios y se vive en la Iglesia. Lo antiguo es la Escritura del Antiguo Testamento en cuanto revelación divina que apunta a la manifestación de Cristo y su obra. Con esto queda dicho que el "escriba instruido por Jesús" tiene por misión administrar los bienes de Dios generosamente con vistas a la edificación de sus hermanos (cf. 1 Cor. 4:1).

De hecho, el "ministerio de la palabra" (*diakonía tou logou*) es tan importante y fundamental en la vida de la comunidad cristiana que no se descuida ni por cuestiones urgentes de orden práctico (Hch. 6:4). Ahora bien, los encargados del mismo entienden que ellos no pueden hacer frente a todas las vicisitudes que van apareciendo conforme la comunidad crece y se expande, por eso, en lugar de acaparar todas las funciones y ministerios que requiere la asamblea en crecimiento, deciden, con un alto sentido de responsabilidad y una visión clara de su llamamiento, delegar en otros aquellas tareas para las que están más capacitados, y ellos no verse a sí mermados en su función principal, a saber, la predicación del mensaje de salvación. Únicamente de esta manera se puede garantizar la misión de la

---

49. Jacques Gillet, *Desde la Sinagoga hasta la primitiva Asamblea cristiana*, en AA.VV., *Misión y Testimonio*, Sal Terrae, Santander 1969, 17.

50. *Ibid.*, pp. 26, 27.

Iglesia sin que se descuide nada de lo necesario para la buena armonía y convivencia de la comunidad.

La *comunidad* creyente es *cristiana* cuando Cristo es presentado y ofrecido mediante la predicación. La Iglesia apostólica, mediante el *kerigma*, no hace otra cosa que continuar la predicación de Jesús acerca del reino de Dios, que se vive en la Iglesia como salvación y vida nueva. A esta predicación están supeditadas las demás tareas, que deben ser la consecuencia de la realidad del reino de Dios vivido en los corazones. San Pablo llega a decir que «no ha sido enviado por Cristo a bautizar sino a predicar» (1 Cor. 1:17), porque la *comunidad cristiana* nace de la fe y para la fe, y ésta «es por el oír, y el oír, por la palabra de Dios» (Ro. 10:17). El libro de los Hechos, la primera e inspirada historia de las misiones y de la predicación que poseemos, se abre (Hch. 1:3) y se cierra (18:31), con el anuncio del reino de Dios.

Anuncio gozoso que atañe a la salvación del mundo en Cristo y abre el camino del reino de Dios que se manifiesta en la vida de la Iglesia. Esta misión llena la vida de los predicadores cristianos y justifica sus vidas. «No estimo que mi vida sea de ningún valor ni preciosa para mí mismo, con tal que acabe mi carrera y el ministerio que recibí del Señor Jesús, para dar testimonio del evangelio de la gracia de Dios» (Hch. 20:24). Pregonar, proclamar (Mt. 4:17-23; 10:7; Lc. 9:2; Mc. 1:14-39; 13:10; 16:15); anunciar, evangelizar (Lc. 4:8-43; 9:6; Hch. 5:42; 8:12; 11:20); enseñar (Mt. 4:23; 9:35; 13:54; Mc. 4:2; 6:2; Lc. 6:6; Jn. 6:59; 18:20); testimoniar (Hch. 18:5; 20:24; 28:23), disertar (Hch. 24:25), son varios de los múltiples aspectos que cubre el *ministerio de la palabra* en los tiempos apostólicos y que sirven de patrón para todas las edades de la Iglesia. Con razón exhortó C. H. Spurgeon a los pastores sentados bajo su magisterio: «Sed seriamente fervorosos. Vivid como hombres que tienen algo por lo cual vivir; y predicad como hombres para quienes la predicación es la más sublime actividad de su ser. Nuestro trabajo es el más importante que existe debajo del cielo, de lo contrario, es pura falsedad»[51].

---

51. C. H. Spurgeon, *Un ministerio ideal*, El Estandarte de la Verdad, Edimburgo 1975.

III
Origen y fundamento de la predicación

Bibl.: Peter Adam, *Speaking God's Words: A Practical Theology of Preaching* (Regent College Publishing, Vancouver 2004); Gene E. Bartlett, *The Audacity of Preaching* (Harper, New York 1962); James Black, *The Mystery of Preaching* (Lutterworth Press, Cambridge 2002); Herbert H. Farmer, *The Servant of the Word* (Nisbet and Co., London 1941); Doménico Grasso, *Teología de la predicación* (Sígueme, Salamanca 1966); Michael Pasquarello, *Christian Preaching: A Trinitarian Theology of Proclamation* (Baker, Grand Rapids 2007); David H. C. Read, *Sent from God: The Enduring Power and Mystery of Preaching* (Abingdon, Nashville 1974); William H. Shepherd, *No Deed Greater Than a Word: A New Approach to Biblical Preaching* (CSS Publishing Co., 1998); Marjorie H. Suchocki, *The Whispered Word: A Theology of Preaching* (Chalice Press, St. Louis 1999).

La predicación es posible y necesaria debido al acontecimiento originario de la revelación divina. Dios «ha hablado muchas veces y de muchas maneras anteriormente a los padres a través de los profetas..., y al fin de estos tiempos nos ha hablado a través de su Hijo» (Heb. 1:1). «Si yo no hubiera venido ni les hubiera hablado, no tendrían pecado; pero ahora no tienen excusa por su pecado» (Jn. 15:22).

El milagro de la palabra está en el origen de la creación de todas las cosas (Sal. 33:6) y es una de las características que distingue a los seres humanos de los animales. En el nivel de las relaciones humanas las palabras no sólo sirven para comunicarse entre sí, sino que mediante ellas la persona se comunica a sí misma. "Retirar la palabra" a alguien es una prueba de ruptura de la comunicación por un enfado o desacuerdo. La palabra crea vínculos y asegura relaciones: "Te doy mi palabra".

Desde el punto de vista teológico sabemos que el hombre participa de la divinidad por derecho de creación. «Creó Dios al hombre a su imagen; a imagen de Dios lo creó; hombre y mujer los creó» (Gn. 1:27). Si la palabra está en relación al ser, el ser humano al haber sido creado por la palabra de Dios está en relación al ser divino que lo hace existir. «Creado por el milagro de la palabra, sobrecogido por el milagro de la palabra, así vive el hombre»[52]. Gracias al don de la palabra que comparte con su Creador puede captar la palabra que éste le dirige. «El Dios incognoscible elige este camino para darse a conocer. Y no utiliza de manera casual la facultad más alta del hombre, y entra así, y sólo así, en el círculo de la inteligencia humana. Esta Palabra dicha al hombre y para el hombre es el testimonio de que Dios no nos es extraño, que está verdaderamente con nosotros. Esto ya se contenía en la afirmación de la palabra creadora: Dios que crea por la Palabra es el Dios no lejano ni abstracto, sino creador, por lo que es, ante todo, un agente de relación. La Palabra es la relación esencial. Dios, que crea la palabra, no está fuera de su creación, sino con ella y principalmente con el hombre que ha sido creado precisamente para oír esta misma palabra, para crear esta relación con Dios, y que por haber recibido en sí mismo la Palabra puede responder, entablar diálogo con Dios. La relación intradivina no es muda, abstracta, inerte contemplación, por muy ardiente y espiritual que se la imagine: es diálogo, es palabra»[53].

En el siguiente cuadro vemos al hombre como un pequeño dios en medio del Paraíso, llamando a los animales por su nombre (2:19), una acción que hay que interpretar como en una especie de creación segunda, o recreación de la creación de Dios. «Aquí el lenguaje no es considerado un medio de comunicación, sino una capacidad de orden espiritual con cuya ayuda ordena el hombre conceptualmente el ámbito de su vivir»[54]. El hombre ha recibido de Dios el poder de ordenar y gobernar por medio de la palabra la creación surgida de la Palabra. Ordenar es un modo de orientación, la palabra permite al hombre orientarse y acceder al sentido de la vida. Sólo podemos plantear el sentido de la vida mediante la palabra. El hombre no es sólo un ser *parlante*, también los animales hablan a su manera, poseen un lenguaje muy definido, sino un ser de *significado*. Gracias a la palabra el ser humano se distingue de todo lo demás y recibe un sentido.

Pero el mismo lenguaje que crea, ordena y orienta, es el que introduce al hombre en el mundo de la *posibilidad*, de la *libertad*, si se quiere, de la interpretación que reflexiona sobre la palabra y abre nuevos sentidos, no todos ellos legítimos. Pero la naturaleza del lenguaje humano es por fuerza ambigua, como todo lo que pertenece al ámbito de lo creado, como la memoria, formada por unidades de lenguaje y recuerdo.

52. Ferdinard Ebner, citado por A. López Quintás, *Pensadores cristianos contemporáneos*, BAC, Madrid 1968, 118.

53. J. Ellul, *La palabra humillada*, Ediciones SM, Madrid 1983, 70.

54. Gerhard von Rad, *El libro del Génesis*, Sígueme, Salamanca ⁴2008, 100ss.

La palabra de Dios dio una orden clara y precisa: comer de todos los árboles del jardín menos de uno, el árbol del conocimiento del bien y del mal (Gn. 2:16). Mientras la memoria de Adán y Eva no fue cuestionada todo anduvo bien. Pero tan pronto aparece la sugerencia sutil de una generalidad imprecisa: «No comáis de ningún árbol del jardín» (Gn. 3:1), aparece en el espíritu de los seres humanos el juego de la dialéctica. El poder del lenguaje para seducir, para dar la vida o para quitarla. Al principio Eva se mantiene en su terreno y corrige al tentador. «Tu afirmación es incorrecta, y contradice la realidad, podemos comer de *todos* los árboles, excepto uno». Pero el lenguaje tiene la facilidad de pasar de un tema a otro en una estrategia envolvente que termina por atrapar al incauto. «Admitido, podéis comer de todos menos uno. Pero ese uno es el secreto de vuestra grandeza. No moriréis al comer de él, al contrario, se os ha ocultado *que el día que comáis de él, vuestros ojos serán abiertos, y seréis como Dios, conociendo el bien y el mal*» (v. 5). Introducida la duda se abre camino la excitación de la *posibilidad*. La posibilidad de *ser más*. Se podría seguir discutiendo sin llegar a ningún resultado, porque las palabras son escurridizas y maleables, capaces de encadenar silogismos hasta la eternidad. Pero "la vista no engaña", otro juego del lenguaje. Y a la vista el árbol era bueno para comer, atractivo y codiciable (v. 6). Así es como entró la desobediencia. Es una historia que ha sido contada y repetida mil veces. El resultado es que a partir de ese momento el hombre experimentó el lenguaje con temor y desconfianza. La voz de Dios que un día abrió sus oídos con su cálido sonido, ahora le da miedo, la teme, la rehúye: «Cuando oyeron la voz de Yahvé Dios que se paseaba en el jardín... el hombre y su mujer se escondieron... Oí tu voz... y tuve miedo» (vv. 8, 10).

La humanidad pasa su existencia en medio de un mundo de voces y sonidos que la confunde y la aterra. De palabras que son sueños, cuentos y engaños. De palabras que no mueren y que persiguen a los vivos. En las palabras se concentran todas las cosas buenas y malas de la vida. La tierra resuena con el clamor de los muertos y de los que sufren. «La voz de la sangre clama a Dios desde la tierra» (cf. Gn. 4:10). No se puede sepultar eternamente la voz de la justicia. «He oído el clamor de mi pueblo a causa de sus opresores» (Ex. 3:7). Vivimos en un mundo donde ninguna palabra se pierde. «En el día del juicio los hombres darán cuenta de toda palabra ociosa que hablen» (Mt. 12:36). Pues las palabras revelan lo que hay en el interior del hombre, tejen y destejen el vestido de su personalidad. «El hombre bueno, del buen tesoro de su corazón, presenta lo bueno; y el hombre malo, del mal tesoro de su corazón, presenta lo malo. Porque de la abundancia del corazón habla la boca» (Mt. 12:35; Lc. 6:45). Por esta razón, dice Jesús, «Por tus palabras serás justificado, y por tus palabras serás condenado» (Mt. 12:37). «Porque con el corazón se cree para justicia, y con la boca se hace confesión para salvación» (Ro. 10:10).

No hay acontecimiento salvífico que no haya ido acompañado de la voz divina. Los grandes hitos de la historia sagrada están marcados por esa voz atronadora o imperceptible que se manifiesta en el Monte del Sinaí o en el Monte de la Transfiguración, en la llamada de Elías o en el bautismo de Jesús. Los milagros de Jesús son el argumento más visible y misericordioso del contenido de su mensaje. La vista y el oído participan en ese drama liberador cual dos testigos irrecusables. «Id y haced saber a Juan las cosas que oís y veis: Los ciegos ven, los cojos andan, los leprosos son hechos limpios, los sordos oyen, los muertos son resucitados, y a los pobres se les anuncia el evangelio» (Mt. 4:5).

El autor de la carta a los Hebreos resume la historia de la salvación como un largo discurso que concluye en Jesucristo: «Dios, habiendo hablado en otro tiempo muchas veces y de muchas maneras a los padres por los profetas, en estos últimos días nos ha hablado por el Hijo, a quien constituyó heredero de todo» (Heb. 1:1-2). Él es el Logos, la Palabra viva y activa de Dios, «por medio de quien hizo el universo» (Heb. 1:2; cf. Jn. 1:3). Lo que se perdió en la transgresión del árbol del conocimiento del bien y del mal, se recupera en la obediencia del árbol de la cruz (Flp. 2:8), verdadero eje central del misterio de la redención. «El Verbo de vida» (1 Jn. 1:1) no habla por su propia cuenta, ni va contra lo que Dios ha hablado, al contrario, él es su exégeta autorizado: «Mi doctrina no es mía, sino de aquel que me envió» (Jn. 7:16).

A la luz de la vida y mensaje de Jesús se entiende perfectamente que la predicación tenga un fundamento cristológico. Tiene su origen en Cristo y se extiende al futuro desde el pasado y al pasado desde el futuro. El Verbo divino es la razón del mundo. «En él todas las cosas subsisten» (Col. 1:17). Y la predicación cristiana consiste en hacer razonable esta pretensión. Lo que el cristianismo pretende no es atentar contra la vida del hombre en el mundo mediante la imposición de un nuevo código religioso, sino descubrirle la razón de su ser que es el acceso apropiado a la participación de la naturaleza divina: «Su divino poder nos ha concedido todas las cosas que pertenecen a la vida y a la piedad por medio del conocimiento de aquel que nos llamó por su propia gloria y excelencia. Mediante ellas nos han sido dadas preciosas y grandísimas promesas, para que por ellas seáis hechos *participantes de la naturaleza divina*» (2 Pd. 1:3-4). «La gloria de Dios es el hombre vivo» (Ireneo), el hombre creado a su imagen y semejanza, arruinada por el pecado pero restaurada por Cristo. En esencia la predicación cristiana gira en torno a estas coordenadas asombrosas. Lo que Adán y Eva quisieron alcanzar de manera inapropiada, la humanidad renovada por Cristo lo logra por la fe. Como la teología oriental ha venido enseñando desde hace siglos: «Dios se hace hombre para que el hombre pueda hacerse dios»[55]. «Amados, ahora somos hijos de Dios, y aún no se ha manifestado lo que seremos. Pero sabemos que cuando Él sea manifestado, seremos semejantes a Él» (1 Jn. 3:2). «El Logos se ha hecho Hombre para que también tú, en cuanto hombre, aprendas cómo un hombre puede llegar un día a ser Dios»[56]. Nada menos que esto hace justicia al alcance de la obra realizada por Jesús en la cruz, que no se queda en la declaración del perdón, exterior al hombre, sino en la regeneración del mismo, que da lugar al "hombre nuevo" en Cristo Jesús, de tal modo que la salvación no llega a una acción *extrínseca*, sino *intrínseca* al hombre. La *deificación*, como escribe Zubiri, mira al ser entero y no sólo a su caída en pecado, como hace la salvación[57]. «El hombre no es Dios, y Dios nunca es el hombre, pero la vida cristiana consiste esencialmente en que el hombre está en Dios y Dios en el hombre, por el hecho de que el cristiano está en Cristo»[58].

En un momento crítico y polémico, Lutero dijo que la justificación por la fe es la doctrina por la que la Iglesia cae o se mantiene, pero una consideración más desapasionada y objetiva, nos muestra que la doctrina de la justificación del hombre por la fe no es el fin de la redención, sino un medio para un fin, a saber, el nuevo hombre creado en Cristo Jesús para buenas obras (Ef. 2:10); «El nuevo hombre creado a semejanza de Dios en justicia y santidad de verdad» (Ef. 4:24); la «nueva criatura» (2 Cor. 5:17), eso es lo que verdaderamente cuenta (cf. Gal. 6:15) y a lo que está encaminada la gran obra de la redención, que va desde la eternidad a la eternidad: «A los que antes conoció, también los predestinó para que fuesen hechos conformes a la imagen de su Hijo» (Ro. 8:29)[59].

---

55. «Se trata de alcanzar por gracia lo que Dios es por naturaleza; participar en las propiedades de la divinidad, pero sin jamás obtener la "identidad de naturaleza" con Dios, sino una transformación ontológica o sustancial» (Pablo Argárate, *Portadores del fuego. La divinización en los Padres griegos*, DDB, Bilbao 1998, 25). Cf. P. Urbano López, *Theosis: La doctrina de la divinización en las tradiciones cristianas*, EUNSA, Navarra 2001; P. Valentín, *La gracia deifica el alma*, Compañía Bibliográfica Española, Madrid 1975.

56. Clemente de Alejandría, *Protréptico* I, Gredos, Madrid 1994, 52.

57. X. Zubiri, *El ser sobrenatural: Dios y la deificación en la teología paulina*, en *Naturaleza, Historia, Dios*, Editora Nacional, Madrid 1978. Cf. Guillerma Díaz Muñoz, *Teología del misterio en Zubiri*, Herder, Barcelona 2008 (Incluye íntegro el mencionado texto de Zubiri).

58. Romano Guardini, *La experiencia de la fe*, Belacqua, Barcelona 2005, 23.

59. «La *justificatio* fue situada de tal manera en el centro por Lutero, como consecuencia de una interpretación unilateral de Pablo, y posteriormente por el luteranismo, así como por la teología reformada, que ella desplazó los impulsos místicos de Pablo» (Hans Jürgen Baden, *Vivencia de Dios*, Herder, Barcelona 1984, 108).

No siempre se ha visto este punto con nitidez, particularmente empañado por culpa de controversias teológicas de carácter intereclesial y confesional. En medio de las polémicas del tiempo destaca un libro, única obra del autor, que llegó a alcanzar ochenta ediciones, prueba de la gran necesidad que tenía el pueblo de pastos que alimentaran su hambre interior en el camino correcto. Me refiero a *The Christian's Great Interest* (*El gran interés del cristiano*)[60], escrito por William Guthrie (1620-1669), uno de los grandes predicadores de Escocia, mediante cuyo ministerio miles de personas fueron convertidas y confirmadas. Uno de los capítulos de su obra está dedicado por completo a la *renovación* espiritual y moral del pecador como una evidencia de su regeneración y salvación. Gracias a él, la participación en la vida de Cristo cobra la importancia debida en la predicación y enseñanza protestantes, hasta que la llegada del avivamiento evangélico del siglo XVIII hizo que la fe cristiana volviera a sus raíces espirituales, colocando la experiencia de gracia en primer plano. Por todas partes se hicieron llamadas a la conversión y a la fe en el Evangelio como la puerta de acceso a la realidad del nuevo ser en Cristo. Fue un tiempo glorioso para el cristianismo, vivido como una fe personal, de corazón más que de labios. Un tiempo de fuertes emociones, pero no vacías de contenido moral y práctico. Porque «donde hay fe habrá santidad; la verdadera santidad siempre brota de la fe en Cristo. El creyente no busca méritos, sino que se deleita en la obediencia y anda delante de Dios en novedad de vida» (William Jay)[61]. Me atrevería a decir que toda renovación o avivamiento cristiano se produce cuando se toma conciencia de ese dinamismo de la fe por el que la persona queda unida vitalmente a Cristo. «Cuando Cristo se adueña de una vida, la hace partícipe de su naturaleza divina. La participación en la vida de Cristo es la esencia de la experiencia cristiana. Sin esa participación, sólo hay adhesión a un sistema doctrinal o a una institución eclesiástica, y no una comunión de la persona humana con la Persona Divina» (Gonzalo Báez-Camargo).

Si el predicador no entiende perfectamente este plan de Dios para la redención humana, su ministerio servirá de poco. Pero si lo entiende y lo coloca en el objetivo de su acción pastoral de modo que mueva voluntades a caminar por la senda de la imitación y seguimiento de Cristo, entonces su trabajo no habrá sido en vano. Cumplirá con excelencia la misión para la que ha sido comisionado cual embajador de un mundo nuevo que se abre a la creación siempre renovada de hombres y mujeres que se abren a la acción divina «mediante la palabra del evangelio» (Hch. 15:7; Col. 1:5;

---

60. Traducido y publicado en castellano bajo el título de *Partícipes de Cristo*, Ed. Peregrino, Ciudad Real 2008.

61. William Jay (1769-1853), *The Autobiography of William Jay*, Banner of Truth, Edinburgh 1974, 62.

1 Pd. 1:25). Por ese nuevo ser, el predicador, cual partera de los hijos de Dios (cf. Fil. 1:10), debe armarse de valor y estar dispuesto a sufrir dolores de parto «hasta que Cristo sea formado» en la vida de los oyentes (Gal. 4:19), de tal modo que reflejen los valores del reino tal cual se manifestaron en la vida y enseñanza de Jesucristo, el segundo Adán (1 Cor. 15:45) y el primogénito de la nueva creación (Col. 1:15; Ro. 8:29; Heb. 1:6).

Es el misterio reservado por Dios desde el principio de los siglos y generaciones, revelado ahora mediante la predicación, misterio de gloria entre las naciones, el cual es: «Cristo en vosotros, la esperanza de gloria. A él anunciamos nosotros, amonestando a todo hombre y enseñando a todo hombre con toda sabiduría, a fin de que presentemos a todo hombre, perfecto en Cristo Jesús» (Col. 1:26-28).

De todos estos datos bíblicos se deduce que la predicación no es un medio más entre otros medios posibles que la Iglesia pueda utilizar para hacer oír su mensaje de redención y vida nueva en Cristo, sino que es el medio por excelencia que se funda en la naturaleza de Dios y el ser humano, capaz de Dios debido al don de la palabra por la que toma conciencia de sí mismo y de todo cuanto le rodea. La palabra le faculta para inventariar y memorizar el mundo de la experiencia que va más allá de la experiencia, pues partiendo del dato sensible se eleva a la realidad del mundo insensible, de las ideas y conceptos que hacen posible inventarse a sí mismo, anticiparse a las situaciones aniquilantes y renovarse sin fin.

Como ya dijimos, la creación entera, incluso la que no tiene capacidad de habla, las criaturas irracionales y los objetos inanimados, hablan con la voz que les presta su Creador. «Los cielos cuentan la gloria de Dios, y el firmamento anuncia la obra de sus manos. Un día comunica su mensaje al otro día, y una noche a la otra declara sabiduría. No es un lenguaje de palabras, ni se escucha su voz; pero por toda la tierra salió su voz y hasta el extremo del mundo sus palabras» (Sal. 19:1-4). De esta manera Dios se revela, da testimonio de sí en las cosas creadas (Ro. 1:19s). Y nosotros podemos entender que vivimos en un universo *locuente*, pleno de significados manifiestos y ocultos. La predicación expone lo divino de modo teológico desde la realidad creada, *transida* de lo divino gracias a lo cual ilumina el espíritu de los oyentes y les comunica un conocimiento interno que para muchos se pierde en la superficie.

Jesucristo, antes de ser conocido como Mesías, Señor y Salvador, fue conocido como un hombre más entre los hombres, similar a cualquier otro hombre, con las peculiaridades propias de alguien oriundo de Galilea. De esta vida, extraordinaria por sus enseñanzas y sus hechos, pero común a todos los hombres, parte el mensaje evangélico. «Lo que hemos oído, lo que hemos visto con nuestros ojos, lo que contemplamos y palparon nuestras manos» (1 Jn. 1:1). Su divinidad se impone, paradójicamente, desde su humana debilidad y humillación. Aquella Pascua terrible donde Jesús se ve abandonado por todos y se siente hasta abandonado de Dios, da paso a un primer día de Resurrección cuando el lenguaje humano de la fe se apropia de una nueva categoría desde la que partiendo de arriba, desde una perspectiva elevada, se divisa un panorama más amplio y completo. Jesucristo, nuestro Señor, dirá san Pablo después de su revelación desde lo alto, quien, según la carne, era de la descendencia de David, fue declarado Hijo de Dios con poder según el Espíritu de santidad por su resurrección de entre los muertos (Ro. 1:6-7). De este modo, en perfecta concordancia con la realidad natural, el Cristo hombre cuenta las maravillas de Dios, su vida comunica su mensaje y su resurrección declara su sabiduría. Por toda la tierra sale su voz y hasta el extremo del mundo sus palabras. La predicación participa en esta misión que transmite en un lenguaje oral y vivo. No se funda en una estrategia humana para hacer seguidores, su fundamento es cristológico de principio a fin.

IV

Contenido y finalidad de la predicación

Bibl.: Jay Adams, *Preaching with Purpose. The Urgent Task of Homiletics* (Zondervan, Grand Rapids 1986); David M. Brown, *Transformational Preaching: Theory and Practice* (University Press of America, 2007); C. H. Dodd, *The Apostolic Preaching and its Developments* (Baker, Grand Rapids 1980); Robert H. Mounce, *The Essential Nature of New Testament Preaching* (Eerdmans, Grand Rapids 1960); Ronald E. Osborn, *Folly of God: The Rise of Christian Preaching* (Chalice Press, St. Louis 1999); Michael F. Ross, *Preaching for Revitalization: How to Revitalize Your Church Through Your Pulpit* (Christian Focus Publications, Ross-shire 2006); Bruno Rostago, *La fe nace por el oír. Guía de la predicación* (La Aurora, Buenos Aires 1989); W. E. Sangster, *Power in Preaching* (Epworth, London 1958); *Speech in the Pulpit* (Epworth, London 1961); David J. Schlafer, *Playing with Fire: Preaching Work as Kindling Art* (Cowley Publications, Lanham 2004); Clayton J. Schmit, *Performance in Preaching: Bringing the Sermon to Life* (Baker, Grand Rapids 2008); O. Semmelroth, *La Palabra eficaz. Para una teología de la proclamación* (Dinor, San Sebastián 1967); James S. Stewart, *A Faith to Proclaim* (Scribners, New York 1953).

1. Contenido

El contenido de la predicación cristiana es tan sencillo y sublime que se puede resumir legítimamente en una persona: Cristo Jesús, su vida, enseñanza, muerte, resurrección y ascensión a los cielos[62]. En estos elementos consistió el primer sermón registrado en la historia de la Iglesia: Jesús de Nazaret, hombre acreditado por Dios con hechos poderosos, maravillas y señales, entregado por el predeterminado consejo y el previo conocimiento de Dios, clavado en una cruz por manos de inicuos. Resucitado por Dios y exaltado a la diestra de Dios Padre en los cielos (Hch. 2:22-36). De estos

---

62. C. H. Dodd hizo notar con agudeza que la diferencia entre el Antiguo Testamento y el Nuevo reside en que el primero relata episodios de la *historia del pueblo* de Israel, es decir, el relato se refiere a una *comundiad*; por el contrario, en el Nuevo Testamento el relato no se refiere primariamente a una comunidad, sino a una *persona*, Jesús, que actúa y sufre como Mesías (cf. *La Biblia y el hombre de hoy*, Cristiandad, Madrid 1973, 91).

sucintos acontecimientos relativos a la vida de Jesús se desprenden todas y cada una de las doctrinas del cristianismo. El predicador no puede apartarse de este programa. No le incumbe anunciar ideas propias, «porque no nos predicamos a nosotros mismos, sino a Cristo Jesús como Señor» (2 Cor. 4:5), y menos ideas extrañas o ajenas a la doctrina del Evangelio (Gal. 1:6-8). El predicador es un heraldo de Jesucristo, un «siervo de Dios y apóstol de Jesucristo según la fe de los elegidos de Dios» (Tit. 1:1). Debe atenerse a la enseñanza apostólica, «como nos la transmitieron los que desde el principio fueron testigos oculares y ministros de la palabra» (Lc. 1:2). Es una cuestión tan grave que no permite acepciones de ningún tipo. «Si nosotros mismos o un ángel del cielo os anunciara un evangelio diferente del que os hemos anunciado, sea anatema» (Gal. 1:8).

No es que a los apóstoles les preocupe el «dogma de Cristo» en sí, que está muy lejos en el tiempo de conceptualizarse, sino la salvación humana que Cristo garantiza, pues «no hay otro nombre debajo del cielo, dado a los hombres, en que podamos ser salvos» (Hch. 4:12). Cristo es la Palabra de vida y la Roca de salvación que el hombre debe recibir por fe. A la predicación le corresponde la función de servir a la fe instrumentalmente, disponiendo el encuentro entre Dios y el hombre en Jesucristo.

La fe salvífica es una respuesta personal que está más allá de la competencia del predicador. No se puede conferir ni crear. Es un don de Dios (Ef. 2:8), como todo lo que tiene que ver con la vida eterna (Ro. 6:23). Sólo Dios conoce la disposición de los oyentes; la tarea del predicador se limita a arrojar generosamente la semilla de salvación sobre los distintos terrenos del mundo (cf. Mt. 13:18-26). La predicación es instrumento de siembra, Dios agente causal del crecimiento (1 Cor. 3:6). El predicador debe implorar, exhortar, argüir, rogar, razonar, clamar, pero no debe pretender rebasar sus límites buscando respuestas forzadas mediante la manipulación de sentimientos o transgrediendo la enseñanza divina, que atenta tanto contra la soberanía de Dios como contra la dignidad del hombre. «Porque no somos, como muchos, traficantes de la palabra de Dios; más bien, con sinceridad y como de parte de Dios, hablamos delante de Dios en Cristo» (2 Cor. 2:17). Es Dios quien llama mediante los predicadores y, como tendremos oportunidad de ver, la responsabilidad de estos es prepararse de la mejor manera posible con toda su alma y con toda su mente, con todas sus fuerzas y con todo su corazón. De su formación dependerá que faciliten la mediación entre Dios y el hombre, o que la entorpezcan. Es importante que deje oír apropiadamente la Palabra de Dios, porque aunque no sepa lo que ocurre en ese momento, es del todo cierto que Dios la hace eficaz. A Él hay que remitirse y creer que Él hace. La predicación, cuando es verdadera, es un acto de Dios y llega a los oídos de los oyentes con poder. «Porque como la lluvia y la nieve descienden del cielo y no vuelven allá sino después de haber saciado la tierra y de haberla hecho germinar, producir y dar semilla al que siembra y pan al que come, así será mi palabra que sale de mi boca: No volverá a mí vacía, sino que hará lo que yo quiero, y será prosperada en aquello para lo cual la envié» (Is. 55:10-11).

En este punto hay que guardarse de razonamientos humanos. El poder de la palabra predicada no siempre se mide por cálculos matemáticos de respuesta. No es una cuestión de números. El criterio no es la productividad sino la fidelidad. El gran apóstol de los gentiles, aquel que dijo que había «llenado todo con el evangelio de Cristo» con el poder del Espíritu de Dios (Ro. 15:19), es el mismo que reconoce: «No todos obedecieron el evangelio» (Ro. 10:16), y echa mano de una cita del mismo profeta que exalta la eficacia de la palabra de Dios: «¿Quién ha creído nuestro anuncio?» (Is. 53:1; cf. Jn. 12:38). Hay mucho esfuerzo muerto en la labor de siembra, ciertamente «se siembra en debilidad» (1 Cor. 15:43), pero ¡qué hermosas son las manos del sembrador! «¡Que hermosos son los pies de los que anuncian el evangelio de los bienes!» (Ro. 10:15; Is. 52:7).

2. Finalidad

La finalidad de la predicación es enseñar y difundir la fe cristiana con lenguaje vivo y ardiente de manera que los oyentes se sientan movidos, persuadidos a dar el paso de la fe o a una dedicación más plena a Cristo. Que con la gracia de Dios puedan decir: «Hermanos, ¿qué haremos?» (Hch. 2:37). «Señores, ¿qué debo hacer para ser salvo?» (Hch. 16:30). O sea, la predicación no es la exposición de una tesis para comunicar información. Tampoco es una charla con fines meramente didácticos o morales. Es una llamada urgente con una finalidad práctica: mover la voluntad humana a inquirir por su salvación y la santidad. Después de una larga vida dedicada a la predicación, Barrett Baxter concluyó: «El único propósito de la predicación es influir sobre las personas [...] La prueba definitiva de la eficacia de la predicación es ésta: ¿Qué cambios han ocurrido en la vida de las personas que me han escuchado predicar?». Joseph Fort Newton (1876-1950), quien es descrito como «un señor del lenguaje, maestro de un estilo personal que podría describirse como prosa poética» (John Bishop), rico en imágenes y frases cautivadoras, humor y color, dijo, sin embargo, que por encima de la elocuencia, la erudición, o el arte, «el test de cualquier sermón, es la nota regenerativa que hace vibrar al oyente con la exposición de la Palabra de Dios mediante una personalidad tierna, confiada y amante»[63].

---

63. J. F. Newton, *The New Preaching; a little Book about a Great Art*, Cokesbury Press, Nashville 1930, 25-26.

Que la finalidad de la predicación sea mover la voluntad para realizar aquello que se le propone, no quiere decir que tenga que ir desprovista de argumento doctrinal y caer en un sentimentalismo que se preste a la manipulación emocional. Es un axioma paulino a tener en cuenta en toda actividad cristiana que «nada podemos contra la verdad, sino por la verdad» (2 Cor. 13:8). Implícita o explícitamente el sermón tiene un sólido armazón teológico, sin el cual el mensaje es un «sonido incierto» (1 Cor. 14:8)[64], «fuego extraño» (cf. Lv. 10:1; Nm. 3:4; 26:61). De ninguna manera se pueden permitir opiniones despectivas respecto a la teología, ciencia de Dios y don del Espíritu, cuyo estudio es indispensable para cualquier persona con responsabilidad de enseñanza. La idea negativa que muchos tienen de la teología se debe a una percepción incorrecta de la misma. La teología es ciencia, ciencia del espíritu que tiene a Dios en su revelación por objeto, y como toda ciencia, tiene su lado práctico, su aplicación a la vida. El gran teólogo de Princeton, Benjamin B. Warfield, dijo acertadamente que «el teólogo sistemático es principalmente un predicador del evangelio; y el fin obvio de su obra no es meramente el orden lógico de las verdades que vienen a su mano, sino conducir al hombre a amar a Dios con todo su corazón y a su prójimo como a sí mismo a través del poder de la verdad; a elegir a su Salvador como porción de su alma; a encontrarlo y mantenerlo como algo preciado y a reconocer y dar lugar a las dulces influencias del Espíritu Santo que él ha enviado»[65].

La teología no nos ilumina solamente en lo que se refiere al contenido de la Escritura, sino también en lo que atañe al valor salvífico de cada doctrina. En la meditación de las doctrinas que se desprenden de la Biblia, la teología descubre su alcance, ya que el propósito de la revelación de Dios es librarnos del pecado y compartir la vida de su Hijo con nosotros. Estas verdades, que son materia constante de predicación, son enriquecidas por el estudio teológico al mostrarnos la dimensión y relación interna del sistema bíblico donde cada verdad está orientada a guiar nuestra experiencia. En este sentido la teología está esencialmente al servicio de la vida y es, por tanto, *kerigmática*, predicable. El predicador que conoce bien el contenido de su fe estará capacitado para dominar las más diversas situaciones. Un conocimiento teológico sólido le asegurará una gran libertad para presentar la fe cristiana a grupos de distintos niveles, con el respeto más riguroso a la ortodoxia y a las necesidades de sus oyentes, con tal de que posea las

---

64. «Si no hemos enseñado algo a los hombres, aunque gritemos: "¡Crean! ¡Crean! ¡Crean!", no hay nada que creer. Cada exhortación requiere su correspondiente instrucción, pues de lo contrario no tendrá significado» (C. H. Spurgeon, *Ganador de hombres*, Estandarte de la Verdad, Edimburgo 1984, 13).

65. B. B. Warfield, *The Idea of Systematic Theology*, en John F. Davies (ed.), *The Necessity of Systematic Theolgy*, University Press, Washington 1978.

debidas dotes humanas de comunicación y una experiencia viva de la realidad concreta de la sociedad en la que vive.

Sin duda que teología y predicación son dos niveles diferentes de presentación del mensaje, cada uno con sus leyes y sus métodos propios, sin embargo, no existe un foso entre ellas, ya que el propósito de ambas es comprender y presentar la Palabra de Dios en toda su riqueza. Por ello la teología que cumpla correctamente con su misión será siempre una excelente preparación para responder a las exigencias de la predicación.

Por su parte, la predicación que se sustente en la teología podrá cumplir su misión con un efecto más duradero. La fe cristiana se dirige al hombre en su integridad: alma, corazón, mente y voluntad. Mediante la predicación su busca iluminar la inteligencia tocando el corazón, porque en el corazón está la vida y la raíz del conocimiento[66], de modo que la voluntad se aplique a buscar y seguir el camino que conduce a la vida eterna. Por esta razón la predicación no puede reducirse a una lección de corte religioso, moral o teológico, ni a una exposición impersonal de la verdad. El púlpito no es una cátedra para la discusión o información académica, es un campo de batalla donde la personalidad del predicador se enfrenta a otras personalidades en las que trata de influir mediante el poder de la Palabra de Cristo. Por eso, antes que nada, la Palabra de Dios que el predicador tiene por misión comunicar, tiene que desplegarse como una realidad «viva y eficaz, y más penetrante que cualquier espada de dos filos; entra y se introduce hasta los pliegues del alma y del espíritu, hasta las junturas y tuétanos» (Heb. 4:12). Para no estorbar esta vitalidad encaminada a la salvación, el predicador no debe olvidar que su objetivo es conmover el corazón, alumbrar el alma, propiciar el nacimiento del nuevo ser en Cristo, facilitar el encuentro con Dios, y todo esto no se puede realizar sin pasión y poder espiritual. «Somos embajadores en nombre de Cristo; y como Dios os exhorta por medio nuestro, rogamos en nombre de Cristo: ¡Reconciliaos con Dios!» (2 Cor. 5:20).

En la oratoria secular, Cicerón dejó asentado que un discurso cumple su función cuando además de enseñar y deleitar mueve a los oyentes a hacer aquello que se les pide[67]. La verdadera elocuencia no consiste en el juego y sonido de las palabras escogidas, como un ejercicio dialéctico para deleite público y personal, ni siquiera la enseñanza correcta tiene valor si deja indiferentes a los oyentes. La predicación tiene que ser interesante y didáctica, pero ordenada a movilizar la voluntad de los oyentes. San

---

66. «El corazón es un órgano de conocimiento como lo es cada uno de nuestros sentidos; y en muchas materias la razón no puede ejercer su tarea, sino fundándose en los datos que él le proporciona» (A. Vinet, *Páginas selectas*, p. 223).

67. Marco Tulio Cicerón, *Sobre el orador*, Gredos, Madrid 2002.

Agustín hace suyos estos principios y los recomienda a los predicadores cristianos: «Dijo un maestro de elocuencia, y dijo la verdad, que el orador debe hablar de tal modo que enseñe, deleite y mueva. Y añadió después: el enseñar es propio de la necesidad, el deleitar de la amenidad y el mover de la victoria». Y añade: «Así como se ha de deleitar al auditorio a fin de que atienda a lo que oye, del mismo modo se le ha de convencer, para que se mueva a ejecutar lo que ha oído»[68]. Tomás de Aquino reproduce esta misma idea desde su amplio saber teológico e insiste en la triple función de la predicación: instruir el entendimiento en la Palabra de Dios; provocar el afecto del oyente para oírla y mover la voluntad para determinarse a amar y cumplir lo aprendido[69].

Nadie se debería subir al púlpito sin tener en mente los resultados prácticos de su predicación. Si esta es evangelística, dirigida a los que aún no han dado el paso de la fe, debe mover a la convicción de pecado y a la conversión. El oyente debe verse situado ante Cristo entregado y muerto «por causa de nuestras transgresiones y resucitado para nuestra justificación» (Ro. 4:25). «Temo», decía Spurgeon, «que hay algunos que predican con motivo de divertir a los hombres; y con tal que la gente acuda en masa y sus oídos sean halagados y puedan retirarse contentos con cuanto han escuchado, el orador se siente feliz y cruza los brazos satisfecho de sí mismo y considera cumplida su labor. Sin embargo, Pablo no se esforzaba por agradar a la gente, ni por reunir a las masas; consideraba inútil interesar a sus oyentes si no lograba salvarlos. A menos que la verdad penetrara en sus corazones y afectara a sus vidas haciendo de ellos hombres nuevos, Pablo hubiera vuelto a casa exclamando: "¿Quién ha creído nuestro mensaje?"»[70].

Si la predicación es pastoral, dirigida a creyentes y miembros de la Iglesia, debe ser edificante o exhortativa, dependiendo de la situación espiritual y moral de la congregación, con vistas a provocar una mayor entrega o levantar los ánimos caídos; a atajar un conflicto o a mostrar un camino más excelente de obediencia y seguimiento. Los vacilantes en la fe deben ser fortalecidos en ella por la predicación, los falsos e hipócritas, reprendidos.

Desde el punto de vista psicológico hay que decir que cuando la congregación no espera nada del predicador, por más que este se esfuerce en mover a las almas, nada logrará; sólo cuando esté dispuesta a recibir y aceptar con seriedad lo que se les dice se producirá una comunicación en ambos sentidos y todos saldrán ganando. «Algunas iglesias están en tal estado que son capaces de frustrar cualquier ministerio [...] Un pueblo

---

68. Agustín, *De doctrina christiana* IV, 12, 27 (Obras, vol. XV), BAC, Madrid 1959.

69. Tomás de Aquino, *Summa Theologiae* II-11, q. 177, a. 1, c.

70. Spurgeon, *Ganador de hombres*, p. 196.

santo que vive lo que se le predica constituye la mejor plataforma para un predicador de Cristo»[71].

Un tipo de predicación demasiado seria y sólo preocupada de la objetividad y la exposición casi científica –filológica– del texto divino tiende a mirar con suspicacia las emociones y jamás intenta mover los sentimientos, como si hubiera algo malo en ellos. Fue la reacción generalizada de muchos pastores a los predicadores intensamente emocionales y excitables de tipo «avivamentista» de los siglos xviii y xix. Olvidaron que la fe y la vida cristiana es mucho más que un credo o una doctrina sana y correcta, es sentimiento y emoción, y la falta de ellos puede ser un síntoma de frialdad o ausencia de espíritu. «Los maestros inspirados, los profetas, nuestro Señor mismo y sus apóstoles, no sólo trataron de convencer a sus oyentes, sino que los excitaban a obrar y a menudo sus palabras vibraban de emoción»[72]. «La religión es justamente el sentimiento que los hombres necesitan para ser felices. Hay aberturas en el alma humana que sólo la religión puede llenar [...] La religión cristiana sobrepasa cualquier otra emoción en esto: es un sentimiento de amor, el cual excede todo otro amor en cuanto su objeto es infinito. Mientras los hombres no aprendan a amar a Dios, su capacidad permanecerá latente, como si los pulmones nunca se hubieran llenado de una inhalación perfecta»[73].

3. El kerigma

Bibl.: L. Coenen, «Mensaje y kerigma», en *DTNT*, vol. III, 57-68; J. M. González Ruiz, «Kerigma», en *Conceptos Fundamentales de Pastoral*, 542-549 (Madrid 1983); K. Rahner y K. Lehmann, «Kerigma y dogma. Historicidad de la transmisión», en *MS*, vol. III, 812-878; A. Salas, *Jesús, evangelio vivo. Kerigma y catequesis en el cristianismo primitivo* (PPC, Madrid 1977); James S. Stewart, *Heralds of God* (Hodder and Stoughton, Londres 1946).

El discurso sobre el *kerigma*, estuvo de moda en años pasados como una novedad que venía a aclarar la esencia del cristianismo y la clave de su comunicación. Frente a posiciones especulativas se decía que la fe cristiana no es religión ni teología, sino proclamación del Evangelio. La *proclamación*, no la defensa, ni la argumentación, ni siquiera la exposición doctrinal,

---

71. Id., *Un ministerio ideal*, vol. 2: *El pastor-su mensaje*, Estandarte de la Verdad, Edimburgo 1975, 44-45.

72. John A. Broadus, *Tratado sobre la predicación*, CBP, El Paso ⁹1981, 155.

73. J. W. Alexander, *Thoughts on Preaching*, Banner of Truth, Edinburgh 1975 (org. 1864), 51-52.

parecía explicar todo y solucionar todo. En el campo católico, la discusión sobre el *kerigma* se llevó a la universidad en los años cuarenta, cuando un grupo de teólogos jesuitas de la Facultad de Innsbruck (Jungmann, los hermanos Karl y Hugo Rahner, Franz Lackner y Franz Dander), constatando cómo la teología que se enseñaba en los seminarios no era ya capaz de alimentar y de animar la predicación de los futuros pastores ni la vida de los cristianos, propusieron dejar a un lado la teología académica y volver a la originalidad y a la vitalidad del primer anuncio apostólico. La intención era y sigue siendo loable. «El kerigma no es del pasado, como bien apunta René Latourelle, ni ha pasado. Hoy como ayer, el choque de la buena nueva tiene que impresionar a los hombres del mundo entero».

¿De qué hablamos cuando hablamos de *kerigma*? *Kérygma*, es el sustantivo griego que procede etimológicamente de *kéryx*, heraldo o pregonero, que era la persona encargada de transmitir a viva voz noticias de relieve e importancia, especialmente decretos y, sobre todo, el anuncio de la victoria sobre los enemigos. Corresponde al hebreo *qaróz*, que era el pregonero de asuntos oficiales o meramente públicos. En Dn. 3:4 se menciona a un pregonero voceando un anuncio oficial del rey de Babilonia.

El verbo griego derivado *keryssô*, significa por tanto "proclamar", "ser heraldo", y se encuentra alrededor de sesenta veces en el Nuevo Testamento. Se utiliza cuando se habla de la lectura pública de la ley de Moisés (Hch. 15:21), de la predicación de Noé (2 P. 2:5), de Jonás (Mt. 12:41) y del anuncio del Evangelio de Cristo (por ejemplo Mt. 24:14; Mc. 13:10; 16:15; Lc. 8:1; 9:2; 24:47; Hch. 8:5; 19:13; 28:31; Ro. 10:14; 1 Cor. 1:23; 1 Ts. 2:9; 1 Ti. 3:16; 2 Ti. 4:2). Allí donde se utiliza este verbo, se denota más la *acción* de la proclamación que el contenido de lo proclamado. *Kérygma* puede designar tanto el *contenido* del anuncio del heraldo como el *acto* realizado por él al comunicar una noticia. El *kerigma* es por sí mismo una proclamación solemne, el grito del pregonero o heraldo que anuncia oficialmente un hecho; y como este hecho es la victoria de Cristo sobre la muerte y la condenación, el kerigma resuena con las notas festivas del triunfo.

Bajo el impulso del Espíritu, los apóstoles se ven arrastrados por una especie de fiebre, que los obliga a anunciar, a evangelizar. Pronto los "heraldos" cristianos se esparcieron por todas partes y llegaron a ser conocidos como los que "trastornan al mundo" (Hch. 17:6). Multiplican las llamadas de atención y la urgencia a tomar decisiones (Hch. 2:14, 22, 38, 40). Ha llegado la plenitud de los tiempos y nada hay más importante que el "ahora", y el "hoy" (Hch. 2:38; 3:19-26; 4:12; 5:31; 10:43; 13:38). Todos los hombres están llamados a la salvación. Nadie puede ser neutral.

El contenido y la forma general del kerigma puede verse en la síntesis que el libro de los Hechos ofrece de la predicación de Pedro y Pablo

(Hch. 2:14-39; 3:13-26; 4:10-20; 5:30, 32; 10:36-43; 13:17-41), así como en otros escritos. Con la ayuda de las cartas de Pablo podemos remontar el kerigma al primer período de la Iglesia. Lo primero que observamos es la libertad para los detalles y el acuerdo general en el fondo. Atestigua el acontecimiento único de la salvación realizada por Dios en Cristo. La sola proclamación conlleva una exigencia de conversión y arrepentimiento para todo aquel que escucha. No es el mero anuncio de un acontecimiento histórico, sino el ofrecimiento de salvación apoyado en la historia y en la realidad de Cristo vivo. No tiene nada que ver con la predicación de un nuevo sistema religioso, sino con una persona elegida por Dios que ha inaugurado un tiempo nuevo.

El kerigma primitivo se mueve esencialmente entre dos grupos representativos de la época, a saber, judíos y gentiles. En la proclamación a los primeros domina el esquema del *cumplimiento*. El cumplimiento de las Escrituras en Cristo, la culminación de la historia del pueblo de Dios en los tiempos evangélicos. Este tema es presentado con referencias directas y alusiones a varios pasajes del Antiguo Testamento, los cuales se citan y aparecen profusamente en casi todo el Nuevo Testamento. Jesucristo aparece a la cabeza de este proceder: «Jesús vino a Galilea predicando el evangelio de Dios, y diciendo: *El tiempo se ha cumplido*, y el reino de Dios se ha acercado» (Mc. 1:14-15). Esta idea preside la proclamación de los apóstoles. El resultado es la conciencia de los primeros cristianos de origen judío de estar viviendo los tiempos largamente profetizados. El Espíritu Santo anunciado se derramada sobre toda carne y se vive de Dios y para Dios. «Al incluir el don del Espíritu como parte de la proclamación pública, los primeros cristianos no intentaban apoyar su causa en una experiencia interior esencialmente incomunicable. Querían decir que había una nueva forma de vida comunitaria que mostraba los rasgos de una fuerza espiritual interior en su libertad, unidad y energía constructiva»[74].

Al otro grupo representativo, los gentiles, el kerigma les anuncia el mismo Cristo redentor y Mesías, pero con notas equivalentes de fácil asimilación a sus oyentes. El *cumplimiento* que los judíos buscaban en la ley de Moisés, y los gentiles en lo mejor de su cultura, la búsqueda filosófica, se encuentra en el *Logos* divino, «la luz verdadera que alumbra a todo hombre que viene al mundo» (Jn. 1:9). El anuncio evangélico a la gentilidad llega mediante el grupo judío que sirve de puente, a saber, los *helenistas*, es decir, los judíos que por haber nacido fuera de Israel hablaban la lengua franca de entonces, el griego común o *koiné*, personas que apenas si hablaban el arameo materno. Fue precisamente la parte helenizada del pueblo judío la que mejor respondió al mensaje cristiano. En la comunidad de

---

74. C. H. Dodd, *La Biblia y el hombre de hoy*, Cristiandad, Madrid 1973, 95.

Jerusalén contaban con una amplia representación, con Esteban en cabeza (Hch. 4), y en la ciudad griega de Antioquía se dio el nombre de *cristianos* a los seguidores de Jesús. De la comunidad antioqueña, en la que los judíos helenistas eran mayoría, comenzó la actividad misionera.

La simple elección del idioma griego como vehículo del kerigma cristiano tiene grandes consecuencias a corto y largo plazo. Todo idioma conlleva una filosofía implícita; con el griego, lengua filosófica por excelencia, penetra en el pensamiento cristiano todo un mundo de conceptos, categorías intelectuales, metáforas heredadas y sutiles connotaciones. El apóstol Pablo lleva a cabo su actividad misionera predicando y argumentando en griego, con todas las sutilezas de la argumentación lógica griega. Cuando cita el Antiguo Testamento no lo hace del original hebreo, sino de la traducción griega de la Septuaginta. Si dejamos a un lado los *Logia* o dichos de Jesús, probablemente puestos en arameo, los escritos canónicos del Nuevo Testamento usan las formas literarias griegas, a saber, la *epístola*, según el modelo de los filósofos griegos; los *hechos* o *praxeis*, actos y doctrinas de hombres sabios o famosos contados por sus discípulos, y los *sermones*, modificación de la *diatribe* y *dialexis* de la filosofía popular griega, que habían intentado llevar las doctrinas de cínicos, estoicos y epicúreos al pueblo.

«Así, fue la primitiva misión cristiana la que obligó a los misioneros o apóstoles a usar formas de literatura y habla griegas al dirigirse a los judíos helenizados, hacia los cuales se volvieron en un principio y que encontraban en todas las grandes ciudades del mundo mediterráneo. Esto se hizo tanto más necesario cuando Pablo se acercó a los gentiles y empezó a lograr conversos entre ellos»[75]. El cristianismo se presentó a ellos como el cumplimiento de la enseñanza griega clásica, continuada y superada por Cristo, que aparece como el centro de una cultura nueva, el *Sóter* o Salvador del mundo.

75. W. Jaeger, *Cristianismo primitivo y paideia griega*, FCE, México 1965, 20-21. Cf. Antonio Piñero (ed.), *Biblia y helenismo. El pensamiento griego y la formación del cristianismo*, El Almendro, Córdoba 2006.

V
Predicación misionera

Bibl.: AA.VV., *Sínodo'74. Predicación y Evangelización* (Palabra, Madrid 1974); Ronald J. Allen, *Interpreting the Gospel: An Introduction to Preaching* (Chalice Press, St. Louis 1999); K. Barth, *La proclamación del Evangelio* (Sígueme, Salamanca 1980); Conc. Vaticano II, *Evangelii Nuntiandi*; Craig A. Loscalzo, *Evangelistic Preaching That Connects: Guidance in Shaping Fresh and Appealing Sermons* (InterVarsity Press, Downers Grove 1995); Al Fasol, *Preaching Evangelistically: Proclaiming the Saving Message of Jesus* (Broadman & Holman, Nashville 2006); Robert G. Graham, *Dynamics of Evangelistic Preaching* (Pathway Press, Cleveland 1996); Michael Green, *La evangelización en la Iglesia primitiva* (Certeza, Buenos Aires 1976-1979); Halford E. Luccock, *Communicating the Gospel* (Harpers, New York 1954); Osvaldo Mottesi, *Predicación y misión: Una perspectiva pastoral* (Logoi, Miami 1989); J. R. W. Stott y J. Grau, *La evangelización y la Biblia* (EEE, Barcelona 1973).

Por su contenido y objetivo creo que podemos hablar de diversos tipos de predicación que la costumbre ha venido a consagrar. En virtud del auditorio que se tiene la predicación puede ser misionera, pastoral, profética o didáctica. La primera es propia de una situación de misión, con escasa o nula presencia cristiana, y su propósito es alcanzar nuevas gentes para la fe. También se da en una situación nominalmente cristiana, pero con un bajo nivel de compromiso con el Evangelio y con un alto índice de personas que ignoran los rudimentos de la fe y que, por supuesto, están muy lejos de haber experimentado la conversión. A ellas se dirigen los esfuerzos de evangelización mediante la predicación y el testimonio personal. La predicación pastoral no tiene que esforzarse por ganar a nadie para la fe, sino en mantenerla fresca y activa en la vida de los creyentes. Es de naturaleza *edificante*, destinada al crecimiento y sustento de la fe ya aceptada y conocida. En estrecha relación con ella se encuentra la predicación profética, dirigida principalmente al pueblo creyente necesitado de una fuerte exhortación y desafío. La didáctica se da en una situación de nuevos conversos, de catecúmenos, de personas con poca formación bíblica y espiritual. Pero también de creyentes formados y maduros a quien es necesario recordar los rudimentos de la fe y aclarar sus dudas y perplejidades ante la expansión de nuevas ideas o la aparición de problemas que necesitan ser confrontados a la luz de la enseñanza bíblica. En cierto modo, ambas son una subdivisión de la teología pastoral. En una cuestión tan viva y dinámica como la predicación no hay que establecer diferencias absolutas. Desde el punto de vista teológico, la predicación siempre gira en torno a la acción salvífica de Dios; desde el punto de vista humano, la complejidad y variedad de las situaciones vitales, psicológicas y espirituales del ser humano exigen una combinación alterna de todos estos tipos de predicación en un mismo sermón, pues no es seguro que todos los que aparentan piedad sean piadosos, ni los salvos tan seguros de su salvación. Las limitaciones del predicador son muchas y muchas las eventualidades a las que se enfrenta. El predicador se dirige a la congregación en general, pero tiene que pensar en cada individuo en particular, con sus intereses y necesidades distintos, con grados de entendimiento y recepción diferentes. Juega a su favor que, cuando la congregación se reúne en asamblea para dar culto a Dios, todos participan de una misma expectativa general en cuanto cuerpo de Cristo, a saber, ser bendecidos o edificados mediante la predicación de la Palabra. De modo que si es posible clasificar los sermones como "evangelísticos o misioneros", "didácticos o doctrinales", "proféticos", etc., todos ellos tienen dimensiones e implicaciones *pastorales*, y viceversa, los sermones "pastorales" deben tener dimensiones e implicaciones *evangelísticas, doctrinales,* éticas y *proféticas*.

El primer ejemplo de predicación bíblica apostólica fue *evangelística*, hecha por un Pedro entusiasta y lleno del Espíritu Santo. Su discurso se centra en el anuncio de la salvación de Jesucristo y procede de principio a fin con una línea de argumentación tendente a vencer los obstáculos de sus oyentes respondiendo a sus dudas y perplejidad desde el texto común –común al orador y al auditorio– de las Sagradas Escrituras; todo ello con vistas a producir una reacción, una respuesta en sus oyentes (Hch. 2:22-38).

En este primer estadio de la expansión misionera de Iglesia, la evangelización se centra en los judíos, destinada a probar que Jesús era el Mesías prometido, y que tanto su vida como su muerte aconteció «conforme a las Escrituras»[76]. «Llegaron a Tesalónica, donde había una sinagoga de los judíos. Y de acuerdo con su *costumbre*, Pablo entró a reunirse con ellos, y por tres sábados discutió con ellos basándose en las Escrituras» (Hch. 17:1-2). Durante años la predicación misionera de los apóstoles transcurrió en el contexto del mundo judío, en sus sinagogas a lo largo y ancho de la diáspora, hasta que un día Pablo y Bernabé deciden, no cambiar de estra-

---

76. Cf. Michael Green, *La evangelización de los judíos*, en *La evangelización en la Iglesia primitiva*, Certeza, Buenos Aires 1976.

tegia, sino ampliar el campo misionero, después de reflexionar largamente sobre el rechazo judío del mensaje apostólico y de la aptitud de los gentiles a participar de los beneficios de la redención. No era un paso fácil, pero había que darlo cualquiera que fuese el precio. Pablo y Bernabé se armaron de valor y dijeron: «Era necesario que se os hablase a vosotros primero la palabra de Dios; pero ya que la habéis desechado y no os juzgáis dignos de la vida eterna, he aquí, nos volvemos a los gentiles. Porque así nos ha mandado el Señor: Te he puesto por luz a los gentiles, a fin de que seas para salvación hasta lo último de la tierra» (Hch. 13:46).

La predicación dirigida a los gentiles comporta una parte de preparación al anuncio del mensaje cristiano que no existe en la predicación dirigida a los judíos. Los gentiles seguían otras religiones y tenían muchas creencias diferentes; desde luego no compartían con los misioneros su aceptación de las Sagradas Escrituras de los hebreos. Para ellos no les decía más que cualquier otro libro sagrado del resto de las religiones. Aquí no había un punto de encuentro. El punto de contacto se da en lo que después se llamará "teología natural", y "teología fundamental". El primer sermón de Pablo en Listra, en Asia Menor, apela a la creencia común en el Dios creador y providente: «Os anunciamos las buenas nuevas para que os convirtáis de estas vanidades al Dios vivo que hizo el cielo, la tierra, el mar y todo lo que hay en ellos. En las generaciones pasadas Dios permitió que todas las naciones anduvieran en sus propios caminos; aunque jamás dejó de dar testimonio de sí mismo haciendo el bien, dándoos lluvias del cielo y estaciones fructíferas, llenando vuestros corazones de sustento y de alegría» (Hch. 14:15-17). En Atenas, la siguiente ciudad gentil que registra un mensaje de Pablo dirigido a los gentiles, la línea de argumentación es similar a la anterior, con las adaptaciones necesarias a su auditorio más ilustrado: «Este es el Dios que hizo el mundo y todas las cosas que hay en él. Y como es Señor del cielo y de la tierra... De uno solo ha hecho toda raza de los hombres, para que habiten sobre toda la faz de la tierra. Él ha determinado de antemano el orden de los tiempos y los límites de su habitación, para que busquen a Dios, si de alguna manera, aun a tientas, palpasen y le hallasen. Aunque, a la verdad, Él no está lejos de ninguno de nosotros... Por eso, aunque antes Dios pasó por alto los tiempos de la ignorancia, en este tiempo manda a todos los hombres, en todos los lugares, que se arrepientan» (Hch. 17:24, 27, 30).

Al gobernador Félix, Pablo no le habló directamente de Jesús, el Mesías muerto para la salvación del mundo, sino disertó de la justicia, del dominio propio y del juicio venidero (Hch. 24:25); muy conforme a la filosofía estoica dominante en el mundo grecorromano, conocida, aunque quizá no practicada por Félix. Al rey Agripa, por contra, que cree en los escritos proféticos, le habla con los profetas (Hch. 26:27).

De todos estos datos bíblicos se deduce con meridiana claridad que la predicación misionera y evangelizadora no consiste en repetir en un contexto lo que pertenece a otro. La fidelidad al Evangelio no consiste en conferir a las imágenes y entornos culturales en los que la revelación se ha manifestado un valor absoluto, sino en relativizar esas imágenes en favor de una comprensión esencial del Evangelio que va más allá del revestimiento contingente del tiempo y el espacio para alcanzar toda la tierra y todas las culturas. La infidelidad al Evangelio se produce cuando se limita su potencial universal y liberador y se encierra en fórmulas, culturas, tiempos, sistemas y geografías que el Evangelio ha venido a transcender. El error de los judaizantes consistió precisamente en no permitir que se cortasen las amarras que los unían a la ley mosaica. De signo contrario fue el error de los gnósticos que en su trasvase del Evangelio a su mundo filosófico lo diluyeron por completo para convertirlo en una mitología más.

Una lectura atenta al Nuevo Testamento nos revela el gozo espiritual y moral que supuso comprender la novedad liberadora del Evangelio de Jesús en todos los órdenes de la existencia, comenzando por el apóstol Pedro, cuando quedó Pedro asombrado «porque el don del Espíritu Santo fue derramado también sobre los gentiles» (Hch. 10:45). Cuánta emoción, sorpresa y júbilo expresa el adverbio *también* que expresa la igualdad de mundos antes enfrentados. «Los apóstoles y los hermanos que estaban en Judea oyeron que *también* los gentiles habían recibido la palabra de Dios» (Hch. 11:1). «Al oír estas cosas, se calmaron y glorificaron a Dios diciendo: ¡Así que *también* a los gentiles Dios ha dado arrepentimiento para vida!» (Hch. 11:18). El evangelio es «poder de Dios para la salvación a todo aquel que cree, al judío primero y *también* al griego» (Ro. 1:16).

Al mismo sentimiento de novedad y asombro obedece la expresión geográfica repetida una y otra vez: «la salvación llega hasta lo último de la tierra» (Hch. 1:8; 13:47); por «toda la tierra» (Ro. 9:17; 10:18).

A veces se observa una sutil adulteración del cristianismo que consiste en convertir la predicación misionera y evangelizadora en una *ideología*, es decir, en un sistema ideado por mentes demasiado humanas para imponer sus criterios y consolidar su posición con una falta de respeto y de humildad al pueblo misionado y hacia el resto de la comunidad cristiana que no sigue sus prescripciones. La historia de las misiones está llena de los estragos que ha producido esta aberración.

Las ideologías se imponen rutinaria y uniformemente a toda clase de gentes y contextos culturales mediante una campaña de propaganda y adoctrinación, reforzada por un sistema dictatorial, ya sea político o religioso. No se respetan los valores ajenos toda vez que son demonizados, calificados globalmente de *malos*. Todo lo contrario a la exhortación apostólica referida prácticamente a todo lo que era valioso en la ética antigua: «Todo lo que es verdadero, todo lo honorable, todo lo justo, todo lo puro, todo lo amable, todo lo que es de buen nombre, si hay virtud alguna, si hay algo que merece alabanza, en esto pensad» (Flp. 4:8).

La predicación misionera no es distinta a la máxima teológica que asegura que la gracia no destruye la naturaleza, sino que la perfecciona. Del mismo modo, el Evangelio ilumina con su fuerza redentora y liberadora todos aquellos aspectos de un tiempo o de una cultura dada que hay que superar o renovar. La gracia salvífica toma a Saulo y dirige su celo mal encaminado hacia un ideal más elevado, transfigurando su fanatismo adquirido en verdadera pasión por las almas, solícita y amorosa. Dios justifica al pecador sin envilecerle; y el resultado es la vida nueva del justificado en Cristo. Y, dado que la razón de ser de la predicación misionera es la de mostrar la justificación realizada por Dios en Cristo, la tarea del predicador no puede consistir en implantar un sistema personal o denominacional. Como muy bien dice Karl Barth, «si vive de la justificación no puede ser un profesional de ideologías humanas»[77].

Tampoco puede ser arrogante el discípulo del Maestro humilde. Al contrario, tiene que estar dispuesto a hacer su particular *kénosis* o vaciamiento, acomodándose a las necesidades de los tiempos, a meterse en el pellejo de los demás y dar testimonio de tal forma que responda a las dificultades y problemas que particularmente agobian y angustian a sus oyentes. «Haya en vosotros esta manera de pensar que hubo también en Cristo Jesús» (Flp. 2:5). «Siendo rico, por amor de vosotros se hizo pobre, para que vosotros con su pobreza fueseis enriquecidos» (2 Cor. 8:9). «A pesar de ser libre de todos, me hice siervo de todos para ganar a más» (1 Cor. 9:19).

San Pablo equipara la labor misionera a una embajada en 2 Cor. 5:20. En su época el embajador o *legado* era una persona comisionada personalmente por el emperador y Pablo se considera un *legado* designado por Jesucristo para la obra de la predicación del Evangelio. Entre las misiones del *legado* se contaban la de concertar los términos de paz con los pueblos vecinos, fijar los límites geográficos e introducir nuevos pueblos en el Imperio romano. Era un puesto honorable y de gran responsabilidad. El honor de su país estaba en sus manos. Por sus palabras y gestos se juzgaba el carácter del pueblo que representaba. Lo mismo ocurre con los predicadores del Evangelio en particular y de todos los cristianos en general, cual «carta de presentación, conocida y leída por todos los hombres» (2 Cor. 3:2).

El embajador no se limita a comunicar un mensaje determinado o a seguir una política fija, sino que también está obligado a considerar la situación y las circunstancias, a estudiar el carácter nacional de los pueblos

---

77. K. Barth, *La proclamación del Evangelio*, Sígueme, Salamanca 1980, 55.

donde se encuentra, a valorar su cultura y a buscar y aprovechar la oportunidad de presentar sus ofertas de la manera más atractiva imposible. No amenaza, ni impone, ni dicta, sino exhorta, ruega, sugiere. Sólo el buen embajador puede transformar una situación de conflicto en una situación de paz y reconciliación.

Trasladado a nuestra situación esto significa que el predicador debe anunciar con fidelidad el mensaje que le ha sido confiado, pero con la libertad y sabiduría suficientes como para acomodarse de un modo inteligente y respetuoso en otra cultura, de modo que sea efectivo y no una piedra de tropiezo en su embajada de reconciliación.

VI
Predicación pastoral

Bibl.: Roger Alling, *Preaching as Pastoral Caring* (Morehouse Publishing, Harrisburgh 2005); John B. Cobb, *Theology and Pastoral Care* (Fortress, Philadelphia 1977); William Garden Blaikie, *For the Work of the Ministry. Manual of Homiletical and Pastoral Theology* (Solid Ground Christian Books, USA 2005 [org. 1873]); C. W. Brister, *El cuidado pastoral en la Iglesia* (CBP, El Paso 1976); Joe Cothe, *The Pulpit Is Waiting: A Guide for Pastoral Preaching* (Pelican Pub. Co., Gretna 1998); Robert C. Dykstra, *Discovering a Sermon: Personal Pastoral Preaching* (Chalice Press, St. Louis 2001); William E. Hull, *Strategic Preaching: The Role of the Pulpit in Pastoral Leadership* (Chalice Press, St. Louis 2007); J. Randall Nichols, *The Restoring Word: Preaching as Pastoral Communication* (Harper & Row, San Francisco 1987); Michael Pasquarello, *Sacred Rhetoric: Preaching as a Theological and Pastoral Practice of the Church* (Eerdmans, Grand Rapids 2005).

El pastor bueno y verdadero es aquel que conduce a su pueblo, lo defiende, lo alimenta y cuida de los heridos (cf. Ezq. 34; Jer. 23). Esta función pastoral es parte del ministerio apostólico desde el principio (1 Pd. 5:1-4; Ef. 4:11). La predicación pastoral debe integrar esos elementos relacionados con la alimentación del pueblo al mismo tiempo que lo conduce a la nueva vida que Dios ha querido comunicarle en su Hijo.

La comunidad de Jerusalén perseveraba en «la doctrina de los apóstoles» como un elemento esencial en el primitivo culto cristiano (Hch. 2:42). Esta *doctrina*, en el original *didaché*, era obviamente la enseñanza y predicación apostólica dirigida a los fieles para su edificación. Partiendo de los hechos relativos a la vida y muerte de Jesús, puestos en relación con los textos pertinentes de la Sagrada Escritura hebrea, los apóstoles exponían el significado del Evangelio para la fe y vida de los creyentes.

El judaísmo sinagogal procedía así cada sábado, cuando los piadosos se reunían en torno a la lectura y meditación de la Palabra de Dios, cuya predicación iba unida a la lectura de las Escrituras (cf. Lc. 4:16-21); pero la iglesia primitiva, reunida también en torno a Palabra revelada por Dios en otro tiempo por los profetas, añadía otro elemento, la revelación del Hijo en los últimos tiempos (cf. Heb. 1:1), transmitida por los apóstoles. No era un procedimiento impropio, también los escribas y fariseos tenían sus tradiciones y maestros utilizados en la interpretación de la Escritura.

La predicación pastoral debe entender perfectamente, que su origen está en Cristo, vivo en medio de su pueblo, del cual las Escrituras son un testimonio privilegiado (cf. Jn. 5:39). Fundada en Cristo, el príncipe de los pastores (1 Pd. 5:4), procede a la recta interpretación de la Escritura en clave cristológica (cf. 2 Tim. 2:15), de modo que se convierte en "palabra de vida" que ilumina, guía y acompaña el andar cristiano (cf. Flp. 2:16). «La función del predicador es hacer que los hombres vean»[78].

A diferencia de la predicación cuyo objetivo son los no creyentes, que se puede repetir una y otra vez según cambia de auditorio y lugar, la predicación pastoral generalmente se dirige al mismo auditorio a lo largo de los años. George Whitefield bien pudo permitirse predicar un buen número de veces un mismo sermón sobre la necesidad de nacer de nuevo, pero sería poco inteligente, y de mal pastor, repetir un solo sermón en su propia congregación.

La predicación pastoral es exigente y tremendamente importante para el bienestar de las iglesias. La verdad es que los buenos pastores son una bendición de Dios. «Os daré pastores según mi corazón, y ellos os pastorearán con conocimiento y discernimiento» (Jer. 3:15). Todo el conocimiento y discernimiento que necesita para hacer de cada domingo un banquete espiritual, del cual el pueblo salga enriquecido y como habiendo visto a su Señor. «Llegad a amar mucho a Cristo y mucho a las almas inmortales, y será maravilloso lo sabiamente que adaptaréis vuestras enseñanzas a las necesidades de los que os rodean»[79].

La predicación pastoral es edificante o no es nada. Pablo, además de apóstol de los gentiles, es también el "apóstol de la edificación". Nadie como él ha escrito sobre este tema (Ro. 14:19; 15:2; 1 Cor. 8:1; 10:23; 14:3-5, 12, 26; 2 Cor. 10:8; 12:1; 13:10; Ef. 4:12, 29; 1 Tim. 1:4; 5:11). Quizá porque su amplia y accidentada experiencia misionera le enseñó que sin un trabajo de continuidad apropiada todo el edificio construido con tanto trabajo se viene abajo. Era una posibilidad que le asustaba (cf. 2 Cor. 11:3; 12:20; Gal. 4:11).

Acciones pastorales prolongadas pueden llevar al miedo a caer en la rutina y resultar aburridas después de años predicando a la misma congregación. Con frecuencia predicación y aburrimiento van juntas en el imaginario público. Los oyentes saben de antemano lo que se les va a decir desde el púlpito. No esperan novedades. El Dios de las sorpresas, que hace

---

78. William A. Brown, *Modern Theology and the Preaching of the Gospel*, Charles Scribner's Sons, New York 1915, 269.

79. C. H. Spurgeon, *Un ministerio ideal*, vol. 2, 43.

todo talmente nuevo, deviene el Dios del tedio. Trágico. Aunque no sea enteramente su culpa, el predicador no puede ser aburrido. Puede estar cansado, quemado incluso, pero por amor al Dios que representa no puede permitirse caer en el aburrimiento.

Todo pastor experimentado sabe que no puede esperar ver energías continuas en su vida. No hay ningún hombre cuya vida sea todo clímax, decía Spurgeon. No desesperemos si nuestro espíritu está en marea baja. En la vida hay calmas y pausas. La condición humana no está hecha para el progreso uniforme. Hay recaídas y vuelta a empezar. «Mis días de vuelo se han convertido en días de carrera –confiesa el gran Spurgeon–, y la carrera está disminuyendo para convertirse en un paso aún más sereno»[80]. El estado de ánimo puede afectar a nuestra predicación, pero no hasta el punto de volverla inefectiva, pesada, repetitiva, sosa. El remedio es volver a enamorarse de la Palabra de Dios y ser fiel a ella. «La Escritura es tan interesante de hecho, tiene que decirnos tantas cosas nuevas y propias para conmovernos, que los oyentes no pueden adormilarse»[81]. «La verdad cristiana permanece siempre nueva cuando está situada en la vida» (Barth).

Porque ama a Dios y ha sido justificado por Él, el predicador debe permanecer fiel a la Palabra que le ha sido confiada, y porque ama su comunidad y busca edificarles en toda obra buena, debe compartir la vida de su congregación, estar atento a lo que sucede, guiar, desde la Palabra de Dios, la experiencia de todos y cada uno de los creyentes. En resumen, lo que caracteriza la predicación pastoral es la fidelidad a la Palabra y la participación en la vida de su comunidad. «Si se tiene en cuenta esta observación, tendremos cada domingo alguna cosa nueva que decir; y será este un signo del gran comienzo, siempre nuevo, que emprendemos con Dios, porque es Él quien ha querido comenzar con nosotros»[82].

Para concluir: «¿Cuál debe ser el contenido de la predicación pastoral? ¡Nada menos que la Palabra de Dios! Los fieles están hastiados precisamente de sermones pobres y superficiales. Al juntarse para adorar necesitan que se les recuerde la realidad del mundo invisible del espíritu; necesitan saber de un Dios que se interesa por ellos, que se anticipa y sale a su encuentro»[83]. La Palabra de Dios tiene que llegar mediante la predicación como un don de justificación y vida nueva, pero también como una demanda de santidad y obediencia. No se deben temer pastorados largos, como si fuesen una amenaza a la frescura de la predicación, como tampoco eternizarse en ellos cuando decaen las facultades o la situación se vuelve

---

80. C. H. Spurgeon, *op. cit.*, vol. 1, p. 69.

81. Karl Barth, *La proclamación del Evangelio*, Sígueme, Salamanca 1980, 61.

82. *Ibid.*, p. 86.

83. C. W. Brister, *El cuidado pastoral en la Iglesia*, CBP, El Paso 1976, 124.

imposible y reclama un cambio. Pero el pastorado largo en sí no es un obstáculo para la buena predicación, rica y edificante. De algo debe valer la experiencia y madurez. La prueba está en la larga y noble de lista de príncipes del púlpito que dedicaron casi toda una vida a la misma congregación. Alexander Carson (1776-1884), permaneció 41 años en Tubbermore (Irlanda); Nathaniel Emmons (1745-1840), 54 años en la *Congregational Church* de Franklin (Massachusetts); Charles Simeon (1759-1836), 54 años en *Holy Trinity* de Cambridge (Inglaterra); Richard Storrs (1821-1900), 54 años en *Church of the Pilgrims* de Brooklyn (New York); Alexander Maclaren (1826-1910), "el príncipe de los expositores", 45 años en *Union Chapel* de Manchester (Inglaterra); J. D. Jones (1865-1942), casi 40 años en *Richmond Hill Church* de Bournemouth (Inglaterra); Robert G. Lee (1886-1978), 35 años en *Bellevue Baptist* de Menphis (Tennessee); George W. Truett (1886-1944), 41 años en *First Baptist Church* de Dallas (Texas) y, por encima de todos en duración, William Jay (1769-1853), 62 años en *Argyle Chapel* de Bath, «un buen hombre lleno del Espíritu Santo y de fe»[84], muy alabado por Spurgeon.

---

84. Cf. *The Autobiography of William Jay*, editada por George Redford y John Angell James, Banner of Truth, Edinburgh 1974 (org. 1854).

VII
Predicación profética

Bibl.: AA.VV., *Misión profética de la Iglesia* (CUPSA, México 1981); R. Ahlgrim, *Not as the Scribes: Jesus as a Model for Prophetic Preaching* (Herald Press, Kansas City 2002); R. Alling, *Preaching as Prophetic Calling* (Morehouse, Harrisburgh 2004); Otto Baab, *Prophetic Preaching* (Abingdon Press, Nashville 1958); Paul B. Bull, *Preaching and Sermon Construction* (Macmillan, New York 1922); Linda L. Clader, *Voicing the Vision: Imagination and Prophetic Preaching* (Morehouse, Harrisburgh 2004); José Luis Espinel, *Profetismo cristiano* (San Esteban, Salamanca 1990); Alfred Küen, *Dones para el servicio* (CLIE, Barcelona 1993); Craig Brian Larson(ed.), *Prophetic Preaching: The Preacher's Toolbox* (Hendrikson, Peabody 2012); M. A. Mulligan y R. Burrow, *Daring to Speak in God's Name: Ethical Prophecy in Ministry* (Pilgrim Press, Cleveland 2002); F. J. McConnel, *The Prophetic Ministry* (Abingdon, New York 1930); M. McMickle, *Where Have All the Prophets Gone?: Reclaiming Prophetic Preaching in America* (Pilgrim Press, Cleveland 2006); Jorge Ovando, *El sentido profético del predicador* (Caribe, Miami 1996); Darius L. Salter, *Prophetical-Priestly Ministry* (Evangel Pub. House, Nappanee 2002); Willard L. Sperry, *We Prophesy in Part* (Harper, New York 1938); B. Stamateas, *El don de profecía y el ministerio profético hoy* (CLIE, Barcelona 1998); Charles D. Williams, *The Prophetic Ministry for Today* (Macmillan, New York 1921); J. Philip Wogaman, *Speaking the Truth in Love: Prophetic Preaching to a Broken World* (Westminster/Knox Press, Louisville 1998).

De la predicación de los profetas en el Israel del Antiguo Testamento ya hemos hablado. Nos toca considerar ahora la *predicación profética* dentro de la Iglesia del Nuevo Testamento, y desde ella las lecciones que podemos aplicar al presente.

La existencia de profetas en las primeras comunidades está bien documentada en el Nuevo Testamento. Los había en Jerusalén, Cesarea, Antioquía, Roma, Corinto, Tesalónica y en las iglesias de Asia Menor (Hch. 11:27; 13:1; Ro. 12:6; 1 Cor. 12-14; 1 Tes. 5:20; Ap. 1:3; 22:18). La profecía era un don del Espíritu Santo que gozaba de gran estima, próximo al don apostólico. A través de ellos, el Jesús glorificado se comunicaba directamente con su pueblo. Los profetas aparecen como fundamento de la Iglesia juntamente con los apóstoles (Ef. 2:20; 3:5), ya que ambos eran agentes de la revelación. El don de profecía lo ejercían tanto hombres como mujeres y el mensaje resultante parece haber sido muy variado en sus contenidos. Su gama se extendía desde las predicciones de Agabo (Hch. 11:28), la elección de alguien para un ministerio (1 Tm. 4:14), el testimonio acerca de Cristo (Ap. 19:10), la evangelización (1 Cor. 14:24), la consolación y la enseñanza (1 Cor. 14:3). La profecía se ejerció en las congregaciones cristianas durante siglos, llevada a un extremo por el movimiento montanista, como reacción al clericalismo creciente de la Iglesia.

Dejamos para los exégetas y teólogos dilucidar el carácter, naturaleza y alcance del profetismo neotestamentario, pues lo que a nosotros nos interesa, en el contexto de la predicación, es saber cómo se hace hoy presente en la Iglesia la *predicación profética*. A modo de tesis podemos decir que la predicación es cualitativamente la misma de los profetas cuando se da testimonio de Cristo. Sirviéndonos de la palabra que apóstoles y profetas han dejado en la Escritura, la predicación profética, que se produce en un *momento diferente* de la historia de la salvación, hace presente la palabra de Cristo como un acto del Espíritu. Cuando la Escritura es proclamada como palabra de Jesús para el tiempo presente surge la profecía, a condición de que el *profeta* moderno prescinda de revelaciones particulares y hable desde la fidelidad a la Escritura, aceptando el espíritu de discernimiento de sus hermanos[85].

La predicación profética es un fino sentido de la realidad de los cristianos en los distintos ámbitos de la vida y del pensamiento que advierte de los males que se han dejado pasar en la congregación, al mismo tiempo que llama al compromiso con una forma de vida más auténtica y conforme a los principios del Reino de Dios. No tiene nada que ver con fenómenos místicos espectaculares ni con la predicción del futuro, tiene que ver con el llamamiento continuo a la fidelidad a Cristo.

Se puede decir que la predicación profética tiene por misión despertar la conciencia de un cristianismo adormilado y acomodado a los privilegios adquiridos. Recuerda a tiempo y a destiempo la primacía de la salvación de todos, sin permitir exclusiones o menosprecios. Se levanta contra la injusticia y no puede tolerar la opresión del hermano. «Mirad bien que ninguno deje de alcanzar la gracia de Dios; que ninguna raíz de amar-

---

85. Entendemos la prevención de los que mantienen que la Iglesia actual ya no necesita profetas por miedo a que se pretenda con ello convertir sus mensajes en una revelación paralela a la Escritura. «Hoy en día, cuando la palabra escrita de Dios está al alcance de todos nosotros, ya no se necesita el mensaje divino en lenguaje profético. La Palabra de Dios ya no viene como en el pasado. Ha venido una vez por todas; ahora debemos ir a ella» (John Stott, *El cuadro bíblico del predicador*, CLIE, Barcelona 1986, 11). Sin embargo, hay otras maneras de entender el profetismo cristiano que, de ningún modo, implican la aceptación de nuevas revelaciones.

gura brote y cause estorbo, y que por ella muchos sean contaminados» (Heb. 12:15). Como el profeta de antaño, el profeta cristiano de inmediato se pone de parte del oprimido, del pobre, del desvalido (cf. Stg. 2:16).

Todos los cristianos, por el hecho de su unión con Cristo, participan del ministerio profético de Cristo, como hasta el mismo Juan Pablo II, ya desde su primera encíclica, se encargó de recordar: «Hemos sido hechos partícipes de esta misión de Cristo, profeta, y en virtud de la misma misión, junto con Él servimos a la verdad divina en la Iglesia»[86]. A semejanza de la de Jesús, la predicación profética, salga de los labios del ministro ordenado, o del hombre o la mujer creyente, comporta siempre un reto para la vida cristiana tanto a nivel individual como congregacional. Es crítica de las falsas seguridades y de las pequeñas y grandes hipocresías de la vida. Anuncia y denuncia las situaciones de injusticia y en todo momento llama al arrepentimiento y la renovación. Actualiza la palabra de Jesús y de los profetas y hace presente los valores y principios del Reino de Dios en medio de la comunidad.

No se trata de enjuiciar cualquier situación sospechosa o incomprendida, husmeando como un sabueso las faltas contra el decoro y la sana doctrina, pronto a escandalizarse y tardo para comprender y amar. Al contrario, la predicación profética se opone a todo atisbo de fariseísmo y vana religiosidad. Su compromiso es con Dios y su pueblo. Es fruto de la Palabra y de la preocupación por los valores del Reino.

Mientras que la religiosidad de tipo *sacerdotal* tiende a convertirse en *conservadora* del honor de Dios y se escandaliza de cualquier acto que interpreta como un atentado a la sana doctrina y el buen orden tradicional, la religiosidad de tipo profética es *innovadora* en el sentido de que siempre está abierta a la acción del Espíritu para dejarse guiar por él, incluso en aquellos caminos que otros consideran peligrosos.

«El profeta tiene que encontrarse, y debería encontrarse, en cada clase y en cada profesión, entre hombre de estado, reformadores sociales, agricultores y ministros. El sacerdote es miembro de una orden de hombres especialmente escogida para ser guardianes oficiales de la doctrina de la Iglesia y maestros de la fe confesional. El profeta habla, con la pasión de su propia experiencia individual, de la verdad. El sacerdote habla con la autoridad de la experiencia comunitaria de la Iglesia. El profeta apela a la conciencia del hombre en cuanto hombre. El sacerdote apela a la conciencia de quien debe obediencia y lealtad a la Iglesia, el Cuerpo de Cristo»[87].

---

86. Juan Pablo II, *Redemptor hominis*, n. 19, 1979.
87. Paul B. Bull, *Preaching and Sermon Construction*, Macmillan, New York 1922, 5.

La predicación profética tiene que advertir respecto a la seducción que ejerce sobre los espíritus el afán de poder, de prestigio –social y religioso–; el engaño de las riquezas disfrazadas de bendición divina. El tono de la predicación profética es diferente a la pastoral ordinaria, consoladora por definición; su función tiene una nota desafiante, pero en ningún momento quiere ser desagradable; su carácter extraordinario se orienta a la estimulación de la fe apagada. Se enfrenta a una situación que necesita ser puesta en orden. Por inercia, el ser humano, también el creyente, se deja llevar por la rutina y es proclive a olvidar la fuente de la que mana la vida. A este respecto son aleccionadoras las cartas a las iglesias del Apocalipsis. «Has dejado tu primer amor. Recuerda, por tanto, de dónde has caído» (Ap. 2:4-5); «Tienes nombre de que vives, pero estás muerto» (Ap. 3:1); «Tú dices: Soy rico; me he enriquecido y no tengo ninguna necesidad, y no sabes que tú eres desgraciado, miserable, pobre, ciego» (v. 17).

En la base de grandes movimientos espirituales de renovación y avivamiento se encuentra la predicación profética que, frente a la predicación puramente teórica y abstracta, muestra el camino más excelente de la experiencia inmediata de la gracia de Dios, de su obrar maravilloso en la vida que se abre mediante la predicación. Aunque es un predicación guiada por principios sobrenaturales y sostenida por la oración, es quizá la más atenta a los *signos de los tiempos* y la más dispuesta a responder a sus desafíos desde el dinamismo de la fe. Se inflama de espíritu misionero y sale en busca de los pobres, de los oprimidos, de los excluidos, de los enfermos y de los que sufren persecución por unos u otros motivos (cf. Lc. 4:16ss; Is. 61:1ss; 58:6). Dios habla a través de la predicación profética a los que tienen oídos para oír.

Ejemplo valiente de predicación profética fue Bernardo de Claraval (1090-1153 d.C.), que poniendo en peligro su nombre y su vida, no dudó en reprender a superiores y poderosos, el papa incluido. No fue movido por el espíritu de la crítica y de la denuncia, sino por el amor al pueblo que sufría los desmanes de las autoridades que habían olvidado las enseñanzas de la Palabra de Dios. Dice así en uno de sus sermones: «Ayer hablábamos de qué obispos nos gustaría tener para que nos guíen en nuestro camino; pero no de cuáles tenemos en realidad. Nuestra experiencia dista mucho de lo que dijimos, pues los que hoy rodean y adiestran a la Esposa no son todos amigos del Esposo. Más bien son escasos los que no buscan sus propios intereses. Aman los regalos y no pueden amar igualmente a Cristo, porque se han dejado atar las manos por el dinero. Mírales cómo van de elegantes, de esplendorosos, envueltos en ropajes como una esposa que sale de su tálamo... Y ¿de dónde te figuras que les viene toda la exuberancia de cosas, el resplandor de objetos de oro y plata? Pues procede de los bienes de la Esposa [la Iglesia], a la que, por eso, se la ve hoy desfigurada, en desorden, pálida, insípida y con un aspecto lamentable. Pues lo que ellos hacen no es desposarla, sino despojarla; no es conservarla, sino echarla a perder. No la componen, sino que la descomponen; no la constituyen, sino que la prostituyen; no apacientan el rebaño, sino que lo sacrifican y se lo comen... El profeta dice: "comerán los pecados de mi pueblo", que es como si dijese: exigen dinero (en penitencia) por los pecados, sin preocuparse para nada de enmendar a los pecadores. Enséñame un obispo que no ande más preocupado en vaciar las bolsas que en descargar los pecados de su pueblo [...] De los apóstoles han heredado el ministerio, pero no el celo. Todos quieren ser sucesores de los apóstoles, pero pocos sus imitadores. Y ojalá fuesen tan dispuestos para desempeñar su cargo como lo fueron para obtenerlo»[88].

La predicación profética surge tan pronto se presta la debida atención a la Escritura, y a «todo el consejo de Dios» (Hch. 20:27). El descubrimiento de la enseñanza de la Biblia, siempre en peligro de ser enterrada bajo un montón de cascotes de tradiciones y prejuicios, siempre resulta en una explosión de vida espiritual que afecta a todos los campos, comenzado por la predicación. Es cuando la carga profética de la Escritura se manifiesta en todo su poder. Pensemos en John Wyclif, en Martín Lutero, en John Wesley, en George Fox, etc. La falta de "profecía" en la Iglesia puede provocar mucho daño y desilusión en los miembros más sensibles, muchos de los cuales han llegado a apartarse al comprobar la incapacidad de la Iglesia y sus dirigentes en el ministerio profético[89].

En los primeros días de la Reforma, Ulrico Zuinglio puso en marcha una experiencia interesante conocida por el nombre de "profecía", dentro de su política de «intentar cosas difíciles y grandes con la ayuda de Dios». Para Zuinglio "profecía" quería decir investigación a fondo de la Sagrada Escritura. Para ello, a partir de mediados de junio de 1525, inició una serie de reuniones diarias, excepto los viernes y domingos, centrada en la lectura y análisis del texto bíblico. Las reuniones comenzaban bien temprano por la mañana, a las siete en verano y a las ocho en invierno. Asistían todos los predicadores, canónigos y estudiantes de la ciudad, pero no sólo ellos, sino también cualquier persona interesada en la Palabra de Dios. La Biblia era leída consecutivamente en latín, hebreo y griego, al mismo tiempo que se explicaba el sentido del texto. Después un predicador se encargaba de explicar el texto bíblico en alemán a fin de que los asistentes no versados en latín, hebreo o griego pudieran entender la Palabra de Dios en su propio idioma. Así año tras año en un esfuerzo gigantesco de hacer llegar la Palabra de Dios en profundidad a todos los creyentes, con vistas a una mayor fidelidad y vivencia de su mensaje.

88. Bernardo de Claraval, *Sermón 77 sobre el Cantar de los Cantares*, PL 183, 1155-56. Citado por José I. González Faus, *La libertad de palabra en la Iglesia y en la teología. Antología comentada*, Sal Terrae, Santander 1985.

89. Cf. DeWitte T. Holland, *The Preaching Tradition*, Abingdon, Nashville 1980, 95.

VIII
Predicación didáctica

Bibl.: Ronald J. Allen, *Thinking Theologically: The Preacher as Theologian* (Fortress Press, Minneapolis 2007); James Black, *Doctrinal Preaching for Today* (Abingdon Press, New York 1956); William H. P. Faunce, *The Educational Ideal in the Ministry* (Macmillan, New York 1908); Gerhard O. Forde, *Theology is for Proclamation* (Fortress, Philadelphia 1990); Harry Thiselton Mark, *The pedagogic of preaching* (Fleming H. Revell Co., New York 1911); Derl G. Keefer, *Open Doors for Preaching, Teaching, and Public Speaking* (CSS Publishing, 2002); Thomas G. Long y Leonora Tubbs-Tisdale, *Teaching Preaching as a Christian Practice: A New Approach to Homiletic Pedagogy* (Westminster/John Knox, Louisville 2008); Daniel S. Schipani, *El reino de Dios y el ministerio educativo de la iglesia* (Caribe, Miami 1983); – *Teología del ministerio educativo* (Nueva Creación, Grand Rapids 1993); Craig Skinner, *The Teaching Ministry of the Pulpit: Its History, Theology, Psychology, and Practice for Today* (Baker, Grand Rapids 1973); Robert Smith, *Doctrine That Dances: Bringing Doctrinal Preaching and Teaching to Life* (Broadman & Holman, Nashville 2008); John Westerhoff, *Spiritual Life: The Foundation for Preaching and Teaching* (Westminster/Knox Press, Louisville 1997); Warren W. Wiersbe, *Preaching and Teaching with Imagination: The Quest for Biblical Ministry* (Baker, Grand Rapids 1997).

A la predicación del *kerigma* sucede normalmente la catequesis, que detalla y explicita el mensaje recibido y aceptado. Catequesis es un sustantivo derivado del verbo griego *katecheô*, que denota la acción de instruir, de enseñar oralmente. En el Nuevo Testamento se usa en relación al judío instruido en la ley, e «instructor de los que no saben, maestro de niños, teniendo en la ley la completa expresión del conocimiento y de la verdad» (Ro. 2:17-21), y también respecto al cristiano instruido en la palabra (Gal. 6:6). Palabra inteligible, capaz de ser enseñada a los demás, a diferencia de las lenguas carismáticas (1 Cor. 14:19). Lucas lo usa en el contexto ordinario de la instrucción de los creyentes en las verdades de la fe. Por ese motivo escribe su Evangelio y se lo dedica a Teófilo, «para que conozcas bien la verdad de las cosas en las cuales has sido instruido» (Lc. 1:4). La enseñanza o instrucción de los recién convertidos acompañaba la labor misionera de los apóstoles y evangelistas. A veces era tan elemental que necesitaba ser complementada, como en el caso de Apolo (Hch. 18:25). La instrucción es una disciplina que nunca se agota. Nunca queda obsoleta por más tiempo que transcurra. El olvido, la pereza, el error, la profundización hacen de la enseñanza una tarea imprescindible y siempre necesaria. Aquí no se debe dar por sentado, por sabido. En la escuela del espíritu, como en la de la vida, no hay vacaciones: «Debiendo ser ya maestros por el tiempo transcurrido, de nuevo tenéis necesidad de que alguien os instruya desde los primeros rudimentos de las palabras de Dios» (Heb. 5:12).

Partiendo de la vida, muerte y resurrección de Jesucristo, que resume la enseñanza o credo recibido por Pablo (1 Cor 15:3-8) y que debe repetirse sin cesar para que la fe sea entendida correctamente, la predicación se convierte en enseñanza y la enseñanza en predicación. Pablo se quedó año y medio en Corinto «enseñando entre ellos la palabra de Dios» (Hch. 18:11). La predicación del Evangelio no termina cuando el pecador arrepentido se convierte y acepta a Jesús como su Señor y Salvador, sino que continúa en un largo proceso de educación que dura toda la vida, pues mediante la conversión comienza un mundo nuevo y una gigantesca tarea de formación humana y espiritual. En la fórmula misionera registrada por Mateo: «Por tanto, id y haced discípulos a todas las naciones, bautizándoles en el nombre del Padre, del Hijo y del Espíritu Santo, y *enseñándoles* que guarden todas las cosas que os he mandado» (Mt. 28:19-20).

Jesús mismo procedió así cuando sin dejar de predicar la proximidad del Reino de Dios y la necesidad de convertirse, enseñaba en las sinagogas (Mt. 9:35; Mc. 1:22), en las estribaciones de una montaña (Mt. 5:2) o en la orilla de un lago (Mc. 4:2). A juzgar por sus enseñanzas, su forma y su contenido, ¡qué duda cabe que fue un gran predicador didáctico! Por eso la gente quedaba maravillada de su doctrina, «porque les enseñaba como quien tiene autoridad» (Mt. 7:29). «Jesús habló proféticamente para todo el mundo. Entender su mensaje no requería ni una educación especial ni haber llevado una vida especialmente santa. La gente común escuchaba las palabras de Jesús como la voz de Dios dirigiéndose a ellos. Jesús no empleó el lenguaje técnico, de especialistas, que se encuentra en los escritos filosóficos contemporáneos o en las disputas sobre el significado de tal o cual cláusula de la Ley; las referencias a la Ley y las anécdotas tomadas de las Escrituras hebreas son las que todo el mundo conocía, del mismo modo que las demás parábolas de Jesús se inspiraban en la experiencia cotidiana de la gente»[90].

---

90. Pheme Perkins, *Jesús como Maestro. La enseñanza de Jesús en el contexto de su época*, El Almendro, Córdoba 2001, 57.

Es obligación de toda la Iglesia proclamar sin cesar el Evangelio de la salvación que se debe complementar con una sólida educación en la *doctrina* de Cristo. No en balde la Iglesia ha sido adornada por el Jesús ascendido con «apóstoles, profetas, evangelistas, pastores y maestros» (Ef. 4:11). No todos los exégetas están de acuerdo en si "pastores y maestros" describen a una o dos clases de personas. En cualquier caso, la predicación didáctica, teológica, adecuada a la fe y progreso de cada cual, está contemplada en la organización de la Iglesia. Frente al ministerio de los profetas y evangelistas que era ambulante, pastores y maestros son fijos en una congregación y tenían una triple función:

a) Transmitir el conocimiento de la vida y enseñanza de Jesús, contada oralmente antes de ser puesta por escrito. Los maestros tenían la tremenda responsabilidad de ser depositarios de la historia evangélica. Su función era la de ser correa de transmisión de una generación a otra: «Lo que oíste de parte mía mediante muchos testigos, esto encarga a hombres fieles que sean idóneos para enseñar también a otros» (2 Tim. 2:2).

b) Enseñar los conceptos básicos del cristianismo a una población procedente directamente del paganismo y proseguir con las grandes doctrinas para mantener la fe pura y sin distorsión en el proceso de su transmisión.

c) Formar enseñando, mirando no sólo a las doctrinas en lo que tienen de formulación intelectual, lógica e histórica, sino en lo que tienen de transformadoras del carácter mediante la formación moral del intelecto y reforzando la voluntad para poner en práctica lo enseñado.

De esto se desprende que las labores de pastorado y enseñanza caminan juntas. Ambas contribuyen a la salvaguarda del rebaño guiando su experiencia creyente a la luz del acontecimiento salvífico manifestado en Cristo y atestiguado en la Escritura. Como ya dijimos, el predicador tiene que mantenerse fiel a la Escritura y fiel a las situaciones de la vida.

La catequesis, que en los siglos II y III designa comúnmente la enseñanza preparatoria para el bautismo de adultos, no se dejaba en manos de cualquiera. Sólo los pastores u obispos podían darla, o aquellas personas directamente designadas por ellos. Era una labor importante y no se daba a la ligera. Se han conservado las catequesis de grandes pastores y teólogos de la Iglesia[91]. La catequesis se centraba en la enseñanza de los Diez Man-

---

91. Agustín, *De catechizandis rudibus. Introducción al catecumenado*, Ed. Clásicas, Madrid 1991; Cirilo de Jerusalén, *El sello del Espíritu. Catequesis*, CLIE, Barcelona 2003; Gregorio de Nisa, *La gran catequesis*, Ciudad Nueva, Madrid 1994.

damientos, el credo o sumario de la fe, el Padrenuestro o la Oración del Señor y la refutación de las falsas enseñanzas y herejías. Son las precursoras de los catecismos modernos de Lutero o Heidelberg, por parte protestante, y de Pedro Canisio o de Trento, por parte católica. El catequista era a menudo llamado *nautólogos,* ya que su oficio consistía en admitir pasajeros en el "barco de la salvación", que es la Iglesia; el obispo era el "piloto" (*ho proreús*) y los presbíteros, los "marineros" (*hoi naútai*), encargados de llevar a buen puerto el barco de los fieles. La enseñanza impartida en la catequesis no sólo prepara a los interesados para el bautismo, sino que profundiza en la fe de un modo más elaborado a partir del kerigma. Al primer momento del anuncio, que llama a la conversión y congrega en torno a sí a los que obedecen a esta llamada, sigue un segundo momento de explicitación y profundización en el mensaje recibido, que de ningún modo puede entenderse como un paso menor. La conversión es un proceso radical –*de muerte a vida*– que significa cambiar tanto de modo de pensar como de actuar. No es aceptar un credo, una doctrina o "firmar una decisión", es una nueva forma de existir "en Cristo". Conlleva una ruptura con el viejo modo de vivir (Ef. 4:11) de modo que pueda desarrollarse el nuevo ser conformado a la imagen del Hijo por el poder del Espíritu. La vida cristiana participa de la vida Trinitaria de Dios y el predicador tiene que hacerse misionero, catequista, maestro, teólogo y pastor, todo en uno. Una tarea tan exigente como absorbente. Es el coste del supremo llamamiento y está en juego el objetivo por el que Cristo entregó su vida. «Tened cuidado por vosotros mismos y por todo el rebaño sobre el cual el Espíritu Santo os ha puesto como obispos, para pastorear la iglesia del Señor, la cual adquirió para sí mediante su propia sangre» (Hch. 20:28).

Esto significa, como luego ahondaremos un poco más, que el predicador pastoral tiene que ser una persona *competente,* "apto para enseñar" (1 Tim. 3:2; 2 Tim. 2:24). «No tiene derecho a ampararse perezosamente en el Espíritu para los asuntos de su cargo. Con toda modestia y seriedad, debe trabajar, luchar para presentar correctamente la Palabra, sabiendo perfectamente que el *recte docere* sólo puede ser realizado por el Espíritu Santo. Por eso, la Iglesia, si tiene conciencia de sus responsabilidades, no puede tolerar que cualquiera asuma el derecho a anunciar la Palabra sin preparación ni cultura teológica; sin olvidar que la verdadera predicación nos la enseña el Espíritu Santo, ya que la cultura teológica está sometida a él»[92].

La proclamación de la Palabra, en cualquiera de sus formas, es el *supremo llamamiento* de Dios en Cristo Jesús (Flp. 3:14) y se merece la consagración de todo el ser y de todo su talento. Nadie debería colocarse en esa posición si no está dispuesto a pagar el precio. Es una desgracia aspirar al

---

92. K. Barth, *La proclamación del Evangelio,* Sígueme, Salamanca 1980, 46.

ministerio por motivos de prestigio o notoriedad, o cualquier otro interés que no sea el amor a Dios y al prójimo, que conlleve la entrega total a Dios en medio de la natural debilidad, confiando en que su gracia es suficiente (2 Cor. 12:9), pues ¿quién es capaz de semejante obra por sí mismo? «El Espíritu nos ayuda en nuestras debilidades» (Ro. 8:26), pero no para favorecer nuestra pereza. «No podemos esperar la acción del Espíritu Santo sin hacer por nuestra parte lo posible y lo imposible por testimoniar la Palabra de Dios por todos los medios y compromisos y con toda nuestra inteligencia y con todos nuestros esfuerzos»[93].

Están en juego la credibilidad del Evangelio y el destino eterno de las almas. No es un asunto baladí para tomárselo a la ligera, sin hincar los codos y las rodillas con temor y temblor en el recinto sagrado del estudio. La predicación, desde el punto de vista teológico, es la más grave tarea existente. No puede equivocarse haciendo a Dios ineficaz, vacuo, insustancial. «No puedo entender», se lamentaba James Black (1879-1949), predicador y moderador de la Iglesia de Escocia, «al ministro que piensa que su predicación puede hacerse de cualquier manera, o quien perezosamente deja de perfeccionar cualquier don y talento que pudiera usar para un fin tal alto [...] Otras iglesias ponen la liturgia y los sacramentos en primer plano, y relegan la predicación. Nosotros no menospreciamos los sacramentos, que tienen un lugar digno en el Nuevo Testamento, pero nuestro ideal para la Iglesia, de principio a fin, es tener un pueblo informado, conocedor de su fe, instruido en la verdad. Cuando consideremos que la predicación es la única oportunidad que mucha gente tiene de aprender la verdad cristiana –reducida a una o dos horas por semana–, estaremos de acuerdo en que es demasiado poco para formar a la congregación en los caminos y la voluntad de Dios»[94].

La predicación didáctica, educativa, tiene no sólo que instruir sobre el contenido de la Escritura y hacer todo lo posible para mantenerlo sin desviación, sino que, como toda buena educación, tiene una dimensión formativa (2 Tim. 3:17) y gestadora: «Anhelad los dones espirituales» (1 Cor. 14:1); pues la verdadera teología está esencialmente al servicio de la vida. La comprensión más profunda y más precisa de la doctrina cristiana es la que nos hace percibir mejor su dimensión salvífica y contribuye a liberar los dones que laten potencialmente en cada creyente, haciendo posible que todos se apropien de los valores del Reino. Es propio de la teología mostrar cómo cada una de las doctrinas nos han sido reveladas

93. Jacques Ellul, *La palabra humillada*, Ediciones SM, Madrid 1983, 147.

94. James Black, *The mystery of preaching*, Fleming H. Revell Co., New York 1935, 12. «Para nosotros que, frente a la Iglesia romana, tenemos este verdadero tesoro, la Palabra, la preparación de la predicación debe ser el deber primordial del pastor» (Karl Barth, *op. cit.*, p. 83).

para decirnos en qué consiste nuestra salvación y cuál es su alcance. Muestra el camino correcto en cada encrucijada de la vida –sentido profético de la predicación–, de modo que toda la comunidad de Jesucristo pueda promover la transformación personal y social de su entorno mediante el ejemplo y la formación de hombres verdaderamente libres, responsables, justos, comprometidos con el bien y la justicia; promotores del desarrollo espiritual y ético del individuo que está en la base del desarrollo político, social y cultural. Generosos, receptivos, integradores, movidos por el amor a Dios y al prójimo.

La predicación didáctica es el mejor medio para evitar el peligro del biblicismo arbitrario que pasa por alto el sistema doctrinal presente en la Escritura, que bien pronto se deja advertir en los primeros escritos apostólicos. Las cartas pastorales, referidas a la situación post-fundacional de las iglesias, hablan de conservar pura la doctrina (gr. *didaché*) frente a los falsos maestros (1 Tim. 4:11-13; 2 Tim. 4:3; Tit. 2:1). La tarea más urgente parece ser la custodia del depósito confiado (2 Tim. 1:14, 1 Tim. 6:20). El testimonio, la proclamación, la pastoral, la profecía, la doctrina, son aspectos distintos de un mismo mensaje de salvación para situaciones y momentos diferentes. La doctrina, la teología, el dogma, nada restan de la frescura y espontaneidad del Evangelio de vida en Cristo. Los dogmas no son creaciones artificiales impuestos a la Escritura, al contrario, surgen de ella y son como boyas y postes indicadores que señalan la buena dirección. «El Espíritu Santo que garantiza la custodia de la doctrina (2 Tim. 1:14), procura también que esta doctrina siga siendo Evangelio»[95].

Entendida y practicada correctamente la predicación doctrinal no tiene por qué ser aburrida, pesada, cerebral, sino todo lo contrario, puede convertirse en una bendición, no en una carga; vivaz, vivificante, festiva, como ha tratado de demostrar Robert Smith, profesor de Predicación Cristiana en *Beeson Divinity School*, de la Universidad de Samford (Birmingham, Alabama). Para ello hay que acercarse al texto bíblico como una realidad viva que afecta al espíritu, a la mente y al corazón con su poder redentor[96]. La comprensión más profunda y más precisa del dogma es la que nos hace percibir mejor su dimensión salvífica, enriquece la mente y el espíritu, protegiéndole contra una afectividad falsa y unilateral. El que conoce bien el contenido de su fe, penetrará mejor en la comprensión del misterio divino, al punto de estar mejor dispuesto a enfrentar las más diversas situaciones de la vida.

---

95. Alfred Bengsch, *La predicación cristiana*, en AA.VV., *Sínodo'74. Predicación y Evangelización*, 84.

96. R. Smith, *Doctrine That Dances: Bringing Doctrinal Preaching and Teaching to Life*, Broadman & Holman, Nashville 2008.

Maestros de la predicación doctrinal han sido muchos, entre ellos destacan Agustín de Hipona (354-430), Basilio el Grande (330-397); Juan Calvino (1509-1564); Richard Baxter (1615-1691), August H. Franke (1663-1727), Robert Hall (1764-1831), Robert W. Dale (1829-1895), James Denney (1856-1917), Charles Gore (1853-1932), B. B. Warfield (1851-1921), H. H. Farmer (1892-1981), Nels F. S. Ferre (1908-1971), Karl Barth (1886-1968), Paul Scherer (1892-1969).

IX

Oratoria, retórica y personalidad

Bibl.: Agustín, *De christiana doctrina* (*Obras de San Agustín*, vol. XV, BAC, Madrid 1959); T. Albaladejo, *Retórica* (Síntesis, Madrid 1989); Aristóteles, *Retórica* (Gredos, Madrid 1990); Roland Barthes, *Investigaciones retóricas* I: *La antigua retórica* (Ed. Buenos Aires, Barcelona 1982); Mauricio Beuchot, *La retórica como pragmática y hermenéutica* (Anthropos, Barcelona 1998); Adelino Cattani, *Los usos de la retórica* (Alianza, Madrid 2003); Cicerón, *El orador* (Alianza, Madrid 1992); – *De Oratore*, en *Diálogos* (EDAF, Madrid 1967); Thierry-Dominique Humbrecht, *El teatro de Dios. Discurso sin pretensiones sobre la elocuencia cristiana* (Ed. San Esteban, Salamanca 2007); G. A. Kennedy, *The Art of Rhetoric in the Roman World* (Princeton Univ. Press, Princeton 1972); John S. McClure, *The Four Codes of Preaching: Rhetorical Strategies* (Westminster John Knox Press, 2004); B. Mortara Garavelli, *Manual de retórica* (Cátedra, Madrid 1991); James J. Murphy (ed.), *Sinopsis histórica de la retórica clásica* (Gredos, Madrid 1989); F. Nietzsche, *Escritos sobre retórica* (Trotta, Madrid 2000); Chaïm Perelman y Olbrechts-Tyteca, *Tratado de la argumentación. La nueva retórica* (Gredos, Madrid 1989); Platón, *Gorgias*, en *Diálogos*, vol. II (Gredos, Madrid 2000); David Pujante, *Manual de retórica* (Ed. Castalia, Madrid 2003); Marco Favio Quintiliano, *Instituciones oratorias* (Librería y Casa de Hernando, Madrid 1942); José Ramos Domingo, *Retórica, sermón, imagen* (Pub. Univ. Pontificia de Salamanca, 1997); Jürg Studer, *Oratoria. El arte de hablar, disertar, convencer* (Ed. El Drac, Madrid 1996); Giambattista Vico, *Retórica* (Antrophos, Barcelona 2004/Trotta, Madrid 2005); Juan Luis Vives, *El arte retórica* (Antrophos, Barcelona 1998).

1. Retórica y predicación

¿Qué tiene que ver la predicación de la locura y escándalo del Evangelio con la retórica de los sabios y entendidos? ¿Qué necesidad tiene la Palabra, poderosa en sí misma, del artificio humano? ¿No es la sola verdad suficiente para convencer y atraer la mente sin necesidad del arte retórico?

Antes de avanzar, y para evitar el lastre negativo que el término arrastra, conviene aclarar de qué hablamos cuando hablamos de retórica. La retórica es simple y llanamente *el arte de hablar en público con eficacia*. Ahora bien, como ocurre con todos los productos creados por el hombre, puede ser utilizado bien y mal. Por afán de emulación, por querer destacar o ganarse el renombre de orador, muchos han sido los que han abusado de la retórica hasta hacer de ella no una señora de su casa –el discurso, el mensaje–, sino una alcahueta de la misma, de barroca, artificiosa y de falta de naturalidad. Es lo que le ha ganado la acepción despectiva de lenguaje hinchado, rebuscado, excesivamente recargado. Pero hay que comprender que la retórica no tiene nada que ver con esto, sino todo lo contrario. Los principios y reglas que el método, la técnica retórica procura, es evitar precisamente los defectos que tienden a introducirse en el discurso, restándole claridad, elegancia y persuasión.

Con la retórica pasa como con la prosa, que muchos la usan sin saberlo. Por exigencia de la vida en sociedad la mayoría de los hombres recurren a la oratoria sea para argumentar su causa, convencer al oponente o ganarse el favor de los demás. Lo que ocurre es, como ya hizo notar Aristóteles, que unos hacen esto por azar, y otros por una costumbre nacida de su modo de ser, de modo que por costumbre o espontáneamente todos los hombres recurren a la retórica[97]. Para que este esfuerzo no se pierda ni malogre su objetivo, es necesario conocer sus reglas y respetar sus leyes. Y así como nadie considera vergonzoso ayudarse con su propio cuerpo para realizar ciertas tareas, sería absurdo rechazar las ayudas que se refieren a la palabra, «ya que ésta es más específica del hombre que el uso del cuerpo»[98]. Y si alguien sostiene, continúa Aristóteles, que el que usa injustamente de esta facultad de la palabra puede cometer graves perjuicios, se deberá contestar que, a excepción de la virtud, ello es común a todos los bienes y principalmente a los más útiles, que pueden llegar a ser de gran provecho si se los usa con justicia y causar mucho daño si se hace con injusticia. Para poner freno al mal de la palabra no hay que cortarse la lengua, sino educarla en las ciencias que le son propias: «La retórica está íntimamente unida al arte de la gramática. En la gramática aprendemos la ciencia de hablar rectamente, y en la retórica cómo expresar lo que

---

97. Aristóteles, *Retórica*, I, 1.1. En algunos hombres hay una disposición natural a la elocuencia, pero a pesar de su origen natural y de obedecer a poderosos móviles espontáneos, es preciso acudir a los recursos del arte que la cultiva y hace más eficaz el uso de la palabra. Muchos hombres sin formación ofrecen modelos de elocuencia natural o, más bien, de expresiones elocuentes, pero ningún gran discurso ha sido compuesto sin estudio, constancia y dedicación.

98. *Ibid.*, I, 1.5.

hemos aprendido» (Quintiliano)[99]. La elocuencia, dirán otros autores, es la forma misma del lenguaje y no un simple ornamento, es esencia y no mero accidente.

Los prejuicios contra la retórica no están ligados al arte de la misma, sino a la intención moral del orador y a los vicios de los oradores. El mal uso que se pueda hacer de este arte, ¡y se hace dado su poder!, no dice nada sobre su perversidad, sino de aquellos que no se sirven de él rectamente. «Si lo supieras todo, Sócrates, verías que [la retórica] abraza y tiene bajo su dominio la potencia de todas las artes... Frente a un artesano cualquiera, el orador conseguirá que se le elija con preferencia a otro, pues no hay materia sobre la que no pueda hablar ante la multitud con más persuasión que otro alguno, cualquiera que sea la profesión de este»[100]. Si alguien aprovecha la potencia de la habilidad retórica, concluye Gorgias, para fines deshonestos, no por ello se debe odiar ni desterrar el arte retórico, sino al que hace mal uso de él.

La retórica es ineludible en cualquier tipo de discurso, profano o sagrado, por lo que conviene prestarle la atención que se merece, para que su poder contribuya al bien, la verdad y la justicia. Ya vimos que para el cristiano la palabra importa porque está inscrita en su ser por su Creador y le ha sido dada como alimento y como medio de comunicación con su prójimo, tanto es así que ha sido privilegiada como el instrumento por excelencia en la extensión del Evangelio. Nadie más que el cristiano en general y el predicador en especial está obligado a educar su palabra para que sirva eficazmente para lo que ha sido destinada: expresar sin error el pensamiento de Dios en palabras humanas.

Ha recibido el mensaje, no tiene que crearlo; no es suyo, le ha sido transmitido, a su vez él tiene que transmitirlo a otros (2 Tim. 2:2). Es en esa operación donde se pone en juego su capacidad de entendimiento del mensaje y habilidad de transmisión desde su mente a la mente de los que le escuchan. La retórica es el método que trata de evitar la confusión de ideas y la falta de naturalidad en el discurso, para procurar transmitir a los otros el pensamiento que está en uno. No tiene nada que ver con el artificio, al contario, está al servicio de la claridad, de modo que informe correctamente a los oyentes y les persuada de su verdad. «La retórica es la facultad de teorizar lo que es adecuado en cada caso para convencer»[101]. Es lo que hizo Pablo respecto a Agripa, quien como

99. Cit. por San Isidoro de Sevilla, *Etimologías*, BAC, Madrid 1961, 46. Cf. Quintiliano, *Sobre la formación del orador. Institutiones Oratoriae*, Servicio de Publicaciones de la Universidad Pontificia, Salamanca 2000.

100. Aristótles, *op. cit.*, I, 2.1.

101. Aristótles, *op. cit.*, I, 2.1.

reacción al discurso del apóstol le dice: «¡Por poco me persuades a ser cristiano!» (Hch. 26:28).

1.1. Retórica en la Biblia

Bibl.: W. Bruggemann, *La imaginación profética* (Sal Terrae, Santander 1986); E. W. Bullinger, *Diccionario de figuras de dicción usadas en la Biblia* (CLIE, Barcelona 1990); G. B. Caird, *The Language and Imagery of the Bible* (Westminster, Philadelphia 1980); Moisés Chávez, *Modelo de oratoria* (Caribe, Miami 1979); Carl J. Classen, *Rhetorical Criticism of the New Testament* (Leiden, Brill, 2002); Kathy Eden, *Hermeneutics and the Rhetorical Tradition* (Yale University Press, New Haven 1997); Northrop Frye, *The Great Code: The Bible and Literature* (Harcourt Brace Javanocih, New York 1981); Jehoshua Gitay, *Prophecy and Persuasion* (Linguistica Biblia, Bonn 1981); G. A. Kennedy, *Retórica y Nuevo Testamento* (Cristiandad, Madrid 2003); Tomas G. Long, *Preaching and the Literary Forms of the Bible* (Fortress, Philadelphia 1989); D. Patrick, *The Rethoric of Revelation in the Hebrew Bible* (Fortress Press, Minneapolis 1999); D. Patrick y A. Scult, *Rethoric and Biblical Interpretation* (Almond Press, Sheffield 1990).

Sólo recientemente los estudiosos han empezado a prestar atención al elemento retórico en la Biblia, presente en ambos Testamentos, abriendo nuevos campos de investigación en la hermenéutica y en la homilética. Las formas de expresión de los autores inspirados es retórica en esencia; esto es más que evidente cuando se recuerda que antes de ser libro, la revelación fue predicación oral, y como tal participa de las características del lenguaje hablado, el cual exige la retórica a la hora de construir su discurso. La retórica es un elemento esencial de habla, como lo es la prosa y la poesía.

Aunque es cierto que la retórica recibe su expresión técnica en el mundo griego en relación con cuestiones judiciales y de gobierno, la "lengua sagrada" y "litúrgica" no es menos retórica que la secular y política. Los mismos mandamientos que se basan en la autoridad suprema e indiscutible de Yahvé, no obstante recurren al elemento retórico de la persuasión para ganarse una adhesión convencida y no meramente obligada por la fuerza. Respetar la ley garantiza la buena vida «en la tierra que Yahvé tu Dios te da» (Ex. 20:12). Dios no se impone, sino que se recomienda a sí mismo al pueblo: «Vosotros habéis visto lo que he hecho a los egipcios, y cómo os he levantado a vosotros sobre alas de águilas y os he traído a mí. Ahora pues, si de veras escucháis mi voz y guardáis mi pacto, seréis para mí un pueblo especial entre todos los pueblos» (Ex. 19:3-5). El recuento de todas las bendiciones que Dios ha derramado sobre Israel desde la liberación de la esclavitud en Egipto preparan a la audiencia para ser afectuosamente receptivos a las leyes y condiciones de la Alianza. La imagen poética «sobre alas de águilas» (Ex. 19:4), o la expresión afectiva utilizada en otro lugar: «Vuestro Dios os ha traído, como trae un hombre a su hijo» (Dt. 1:31), están pensadas para crear una relación empática que facilite el paso a la obediencia. En la retórica clásica afirmaciones de esta naturaleza, con apoyo racional, se llaman *entimema*, pero no hay que esperar encontrar estos términos en la Biblia, ni nada parecido, ni siquiera un mínimo tratado de retórica. Como escribe George A. Kennedy[102], un destacado especialista en historia de la retórica antigua, la retórica es un fenómeno histórico y universal creado por el lenguaje humano en su función social. Difiere de una a otra cultura, pero más en lo que se refiere a la organización y estilo que a los mecanismos básicos de su creación. Se encuentra en China, India, África y en cualquier otra parte del mundo. Lo que hicieron los griegos es conceptualizar su técnica, organizarla en el marco de un sistema que puede enseñarse y aprenderse.

Los judíos, como tantos otros pueblos, no conceptualizaron la retórica, simplemente, hicieron uso de ella dejándose llevar por el movimiento natural y espontáneo del habla que busca la armonía de sonidos de la lengua y el uso de imágenes que apelan vivamente a la imaginación como poderoso instrumento de persuasión. En la lectura de los textos bíblicos se hace evidente la importancia del discurso retórico a lo largo y ancho del Antiguo Testamento conforme a técnicas propias y ajenas aprendidas mediante imitación y coloreadas por sus propias tradiciones y convencionalismos.

En sus discusiones con los fariseos, Jesús demuestra poseer una considerable estructura dialéctica, bien asimilada por intuición o aprendida en la observación de las disputas de los rabinos[103]. Las parábolas de Jesús reflejan una conciencia popular muy acusada, presentadas con efectivos toques retóricos. En su reciente obra sobre Jesús, Hans Küng dice que «sus expresiones reflejan una seguridad diáfana (en sí mismo), una singular síntesis de escrupulosa objetividad, imaginación poética y sentimiento retórico»[104].

---

102. G. A. Kennedy, *The Art of Persuasion in Grece*, Princeton Univ. Press, Princeton 1963; – *The Art of Rhetoric in the Roman World*, Princeton Univ. Press, Princeton 1972; – *Classical Rethoric and Its Christian and Secular Tradition form Ancient to Modern Times*, Univ. of North Carolina Press, Chapell Hill 1980; – *Greek Rethorical under Christian Emperors*, Princeton Univ. Press, Princeton 1983; – *Retórica y Nuevo Testamento*, Cristiandad, Madrid 2003.

103. Cf. G. A. Kennedy, *Retórica y Nuevo Testamento*, pp. 26-27.

104. H. Küng, *Jesús*, Trotta, Madrid 2014, 36.

Los apóstoles, en cuanto predicadores que transmiten un mensaje con vistas a su aceptación, son retóricos en sus métodos, en cuanto tratan de persuadir a sus oyentes para que crean en él. Lo mismo ocurre con los escritos del Nuevo Testamento, Evangelios y Epístolas por igual. El habitante del mundo al que el Evangelio iba dirigido estaba acostumbrado a la retórica, era la disciplina central de la educación en el mundo grecorromano. Incluso los que carecían de educación formal desarrollaban gustos y técnicas retóricas por imitación o costumbre. Después de completar el estudio de la retórica, precedido de la gramática, los alumnos pasaban a estudiar filosofía, cuyo primer estadio lo constituía la dialéctica, que se superponía a la retórica en el uso del argumento lógico. La retórica se aplicaba a todo: a las formas de comunicación tanto oral como escrita; en los documentos oficiales y cartas públicas, en la correspondencia privada, en los juzgados y asambleas, en los discursos pronunciados en las fiestas y conmemoraciones locales y nacionales. Era fácil tener conocimientos de retórica por simple absorción social.

No es necesario presumir que san Pablo haya estudiado la retórica griega con carácter formal, pero es cierto que se defiende bien en el griego de su tiempo y en los convencionalismos epistolares helénicos. En sus alocuciones a los griegos es capaz de hacer referencias a la literatura clásica (cf. Hch. 17:28; 1 Cor. 15:33; Tit. 1:12). En sus cartas hace un uso muy amplio de las formas del argumento lógico.

Los primeros cristianos tenían que expresar pensamientos nuevos y muchas veces sus recursos verbales eran limitados. Tenían que usar antiguas palabras con nuevos significados, escogiendo preferentemente términos usados en las relaciones sociales sin las connotaciones religioso-paganas del "lenguaje sagrado". Tomaron prestados algunos vocablos hebreos y otros griegos dotándoles de un significado totalmente nuevo. El recurso más importante fue la creación de metáforas, que es el recurso más importante para una expresión vigorosa de un pensamiento original y dice mucho sobre los presupuestos del orador y sobre su comprensión del auditorio. El Nuevo Testamento posee gran riqueza de metáforas, las más llamativas de las cuales son las afirmaciones en primera persona que encontramos en el Evangelio de Juan, por ejemplo, «Yo soy la vid verdadera y mi padre el viñador» y otras muchas parecidas[105].

---

105. Cf. G. A. Kennedy, *op. cit.*, pp. 56-57.

1.2. Retórica en la Iglesia

Bibl.: James J. Murphy, *La Retórica en la Edad Media. Historia de la teoría de la retórica desde San Agustín hasta el Renacimiento* (FCE, México 1974); Hughes O. Old, *The Reading and Preaching of the Scriptures in the Worship of the Christian Church*, vol. 2: *The Patristic Age* (Eerdmans, Grand Rapids 1998); Alexandre Olivar, *La predicación cristiana antigua* (Herder, Barcelona); Amos Wilder, *Early Christian Rhetoric. The Language of the Gospel* (Harvard University Press, Cambridge 1970).

La recepción de la retórica en la Iglesia no estuvo libre de controversias, como no lo estuvo ninguna otra disciplina procedente del paganismo. La mayoría de los eclesiásticos de los primeros siglos rechazaban todo aquello que aludiera a la cultura pagana, su literatura y su filosofía. Con todo, a medida que el cristianismo iba ganando conversos de las capas de la élite intelectual, retóricos, gramáticos y filósofos, las disciplinas clásicas comenzaron a dejar sentir su influencia. La retórica fue muchas veces considerada una técnica del ornamento y su objeto, la elocuencia, un simple accidente de la verdad substancial, una supervivencia pagana que alejaba de la ruda, basta y nada artificiosa contemplación de lo divino; incluso se le llegó a considerar un pecado, una negación de la pura y virtuosa sencillez de expresión; una manifestación de orgullo.

Cipriano, obispo de Cartago, él mismo un buen retórico, creía sin embargo que se podía prescindir de las formas retóricas en lo que tienen de paganas y alimentan el orgullo. Para el cristiano basta "la desnuda palabra de Dios". Para hablar del Señor sólo es necesario la sencillez y la verdad de los enunciados del Evangelio antes que la fuerza de la elocuencia. A Agustín debemos, como en tantas otras materias, la defensa y uso de la retórica al servicio de la fe. Su lógica es simple e irrefutable: Si los paganos pueden usar la retórica para sus fines, ¿por qué, se pregunta, no van a emplearla los cristianos para un fin más digno como es llevar el mensaje de Dios a los hombres?[106]. «Como por el arte de la retórica se persuade la verdad y la mentira, ¿quién se atrevería a decir que la verdad debe hallarse inerme en sus defensores contra la mentira, y que, por tanto, los que intentan persuadir falsedades deben saber en el éxodo de la oración hacer al oyente benévolo, atento y dócil; y los que exponen la verdad han de ignorarlo? ¿Quién dirá que los que inculcan la mentira han de saber exponerla con brevedad, claridad, verosimilitud, y los otros que buscan difundir la verdad han de

---

106. Cf. Fernando Pascual, *Una retórica para la eternidad: el libro IV del De doctrina christiana de san Agustín*: Alpha Omega 8 (2005, 2) 307-322; Andrés Covarrubias Correa, *Orator perfectus: la réplica de San Agustín al rétor ideal de Cicerón*: Teología y Vida 48 (2007) 141-147, Pontificia Universidad Católica de Chile.

hacerlo de modo que produzca hastío al escucharla, trabajo el entenderla y por fin repugnancia en adoptarla?»[107]. Es decir, el mensaje más valioso que pueda ser enseñado, a saber, el amor de Dios al mundo perdido, merece la mejor preparación en todos los aspectos posibles por parte del encargado de anunciarlo. Si creemos que es un mensaje digno de ser comunicado, es digno de hacer bien. «Es una traición a una causa santa y justa emplear en su defensa medios que no son apropiados para ello. Ciertamente, ser elocuente es ser verdadero; ser elocuente no en añadir algo a la verdad, es descorrer uno tras otros los velos que la cubren»[108].

«Si alguno dijere que no deben darse a los hombres reglas sobre la materia o modo de enseñar, puesto que el Espíritu Santo es el que hace los doctores, también puede decir que no debemos orar, pues dice el Señor: *sabe vuestro Padre qué cosa os es necesaria antes que se la pidáis* (Mt. 6:8); o que tampoco el apóstol san Pablo debió prescribir a Timoteo y Tito, cómo y qué cosas debían enseñar a otros. A quienes en la Iglesia se les haya impuesto el deber de enseñar, han de tener siempre ante sus ojos las tres cartas del Apóstol. Y en la primera a Timoteo, ¿no se le *anuncia y enseña estas cosas*? (1 Tim. 4:11; cf. 2 Tim. 1:13; 4:2)»[109].

El predicador cristiano, en su calidad de transmisor, defensor y expositor de la fe según las Escrituras, tiene la obligación de aclarar la verdad, denunciar el error, abrazar lo bueno y desenseñar lo malo. Ya vimos anteriormente que la predicación cubre áreas tan vastas como la misión y el evangelismo, el cuidado pastoral, la profecía y la enseñanza teológica. Cuando lo hace, y sobre todo desde el púlpito, que es la cátedra por excelencia del predicador, pero con la dificultad de tener un alumnado perteneciente a distintos grados del saber, tiene que «hablar de tal modo que enseñe, deleite y mueva». Tal es el principio de la retórica de Cicerón que Agustín da por bueno y hace suyo. «Si quiere deleitar o mover a los que enseña, no es indiferente el modo como hable; para conseguirlo, interesa el modo de decirlo. Así como se ha de deleitar al auditorio a fin de que atienda a lo que oye, del mismo modo se le ha de convencer, para que se mueva a ejecutar lo que ha oído»[110].

Agustín, que pese a los años transcurridos continúa siendo un hombre de nuestros días, aportó otro elemento fundamental de la comunicación. «Absolutamente hablando, la elocuencia, tratando de enseñar, no consiste en que agrade lo que se aborrecía o en que se haga lo que se rehusaba, sino

107. Agustín, *De doctrina christiana* IV, 2, 3.

108. Alexandre R. Vinet, *Homiletics: or The Theory of Preaching*, Ivison & Phinney, New York 1854, 25.

109. Agustín, *op. cit.*, IV, 16, 33.

110. *Ibid.*, IV, 12, 27.

en hacer que se descubra lo que estaba oculto»[111]. Es decir, la buena predicación no es impositiva ni amenazadora, sino esclarecedora, revelatoria, descorre el velo que nubla la vista respecto a las verdades que más interesan. En su desarrollo hace claro lo que estaba oculto, es decir, Agustín se adelanta a los que hoy entienden que la retórica es a la vez arte hermenéutico, porque está al servicio de la verdad y no de su ocultamiento. «Porque no somos, como muchos, traficantes de la palabra de Dios; más bien, con sinceridad y como de parte de Dios, hablamos delante de Dios en Cristo» (2 Cor. 2:17).

De esto se desprende que el fin de la predicación cristiana no es la elocuencia que emociona o entretiene, sino la que hace que aparezca lo que estaba oculto. Tiene una función *revelatoria* al hacer que el oyente "entre en sí", "razone en su interior", y que de este *ensimismamiento* salga renovado habiendo descubierto lo que es más real que él mismo, a saber, Dios. La buena predicación, de algún modo, es como una partera que ayuda al alumbramiento de un nuevo ser. Como tal debe conocer y respetar la técnica del parto y de la revelación, actuando con gracia y maestría para que hasta los más indoctos y renuentes al milagro de la verdad se dejen alumbrar por la luz de Cristo. La palabra adecuada tiene funciones terapéuticas, sana y libera. La elocuencia en el discurso es como un bálsamo refrescante para el intelecto, como un condimento que sazona los alimentos menos digeribles para hacerlos más agradables al paladar. Es Cristo el que alumbra al que está muerto respecto a la vida espiritual (Ef. 5:14), pero lo hace a través de la luz que encarga a sus discípulos (cf. Mt 5:14).

1.3. Retórica y verdad

La predicación, al estar al servicio de la verdad, supone desde el principio que su propósito no reside en que el intelecto «ame las palabras, sino la verdad en las palabras», pues, ¿de qué sirve una llave de oro si es incapaz de cumplir su objetivo esencial, aquello para lo cual debería existir, a saber, abrir una puerta? En ese sentido, es mejor una llave de madera que es capaz de abrir lo que está cerrado y que es lo que nos interesa ver[112].

El predicador procura la excelencia en su discurso no para entretener al oyente en cosas inútiles o anecdóticas, sino para impresionar el ánimo con el gusto por la verdad, la salvación y la justicia, de modo que cada oyente sea en todo momento como el hijo pródigo que "vuelve en sí" (Lc. 16:17), para emprender el camino de vuelta al hogar, a la casa del padre. La predicación debe tener esa función "ensimismante", que es el modo que la

111. *Ibid.*, IV, 9, 26.
112. *Ibid.*, IV, 11, 26.

revelación tiene de llegar al individuo. Al *entrar en sí* –al *ensimismarse*–, uno recuerda de dónde ha caído (cf. Ap. 2:5) y se le aparece el verdadero carácter de su naturaleza y el destino al que está llamado.

La elocuencia sin verdad no sirve para nada, y la verdad sin elocuencia aprovecha poco, pues el expositor debe captar la atención y lograr una actitud favorable en los oyentes, de forma que lleguen a ser "benévolos, atentos y dóciles". Quien logra ganarse la actitud positiva de los oyentes, habrá ganado su interés hacia los contenidos que pueda presentar, así como una actitud interior de acogida y docilidad que lo predispone al acto de recibir el mensaje transmitido. Este es un tema que está muy presente en los tratados sobre la educación. No es fácil esclarecer hasta qué punto la benevolencia hacia el hablante crea el interés por los contenidos o, al revés, el interés facilita y suscita una actitud de benevolencia y de atención hacia el hablante[113].

Los que hablan con elocuencia son oídos con gusto; los que hablan sabiamente, además con provecho[114]. En el sermón se ha de procurar agradar más con la doctrina y la verdad que con las palabras bellas y las frases hechas. El predicador debe servirse de las palabras y no convertirse en servidor de ellas[115]. Luego, el predicador debe evitar todas aquellas palabras que no enseñan, «y si en lugar de estas palabras puede valerse de otras correctas que se entiendan, éstas deben elegirse precisamente; pero si no pudiere hacerlo o porque no existen o porque no se le ocurren de momento, usa de palabras menos puras, siempre que se enseñe bien y se aprenda exactamente»[116]. Lo que aprovecha realmente al oyente es escuchar a quien dice verdades, aunque no hable de un modo hermoso.

Superior a la elocuencia es el buen conocimiento de las Escrituras y la capacidad de entenderlas con corrección y exponerlas a la perfección[117]. Para lograr su propósito no debe contentarse con expresar la verdad, sino que debe atender a las leyes del buen discurso consistente en no cansar al auditorio de modo que no se desentiendan de la verdad expuesta ni se cierren a la posibilidad de descubrir algo nuevo. La mejor manera de predicar, aparte de la propia formación, es tener en cuenta las reacciones psicológicas del oyente: su aburrimiento, su interés, el agrado o desagrado que experimenta, su cansancio, etc. Si el oyente no entiende o se desentiende de lo que se le comunica, el orador ha fracasado totalmente, aunque no

---

113. Cf. Fernando Pascual, *Educación y comunicación en Platón. Una contribución al debate actual en torno a la escuela de Tubinga-Milán*, Promociones y Publicaciones Universitarias, Barcelona 1996, 263-264, 275-281.

114. Agustín, *op. cit.*, IV, 5, 8.

115. *Ibid.*, IV, 28, 61.

116. *Ibid.*, IV, 10, 24.

117. *Ibid.*, IV, 5, 7.

enseñe error ni diga mentira. El fin del buen discurso es ilustrar, deleitar y mover. No hay acción si el oyente se aburre o no entiende lo que escucha, pero si el discurso le alcanza con su poder revelador, entonces el oyente da su asentimiento y pone en práctica aquello que debe ser realizado. Ningún orador puede *retener* al oyente si no produce algún tipo de gusto hacia lo que se está diciendo[118].

En el ámbito de la doctrina cristiana sabemos que el resultado de la predicación no depende por entero del predicador. Dios mismo mediante su Espíritu debe intervenir. Por eso, el predicador, sin dejar de promover una escucha inteligente y amena debe ser un hombre de profunda vida de oración: «antes orante que orador»[119], pues el mensaje de salvación puede ser dicho de muchas maneras y sólo Dios sabe cuál de todas ellas resulta más provechosa para los oyentes. Esto no quita en nada el deber que incumbe al predicador de prepararse y de conocer del mejor modo posible los caminos que existen para deleitar y para convencer[120]. El mensaje más valioso que pueda ser enseñado merece la mejor preparación, bajo todos los aspectos posibles.

¿Quién y cuándo debería estudiar retórica? Por experiencia, Agustín sabe que lo mejor sería estudiar las reglas de la elocución cuando se tiene la edad apropiada y se dispone del tiempo suficiente, pero esto no implica que exista la obligación ineludible de aprender de los teóricos, pues la técnica del hablar en público se adquiere a partir de los ejemplos que se reciben continuamente, incluso sin tener que conocer los preceptos de la retórica. Por lo mismo, algunos con buen ingenio pueden lograr una buena capacidad comunicativa con la lectura y la audición de buenos modelos, sin verse obligados a tener que estudiar los preceptos concretos de los teóricos para conquistar tal capacidad[121].

2. Arte e improvisación

Bibl.: Charles R. Brown, *The Art of Preaching* (Macmillan Co. New York 1922); Kalas, J. Ellsworth, *Preaching from the Soul: Insistent Observations on the Sacred Art* (Abingdon Press, Nashville 2003); Thomas J. Potter, *The Spoken Word, or The Art of Extemporary Preaching, its Utility, its Danger, and its True Idea* (Patrick Donahoe, Boston 1872); F. Barham Zincke, *The Duty and the Discipline of Extemporary Preaching* (Rivingtons, London 1866).

118. Agustín, *De doctrina christiana* IV, 26, 56.
119. *Ibid.*, IV, 15, 32; cf. IV, 30, 63.
120. *Ibid.*, IV, 16, 33.
121. *Ibid.*, IV, 3, 4-5.

Lo que generalmente se valora en un predicador es la naturalidad, la frescura, la originalidad. La naturalidad del discurso siempre es preferible a la artificialidad, al barroquismo de la ornamentación, que suena a falso, postizo, añadido. Si la retórica goza de mala fama se debe precisamente al abuso de uno de sus elementos en detrimento de los demás. Me refiero a la ornamentación recargada y gratuita al servicio no del mensaje, sino de la vanidad del mensajero. Elegir la ilustración correcta, la anécdota apropiada, la cita adecuada, no es siempre fácil ni en número ni en contenido, como advierten los maestros en el arte de la predicación. El uso de ornamentos en el discurso es como esos ventanales que filtran la luz con suavidad para iluminar con gracia la estancia, sin deslumbrar ni distraer la atención del tema central que se trata. «Tened sumo cuidado –advierte John Broadus– de no apartar la atención del asunto ilustrado para fijarla en la ilustración misma. Grave falta, pero muy común. Hay tantos oyentes que sólo buscan algún entretenimiento que es cosa triste distraer sus mentes de algún asunto que debieran considerar para hacer un examen del mero aparato mediante el cual arrojamos luz sobre él»[122]. La ornamentación en el estilo tiene por función atraer la atención y esclarecer el sentido, no entorpecerlo. «No sólo predicamos para captar la atención, predicamos para expresar el significado del texto bíblico»[123].

Aristóteles, que dedica gran parte del tercer libro de su *Retórica* al estilo, insiste en que la meta principal del discurso debe ser la *claridad*. La ornamentación, como el uso de citas, anécdotas o metáforas, debe servir para esclarecer el pensamiento y reforzar la línea de argumentación, manteniendo el contacto y el interés del auditorio. El uso de metáforas inadecuadas, dice, de imágenes inapropiadas o citas poéticas que no vienen al caso hacen completamente estériles los discursos. «Los que hacen discursos al modo poético, por no ser esto adecuado, caen en el ridículo y en la esterilidad; así como también en la falta de claridad a causa de su palabrería, porque cuando se amontonan las palabras, el que comprendía ya algo termina por perder la claridad debido al oscurecimiento resultante»[124].

El secreto de un buen estilo no reside en lo rebuscado de sus términos o ilustraciones, sino en la arrebatadora sencillez que es decir una cosa después de otra, sin atropellamiento ni confusión.

El "estilo sermonario" que algunos adoptan en el púlpito es una plaga que desconecta al oyente desde el principio. El lenguaje es afectado, sin originalidad, artificial. «Causa pena porque desacredita a la religión, que

---

122. J. A. Broadus, *Tratado sobre la predicación*, Casa Bautista de Publicaciones, El Paso ⁹1981, 150.

123. Leslie Thompson, *El arte de ilustrar sermones*, Portavoz, Grand Rapids 2001, 27.

124. Aristóteles, *Retórica* III, 3.3.

es por ello tomada como un arcaísmo, o al menos como una fuente de profundo aburrimiento»[125]. Tal vez se ha abusado de la expresión "la dignidad del púlpito", «la gran dignidad del púlpito es hacer que el auditorio comprenda –y acepte– el Evangelio»[126].

Hay quien considera que la sublimidad del mensaje cristiano exige un estilo *elevado*, pero es un error. No hay tal estilo elevado, sino un estilo adecuado al tema y adaptado al auditorio. Cuando preguntaron a Francisco de Sales (1567-1622) cómo se había de predicar, este respondió: "Sencilla y cándidamente". La preocupación de este gran predicador fue siempre respetar a las almas y adaptarse a ellas a fin de convencerlas. Quiso ser el instrumento discreto de la gracia divina que despertara en los corazones el deseo de Dios escondido en todos y cada uno. «Ninguna cualidad de estilo es más frecuentemente recomendada como digna de nuestros esfuerzos por lograrla –concuerda el bautista Broadus–, que la sencillez»[127]. Vicente Ferrer (1350-1419), que fue un predicador asombroso, que movía multitudes, convertía las mentes y los corazones y provocaba no sólo cambios repentinos y superficiales en sus oyentes, sino cambios profundos y duraderos, fue antes profesor de lógica escolástica y conocía bien la retórica, y algunos autores que se han dado a la tarea de analizar los sermones vicentinos en busca de respuestas a su éxito, no han descubierto otra que mejor responda al magnetismo de su palabra que la *sencillez* de sus sermones. «Esta utilización de un lenguaje sencillo es recomendada por él y puesta en práctica de modo que cada persona que lo escuchaba en la multitud sentía que hablaba para ella en particular, en lo concreto, personal e individualmente, como si Vicente conociera a cada uno y supiera qué decirle para su propia vida»[128]. Era un mago de los símbolos vivos y de la palabra; manejaba inmejorablemente la hermenéutica y la pragmática de lo simbólico, pero por encima de todo amaba y conocía las Escrituras tanto como las personas a quienes se dirigía con humildad y empatía personal.

La ornamentación en el estilo está para contribuir a la belleza del sermón y mantener viva la atención de los oyentes, pero sin caer en lo extravagante, a veces afectado y ridículo, contra lo que avisaba Aristóteles[129], ni

125. Raúl Plus, *Predicación real e irreal*, Librería Religiosa, Barcelona 1951, 50.

126. *Ibid.*, p. 51.

127. J. A. Broadus, *op. cit.*, p. 243.

128. Mauricio Beuchot, *Vicente Ferrer: Técnica oratoria y actitud profética*, Instituto de Investigaciones Filológicas, UNAM, México. www.uaq.mx/filosofia/auriga/cap1.html. Cf. Joan Francesc Mira, *San Vicente Ferrer: Vida y leyenda de un predicador*, Ed. Bromera, Valencia 2002; José Carlos Martín de la Hoz, *La conversión en la predicación de san Vicente Ferrer*: Anales Valentinos 24 (1998, 488) 363ss.

129. Aristóteles, *op. cit.*, III, 3-4.

poner en peligro la claridad y sencillez, que son más fáciles de definir que de alcanzar. Está claro que si la composición retórica del sermón amenaza con perjudicar la misión apostólica, vale más sacrificar la belleza literaria. El estilo que busca la claridad y la eficacia sabe adaptarse adecuadamente a la composición sin caer en la tentación de detenerse en el camino para admirar la belleza del detalle, sino que dirigirá la atención con maestría hacia lo que realmente importa[130]. Los predicadores de todas las épocas han recomendado siempre que el mejor estilo al explicar las Escrituras es la sencillez, evitando muestras de erudición que no sirven de nada, adornos superfluos que pueden «hacer agravio a las verdades cristianas que se proponen»[131].

Sería de desear que sin más preparación que la meditación y la oración subiéramos al púlpito en el espíritu del texto que dice: «No os preocupéis por lo que hayáis de decir. Más bien, hablad lo que os sea dado en aquella hora; porque no sois vosotros los que habláis, sino el Espíritu Santo» (Mc. 13:11; Mt. 10:19-20). Es lo que George Kennedy llama "retórica radical", aquella que se limita a ser instrumento de la divinidad[132]. O como los cuáqueros, cuyo discurso obedece únicamente a la inspiración divina del momento. Esto está bien para situaciones extraordinarias, como las apuntadas en el texto evangélico, pero para la predicación común, ordinaria, la mesa de estudio debería el mueble gemelo del púlpito.

Se puede improvisar, ser fresco y espontáneo cuanto más se esté preparado en la doctrina sagrada a comunicar, sus detalles e interpretación, su desarrollo y aplicación en las distintas áreas de la vida. «La inspiración es trabajar todos los días», decía Baudelaire con humor.

Por contra, la falta de preparación, que sólo es bien recibida en reuniones informales de "testimonio", puede conducir a una *familiaridad* ofensiva en la exposición de la Palabra de Dios, que en su día denunció el pensador danés y predicador frustrado Sören Kierkegaard. Es de mal gusto tratar a Dios como "colega" y hacer juego de palabras con la Palabra de Dios para ser gracioso o caer en gracia. Hay lugar para el buen humor en la predicación, si este es natural y espontáneo, pero «el predicador que trata de ser humorista es una abominación y nunca se le debería permitir subir

---

130. Cf. Donald E. Demaray, *Introduction to Homiletics*, cap. 7: «The Picture Principle», Light and Life Communications, Indianapolis 2006; Wayne McDill, *The 12 Essential Skills for Great Preaching*, Broadman & Holman, Nashville 1994; Ian McPherson, *The Art of Illustrating Sermons*, Baker, Grand Rapids 1976; Bruce C. Salmon, *Storytelling in Preaching: A Guide to the Theory and Practice*, Broadman, Nashville 1988; W. E. Sangster, *The Craft of Sermon Illustration*, Baker, Grand Rapids 1987.

131. Antonio Codornio, *Práctica de la palabra de Dios*, Gerona 1753.

132. G. A. Kennedy, *op. cit.*, pp. 23-25.

al púlpito»[133]. La iglesia no es una sala de entretenimiento, sino la casa de Dios. El púlpito trata de la verdad de Dios que concierne seriamente al hombre, y por extensión se ocupa de cosas terrenales, ordinarias, cotidianas, que forman parte de la experiencia del cristiano en sociedad, pero debe hacerlo desde una perspectiva espiritual, sobrenatural, sagrada. «Es peligroso acostumbrarse a la cercanía permanente de lo santo, que fácilmente deriva en cotidiano y habitual y luego en funesto»[134]. La Palabra de Dios es el terreno santo donde Dios se revela. La proximidad indebida puede abrasar. Ante ella sólo cabe quitarse el calzado del andar ordinario y dejarse sorprender por su mensaje siempre nuevo, dinámico, relevante.

El culto a la espontaneidad y a la originalidad son motivos modernos de autoafirmación del individuo frente a los demás que nada tienen que ver con la revelación divina y su predicación que es siempre un ejercicio comunitario y para la comunidad. Cuando la iglesia se reúne para dar culto a Dios e instruirse en su Palabra lo que realiza es un ejercicio de "comprensión comunitaria", mediante el cual, "junto con todos los santos", ser «plenamente capaces de comprender, cuál es la anchura, la longitud, la altura y la profundidad, y de conocer el amor de Cristo que sobrepasa todo conocimiento» (Ef. 3:18). Nos extenderemos sobre este punto más adelante.

La espontaneidad y originalidad carecen de valor frente a la responsabilidad de transmitir fielmente el mensaje evangélico. Se puede ser espontáneo en reuniones de tipo informal o casual, pero no de se puede hacer de ello un principio. La única espontaneidad que cuenta es la que está repleta de la Palabra de Dios, de su estudio y aprendizaje, pues, conforme al dicho de Jesús, «de la abundancia del corazón habla la boca» (Mt. 12:34; 25:29; Lc. 6:45).

Algunos han llevado tan lejos su lucha iconoclasta que, acogiéndose a algunos textos de la Palabra de Dios, arremeten contra cualquier tipo de arte en la predicación, entendido este como artificio y palabrería con vistas a la seducción y engaño. Cierto que Pablo afirma que no fue enviado por Cristo a predicar el evangelio con sabiduría de palabras, para que no sea hecha vana la cruz de Cristo (1 Cor. 1:17); pero eso no se refiere al modo de la predicación, sino al contenido de la misma, que tiene a Dios por autor.

Los mismos retóricos del pasado clásico advirtieron sobre el uso incorrecto del discurso utilizado para complacer y jugar con los oyentes. Platón y Aristóteles lucharon contra los sofistas que lograron atraerse a la juventud más brillante de las grandes ciudades griegas, desviándola de las

---

133. D. M. Lloyd-Jones, *Preaching and Preachers*, Hodder & Stoughton, London 1971, 241 (traducción cast.: *La predicación y los predicadores*, Editorial Peregrino, Ciudad Real 2003).

134. F. M. Arocena, *La celebración de la Palabra*, 24.

enseñanzas tradicionales, mediante la vulgarización del saber, enseñando a jugar con las palabras para probar cualquier cosa. De esto el cristianismo no quiere saber nada. «Nuestra exhortación no procedía de error ni de motivos impuros, ni fue con engaño. Más bien, según fuimos aprobados por Dios para ser encomendados con el evangelio, así hablamos; no como quienes buscan agradar a los hombres, sino a Dios quien examina nuestros corazones» (1 Ts. 2:3-4). Los sofistas de antaño son los mismos que hoy quieren «impresionar por la profundidad de sus pensamientos, cuando en realidad no hay sino mero amor a las palabras hermosas. Esconder cosas simples en frases oscuras es un juego y no un servicio a Dios. Si amáis mejor a los hombres, amaréis menos las frases»[135].

La predicación cristiana no tiene nada que ver con los "fuegos de artificio", ni con «las artimañas del error» (Ef. 4:14), que son empleadas por aquellos que no aman al rebaño y buscan crear partidos para su propio beneficio. Tampoco tiene nada que ver con la arrogancia y la vanidad de aquellos que sea que prediquen o que oren, y amen ser vistos por los hombres (Mt. 6:5; 23:5). La vanagloria de algunos predicadores que han alcanzado fama de notables y pastorean grandes iglesias en ciudades importantes, pueden caer fácilmente en el error de creerse superiores al resto y como el "clero ilustrado" de los siglos XVI y XVII, «no se dignaba predicar a analfabetos y rústicos, incapaces de comprender las sutilezas de sus sermones»[136].

Por otra parte, si en todos los órdenes de la vida, el ser humano busca la belleza, la armonía y el bien, de modo que no es feliz con habitar cualquier cubículo, ni vestir una prenda cualquiera, ni asistir a cualquier tipo de representación, no se entiende que en la casa de Dios se proceda de una manera diferente. Aquí podríamos aplicar la queja del profeta Ageo a una situación de predicación sin belleza, «¿acaso es tiempo de que vosotros habitéis en vuestras casas enmaderadas mientras que esta casa está en ruinas?» (Ag. 1:4). El gran predicador del Siglo de Oro español, fray Luis de Granada, se lamentaba en su día de que no se predicara con arte, con dignidad. Si en todos los oficios se procura el arte, decía, «protesto con todas mis fuerzas que es indignísimo que el más hermoso de todos los oficios, el más necesario en la Iglesia y el más difícil, cual es la predicación, se haga sin el arte y las buenas formas de hablar». El arte es la responsabilidad que compete al instrumento humano para lograr que la inspiración divina no sea entorpecida, sino que se extienda a todos, de modo que sean elevados a la contemplación y comunión de la verdad.

---

135. C. H. Spurgeon, *Un ministerio ideal*, vol. II, 42.

136. Herrero Salgado, *La oratoria sagrada de los siglos XVI y XVII*, Fundación Universitaria Española, Madrid 1966, 262.

3. Sabiduría y locura

Bibl.: Robert Capon, *The Foolishness of Preaching: Proclaiming the Gospel Against the Wisdom of the World* (Wm. B. Eerdmans, Grand Rapids 1997); Carlos Díaz, *Sabiduría y locura. El cristianismo como lúcida ingenuidad* (Sal Terrae, Santander 1982); Michael P. Knowles, *The Folly of Preaching: Models and Methods* (Eerdmans, Grand Rapids 2007); Ronald E. Osborn, *Folly of God: The Rise of Christian Preaching* (Chalice Press, St. Louis 1999).

El apóstol Pablo es el ejemplo clásico de la predicación retórica cristiana, retórica de argumentación racional y de dialéctica paradójica. Por medio de la *locura* de la predicación, Dios ha escogido perpetuar su revelación al mundo y salvar a los hombres (1 Cor. 1:21), pero esta *locura* no es absoluta, sino *relativa*. Es locura en la apreciación de los "sabios de este mundo", pero es *sabiduría* en relación al plan divino. «Sabiduría de Dios. Porque la necedad divina es más sabia que la sabiduría de los hombres, y la debilidad divina, más fuerte que la fuerza de los hombres» (1 Cor. 1:21-25). En este pasaje la dialéctica de Pablo avanza por oposiciones, por vía de contrastes agudos y paradójicos, que niegan al mismo tiempo que afirman. Si la predicación, el mensaje cristiano es locura, es locura "para los que se pierden", pero para los creyentes es "sabiduría", pero no una sabiduría de esta edad presente, ni de los príncipes de esta edad, que perecen, sino «sabiduría de Dios en misterio, la sabiduría oculta que Dios predestinó desde antes de los siglos para nuestra gloria» (1 Cor. 2:7).

Pablo, y por extensión todo predicador que le continúa, ha sido enviado a predicar el evangelio de Cristo, «no con sabiduría de palabras, para que no sea hecha vana la cruz de Cristo» (1 Cor. 1:17). Como en su carta a los Romanos, Pablo tiene en mente la imagen del evangelio como *poder* de salvación (Ro. 1:16). Este *poder* no depende de «las palabras enseñadas por la sabiduría humana, sino con las enseñadas por el Espíritu, interpretando lo espiritual por medios espirituales» (1 Cor. 2:13). La cruz de Cristo, escándalo para unos y necedad para otros, se reivindica a sí misma como poder, «poder de Dios» para salvación (v. 18). Por eso, cuando Pablo llegó a Corinto por primera vez, no predicó el evangelio con «alarde de sabiduría» (2:1), ni con «palabras persuasivas» (2:4), sino que predicó con «demostración del Espíritu y de poder» (v. 4). Pablo quería distinguirse así de los sofistas «disputadores de palabras» (1:20). ¿Para qué? «Para que vuestra fe no esté fundada en la sabiduría de los hombres, sino en el poder de Dios» (2:5).

¿Está con ello Pablo renunciando al ejercicio de la inteligencia y al uso de la razón en asuntos de fe? ¿Quiere decir que la predicación es única y exclusivamente una operación carismática dejada al poder sobrenatural e inescrutable de Dios?

Pero no se olvide que aquí el apóstol Pablo no está tratando el tema general de la sabiduría, la ciencia o la filosofía, sino que toca estos temas de pasada en relación a una situación conflictiva que afectaba a los creyentes de Corinto. La retórica y dialéctica de este texto puede llevar al lector poco atento a sacar deducciones equivocadas. Pablo era una personalidad compleja y en consecuencia su dialéctica responde a una "retórica de tensión". Refuta y afirma con una cuidadosa elección y composición de palabras tendiendo a oposiciones radicales con vistas a hacer resaltar un punto. Pero sin olvidar otro. Si se toma literalmente su afirmación: «me propuse no saber nada entre vosotros, sino a Jesucristo, y a él crucificado» (1 Cor. 2:2), ¿habremos de concluir que no le interesaba la resurrección y la ascensión a la derecha del Padre? Ni mucho menos, véase el capítulo 15 de esta misma carta. ¿Por qué, pues, el énfasis exclusivo en la cruz? Sencillamente porque el apóstol estaba relacionando y aplicando un aspecto vital del mensaje cristiano a la situación y a los problemas específicos de los corintios, los cuales, una vez que creyeron, comenzaron a exaltarse a sí mismos, complacidos en los dones recibidos. «En todo habéis sido enriquecidos en él, en toda palabra y en todo conocimiento. Así el testimonio de Cristo ha sido confirmado entre vosotros hasta no faltaros ningún don, mientras esperáis la manifestación de nuestro Señor Jesucristo» (1:5-6). Ya eran maduros, ya estaban *iniciados* en el misterio de Dios (cf. 2:7), y competían por alcanzar grados más altos de sabiduría, de modo que se crearon partidos en torno a las personalidades más destacadas (vv. 11-13), hasta el punto de «inflarse de soberbia» (5:2). «La única solución para salir de este problema era hacer volver la atención de los corintios hacia el Cristo crucificado y a la cruz como único modelo para el creyente sobre la tierra»[137].

¿Por qué Pablo usa un lenguaje tan paradójico en este pasaje? Primero por su formación rabínica, siempre con la vista puesta en el texto sagrado. Pablo cita directamente al profeta Isaías cuando dice: «He aquí que volveré a hacer maravillas con este pueblo, maravilla sobre maravilla. Entonces perecerá la sabiduría de sus sabios, y el entendimiento de sus entendidos se eclipsará» (Is. 29:14). Para él esta cita cumple el objetivo de avergonzar el comportamiento humano, incluso el del creyente, cuando se desvía de la voluntad divina. Por eso, como consecuencia práctica de su enseñanza concentrada en la necedad o locura de la cruz de Cristo, "maravilla sobre maravilla" que avergüenza la sabiduría de los entendidos, les dice que,

---

137. Robert B. Hughes, *Primera Corintios*, Comentario Bíblico Portavoz, Grand Rapids 1998, 37.

pese a los dones recibidos, todavía los considera "carnales". «Pues en tanto que hay celos y contiendas entre vosotros, ¿no es cierto que sois carnales y andáis como humanos?» (3:3). Jesucristo es el fundamento, no las "teologías" particulares de los predicadores, meros «colaboradores de Dios» (vv. 11, 8). «Así que nadie se gloríe en los hombres» (v. 21), pues todo hombre, en este caso concreto los misioneros y predicadores de la palabra, no son sino «servidores de Cristo y mayordomos de los misterios de Dios» (4:1). Los corintios demostraban muy poco conocimiento dejándose llevar por un espíritu partidista en pos de maestros –Apolo, Cefas, Pablo– que, sin duda, no aprobarían semejante comportamiento. La sabiduría que procede del Espíritu, como se dirá en la carta de Santiago, «es primeramente pura; luego es pacífica, tolerante, complaciente, llena de misericordia y de buenos frutos, imparcial y no hipócrita» (Stg. 3:17), pero «si en vuestros corazones tenéis amargos celos y contiendas, no os jactéis ni mintáis contra la verdad. Esta no es la sabiduría que desciende de lo alto, sino que es terrenal, animal y diabólica. Porque donde hay celos y contiendas, allí hay desorden y toda práctica perversa» (vv. 14-16).

De modo que hay una sabiduría espiritual, "de lo alto", pacífica, tolerante, complaciente, que es aquella que debe estar presente en toda presentación del Evangelio, a incrédulos y creyentes por igual. La sabiduría espiritual es un carisma potente cuando está movida por el amor y puesta al servicio de la comunidad (cf. 1 Cor. 12:8-11).

Así pues, la cruz de Cristo es locura para ese tipo de pensamiento obsesionado con diseccionar y parcelar la realidad, poniendo etiquetas y creando divisiones entre los hombres. La cruz es un ministerio de reconciliación por excelencia. Tal es su sabiduría, aquella en la que debe meditar el comunicador de la fe. La cruz del hombre es tener que aceptar a su semejante en pie de igualdad, sin erigirse en su juez, sin discriminación que valga.

A la hora de buscar siervos y maestros para la comunidad, los apóstoles tuvieron muy en cuenta elegir creyentes que reunieran tres elementos esenciales: «buen testimonio, llenos del Espíritu y de sabiduría» (Hch. 6:3). Esteban, el primer mártir de la Iglesia, era una persona tan cabal y conocedora de las Escrituras que sus detractores «no podían resistir la sabiduría y el espíritu con que hablaba» (v. 10).

Así pues, de lo que se trata es de radicar la sabiduría en la sabiduría de Cristo, que para los llamados, tanto judíos como griegos, es el poder de Dios y la sabiduría de Dios (1 Cor. 1:24, 30), en quien «están escondidos todos los tesoros de la sabiduría y del conocimiento» (Col. 2:3).

Por la gracia de Dios el cristiano sobreabunda «en toda sabiduría y entendimiento» (Ef. 1:8), y la Iglesia entera es el medio por el que ahora se da a conocer «la multiforme sabiduría de Dios a los principados y las autoridades en los lugares celestiales» (Ef. 3:10). Misioneros y predicadores anuncian, amonestan y enseñan a todo hombre «con toda sabiduría, a fin de que presentemos a todo hombre, perfecto en Cristo Jesús» (Col. 1:28).

El cristiano de ningún modo puede predicar el desprecio de la razón, sino el aprecio por "una razón enraizada" en la verdad de Cristo. «Cuanto mayor sea y más raigambre tenga la razón del amor, tanto más necesario será su cultivo»[138].

4. Predicación y personalidad

Bibl.: Phillips Brooks, *Lectures on Preaching* (New York 1877 [reed. Zondervan, Kregel y SPCK, 1965/1989]); J. Dodd Jackson, *The Message and the Man: Some essentials of effective Preaching* (W. A. Hammond, Primitive Methodist Publishing House, London 1912); D. M. Lloyd-Jones, *La predicación y los predicadores* (Editorial Peregrino, Ciudad Real 2003); J. D. O'Donnell, *The Preacher and His Preaching* (Randall House, Nashville 1977); William Bell Riley, *The Preacher and His Preaching* (Sword, Murfreesboro 1948).

La personalidad es inseparable de una actividad que viene caracterizada por la comparecencia ante un auditorio, por estar situado en una plataforma, expuesto a la contemplación, a la mirada y al examen de muchos. La personalidad decidirá que se produzca o no un intercambio espiritual entre el orador y los oyentes. El predicador se apropia de la verdad de Dios mediante la experiencia de la fe y el estudio de las Escrituras; en el acto de comunicarla a los demás se dejará traslucir la clase de hombre que es. A la hora de predicar la Palabra de Dios, por más que diga y proteste "la Biblia dice", o "Dios dice", se entenderá perfectamente que lo que Dios o la Biblia dicen, lo dice el predicador hasta donde ha sido capaz de aprehender el mensaje divino.

En el ministerio de la Palabra intervienen siempre Dios y el hombre, o mejor, los hombres. El sermón, en cuanto interpretación fiel de la Escritura y de la voluntad de Dios, expresa y comunica la verdad divina mediante un hombre, el predicador, que se dirige a otros hombres, la congregación, compuesta por hombres, mujeres, niños de distintos niveles de formación y grados de madurez y comprensión. «Un buen sermón es siempre un sermón humano», decía W. B. O'Dowd. «Toda comunicación de la verdad implica personalidad –apostillaba Sören Kierkegaard–. No tiene nada que

---

138. Carlos Díaz, *Sabiduría y locura. El cristianismo como lúcida ingenuidad*, Sal Terrae, Santander 1982, 55.

ver con la ventriloquía, en que nunca se sabe quién habla, ni a quién». Esto nos introduce en el importante papel de la *personalidad* en la predicación.

Fue Phillips Brooks (1835-1893), uno de los grandes predicadores estadounidenses, quien durante su exposición en las tempranas Conferencias Lyman Beecher sobre Predicación en *Yale Divinity School*, acuñó una frase que ha hecho historia: «La predicación es la comunicación de la verdad mediante la personalidad». «La predicación es la comunicación de la verdad de un hombre a los hombres. Contiene dos elementos esenciales: la verdad y la personalidad. No es posible que carezca de alguno de ellos y continúe llamándose predicación»[139]. Hay quien ha visto esta definición demasiado *horizontal*. No, es sólo uno de los elementos que intervienen en la predicación; con él Phillips Brooks quería poner en guardia frente a las predicaciones abstractas, impersonales, haciendo ver a los futuros predicadores, que la verdad divina debe llegar mediante la *persona*, no meramente mediante sus labios; tiene que llegar mediante su carácter, sus emociones, la totalidad de su ser intelectual y moral. «Debe llegar genuinamente a través de él». A continuación pone el ejemplo de dos predicadores, uno de los cuales predica el Evangelio en abstracto y sin apenas rozar el espíritu de los oyentes, mientras que el otro predica con toda la fuerza y convicción que hay en él de modo que impresiona a los oyentes. El primero se ha contentado con ser una máquina de imprimir o una trompeta; el segundo ha sido un hombre real y un real mensajero de Dios. Uno ha sido meramente un instrumento pasivo de Dios, el otro un mensajero activo de la Palabra de Dios[140]. No es lo mismo predicar que echar sermones.

Hay una relación personal indisoluble entre el predicador y la predicación. Predicar es una labor de discipulado y testimonio, consiste en anunciar aquello que uno "ha visto y oído"; el predicador cristiano, según la Biblia, es un testigo, alguien que ha experimentado el poder de la verdad y la fuerza salvífica del Evangelio que anuncia. De ahí que la fuerza de la predicación no esté ni en la fuerza del razonamiento ni en la fuerza de los argumentos, ni siquiera en el valor estético del discurso. Está sobre todo en la fuerza de la convicción, en la intensidad de la fe, en la confianza en el mensaje que anuncia. «Un predicador es, en alguna medida –decía Henry Ward Beecher–, una reproducción de la verdad en una forma personal. La verdad debe existir en él como una experiencia viva, un glorioso entusiasmo, una intensa realidad»[141].

---

139. «Preaching is the communication of truth by man to men», p. 5. «Truth through personality is our description of real preaching», p. 8 (Phillips Brooks, *Lectures on Preaching*, E. P. Dutton & Co., New York 1877).

140. Phillips Brooks, *op. cit.*, p. 8.

141. Henry Ward Beecher, *Lectures on Preaching*, T. Nelson, London 1874.

Por supuesto, que quien da fuerza y eficacia a la predicación cristiana es el Espíritu Santo, pero en el plano humano la persona del predicador es el instrumento dinámico elegido por Dios para llevar a cabo su propósito con la humanidad. «La predicación de la verdad es la obra de un hombre por causa de los hombres»[142]. La verdad, en lo que depende de Dios es firme y segura; en lo que depende del hombre se halla sometida a los altibajos de la humanidad. En su calidad de hombre todo predicador que se precie conoce por experiencia lo que dice el apóstol Pablo: «Hermanos, cuando yo fui a vosotros para anunciaros el misterio de Dios [...] estuve entre vosotros con debilidad, con temor y con mucho temblor» (1 Cor. 2:1, 3). No hay nada que temer por parte de Dios y su Palabra, que son verdad y gozo, pero sí mucho por parte del que la lleva, "vasija de barro" para un tesoro divino (2 Cor. 4:7).

El predicador en su púlpito es como esa luz sobre la colina, de la que hablaba Jesús, no puede esconderse (Mt. 5:14). Está expuesto no sólo a las miradas, sino al oído, gusto y tacto de los presentes. Su ejemplaridad es ineludible, es parte indisociable de su ministerio. «Ejemplo para los creyentes en palabra, en conducta, en amor, en fe y en pureza» (1 Tim. 4:12).

«Para que al orador se le oiga obedientemente, más peso tiene su vida que toda cuanta grandilocuencia de estilo posea», avisaba Agustín. «Porque el que habla con sabiduría y con elocuencia, pero lleva vida perversa, enseña sin duda a muchos que tienen empeño en saber, aunque para su alma, es inútil (Eclo. 37:22) según está escrito. Por eso también dijo el Apóstol: «Siendo Cristo anunciado no importa que sea por fingimiento o por celo de la verdad» (Flp. 1:18). Cristo es la verdad y, sin embargo, puede ser anunciada la verdad con lo que no sea verdad, es decir, pueden predicarse las cosas rectas y verdaderas con un corazón depravado y falaz. De este modo es Jesucristo anunciado por aquellos que buscan su propio interés y no el de Jesucristo. Mas los verdaderos fieles no oyen con sumisión a cualquier clase de hombre, sino al mismo Señor que dice: «Haced lo que dicen, mas no hagáis lo que hacen, pues dicen y no hacen» (Mt. 23:2, 3), por eso oyen útilmente a los que no obran con utilidad»[143].

Aunque Dios puede utilizar un predicador malo para un fin bueno, es una ley general que si el orador no es un hombre honrado, carece de autoridad su palabra y se desconfía de los motivos que le impulsan a hablar. Ya decía Quintiliano que «lo principal del arte [retórico] es observar el decoro», y la honradez el fundamento de la elocuencia. Parafraseando al

---

142. J. Dodd Jackson, *The Message and the Man: Some essentials of effective Preaching*, p. 65.

143. Agustín, *De doctrina christiana* IV, 27, 59.

viejo proverbio, «la gracia engañosa y vana la hermosura si no hay temor de Dios» (Prov. 31:30). La ética no es indiferente a la retórica ni la personalidad a la verdad. Esto no quiere decir que el predicador tenga que ser perfecto moralmente, sino consecuente con su creencia. La inconsecuencia respecto a lo que se predica genera rencor e incredulidad. «No ha de ser el predicador persona despreciable, no sea que por ello sea despreciada la predicación» (Humberto de Romanis). Spurgeon comenta en clave de humor el caso de uno que era un buen predicador pero un mal cristiano: «Predicaba tan bien y vivía tan mal, que cuando estaba en el púlpito todos comentaban que jamás debería dejarlo, y cuando lo dejaba todos declaraban que no debía subir a él de nuevo».

La cualidad de ser consecuentes con lo que uno cree y predica no se logra sino con una estrecha vigilancia de los propios motivos y actos. Aquí vale de poco la formación académica. Lo que cuenta es la formación humana y espiritual, el grado de comunión íntima con las realidades predicadas, tanto las humanas como las celestiales. La predicación cristiana es compatible con la fragilidad moral, pero no con la inconsecuencia, que acarrea muchas desgracias. Por consiguiente, la auténtica predicación cristiana sólo es posible desde la implicación personal del predicador, honesta, ferviente, consecuente.

El riesgo que corre el predicador cristiano es que mal interprete la función *personal* de su ministerio y en lugar de predicar el Evangelio de Cristo acabe predicándose a sí mismo. Esto sería la peor edición de la predicación personalizada. Dedicar tiempo a contar historias personales, pregonar las opiniones particulares sobre el texto bíblico y las ocurrencias que a él le parecen las más originales y profundas, no es predicar el Evangelio, sino predicarse a sí mismo. Hay momentos en los que se pueden introducir anécdotas personales, experiencias que puedan iluminar la doctrina o pensamiento en curso de exposición, pero siempre bajo el control de la exaltación de Cristo, que es el núcleo del Evangelio. El testimonio personal de la gracia es un medio poderoso de convicción, abre a otros la posibilidad de experimentarla, pero, como alguien ha dicho, hay que conocerse muy bien para distinguir qué es predicar el Evangelio y qué es predicarse a sí mismo. Algunos que creen haber alcanzado un nivel superior de experiencia divina ocupan tal espacio con sus visiones y comunicaciones de lo que Dios les ha dicho o hecho en sus vidas que terminan por convertir al predicador en predicado. Esto no es predicación personalizada, sino su aberración: personalidad predicada.

En un extenso y complejo párrafo retórico, el apóstol Pablo hace referencia a una extraña experiencia personal que le permitió el acceso al tercer cielo, al paraíso, «donde escuchó cosas inefables que al hombre no le es permitido expresar». Pero no quiere gloriarse de ella, sino de sus debilidades, «para que nadie piense de mí más de lo que ve en mí u oye de mí». De buena gana se complacía en sus debilidades, para no hacer vano el poder de Cristo (2 Cor. 12:2-10). En todo esto Pablo fue consecuente, pues desde el principio dejó bien asentado que Cristo era todo para él y que al predicar no se predicaba a sí mismo, «sino a Cristo Jesús como Señor» (2 Cor. 4:5).

X

Fuentes de la predicación

1. La Sagrada Escritura

Bibl.: Peter Adam, *Speaking God's Words: A Practical Theology of Preaching* (Regent College Publishing, 2004); Burton Z. Cooper, y John S. McClure, *Claiming Theology in the Pulpit* (Westminster/John Knox Press, Louisville 2003); Lucy Lind Hogan, *Graceful Speech: An Invitation to Preaching* (Westminster/John Knox Press, Louisville 2006); Leander Keck, *The Bible in the Pulpit. The Renewal of Biblical Preaching* (Abingdon Press, Nashville 1982); Donald K. McKim, *The Bible in Theology and Preaching* (Abingdon, Nashville 1994); Derek Newton, *And the Word Became... a Sermon: A Guide to Biblical Expository Preaching* (Mentor, 2002); Carl S. Patton, *The use of the Bible in Preaching a plea for Modern Biblical Knowledge in the Pulpit* (Willet, Clark & Co., Chicago 1936); Noel Weeks, *The Sufficiency of Scripture* (Banner of Truth, Edinburgh 1988).

La Biblia es, sin discusión, el *Libro del predicador*, el texto fundamental que regula, justifica y fundamenta su predicación. No hay otro. Lo es en sentido propio, dado su carácter inspirado por Dios, dado formalmente a la Iglesia como norma de vida y pensamiento; y lo es también por su intrínseca fuerza religiosa que despierta resonancias éticas y espirituales en el oyente. «Desde el principio del mundo ha habido fuerzas educativas de varias clases en curso; pero no conozco ninguna otra fuente aparte del Canon sagrado que haya emanado tan permanentemente una corriente de semejante influencia»[144].

Si el púlpito es siempre la parte más avanzada de la tierra, según Herman Melville, y conduce el mundo, la Biblia es la carta de navegación del predicador. En ella encuentra la suma de lo que debe creer y exponer a los oyentes. Es triste y lamentable que algunas iglesias toleren en el púlpito personas con escaso conocimiento bíblico. Es igualmente lamentable que el predicador recurra a la Biblia como un arsenal donde extraer materiales para un sermón dirigido a los demás, sin advertir que su cita más importante no es cuando se coloca delante de una congregación, sino cuando se

---

144. Henry Ward Beecher, *Lectures on Preaching*, Nelson, London 1874, 7.

postra delante de Dios y de su Palabra, que es guía, corrección, exhortación y consuelo primeramente para él mismo. «No conviene comenzar a predicar antes de recibir los bienes que vienen del Espíritu», decía Humberto de Romanis (1194-1277) en su librito *Sobre la instrucción* o *Formación de los predicadores*.

Es preciso evitar el peligro de estudiar la Biblia sólo para predicar *sobre* ella, sin buscar primero el alimento uno mismo, que será la mejor preparación para un buen sermón. La Palabra de Dios debería ocupar la mente y el corazón del predicador como preparación previa a su predicación. Se ha comprobado que uno de los peligros del ministerio es que en su preocupación por encontrar algo interesante para la congregación dominical descuide su propia formación y bienestar espiritual. Y si Dios tiene una tarea que realizar en el mundo, sin duda que comienza con la persona del predicador. Se puede decir que es su primera obra y que no acaba nunca. El predicador es oyente de la Palabra no menos que los que lo escuchan, decía Agustín. «Lo que os sirvo a vosotros no es mío. De lo que coméis, de eso como; de lo que vivís, de eso vivo. En el cielo tenemos nuestra común despensa: de allí procede la Palabra de Dios»[145].

Palabra de Dios y predicación están inseparablemente unidas entre sí. El mundo es salvo mediante la predicación de la Palabra de gracia, y la Iglesia se alimenta, edifica y crece mediante la exposición de la Palabra de Dios. Una y la misma Palabra acomodada a los oyentes y a los tiempos para dar vida.

Por lo que sabemos de la historia de Iglesia, la renovación de la vida espiritual, los llamados *avivamientos* o *despertares*, la reforma del siglo XVI y todo movimiento de vitalidad coincide siempre con la importancia que recibe la Palabra de Dios, desde la cabeza a los pies. Por contra, la decadencia de la fe comienza con el abandono de la Palabra de Dios, con la substitución de la Biblia en el púlpito y en las cátedras por algo ajeno a ella, aunque formalmente se haga constar su presencia. En estos últimos tiempos casi todas las iglesias han tomado conciencia muy clara de la importancia fundamental de la Palabra de Dios para su vida, testimonio y enseñanza. De hecho, las iglesias se renuevan y rejuvenecen cuando dan toda la prioridad a la Palabra de Dios, que no envejece nunca ni se agota, «porque la Palabra de Dios es viva y eficaz» (Heb. 4:12).

Cuando se expone la Escritura con rigor y devoción, Cristo se hace presente de un modo especial. El canon bíblico, el conjunto de libros que tenemos por inspirados, es más que el resultado de una decisión eclesial respecto a qué libros están autorizados para ser leídos en la Iglesia. La Biblia participa del misterio de Cristo en cuanto testimonio del Logos encar-

---

145. Agustín, *Sermón 95*, vol. 1, BAC, Madrid 1983, 629.

nado (cf. Jn. 5:39; Lc. 24:27). La Palabra que se hizo carne en la persona de Jesús, de un modo muy especial pasa convertirse en Escritura, en cuanto registro y testimonio de la salvación de Dios en Cristo. La Palabra eterna, el Logos se *escrituriza*, según una antigua fórmula patrística. Las Escrituras dan testimonio de Jesús y su salvación y son el medio para que aquellos que vienen después de sus "días en la carne", crean en Él (cf. Jn. 17:20). Nosotros creemos por la palabra de los que fueron testigos del acontecimiento de Cristo tal cual ha quedado escrita (cf. 1 Jn 1:14). De modo que, según Jerónimo, «ignorar las Santas Escrituras es ignorar a Cristo»[146].

Sabemos que el agente último que hace *eficaz* la Palabra de Dios en los lectores u oyentes es el Espíritu. Es Él quien convence al mundo de pecado, de justicia y de juicio (Jn. 14:8). Pero que la *eficacia* de la predicación de la Palabra dependa de la acción del Espíritu no disminuye la labor del predicador de estudiar la Escritura y desarrollar una exégesis correcta. El predicador es un mayordomo, un administrador responsable de esa Palabra (1 Cor. 4:1-2), un depositario y dispensador no negligente de los bienes de Dios. El mayor bien que le ha sido confiado es la Palabra de Dios, semejante a un tesoro del que debe sacar cosas nuevas y viejas mediante el esfuerzo del estudio y la reflexión continuada. Entonces será un «escriba instruido en el reino de los cielos» (Mt. 13:52). Es un sembrador de la semilla de la Palabra de Dios (Lc. 8:11), confiado en el Dios que mediante su Espíritu da crecimiento (1 Cor. 3:6-7). La comprensión correcta e inteligente del mensaje Dios en su Palabra ayudará a la *comunicación de la fe*, sea mediante la predicación o la enseñanza. La teología y la exégesis no tienen otra misión que hacernos más eficaces en la comunicación de la Palabra. Por cuanto le fe es una verdad inteligente y razonable, tal como nos descubre la teología, es *comunicable*, se hace accesible al sentido común. El estudio razonado y creyente de la Escritura contribuye a que la fe sea comunicable.

Es loable y necesario depender de la inspiración divina y de la unción del Espíritu a la hora de comunicar la Palabra de Dios, pero, como decía Martyn Lloyd-Jones, «Considero que lo más esencial respecto a la predicación es el ungimiento y la unción del Espíritu Santo, la cual no depende de lo que hacemos, o intentamos hacer. Por contra, algunos caen en el error de confiar únicamente en la unción y dejar de lado todo lo que pueden hacer en cuanto a la preparación. La forma adecuada de considerar la unción del Espíritu es pensar en ella como algo que desciende sobre la preparación… Todos tendemos a irnos al extremo; algunos confían tan solo en su propia preparación y no buscan nada más; otros, como digo, tienden a despreciar

---

146. Jerónimo, *Prol. in Exp. Isaiae*, PL. 24, 17. «La Iglesia sabe bien que Cristo vive en las Sagradas Escrituras. Por este motivo siempre ha tributado a las Escrituras divinas una veneración parecida a la dedicada al mismo Cuerpo del Señor» (cf. *Dei Verbum*, 21).

la preparación y confían solamente en la unción, el ungimiento y la inspiración del Espíritu. Pero no se trata de "uno u otro"; siempre es "ambos". Estas dos cosas deben ir juntas»[147].

«Toda la Escritura es inspirada por Dios y es útil para la enseñanza, para la reprensión, para la corrección, para la instrucción en justicia, a fin de que el hombre de Dios sea perfecto, enteramente capacitado para toda buena obra» (2 Tim. 3:16-17). Y *toda* Escritura debe ser predicada fielmente, sin renunciar a nada que forme parte del "consejo de Dios" (Hch. 20:27). «¡Qué pocos predicadores podrían tener la misma pretensión! La mayoría de nosotros cabalgamos mortalmente sobre unos pocos caballos favoritos. Seleccionamos de las Escrituras las doctrinas que nos agradan y pasamos por alto las que nos disgustan o encontramos difíciles. De esta manera somos culpables de negar a la familia algunas de las provisiones que el Dueño de casa ha preparado para ellos en su sabia generosidad. Algunos no solamente quitan algo de la Escritura, sino que añaden algo, mientras que otros se atreven incluso a contradecir lo que está escrito en la Palabra de Dios»[148].

Ya dijimos que la "locura de la predicación" no está reñida con la sabiduría, ni con la formación continua del "escriba" del reino de los cielos, de la que hablaba Jesús (Mt. 13:52). La obra del Espíritu Santo es producir resultados, la del predicador predicar con inteligencia y sabiduría. Proclamar el Evangelio es anunciar la salvación de Dios en Cristo, pero también «dar pleno cumplimiento a la palabra de Dios» (Col. 1:25), que es Cristo, la esperanza de gloria. «A Él anunciamos nosotros, amonestando a todo hombre y enseñando a todo hombre con toda sabiduría, a fin de que presentemos a todo hombre, perfecto en Cristo Jesús» (v. 28). Con "toda sabiduría", aquí esta palabra denota el saber usar el conocimiento adquirido. Ser sabio es ser prudente, juicioso, saber emplear el conocimiento adquirido, aplicado con sentido común a cada nueva circunstancia, reto o novedad a la que se enfrenta el pueblo de Dios en su largo peregrinar. Por medio de la predicación de la Palabra de Dios, rectamente interpretada y aplicada, el pueblo es alimentado, instruido y desafiado a una vida auténticamente cristiana, cuya clave es Cristo en el interior del creyente.

1.1. Exégesis y predicación

Exégesis es una palabra griega que significa sencillamente lo que en español llamamos *explicación*, e *interpretación*. Procede del verbo griego *exegéomai* que denota la explicación de algo de manera detallada, paso a

---

147. D. Martyn Lloyd-Jones, *La predicación y los predicadores*, Ed. Peregrino, Ciudad Real 2003, 337.

148. Stott, John R. W., *El cuadro bíblico del predicador*, CLIE, Terrassa 1975, 24.

paso. En particular, en la sociedad griega, significa «explicar la voluntad de los dioses», expresada en oráculos dados por medio de sacerdotes o profetisas. Los oráculos griegos constituían un aspecto fundamental de la religión y de la cultura griega. Eran considerados como la respuesta dada por una deidad a una pregunta personal o comunal, concerniente generalmente al futuro. Era esencialmente, pues, un método de adivinación. Por su carácter generalmente enigmático, el oráculo necesitaba a menudo de interpretación. Al intérprete del mismo, se le llamaba *exegeta* (o *exegetés*). Él era el encargado de explicar los oráculos, los sueños y los presagios.

Aplicada al estudio de la Biblia, la exégesis no es otra cosa que el arte y ejercicio de interpretar el mensaje de la Palabra de Dios teniendo en cuenta el sentido histórico-gramatical, tanto en su conjunto como en sus partes. Es una labor minuciosa de análisis de cada palabra en su significado original, y de cada frase en su conjunto. La meta, al menos en el propósito del exégeta, es o debería ser averiguar el verdadero sentido de la Escritura, lo cual es un ejercicio de la máxima responsabilidad.

La lectura exegética de la Biblia es muy distinta de la lectura devocional que cada lector cristiano realiza para su propia edificación espiritual. Se puede decir que la primera es una lectura científica, que no está reñida con la espiritual, pero tiene por misión realizar un análisis minucioso de los términos originales, el estudio filológico de los mismos y su significado inmediato y contextual. Es un trabajo que merece el mayor de los respetos como una rama de la Teología que investiga el sentido verdadero de la Escritura. Ni la teología ni la predicación pueden ignoran el resultado de la exégesis, para lo que no todos los cristianos están convenientemente equipados, empezando por la ignorancia de los idiomas originales hebreo y griego y los conocimientos filológicos pertinentes.

Esto no repercute negativamente en la lectura que cada creyente realiza en lo privado de su casa como parte de su estudio personal. Hay distintos niveles de lectura de la Biblia, cada cual obedeciendo a una necesidad diferente. También en este punto hace falta una gran dosis de humildad para aceptar y entender el nivel de lectura a veces más complejo practicado por la exégesis.

1.2. La Biblia al alcance de todos

En reacción al "secuestro" de la Biblia por parte de los teólogos escolásticos, los reformadores se embarcan en la empresa unánime de poner la Biblia en manos del pueblo para su propio estudio y oración. De ahí las diversas traducciones en lenguas vernáculas o nacionales de la Biblia:

español, inglés, alemán, italiano, polaco, danés, etc. Los reformadores estaban convencidos de que la Biblia es suficientemente clara en sí misma para que cada creyente encuentre en ella el camino de la salvación y la guía para su vida. Esta creencia iba unida a otra creencia revolucionaria en su día: el sacerdocio universal de todos los cristianos. En su calidad de sacerdotes, a ningún cristiano, hombre o mujer, sabio o ignorante, se le podía impedir el acceso directo a la Biblia para encontrar en ella la voluntad de Dios su Padre. La Iglesia católica ha necesitado casi cinco siglos para entender estar lecciones y asumir estas verdades como patrimonio del pueblo de Dios. Hasta poco antes del Concilio Vaticano II (en los años 60), la Biblia era casi exclusivamente el libro de los sacerdotes y los exégetas. Con la «Constitución dogmática sobre la Divina Revelación», la Iglesia católica comenzó la devolución de la Biblia al pueblo: «Los fieles han de tener fácil acceso a la Sagrada Escritura, pues la Palabra de Dios tiene que estar disponible en todas las edades» (DV 22).

Para el pueblo creyente, que es auténticamente un reino de sacerdotes en el espíritu, la lectura de la Biblia es el ejercicio de su propia fe, por eso se suele orar antes de proceder a su lectura y explicación. Biblia, oración y predicación van unidas en el culto. De ningún modo se da culto a la Biblia, sino que sirve al culto debido a Dios en esencia trinitaria: Padre, Hijo y Espíritu. Como vengo diciendo, nosotros no tenemos la fe puesta en un libro, sino en una Persona de quien habla ese Libro, y que nos habla por medio de él. Lo que da sentido y vida a la Biblia es precisamente la persona y misión de Jesucristo como clave, motor y meta de la historia de la salvación.

La lectura de la Biblia no es privilegio de algunos expertos –teólogos y exégetas– o de algunas personas más cultas. Es un privilegio concedido por Dios a todos los creyentes y a cada comunidad cristiana, donde leída en ambiente de oración, el Espíritu Santo puede esclarecer su sentido y revelar a través de qué realidad nos está hablando el Señor.

El privilegio de leer las Escrituras por uno mismo no debe llevarnos al extremo opuesto de menospreciar o minusvalorar el trabajo de los exégetas y maestros bíblicos que Dios ha puesto en la iglesia, los cuales, gracias a su conocimiento más amplio y detallado evitan que la lectura piadosa de la Escritura no degenere en una lectura al servicio de la fantasía o capricho de cada uno.

El objetivo de la lectura devocional de la Escritura no es interpretar la misma Biblia, sino interpretar la vida con la ayuda de la Biblia. Se lee y se estudia la Biblia para poder conocer mejor la realidad presente y la llamada de Dios que en ella se esconde. No siempre es fácil interpretar la Biblia en sí misma. Hasta el creyente más piadoso se ha encontrado una y otra vez en su lectura devocional con textos muy difíciles de entender[149], muy "duros" como dicen los ingleses[150].

Como alguien ha dicho: «Cuando el pueblo agarra la Biblia en la mano se da un fenómeno extraño, casi incontrolable: o renace y empieza a sentirse libre o queda preso de la misma letra de la Biblia, en un biblicismo sumamente conservador. La Biblia o ayuda o atropella; es liberadora o es opresora. No es neutral. Es como una espada de dos filos: corta siempre, para bien o para mal. El texto es idéntico para todos, pero no es igual el resultado de su lectura. Pues es "espada de doble filo, que penetra hasta la raíz del alma y del espíritu, sondeando los huesos y los tuétanos para probar los deseos y los pensamientos más íntimos" (Heb. 4:12). Ella muestra cuál es la calidad de la luz que está dentro de cada uno»[151].

Lutero y el resto de reformadores comprobaron bien pronto esta dificultad, que les llevó a enfrentarse uno al otro, creyendo que cada cual estaba haciendo la interpretación más correcta y verdadera del texto bíblico. El teólogo protestante S. Werenfels, reflejó este hecho en un epigrama que continúa siendo válido.

Los hombres abren este Libro con su credo favorito en mente.
Cada uno busca el suyo, y cada uno lo encuentra[152].

Es un hecho inevitable que cada cual se acerca a la Escritura con ideas predeterminadas y con prejuicios (o juicios de antemano), que colorean su lectura de un modo inconsciente. No percibimos las cosas de un modo inmaculado. Como alguien ha dicho, no vemos las cosas como son, sino como somos.

Por eso, insisto una vez más, debemos proceder con humildad y cuidado, mirando bien a cada lado, hacia arriba y hacia dentro de uno mismo, antes de hacer afirmaciones categóricas o condenar expresiones o ideas que no entendemos.

La teología y la exégesis, dentro del contexto de la fe, es el esfuerzo riguroso por extraer el sentido original de la Escritura con las menos contaminaciones humanas posibles.

---

149. Cf. John W. Haley y Santiago Escuain, *Diccionario de dificultades y aparentes contradicciones bíblicas*, CLIE, Barcelona 1988; Samuel Vila, *Enciclopedia explicativa de dificultades bíblicas*, CLIE, Barcelona 2011 (varias ediciones); Gleason L. Archer, *Encyclopedia of Bible Difficulties*, Zondervan Publishing House, Grand Rapids 1982.

150. Cf. Walter C. Kaiser, Peter H. Davids, F. F. Bruce y Manfred T. Brauch, *Hard Sayings of the Bible*, IVP, Downer Grove 1996.

151. José Luis Caravias, *Biblia, fe y vida*. http://www.mercaba.org/Caravias/biblia_fe_vida_00.htm

152. *Hic liber est in quo sua quærit dogmata quisque, Invenit et pariter dogmata quisque sua.*

Hay que respetar y valorar el trabajo teológico y exegético en cuanto sirven a las iglesias a comprender mejor el sentido de la Escritura y, por tanto, a ser fieles a la voluntad divina que se expresa en la Biblia. La iglesia es un cuerpo compuesto por muchos órganos, cada cual cumpliendo una función vital para la salud y el buen desarrollo del todo. Cada cual debe aprender a descansar en el resto y a utilizar sus habilidades peculiares. Cada órgano es necesario y se necesita conjuntamente en la vida del cuerpo. Como escribe el apóstol Pablo: «Porque de la manera que en un cuerpo tenemos muchos miembros, pero no todos los miembros tienen la misma función, así nosotros, siendo muchos, somos un cuerpo en Cristo, y todos miembros los unos de los otros. De manera que, teniendo diferentes dones, según la gracia que nos es dada, si el de profecía, úsese conforme a la medida de la fe; o si de servicio, en servir; o el que enseña, en la enseñanza; el que exhorta, en la exhortación; el que reparte, con liberalidad; el que preside, con solicitud; el que hace misericordia, con alegría» (Ro. 12:4-8; cf. 1 Cor. 12:3-31).

Quien no sabe ni hebreo ni griego puede recurrir con confianza a hermanos que han estudiado estos idiomas en profundidad y que han expuesto sus resultados en obras fiables, ya sea en comentarios bíblicos o monografías, de modo que se beneficie de su trabajo con vistas a una mejor interpretación de la Escritura. Esto es lo más correcto y necesario en la visión de Pablo de la Iglesia como un cuerpo compuesto por órganos interdependientes.

«Un miembro de la Iglesia sabe que si necesita de alguna cosa otros en la Iglesia la poseen. Mientras más grande la Iglesia o asociación de Iglesias, más probable aún que haya proveedores de todo tipo de servicios. Un miembro no tiene que ser un experto en todas las áreas de servicio, lo cual está más allá de sus habilidades. Necesita solamente concentrarse en el limitado rango de servicios que él realiza mejor» (Gary North)[153].

1.3. Exégesis y exposición para la madurez

El pastor, dado su especial llamamiento, no puede ser un teólogo o exégeta profesional, pero sí tiene que saber de teología y exégesis, echando mano al trabajo de investigación de aquellos dedicados a estas disciplinas. No puede presentar excusas de falta de tiempo o falta de capacitación académica. No importa. Otros están haciendo el trabajo por él. Aquí podemos aplicar lo que dice el Señor Jesús sobre los segadores: «Yo os envié a segar lo que no habéis trabajado; otros han trabajado y vosotros habéis entrado en su labor» (Jn. 4:38).

La tarea es grande y la vida breve. Forzosamente tenemos que entrar en lo que otros han trabajado. Es parte, además, de la dinámica del cuerpo

---

153. Gary North, «La iglesia como un cuerpo interdependiente». http://www. contra-mundum.org/castellano/north/IglesiaCuerpo.html

de Cristo. Una tarea principal del pastor es predicar la Palabra de Dios. Para eso, de un modo ineludible, se necesita labor exegética. Propia o de otros, que nunca es tan de otros, pues de todo aquello que nos apropiamos es porque de algún modo estaba en nosotros, inexpresado pero latente, el resto lo dejamos pasar, ni lo vemos, no es de nosotros, no nos pertenece.

La exégesis ayuda al predicar a comprender mejor el significado original de la Escritura, a partir de la cual se puede desarrollar el tema del sermón, la aplicación de la enseñanza de la Palabra de Dios a la situación presente y al creyente de hoy. El predicador puede ponerse delante de la congregación y sentirse confiado y seguro porque sabe que está predicando desde la pura roca de la Palabra de Dios y desde la arena movediza de las impresiones y opiniones populares. Porque nadie está llamado a predicar en la iglesia sus propias ideas, sus puntos de vista o sus ocurrencias. Está llamado a ser un heraldo de Dios que proclama con fidelidad la Palabra de Dios. Puede dar su punto de vista sobre temas conflictivos o en debate, puede comunicar la impresión personal que le ha producido un texto o versículo en cuestión, añadir alguna anécdota de su vida personal, pero el fin, el grueso del sermón tiene que ver con la exposición y aplicación de la Palabra de Dios.

Para mí, lo ideal, siempre que sea posible, es la predicación expositiva, aquella que coge un determinado libro de la Biblia y lo va predicando verso a verso, capítulo a capítulo a lo largo de los meses. No es fácil hacerlo siempre de un modo pertinente, pero me parece que es el método que más contribuye a formar una congregación madura, con ideas claras y suficientes de la Escritura y comprometida con el Evangelio. Ayuda a formar creyentes entendidos y responsables que van aumentando en su comprensión de la Palabra y dejan de ser dependientes de los hombres para ser más dependientes de Dios. A veces parece que hay pastores o predicadores que desean "clientes" que dependan de ellos, más que auténticos cristianos que, mediante su ministerio, van *creciendo en gracia y conocimiento del Señor Jesús* (2 Pd 3:18).

2. Fidelidad, tradición y modernidad

Bibl.: F. F. Bruce, *Tradition Old & New* (Paternoster Press, Exeter 1970); P. Grelot, *Palabra de Dios y hombre de hoy* (Sígueme, Salamanca 1965); L. Maldonado, *Anunciar la Palabra hoy* (San Pablo, Madrid 2000); Norman Pittenger, *The Tradition, The Bible, and Preaching*, en *Preaching the Gospel*, Morehouse-Barlow, Wilton 1984); D. H. Williams, *Retrieving the Tradition, and Renewing Evangelicalism: A Primer for Suspicious Protestants* (Eerdmans, Grand Rapids 1999).

Hay una manera sutil de mantenerse fiel a la Biblia sin serlo de hecho, por más que se recurra el texto *original*. Formalmente se lee y escoge un texto, pero a la hora de estudiarlo y exponerlo no se atiende a la enseñanza del mismo generalmente admitida, sino a las ideas de moda, a lo "último" de lo que se lleva en ciertos corrillos supuestamente teológicos; pretendiendo ser moderno se hace antiguo, pues ya estaba previsto en la Escritura que «vendrá el tiempo cuando no soportarán la sana doctrina; más bien, teniendo comezón de oír, amontonarán para sí maestros conforme a sus propias pasiones» (2 Tim. 4:3). En religión, como en otros campos del conocimiento, no hay nada peor que una modernidad desconectada del pasado. Para hacer buen uso de la Sagrada Escritura no sólo hay que leerla y meditarla profundamente, hay que *meterse* en el mundo bíblico, como un personaje más; hay que conocer también la exégesis tradicional hecha por los antiguos, desde los Padres de la Iglesia a los grandes de la Reforma; desde los puritanos a los modernos. Formamos parte de una «gran nube de testigos» (Heb. 12:1).

Al considerar el pasado encontraremos un depósito de conocimiento y sabiduría que puede sernos muy útil hoy. Es como un legado, una herencia que espera ser reclamada. Aprender acerca de la vida de la iglesia en otros tiempos es un sano e instructivo ejercicio de edificación y desafío a la vez. La falta de este conocimiento cortocircuita la relación entre lo viejo y lo nuevo, y ambos son importantes para una fe vital. Para los autores del Nuevo Testamento la fe es como un *depósito* (2 Tim. 1:14), que se ha de transmitir de generación en generación, a medida que los que vienen ocupan el lugar de los que se van. Con juicio sano, R. B. Girdlestone advirtió que es de sabios tener en cuenta que la Biblia es suficiente en sí misma, pero nosotros no somos suficientes, por lo que no es prudente menospreciar o ignorar la experiencia y conocimiento de los creyentes del pasado[154].

El error de los que rechazan el conocimiento del pasado es confundir tradición con inmovilismo. La tradición es más original y atrevida de lo que se suele creer. Si por originalidad se entiende novedad y extravagancia, entonces la fe carece ciertamente de originalidad. Pero si por originalidad se entiende lo nuevo o lo renovado, entonces el cristianismo es lo más original. La novedad que hace tabla rasa de todo lo pasado y de todo lo que piensan los demás, es una novedad malsana en todas las ciencias y en todas las artes, además de incurrir en una pedantería ridícula o en una ingenuidad infantil. Mas hay otra novedad de progreso y crecimiento, es decir, perfectamente hermanada con la tradición, que aporta equilibrio y juicio claro. «Dos cualidades son necesarias para todo aquel que aspire a la vocación de los que Cotton Mather llamó una vez «rememoradores del Señor»: reverencia crítica por la tradición cristiana en todas sus múltiples

---

154. R. B. Girdlestone, *The Sufficiency of the Scripture,* en *The Church and Her Doctrine,* James Nisbet & Co., London 1891, 99-120.

modalidades y un sentido de pertenencia a la Iglesia universal, el cuerpo de Cristo expandido en el tiempo y el espacio»[155].

En el otro extremo, se puede ser infiel a la Biblia cuando uno se empecina en ser fiel a enseñanzas recibidas que no permiten a la Palabra de Dios ser Palabra *de Dios*, sino que la meten en una camisa de fuerza confeccionada por prejuicios tradicionalistas. Los estudios modernos de exégetas y eruditos de probada fidelidad y rigor científico sobre la Biblia no pueden ignorarse sin un grave perjuicio para el conocimiento adecuado del texto bíblico y su significado para la vida y el pensamiento. «Es bastante extraño –decía Carl S. Patton (1866-1939), profesor de Homilética en la *Pacific School of Religion* de Berkeley (California)–, aunque al mismo tiempo afortunado, que justo en el momento que la gente menos conoce la Biblia y es mínimo el interés que tienen por ella, es cuando se ha acumulado una enorme información sobre el mundo bíblico capaz de hacer un libro nuevo del viejo libro. Este nuevo conocimiento está a disposición del predicador y aguarda ser impartido al pueblo»[156]. Años de laborioso trabajo de investigación filológica, religiosa y arqueológica puestos a disposición del predicador. Es una herramienta muy valiosa para entender viejos problemas a la luz de los nuevos descubrimientos, de modo que se hagan relevantes algunos aspectos de la revelación que no siempre han recibido la atención que se merecen. Como toda labor de estudio y divulgación, se tiene que llevar a cabo de modo riguroso y responsable, sin confundir el púlpito con una cátedra donde se discuten los últimos descubrimientos, teorías e hipótesis que apenas si tienen interés para la congregación, antes al contrario, pueden sumirla en un desconcierto perjudicial.

La vida de las Iglesias está referida a la Palabra de Dios y cada momento de su historia ha de ser interpretado y enjuiciado a la luz de esa Palabra. Nuevos descubrimientos en historia, arqueología o cualquier otro campo de las ciencias humanas pueden hacer avanzar los estudios bíblicos, el significado de textos y pasajes de difícil interpretación, quizá porque perdimos de vista el contexto original, precisar la traducción de una palabra o de una frase según criterios filológicos más certeros, pero nada que proceda de estos campos u otros puede anular o enmendar nunca el Evangelio de Jesucristo. No hay ni puede haber Evangelio, sea que lo traigan los ángeles escrito en planchas de oro celestial o que lo reformulen los sabios conforme a los manuscritos hebreos y griegos más antiguos jamás encontrados. El Dios que quiere la salvación del mundo no sólo previó la formación de la Escritura, sino también su transmisión, de otro modo sería una falsa promesa la asistencia del Espíritu Santo que conduce a la verdad.

---

155. Timothy George, *Theology of the Reformers*, Apollos, Leicester 1988, 9.

156. Carl S. Patton, *The use of the Bible in preaching a plea for modern Biblical knowledge in the pulpit*, Willet, Clark & Co., Chicago 1936, 3-4.

A las ciencias bíblicas les ocurre un poco lo que se dice en las cartas pastorales de algunos creyentes, que siempre están aprendiendo, pero que nunca logran alcanzar el conocimiento pleno de la verdad (2 Tim. 3:7). Es lo propio de la ciencia, cuyos resultados siempre están sujetos a la corrección y la mejora. La predicación es otra cosa. El dolor de la ciencia se lo dejamos a los sabios (cf. Ecl. 1:18), pero se lo ahorramos a los pastores, en cuanto predicadores del Evangelio y "edificadores" de la comunidad. Lo cual no dispensa que el predicador esté bien informado de las ciencias bíblicas, de modo que su *aplicación* de la Palabra sea pertinente y conforme a la intención de los autores sagrados.

El predicador tiene que aprender a distinguir entre aquello que es lo esencial a su ministerio: las verdades de la fe que se han creído siempre y en todo lugar conforme a las Escrituras; y las opiniones y doctrinas sometidas a debate por los eruditos y estudiosos de la Escritura. Ante el pueblo creyente su responsabilidad no es transmitir opiniones objetables conforme a un determinado estadio de la investigación bíblico-teológica, sino anunciar con rigor y fundamento aquellas «cosas que entre nosotros han sido ciertísimas» (Lc. 1:1). Las cuestiones de crítica bíblica y los nuevos planteamientos teológicos, si bien no son materia de predicación, son instrumentos útiles para mantener despierto su sentido de fidelidad a la Escritura sin dejarse llevar por lugares comunes y verdades unilaterales, producto del tradicionalismo, más dado a copiar miméticamente lo recibido que a estudiarlo de un modo crítico conforme a la Palabra de Dios. La verdad de Dios siempre corre el riesgo de ser sepultada por tradiciones y costumbres que obedecen más a fidelidades de grupo que a Dios mismo. Sólo la verdad puede servir de un modo responsable a la causa del Evangelio, «porque no podemos nada contra la verdad, sino a favor de la verdad» (2 Cor. 13:8).

3. Predicación e interpretación

Bibl.: Sidney Greidanus, *The Modern Preacher and the Ancient Text: Interpreting and Preaching Biblical Literature* (Eerdmans, Grand Rapids 1988); Pablo A. Jiménez, *Lumbrera a nuestro camino: Avances en exégesis/hermenéutica* (Caribe, Miami 1994); Walter C. Kaiser, *Toward an Exetical Theology: Biblical Exegesis for Preaching and Teaching* (Baker, Grand Rapids 1981); Craig Brian Larson (ed.), *Interpretation and Application: The Preacher's Toolbox* (Hendrikson, Peabody 2012); William D. Thompson, *Preaching Biblically: Exegesis and Interpretation* (Abingdon Press, Nashville 1981).

«Interpretar y aplicar el texto de acuerdo con su significado más fidedigno es uno de los más sagrados deberes del predicador», escribía John

Broadus en el comienzo de su texto clásico sobre homilética[157]. Predicar es una tarea formidable y de grave responsabilidad. No consiste meramente en decir-repetir lo que dice la Palabra de Dios, sino en hacer que ese *decir* de la Palabra de Dios se corresponda con lo que realmente dice. Para ello es precisa una formación seria y rigurosa en teología y hermenéutica. Hasta el sermón más rutinario debe pasar el tamiz de la interpretación bíblica más fiel posible.

Un sermón no es otra cosa que una interpretación actualizada de la Escritura. Frente a un comentario prolijamente escrito, con un montón de notas y referencias, el sermón es un comentario oral de la Biblia normalmente dado en el contexto de la adoración de la comunidad reunida en torno a la Palabra de Dios. El sermón es el resultado y producto de la exégesis e interpretación del texto bíblico por parte del pastor o predicador de la congregación con vistas edificantes, educativas o correctivas. Frente a la interpretación bíblica entendida como una labor científica, hermenéutica y exegética, centrada en el pasado, en el momento de la revelación, la predicación interpreta *actualizando* las verdades bíblicas del pasado en relación a la situación presente y a las necesidades del momento de la congregación. Es una interpretación actualizada de la Biblia que compromete personalmente a los oyentes de hoy con la misma urgencia que a los oyentes originales de ayer.

La predicación actualiza la Escritura haciendo relevante su mensaje como si estuviese escrita para la comunidad concreta que se reúne en torno a ella para escuchar lo que Dios tenga que decirle. A la vez, es el punto de contacto con las generaciones pasadas, de modo que el pueblo creyente disfrute la comunión de todos los santos, pasados y presentes. Este es uno de los motivos por lo que la Palabra de Dios fue puesta por escrita: «Lo que hemos visto y oído, os proclamamos también a vosotros, para que también vosotros tengáis comunión con nosotros; y en verdad nuestra comunión es con el Padre y con su Hijo Jesucristo» (1 Jn. 1:3).

3.1. La misión de la predicación expositiva

La predicación *expositiva*, además de actualizar el mensaje de la Escritura y buscar mediante ella la comunión con Dios, realiza una importante misión *hermenéutica*, ya que quizá es la única oportunidad que el pueblo tiene de acceder de un modo autorizado al significado de las Escrituras. La mayoría de los creyentes no tiene tiempo ni capacidad para estudiar los comentarios exegéticos que requieren una cierta capacidad académica de comprensión, pero el predicador, mediante el sermón, que se enfrenta al

---

157. J. A. Broadus, *op. cit.*, p. 31.

texto bíblico y a la heterogeneidad de los miembros de la asamblea, puede y debe iluminar el sentido de la lectura bíblica, no en abstracto, pasando por alto las personas a quienes se dirige, sino en vivo, conduciendo a los sujetos a sentirse implicados en las palabras que les atañen personalmente y les afectan como comunidad.

«Esta actividad hermenéutica informa, solicita y hace pensar, exhortando para que cada uno tome decisiones ante el mensaje de Dios. Aunque cada fiel presente fuera, cultural y espiritualmente, capaz de interpretar y actualizar las lecturas bíblicas, la homilía es necesaria porque explicita el sentido que la Palabra de Dios tiene para la asamblea reunida y pone de manifiesto la llamada que el Señor dirige a su Iglesia, y no sólo a los individuos. La homilía se propone, por tanto, llevar a la asamblea a ese acuerdo que es condición para que el Padre oiga su oración (Mt. 18:19)»[158].

El elemento hermenéutico que el predicador debe buscar es la *actualización* que permite relacionar el texto bíblico antiguo a la situación social y eclesial moderna. Mediante la exégesis científica el predicador llega a conocer el sentido del texto, mediante su estudio comprometido personalmente y su responsabilidad con el tiempo presente, llegando a discernir cuál es en este momento la respuesta que Dios exige tanto a nivel individual como comunitario.

La hermenéutica homilética es práctica, quiero decir, se centra en la *praxis* desde el entendimiento correcto. Es básicamente pastoral. Su misión es "partir el pan de la palabra", alimentar a los oyentes de modo que sepan aplicar a sus vidas la verdad bíblica y orientarse en sus tareas cotidianas y necesidades espirituales. La interpretación propuesta mediante la predicación no se puede limitar a una simple explicación exegética del texto bíblico, puesto que esto dejaría fuera a los sujetos a los que se dirige. El exégeta puede permitirse el lujo de ser neutral frente a un texto, amparado en su deber de objetividad científica, sin implicaciones personales. El predicador tiene que hacer exégesis, pero no puede ser neutral. Auxiliado y apoyándose en las labores de los exégetas, lingüistas, teólogos e historiadores, se encuentra ante el texto como los profetas ante la "carga" que han de llevar al pueblo: «Habla, oh Señor, que tu siervo escucha» (cf. 1 Sam. 3:9). Primero tiene que oír él, en cuanto persona comprometida con el texto y con la comunidad, por su llamamiento, para después tener algo que decir al corazón de su congregación. No sólo debe entender el significado de un texto, sino comerlo, hacerlo suyo, convertirlo en alimento espiritual apto para el pueblo. Si falla en transmitir el sentido, la "carga" de su mensaje, de manera que no sea compartida por todos, habrá fallado en aquello para

---

158. L. Della Torre, "Homilía", III, c, en D. Sartore y A. M. Triacca (eds.), *Nuevo Diccionario de Liturgia*, San Pablo, Madrid 1987, 1014-1038.

lo que ha sido llamado. Puede encontrar oposición y rechazo, hasta indiferencia, pero el sermón habrá cumplido bien su misión de *relevancia*, de adecuación correcta entre el texto del pasado y la situación del presente. Para ello tiene que *mover* con el movimiento que él mismo experimenta ante la meditación y consideración de un texto. Toda su personalidad debe entrar en juego. No puede suplir sus carencias con anécdotas o paráfrasis para salir del paso; ni con salidas de erudición más propias de un aula de estudio que de un centro de adoración. Tiene que llegar a la mente a través del corazón y al corazón por medio de la mente.

Lo triste es que en la mayoría de las iglesias en nuestro medio, los pulpitos están ocupados por gente que adolece de conocimientos teológicos y de principios hermenéuticos, y por gente ociosa, superficial, que tiene el atrevimiento de colocarse frente a una congregación para dar un discurso que no tiene nada que ver con la auténtica predicación. Spurgeon, nada sospechoso de academicismo, recomendaba a sus estudiantes a no suplir la falta de formación por un supuesto fervor religioso. «Me temo –decía– que somos más eficientes en calor que en luz [...] Las almas son salvas por la verdad que penetra en el entendimiento, alcanzando la conciencia. ¿Cómo puede salvar el Evangelio cuando no es entendido? El predicador quizá predique con muchos puntapiés, golpes, gritos y súplicas, pero el Señor no está en el viento, ni en el fuego; el silbo apacible y delicado de la verdad es necesario para penetrar en el entendimiento, y alcanzar así el corazón»[159]. El remedio no es otro que el estudio detenido y riguroso de la Palabra de Dios, porque «si no estudiamos la Escritura y los libros que nos ayudan a entender la teología, estamos desperdiciando el tiempo»[160].

A partir de los textos sagrados el sermón tiene que explicar las doctrinas de la fe y aplicar su significado a la vida cristiana. Es una praxis pastoral de primer orden, guiada por el amor. Iluminando las mentes y moviendo la voluntad con la Escritura el predicador nutre y vigoriza la congregación hacia un nivel superior de obediencia y entrega a la construcción del Reino de Dios. La aplicación pastoral o la actualización profética en nada deben menoscabar la labor exegética y teológica; al contrario, se da por supuesta. El ministerio de la palabra exige una labor continua de estudio teológico y exegético, amén de otros estudios relacionados con la vida pastoral e intelectual; pues la aplicación o actualización de la Escritura no es una excusa o coartada "edificante" para deformar la enseñanza del texto bíblico. Está llamado a presentar correctamente el mensaje que se desprende de la Escritura, sin deformarlo ni empobrecerlo. «El predicador tiene que estudiar y comprender el texto sagrado, determinar con precisión su sentido literal,

---

159. C. H. Spurgeon, *Un ministerio ideal*, vol. I, p. 110.
160. *Ibid.*, p. 108.

captar el contexto histórico y social en que está inserto y apreciar el género literario que lo ha traído hasta nosotros. Además, cada texto supone un segundo grado de profundidad, que es su sentido pleno; ese sentido es el que se desprende del texto, pero situado en el conjunto de la revelación y orgánicamente vinculado con las demás partes de la Escritura. Finalmente, para apreciar la importancia relativa de un texto, para distinguir lo que en la Escritura es central, hay que conocer y poseer la síntesis cristiana, cuya clave de inteligibilidad es Cristo»[161].

La predicación bíblica no es aquella que se remite literal y mecánicamente al texto bíblico. Ciertamente el lenguaje de la Escritura tiene un poder sugestivo propio, pero no mágico. Necesita alguien que interprete sus imágenes, su lenguaje y sus géneros literarios. En el caso del predicador, tiene que usar el texto de tal modo que lleve a los oyentes a la presencia de Dios y muestre la multiforme riqueza espiritual del mismo. La comprensión más profunda y más precisa del contenido de la revelación hace percibir mejor su dimensión salvífica, enriquece el espíritu y proporciona al predicador la posibilidad de una auténtica presentación del objeto de fe y de su valor de salvación, protegiéndole de una afectividad falsa y unilateral. «El que llegue a captar científicamente el contenido de su fe, penetrará en la comprensión del misterio hasta el punto de estar dispuesto a dominar las más diversas situaciones, con tal de que posea las debidas dotes humanas de comunicación y una experiencia viva de la realidad concreta de los hombres. Su penetración del objeto de fe le asegurará una gran libertad para presentar el dogma a grupos de distintos niveles» (René Latourelle); iluminando la experiencia creyente con la multiforme e inagotable riqueza de la Escritura.

La necesidad que tiene el predicador de la teología y la exégesis no significa que cada sermón deba consistir en una explicación exegética del pasaje bíblico elegido. La razón de ser de la predicación, como hemos venido defendiendo a largo de esta obra, no es la explicación "científica" de la Escritura, aunque tal dimensión pueda y a menudo deba estar también presente, sino la actualización *pastoral* de la misma que ilumine el contenido de la Escritura de tal modo que reavive la experiencia de la salvación y la comunión con Dios. Esto se traduce a su vez, en la iluminación de los problemas concretos del creyente de hoy. La predicación, al facilitar el encuentro entre el Señor de la Palabra y la comunidad reunida en su torno, permite a cada creyente reavivar su fe y dejarse dirigir por la Palabra en los varios aspectos de su experiencia. De modo que gracias a la exposición orada, meditada y estudiada de la Escritura rememora y revive la experiencia de la salvación pasada como presente y siempre actual.

---

161. René Latourelle, *Teología y Predicación*, en *La Teología, ciencia de la salvación*, Sígueme, Salamanca 1968.

Robert Smith ha llamado la atención en nuestros días con su concepción dinámica y festiva de la predicación, como celebración de la Palabra por la que el oyente tiene que ser introducido en la presencia de Dios con vistas a su transformación, en cuanto miembro de la comunidad suscitada por la Palabra y sustentada por ella. «Los predicadores son simultáneamente acompañantes [*escorts*] exegéticos y danzantes [*dancers*] doxológicos en cuanto tratan de responder a la sustancia de la Palabra de Dios en el estilo que es propio de su personalidad y a la vez reflexivo de una entrega entusiasta y apasionada»[162].

Esta labor de "amigo del novio", "maestro de ceremonias" y "mayordomía" a la vez cubre los diferentes aspectos de la predicación en cuanto evento que hace presente la salvación en Cristo y llama a la conversión y renovación. Dice que la predicación no debe ser una constante amenaza a los oyentes sobre el castigo y la perdición eterna por causa de la incredulidad y el pecado, sino que es un grata y reconfortante tarea de amistad mediante la que el predicador, amigo y embajador del predicado, introduce al oyente en una realidad que le supera gratamente, la presencia de Dios en el alma que lucha por abrirse camino y dar saltos de alegría. El pecado no es un mal absoluto sino un obstáculo que desaparece tan pronto el corazón se abre a la fe y, arrepentido, da la espalda a todo lo que impedía esa relación de amistad y salvación que Dios le ofrece en Cristo mediante la predicación.

Los predicadores que gustan de la condenación del pecado y del fuego eterno parecen olvidar que son emisarios de la gracia. Que deben predicar al que vino a salvar al mundo y no a condenarlo (Jn. 3:17). Hay quien sube al púlpito con la sola idea del pecado, la justicia y el juicio venidero, dispuesto a señalar a los pecadores con el índice acusador, en lugar de señalar al Cordero de Dios que quita el pecado del mundo[163]. O quien predica la salvación con condescendencia, como si el pecador no tuviera derecho a ella. Todo ello es fruto de una mala lectura de la Escritura, y de una evidente falta de amor. Una virtud que nunca puede faltar al predicador. Cuando predicamos a Jesús, decía Spurgeon, «sentiremos verdadera solidaridad con los pecadores y así les suplicaremos hasta las lágrimas, como si su ruina fuese nuestro dolor, y su salvación nuestra dicha [...]. Es preciso que los caídos, los frívolos, los capciosos, los indiferentes, y hasta los maliciosos participen de nuestro amor. Hemos de amarlos para que

---

162. Robert Smith, *Doctrine That Dances: Bringing Doctrinal Preaching and Teaching to Life*, Broadman & Holman, Nashville 2008.

163. Para no ser anacrónicos, hay que decir que el predicador actual ya no puede contar con el sentimiento de culpa –el sentido de pecado– de su congregación, por el contrario, hoy es más frecuente que se encuentre con una actitud de duda y cuestionamiento, que se refleja en muchos sermones modernos, tanto en contenido como en presentación.

vayan a Jesús. Con cuerdas de hombre y lazos de amor hemos de atraerlos. Nuestra misión es perpetuar en la tierra el amor del Salvador»[164].

Cuando el sermón nace de una correcta interpretación de la Palabra establece una corriente espiritual que ayuda a la comunidad a interpretar la Palabra de Dios y a ser interpretada por ella. La fidelidad al texto bíblico es primordial, para ello no sólo debe meditar en la Biblia, sino estudiarla a fondo con las herramientas que la ciencia bíblica pone a su disposición. Esta disciplina tal vez le proteja de los males ocultos en interpretaciones erróneas, adquiridas por vicio o falta de conocimiento. En cuanto cristiano obediente a la Palabra de Dios, el predicador, como el intérprete, si es necesario «debe estar dispuesto a revisar convicciones doctrinales y rechazar el juicio de sus maestros más respetados»[165].

A fin de cuentas no se predica a sí mismo, ni como los atenienses busca decir la última novedad (Hch. 17:21), sino que predica a Cristo y confronta a todo oyente con Cristo, su persona y sus enseñanzas. Es un testigo privilegiado de Cristo cuya predicación sólo sirve a esa misión de hacer presente a Cristo en medio del mundo y de la congregación de los santos, para que los santos asimilen en sus vidas la vida de Cristo. Heraldo de la palabra de salvación se echa a un lado cuando llega el Salvador anunciado. No puede dirigir la atención sobre sí mismo o la brillantez de su ingenio o su capacidad para resolver problemas de interpretación. En ocasiones, algunos ceden a la tentación y caen en el mal de Herodes, satisfecho con la aclamación popular que pone su palabra al mismo nivel que la Palabra de Dios, con el consiguiente castigo que eso conlleva (cf. Hch. 12: 21-24). Es un "amigo del novio" que se alegra mucho a causa de la voz del novio (Jn. 3:29), procurando hacer el menor ruido con su palabra. Es verdaderamente difícil hacer creer que Jesús es grande cuando el sermón, directa o indirectamente, se recrea en la grandeza del predicador. También en la predicación se impone el principio de Juan el Bautista: «Es preciso que él crezca y que yo mengüe» (Jn. 3:30).

---

164. C. H. Spurgeon, *op. cit.*, vol. II, pp. 74, 75.
165. Haddon W. Robinson, *La predicación bíblica*, Unilit/Flet, Miami 2000, 19.

XI

El predicador, formación y vida

1. El predicador y su función

Bibl.: LeRoy Aden, *Preaching Gods Compassion* (Augsburg, Minneapolis 2002); J. Coleson, *Passion, Power, and Purpose: Essays on the Art of Contemporary Preaching* (Wesleyan Publishing House, 2006); Frank Damazio, *Preaching with Purpose and Passion: The Greatest Call on Earth* (City Christian Publishing, 2006); James T. Flynn, *Words That Transform: Preaching as a Catalyst for Renewal* (University Press of America, 2010); A. Hamilton, *Understanding the Word: Preaching with Relevance, Purpose, and Passion* (Abingdon, Nashville 2000); F. Klostermann, *El predicador del mensaje cristiano*, en K. Rahner y B. Häring (eds.), *Palabra en el mundo* (Sígueme, Salamanca 1972); Alice Luce, *El mensajero y su mensaje* (Vida, Miami 1953), W. M. Macgregor, *The Making of a Preacher* (Westminster Press, Philadelphia 1948); J. D. O'Donnell, *The Preacher and His Preaching* (Randall House, Nashville 1977); Michael J. Quicke, *360-Degree Preaching: Hearing, Speaking, and Living the Word* (Baker, Grand Rapids 2003); Michael Root y James J. Buckley (eds.), *Sharper Than a Two-Edged Sword: Preaching, Teaching, and Living the Bible* (Eerdmans, Grand Rapids 2008); Richard F. Ward, *Speaking from the Heart: Preaching with Passion* (Abingdon, Nasville 1992); Jerónimo Williams, *El predicador del Evangelio y su predicación* (CBP, El Taso s/f).

1.1. Dignidad ministerial y personal

En una sociedad basada en la producción material y el éxito económico que mira a las iglesias y a sus ministros como seres improductivos e irrelevantes para la sociedad no es de sorprender que muchos pastores sufran una crisis de identidad y se vean abocados a justificar su labor según los cánones de la secularización, a saber, en implicaciones de labor social, ayuda a madres solteras, programas de ayuda y rehabilitación de drogodependientes, construcción de casas de acogida de niños abandonados, etc. Empresas loables y necesarias, pero sin menoscabo de la palabra de la predicación que hace presente en cada instante la realidad de salvación divina a todos los hombres y cada hombre.

Del mismo modo que nadie puede llevar a cabo su trabajo con éxito si no está convencido del bien que ofrece y que da tanto como recibe, el pastor no disfrutará de su obra ni la desempeñará correctamente si sospecha que es meramente tolerado y que lo que hace no es debidamente valorado, y él mismo incurre en el pensamiento de que el ministerio de la palabra es un trabajo menor respecto a otras actividades de corte secular, educativo o social. Para no incurrir en faltas de este tipo es bueno recordar lo que dice la Escritura. En primer lugar, «si alguien anhela el obispado, desea una buena obra» (1 Tim. 3:1); y en segundo lugar, que es merecedor «de doble honor, especialmente los que trabajan arduamente en la palabra y en la enseñanza» (1 Tim. 5:17). No tiene que buscar substitutos para sentirse digno de lo que hace, excepto en todo aquello que contribuye a la formación y conducta en cuanto ministerio de la palabra. El Dr. Martyn Lloyd-Jones (1899-1981), médico de profesión en el *St. Bartholomew's Hospital* de Londres, en 1927 dejó su prometedora carrera médica, renunciando a un buen sueldo, para dedicarse al ministerio en una región de clase obrera en el Sur de Gales; cuando muchos años después se le alabó por su disposición a dejarlo todo por el Evangelio, Lloyd-Jones contestó diciendo: «No he dejado nada, he recibido todo. Lo tengo por el mayor honor que Dios puede conferir a un hombre, ser un heraldo de su palabra»[166].

El mundo necesita médicos, ingenieros, arquitectos, mecánicos, panaderos, sociólogos, ganaderos, historiadores, etc., pero también necesita pastores, predicadores de la gracia y del amor renovador de Dios. Personas que se dediquen a recordar al mundo la realidad del mundo espiritual, para que el mundo no sea engullido por el materialismo voraz e inmisericorde, pues todo culto idolátrico es homicida. Personas que con su palabra y su vida se conviertan en signos de un reino que no es de este mundo, pero que contribuyen a que este mundo no se pierda a sí mismo. «No sólo de pan vivirá el hombre, sino de toda palabra que sale de la boca de Dios» (Mt. 4:4; Lc. 4:4; cf. Dt. 8:3). La proscripción de la palabra y del espíritu por las ideologías materialistas y totalitarias del siglo xx ha acarreado la desgracia y el sufrimiento de millones de personas, a quienes se les han arrebatado no sólo la libertad, sino el alma.

El mundo necesita al "hombre de la palabra", para que éste no pierda su cordura, ni su esperanza, para que la angustia no venza a la fe. El mundo necesita la voz que toque su conciencia toda vez que se deja llevar por el egoísmo y la injusticia y el menosprecio del prójimo. E igualmente necesita la palabra que, cuando llegue el momento del reconocimiento de la culpa, le diga: «No te condeno, vete y no peques más».

---

166. Iain H. Murray, *Lloyd-Jones: Messenger of Grace*, Banner of Truth, Edinburgh 2008.

Ya que el pecado se introduce en las relaciones humanas toda vez que cada cual busca solamente los intereses propios y no de los demás (cf. Flp. 2:4), es necesaria una voz que clame contra la codicia y avaricia que convierten este mundo en "un valle de lágrimas". Una voz que hable de condenación al tiempo que ofrece perdón; una voz que denuncie la insolidaridad mientras indica el camino de la reconciliación y la comunidad. Una voz que, de parte de Dios, haga presente la realidad del Dios encarnado en Jesucristo, que a su vez se "encarna" en cada uno de sus seguidores (cf. Gal. 2:20). Una voz que ofrezca una esperanza sólida sobre la creación de un *hombre nuevo* y una *sociedad mejor*, basado en la *conversión* a los valores del Reino de Dios, que son siempre valores centrados en la *elevación humana* de los marginados por la sociedad, por la buena sociedad sacro-religiosa, a fin de que se desarrollen como lo que realmente son: *imagen y semejanza de Dios*, lo más grande que pueda ser pensado del hombre; lo verdaderamente sagrado que hay que cuidar, proteger y alentar en este mundo. La predicación, en este caso, actúa como potencia *liberadora* de la sociedad, de la cual la conversión es su signo más notable. Conversión a una idea renovadora y liberadora de Dios, del hombre y de la sociedad.

A nivel individual, por más que avance la sociedad tecnológica y el ser humano alcance nuevas cotas de saber y cultura, en lo más íntimo de sí mismo sentirá el desamparo, la soledad de verse arrojado a este mundo, en medio de una sociedad tecnócrata deshumanizante, impotente para establecer relaciones auténticamente creativas, regeneradoras. Uno puede tener el mundo ganado y el alma perdida, lo que a su vez hace que toda ganancia conseguida se sienta como pérdida, de ahí el deseo insaciable de lograr cada vez metas más altas, de un codiciar que nunca se sacia. Desesperación y angustia del alma separada de Dios. Precisamente por eso, la predicación ha sido instituida divinamente para llegar al hombre en su necesidad y en el momento oportuno, por lo que ningún avance en la civilización la puede volver obsoleta en tanto el hombre siga siendo hombre, en el cual lo sacro va implícito.

Ante los que menosprecian su ministerio y en tiempos de crisis como los actuales, el predicador responsable sólo necesita saber una cosa, que viene indicada como remedio desde el origen del cristianismo, a saber, no *avergonzarse* del Evangelio, porque es poder de Dios para salvación (Ro. 1:16; cf. 2 Tim. 1:12). En su calidad de testigo, el predicador no puede avergonzarse de dar testimonio de su Señor, ni de ninguno que ha seguido sus pasos, más bien, ser partícipe juntamente con todos los santos de los sufrimientos por el Evangelio, según el poder de Dios (2 Tim. 1:8). No hay lugar para la timidez ni el desaliento. Jesucristo sigue siendo el mismo, ayer, hoy y por los siglos; el ser humano apenas si ha cambiado desde que cambió la húmeda caverna por el piso climatizado. El predicador es un heraldo de

Dios para el mundo. No habla por su propia cuenta ni nada ajeno a la vida humana. Es una verdad universal que en Dios vivimos, nos movemos y somos (Hch. 17:28). Teólogos, filósofos, psicólogos, antropólogos, todos y cada uno a su manera coinciden en afirmar que la religiosidad es una dimensión constitutiva de la vida humana. Dios es lo más propio de nosotros mismos (San Agustín); la realidad radical e impelente (X. Zubiri); el fundamento del ser (P. Tillich); la presencia ignorada (V. Frankl), nostalgia de lo divino (M. Eliade). «El predicador, en cuanto heraldo de Dios, debería ser el más humilde de los hombres; pero esa humildad debería inspirarle una extraordinaria libertad y confianza cuando se dirige a sus compañeros de existencia, con la profunda convicción que lo que él tiene que decir al mundo, del primero al último, necesita ser oído y considerado»[167].

1.2. La mente de Cristo

Ahora bien, el predicador actual se enfrenta a una sociedad que casi ha perdido el sentimiento de pecado y de culpa, tan agudo en épocas anteriores y con el que el predicador contaba para ofrecer la salvación. Por el contrario, se enfrenta a una sociedad que todo lo cuestiona, incluido el propio ministerio. Las credenciales del predicador cristiano no pueden basarse en el aval de la respetabilidad social de una institución como la iglesia, cuestionada a su vez por la sociedad secular. Vuelven a ser las que fueron al principio: las llagas del Siervo Sufriente que da su vida por la vida del mundo.

De modo que al exponer la Escritura a los oyentes sabe que su misión consiste en hacer presente a Cristo, que es el camino, la verdad y la vida (Jn. 14:6), el Salvador que no se ha retirado a ningún rincón del universo, sino que vive en medio de los suyos. La mejor predicación es la que remite a Cristo, la que le señala como «el Cordero de Dios que quita el pecado del mundo» (Jn. 1:29). Al hacerlo no lo hace al modo histórico, mediante el análisis de hechos pasados y de la memoria, pues la realidad de Cristo es suprahistórica, ya que «es el mismo ayer, hoy y por los siglos» (Heb. 13:8). La predicación no tiene que inventarlo o hacerlo revivir, simplemente tiene que darle la oportunidad de manifestarse mediante la predicación. Su presencia mediante el Espíritu es la mejor persuasión. Por esta razón, de hondo calado teológico, la predicación no tiene que remitirse a Cristo como una verdad más entre el resto de verdades de la revelación, sino que tiene que ser esencialmente cristológica y cristocéntrica[168].

---

167. A. J. F. Behrends, *The philosophy of preaching*, Scribner, New York 1890, 4.
168. Cf. *infra* Taito A. Kantonen, «Predicación cristocéntrica».

De ningún modo puede ser una glosa o exégesis, por más correcta que sea, de la Biblia. La Biblia es sólo un medio en relación a un fin: dar testimonio de Cristo. La Palabra de Cristo tiene que hacerse oír mediante la predicación como si Dios mismo en Cristo estuviese hablando a los concurrentes.

Cuando la mente del predicador se centra en la de Cristo –debemos tener «la mente de Cristo» (1 Cor. 2:16) para predicar– se produce el milagro de la comunicación espiritual, las palabras de la Escritura se convierten en faros que iluminan la experiencia humana y la guían a una mayor aproximación de la realidad divina. Al vincular el texto escrito a la vida del oyente desde la óptica de Cristo, la letra de la Biblia se convierte en "espíritu vivificante". Para lograrlo es preciso hincar las rodillas en oración y los codos en estudio después de haber caminado durante un tiempo en compañía de Dios y de los hombres. José Ortega y Gasset, que era un pensador extraordinariamente agudo y vitalista, decía que había que pensar con los pies, es decir, moviéndose entre la gente y las cosas de la vida, lo cual aplicado a nuestro tema significa que necesitamos más predicación hecha no con el cerebro, sino con la experiencia ganada en nuestro trato con la realidad y las gentes. Es decir, predicación consciente de la problemática de la sociedad y de su marcha; predicación que no ignora la vida cotidiana, a veces más desgarradora de lo que parece, cuyo conocimiento sólo se alcanza pateando las realidades que preocupan e interesan al hombre de carne y hueso. ¡Qué hermosos son estos pies!, dice la Escritura (Is. 52:7; Ro. 10:15). No son sermones para la galería ni para academia, son sermones para la gente, aquella a la que Cristo busca. Predicar con los pies es contrarrestar esa corriente tan denigrada "estar en las nubes". El predicador más que nadie, a imitación Cristo, debe cubrir sus sandalias con el polvo de los caminos de este mundo. Mezclarse con la gente, caminar con ella en su alegría y en su pena, participar de sus inquietudes y angustias; bajar de las nubes sublimes del pensamiento abstracto o doctrinal, hecho a base de fórmulas y relaciones verbales, y pisar fuerte en la tierra, donde la realidad es el último tribunal de toda verdad y de toda obra.

Entonces el Evangelio puede ser percibido como algo real, no artificial, de modo que los oyentes puedan sentirse contemporáneos de Cristo, o mejor, vivos a la vida del Cristo vivo. Cristo tiene que hablar a través de las palabras del predicador. Esto es lo que la distingue de una mera conferencia. «Si Cristo no habla, no hay predicación. Toda la sabiduría del mundo, la oratoria más brillante del más atractivo y fluido de los predicadores, todas las historias conmovedoras que pueda contar, todos los ruegos y súplicas emocionales, son en vano. Cuando oímos la predicación verdadera de la Palabra, lo que ocurre es que estamos oyendo la voz de Jesús que dice: "Ven a mí y descansa"; le oímos proclamar: "Arrepiéntete y cree", oímos que nos asegura: "Tus pecados te son perdonados, ve en paz". Para tan preciado fin, pues, la predicación es un *medio*»[169].

Decir que la predicación es cristológica significa que la salvación no está orientada únicamente a la salvación del pecador, sino a la transformación de éste a imagen y semejanza de Cristo, como ya tuvimos ocasión de ver. Entonces, la predicación más antigua, que se refiere y refiere todo a Cristo, es la más moderna, la más relevante, la más prometedora. ¿Por qué? Porque en Cristo se encuentran todos los tesoros de la sabiduría y del conocimiento. Es la llave de la existencia humana. «En el Hijo se nos revela el secreto de nuestra existencia» (K. Barth). Lo que el hombre es y debería ser está en la decisión de la fe que la palabra de la predicación proclama. «En la decisión de la fe el hombre aparece ante Dios como el hombre que Dios ha pensado y tal como le ha querido. En la decisión de la fe el hombre existe y aparece en toda su singularidad»[170]. La palabra de la predicación pone en relación al hombre con Cristo y al mismo tiempo le lleva a la decisión de la fe y la conversión. Es esa palabra, la Palabra de Dios, la que puede dar al hombre lo que este no puede darse a sí mismo, a saber, la bondad, justicia y paz que se encuentran en Cristo. La predicación del Evangelio, y hay que decirlo sin timidez, con tranquila confianza, es el anuncio de la realización del auténtico ser hombre, de la verdadera humanidad. «El nuevo humanismo, para ser realmente nuevo, sólo puede ser el humanismo de Dios»[171]. El triunfo del cristianismo, decía Vinet, significa el reintegro de la naturaleza, pues nada hay menos natural que el pecado y nada más que el pecado nos aleja de la naturaleza y de la humanidad. «En religión, en civilización, la marcha de la humanidad se cumple en el sentido de una restauración. No vamos, volvemos, porque tenemos que volver»[172]. Retorno a Dios que es, al mismo tiempo, entrar en lo más propio de nosotros mismos (que no es el pecado, sino la imagen divina)[173]. A eso hace referencia la palabra de arrepentimiento, que es una vuelta al hogar del Padre, recuperando así la humanidad perdida por el

---

169. H. Hoeksema, *Todo el que quiera*, Iglesia Presbiteriana Reformada, Sevilla 1989, 89.

170. K. Barth, *La Palabra de Dios y la decisión de la fe*, en *Ensayos teológicos*, Herder, Barcelona 1978, 108.

171. *Ibid, Actualidad del mensaje cristiano*, p. 52. Cf. Stuart McLean, *Humanity in the Thought of Karl Barth*, T & T Clark, Edinburgh 1981; G. Lorenzo Salas, *Humanismo y cristianismo*, PS Editorial, Madrid 1994.

172. A. Vinet, *Páginas selectas*, La Aurora, Buenos Aires 1947, 162.

173. «El hombre peregrina hacia Dios, en cuanto que avanza en busca del encuentro definitivo con Él; pero, en cierto sentido, peregrina también hacia él mismo, es decir, debe buscar continuamente un conocimiento cada vez más perfecto de su vocación, tanto individual como comunitaria», en A. Bandera, *La Iglesia, sacramento del mundo*, OPE, Guadalajara 1971, 86.

pecado. Tal es la contribución del cristianismo a la historia del mundo. «¿Cómo es posible –se pregunta Karl Barth– que Europa no haya sido mejor adoctrinada por la Iglesia cristiana acerca de la soberanía de la Palabra de Dios y, que *por lo mismo* parezca saber tan poco sobre la decisión de la fe y, *por lo mismo*, sobre una decisión resuelta en favor de la humanidad? ¿Es que acaso la Iglesia cristiana sabe demasiado poco sobre la soberanía de la Palabra de Dios?»[174].

Sin complejos y con nítida claridad pedagógica, el profesor Armando Bandera decía que el cristiano es modelo del hombre en cuanto incorporado a Cristo mediante la fe, quien hace comprender al hombre cómo está constituido, cuáles son los genuinos y perennes valores de su naturaleza, hacia dónde apuntan los deseos de su corazón, en qué consiste la dignidad de su persona. «Esto lo realiza Cristo, primero, apareciendo Él mismo ante los hombres y, después, presentando por medio de quienes le siguen, la verdadera imagen del hombre *nuevo* que Él busca y que, viviendo envuelto en los comunes problemas de cualquier otro hombre, es para sus semejantes la copia humanamente más cercana de lo que Cristo pide a cada uno»[175].

1.3. Saber objetivo y subjetivo

Otro punto importante que hay que considerar es la diferencia existente entre la verdad objetiva de la Biblia y la subjetiva. Es decir, entre lo que la Biblia dice en sí misma, y lo que se cree que dice. Es un problema que no se puede solucionar recurriendo a la fórmula común "La Biblia dice", cual exorcismo que echara fuera el demonio del error o la tergiversación. Todo saber y todo decir sobre la Biblia está mediado por el sujeto que la estudia o la predica. En ningún campo del conocimiento humano existe un conocer inmediato, sino mediado. Sólo Dios tiene un conocimiento inmediato e intuitivo de las cosas, directo, apropiado.

El Evangelio, objetivamente considerado, no debe preocuparnos más allá de nuestro cometido. Es lo que es en virtud de la revelación de Dios en Cristo y de la inspiración con que fue puesto por escrito y reconocido en el canon. Lo que nos preocupa, y seriamente, es la apropiación del Evangelio por parte del predicador comisionado a predicarlo, y su capacidad de testigo transmisor. Es un hecho que cada uno puede exponer únicamente lo que hay en él, y si su conocimiento y experiencia son defectuosos, igualmente lo será su discurso. El predicador puede y debe estar seguro de la verdad objetiva del Evangelio, pero para que esta se

---

174. K. Barth, *op. cit.*, *La Palabra de Dios y la decisión de la fe*, p. 116.
175. A. Bandera, *op. cit.*, p. 272.

abra paso en la mente debe proceder a ajustar su mente a la mente de Cristo (1 Cor. 2:16) revelada en la Escritura y a las mentes de quienes en silencio escuchan, asintiendo o negando, de modo que no sólo defienda la verdad de su causa con argumentos, sino que disipe todas las dudas posibles, como si conociese lo que hay en el interior de los hombres (cf. Jn. 2:25). Estos dos elementos, la defensa de la verdad y la disipación de dudas posibles fueron ya incluidos por Quintiliano como parte de un buen discurso, de un sermón en este caso.

Por consiguiente, en la predicación cristiana cuenta tanto el conocimiento objetivo de la Palabra de Dios como el conocimiento subjetivo que su expositor alcanza a comprender. No se puede esperar lo mismo de todos, pues en el ministerio de la palabra, que, como dijimos, es la comunicación de la verdad mediante la personalidad, cada persona desarrolla su actividad de acuerdo con los propios talentos naturales y según los carismas sobrenaturales recibidos. Pero todos, en la «medida de su fe» (cf. Ro. 12:3; Ef. 4:7), deben entregarse por igual de un modo completo y personal al Señor, sabiendo esto, que si bien es Dios quien opera en el oyente «lo mismo el querer que el hacer para cumplir su buena voluntad» (Flp. 2:13; 2 Cor. 3:4ss; 2 Tim. 1:6), deben ejercitarse en el testimonio y predicación como si todo dependiese de ellos; respondiendo a los argumentos y a toda altivez que se levanta contra el conocimiento de Dios; llevamos cautivo todo pensamiento a la obediencia de Cristo (2 Cor. 10:5).

Para ello debe recurrir a la fuente de la predicación que, como ya sabemos, es la Escritura. Meditar en ella hasta el punto de convertirla en el plato fuerte y principal de su alimentación (cf. Ap. 10:10), apropiarse de ella existencialmente mediante la fe, de manera que sea uno con ella en el espíritu, de tal modo que cuando la predique no comunique un mensaje por encargo, sino un testimonio vivo y personal de lo que Dios ha hecho primeramente en su persona y, por ende, en sus oyentes, creando así una atmósfera de comunión que parte de la realidad divina y envuelve a todos los creyentes de todos los tiempos: «La vida fue manifestada, y la hemos visto; y os testificamos y anunciamos la vida eterna que estaba con el Padre y nos fue manifestada, lo que hemos visto y oído lo anunciamos también a vosotros, para que vosotros también tengáis comunión con nosotros» (1 Jn. 1:2-3).

Cuanto más interesado esté en mantener una comunión viva con Dios y más agradecido a la salvación obrada por Cristo, más se querrá compartir con otros lo que para él es el sentido de la vida, la salvación del pecado y la alegría de vivir, de modo que hará todo lo posible para entender a la gente que le rodea y el mundo donde vive con vista a alcanzarles más eficazmente con el Evangelio, saltando barreras y salvando prejuicios que impiden el alumbramiento del nuevo ser en Cristo. De estudiante de la teología y discípulo de Cristo el Maestro se convertirá en estudiante de los hombres y alumno de los todos los saberes que inquietan a sus congéneres para alcanzarles mejor (cf. 1 Cor. 9:19-22).

Este paso de lo humano a lo divino como segunda preocupación principal del cristiano se funda en la misma teología, la cual enseña que después del estudio de Dios, la materia más importante que se debe investigar es la "condición humana". Aparte de Dios, el hombre recibe la mayor atención en la Biblia. El predicador debe estudiar seriamente la antropología teológica, social y cultural. Todo lo que ayude a comprender el mundo al cual el Evangelio se dirige debería entrar en el campo de interés del predicador, desde la historia al arte, la política y la sociología, la economía y la ciencia, la psicología y la filosofía para iluminar pertinentemente con la luz de la Palabra cada área de la experiencia humana.

Exigencias todas estas duras y trabajosas de conseguir, pero implícitas en el ministerio de la Palabra volcado al mundo y a la Iglesia. En épocas menos críticas que la nuestra y aparentemente más dóciles a la doctrina cristiana, en comunión y obediencia a las enseñanzas de la Iglesia, ya los buenos predicadores exigían a los aspirantes al puesto que se dedicasen con esmero al estudio de los idiomas originales de la Biblia, a saber, el hebreo y el griego. A lo que había que añadir el estudio de disciplinas como retórica, dialéctica, filosofía natural, moral y metafísica, teología y comentarios sobre la Sagrada Escritura, así tratados como sermones. Pero no quedaba ahí la cosa. «Para traer variedad de razones en cada pensamiento del sermón —argumentaba Francisco Terrones del Caño a principios del siglo XVII—, es menester saber algo, ya de medicina, leyes y cánones; ya de historia antigua y humanidades»[176]. Hoy, cuando el nivel cultural del pueblo ha subido mucho y es más frecuente tener acceso a todo tipo de conocimientos antaño reservados a una élite, la exigencia de cultura universal es del todo imprescindible al predicador. Que tenga un conocimiento suficiente y equilibrado de las materias que conforman la cosmovisión de la sociedad donde tenga que desarrollar su ministerio.

1.4. Ciencia y pasión

De Stephen Jay Gould (1941-2002), uno de los científicos más populares e importantes de la segunda mitad del siglo XX, se dice que fue un maestro en el arte de educar y conmover[177]. Y si en una materia tan abstracta como la ciencia se es capaz de conmover enseñando y enseñar conmoviendo, ¿no

---

176. Francisco Terrones del Caño, *Arte o instrucción, y breve tratado, que dice las partes que ha de tener el predicador evangélico*, cap. I, 2, 1605.

177. José Manuel Sánchez Ron, *Educar en la ciencia*: Mercurio 103 (Septiembre 2008) 13.

debería ser una constante en la predicación y enseñanza de la palabra que habla al hombre de su historia, de su origen y destino?

La compasión hacia sus semejantes fue de los sentimientos más importantes en Jesús a la hora de dirigirse a los demás (cf. Mt. 9:36; 14:14; 15:32). Su pasión por las almas surgía de su sentido de identidad con los sufrientes. Su obra de salvación estuvo dominada por su padecer por los hombres. Se hizo herida para cerrar las heridas (cf. Is. 53). Esto explica su sentido de la urgencia y la radicalidad de sus exigencias. El que sufre no debe sufrir ya más. El amor es el primero de los mandamientos debido a su capacidad empática. El amor «todo lo sufre, todo lo cree, todo lo espera, todo lo soporta» (1 Cor. 13:7).

El conocimiento de la verdad de Dios no puede dejar a nadie indiferentes respecto a sus emociones. Es una experiencia de la revelación divina que se dirige a su experiencia. Transmitir esa verdad no puede ser menos que una actividad de amor. Una pasión encendida por el amor a Dios y a los hombres. «El buen predicador tiene que ser un instrumento de amor, sabiendo que nada es demasiado grande ni demasiado pequeño, consciente de que la aventura humana recibe su dignidad y sentido en la experiencia del amor de Dios»[178].

El amor es un sentimiento que abre las puertas del conocimiento. Es una simpatía universal, no fingida, un deseo vehemente de emplearse en el bien ajeno, una disposición al sacrificio por amor del rebaño y de la verdad divina. La pasión lúcida y sincera es la expresión de un entusiasmo amoroso que tiene su origen en la verdad y que es la condición principal a tener en cuenta en el sermón. El gran predicador medieval Francisco Eximenis, dice en su *Ars praedicandi*, que la comunicación de la palabra divina debe ser, en primer lugar fervorosa, después espaciosa, devota, moral, prudente y ordenada. El fervor es lo que conduce a la oratoria, a la elocuencia; pues no solamente por lo fundamental, por la bondad del fondo, sino por la expresión templada y cordial se mueven los corazones[179]. Luego *espaciosa*, para quedar mejor comprendida; *devota*, o sea, edificante, pues el sermón debía mirar a Dios y no al éxito; *prudente*, en atención al auditorio; *ordenada* para claridad de la exposición, y sobre todo breve[180].

La pasión, *pathos* o *etos*, puede ser vehemente o tranquila, pero no puede faltar en ningún discurso, pues mediante ella se adivina el alma del predicador derramándose sobre el auditorio, que transmite una suerte de

178. Joseph Fort Newton, *The New Preaching*, p. 40.

179. «La persona más sencilla con pasión es más persuasiva que el más elocuente sin ella» (La Rochefoucauld).

180. Citado por Juan Beneyto, *Los orígenes de la ciencia política en España*, Doncel, Madrid ²1976, 51.

fuego vocacional a los oyentes. «Pasión es elocuencia [...] Nadie puede ser un gran predicador sin gran sentimiento»[181].

George Whitefield destaca en la línea de los grandes predicadores por el celo y pasión vehemente que puso en su ministerio. Ni siquiera la enfermedad podía abatirlo. «Estoy cansado de trabajar –solía decir–, pero no de mi trabajo». Ni la persecución de que fue objeto, ni la traición, ni el desánimo le apartaron un solo día de su ministerio. «El verdadero predicador disfrutará en la preparación de su sermón y en su predicación más que en ninguna otra actividad de su vida; lo cual no quiere decir que siempre realizará su tarea sin temor ni temblor, o que a veces no desee que otro cumpla su deber»[182]. Quiere decir que, cualquiera que sea su situación psicológica como individuo, está convencido de la grandeza de su ministerio y que incluso en su debilidad se mostrará el poder de Dios. Esta es su pasión, tal es su fe. «El poder de la predicación depende de la pasión, es decir, la intensidad de la emoción que la verdad misma inspira en el predicador. No sólo debe haber luz, sino también calor»[183]. Decían los antiguos que la semilla de la Palabra de Dios si no sale caliente de la mano del predicador no prende en el oyente.

En el culto de las iglesias protestantes el sermón es el evento más crítico e influyente de la semana. De esto son conscientes los buenos predicadores. Y si son honrados se aplicarán a sí mismos la pregunta que hicieron los apóstoles a Jesús respecto a los ricos: «¿Pueden los predicadores ser salvos?». En la predicación real el hombre total actúa y reacciona bajo el estímulo de las personas a quienes se dirige. «El rostro del predicador, su voz, sus ojos, todas sus facultades mentales, su razón, su juicio, su imaginación y todo lo demás; sus facultades espirituales, simpatía, aspiración, resolución, fe, esperanza y amor, todo ello se ve envuelto en un movimiento concertado sobre la mente y el corazón de sus oyentes. Y más aún, esta manifestación de energía obedece a un fin espiritual. El predicador intenta manifestar a su gente la verdad en acción, en términos de experiencia, de modo que por el poder de su mensaje ellos pueden elevarse a niveles más altos de su ser. Y el mismo hecho de que un sermón realmente vivo es un ejercicio de esta clase tiene que ver con su augusto carácter. El oficio supremo de un sermón es la creación, el cuidado y la dirección del impulso cristiano. Cuando te dispones a predicar un sermón te pones a ti mismo en la tarea de convencer el juicio, iluminar la imaginación, mover las emociones y dar tal impulso a la voluntad que pueda emprender la acción correcta. Y sabemos por experiencia que procurar esta elevada y divina energía

181. James W. Alexander, *Thoughts on Preaching*, Banner of Truth, Edinburgh 1988, 20.

182. J. Dodd Jackson, *op. cit.*, p. 98.

183. Alfred E. Garvie, *A guide to Preachers*, Hodder and Stoughton, London 1907, 186.

se opera generalmente y con más poder mediante esas verdades vitales que fluyen de la vida espiritual. El sermón encarnado en la vida da forma a una de las partes más importantes de la verdad y está, por tanto, designado a hacer sentir, y sentir con tal profundidad que la voluntad actuará. Y el impulso que genera tal acción es engendrado directamente bajo la influencia del Espíritu de la verdad, que es el Espíritu Santo moviéndose sobre la naturaleza moral de los oyentes»[184].

2. El predicador como instrumento de la divinidad

«Compasión, simpatía, amor, respeto, todo esto y mucho más define la preocupación del predicador auténtico. Con el don del Espíritu, la personalidad del predicador se convierte en un canal del mensaje de Dios y su presencia. Dios mismo habla por medio del predicador y la palabra hablada, el secreto espiritual de la comunicación desde los tiempos bíblicos al presente»[185]. Esta es la grandeza y misterio de la predicación, que a través de ella Cristo habla su propia palabra de poder y atrae a todos a sí mismo (Jn. 12:32). Es como un sacramento que hace presente el misterio que anuncia, por eso exige un acto de conversión, porque ella misma es un acto de Dios que hace brotar la fe (cf. Ro. 10:17). El oyente es confrontado con el Cristo muerto «por causa de nuestras transgresiones y resucitado para nuestra justificación» (Ro. 4:25). La predicación, como el anuncio del heraldo que proclama e inaugura el reinado de Dios (Is. 40:9), es un acto de Dios que inaugura el señorío de Cristo sobre el mundo. A partir de ese momento, el predicador es tanto heraldo como embajador de ese reino que irrumpe en medio de los reinos de este mundo. El predicador, en su calidad de embajador, ha recibido de Jesucristo su misión y autoridad. Colabora en la construcción de ese reinado de Dios en la tierra (1 Cor. 3:9), y pese a las dificultades y oposiciones, es más que vencedor por medio de aquel que lo amó y comisionó para tan gloriosa empresa (Ro. 8:37). «Gracias a Dios, que hace que siempre triunfemos en Cristo y que manifiesta en todo lugar el olor de su conocimiento por medio de nosotros» (2 Cor. 2:14). Olor fragante de Cristo en los que se salvan y en los que se pierden. Olor de vida para vida para los primeros, y olor de muerte para muerte para los segundos (v. 16). Terrible responsabilidad para la cual "¿quién es suficiente?". Nadie en sí mismo, sino en cuanto portador de la Palabra de Cristo, que es la que puede obrar el cambio en los oyentes para salvación y santidad de vida. La palabra del predicador, aunque saque su contenido de la Escritura, no es suficiente; el pecador tiene que oír la Palabra de Dios.

184. Charles R. Brown, *The Art of Preaching*, Macmillan Co., New York 1922, 2-3.

185. Donald E. Demaray, *Introduction to Homiletics*, Light and Life Communications, Indianapolis ³1990, 197.

La palabra humana no tiene poder alguno, sólo la de Dios es poderosa (cf. Heb. 4:12). Sólo la Palabra de Dios es eficaz: produce lo que declara. Dios es el único que «llama a las cosas que no son como si fueran» (Ro. 4:17).

El acto de fe no puede descansar en la palabra del hombre, aunque éste hable sobre Jesús (cf. 1 Cor. 2:5). La palabra humana no es semilla adecuada para hacer brotar la vida eterna en el campo muerto del pecado. Pero el misterio y la gloria de la predicación consiste en que los hombres pueden llegar a creer por la palabra de aquellos a quienes Cristo comisiona. «No ruego solamente por éstos, sino también por los que han de creer en mí, *por medio de la palabra de ellos*» (Jn. 17:20). «El que a vosotros oye, a mí me oye» (Lc. 10:16). Cristo integra en la comunidad trinitaria a aquellos a quienes comisiona a anunciar su Palabra: «El que recibe al que yo envío, a mí me recibe; y el que a mí me recibe, recibe al que me envió» (Mt. 10:40; Mc. 9:37; Jn. 13:20).

La propia Palabra de Cristo es hablada por él mismo mediante la predicación asistida por el Espíritu. La propia Palabra de Cristo llega hasta nuestros días en la Palabra predicada, como si él mismo nos invitara a beber del agua de vida. Dios ruega por medio de la predicación en nombre de Cristo (2 Cor. 5:20). El predicador colabora en la obra de la gracia de Dios para que no resulte vana (2 Cor. 6:1).

El Espíritu, inspirador de la Palabra escrita y de la Palabra predicada, es quien realmente convence al mundo de pecado, de justicia y de juicio (Jn. 16:8). Por eso la conversión, que es el acto creativo de una nueva vida espiritual, sólo puede ser realizada por el Espíritu de Dios mediante su Palabra. Excepto en casos extraordinarios, la Palabra de Cristo no llega al hombre a través de una voz interna que la introduzca inmediata, directa y místicamente en su presencia, sino por medio de la predicación. «¿Cómo oirán sin haber quien les predique?» (Ro. 10:14). Cristo instituyó la predicación del Evangelio como un medio por el cual quiere atraer a sí mismo a los suyos y hablarles su Palabra.

En la actualidad, debido a la difusión de la Biblia en la lengua de más y más pueblos, muchos pueden oír y responder al Evangelio mediante la simple lectura de la Escritura, pero no suele ser así por regla general. La Palabra escrita necesita de un Felipe que clarifique su contenido (Hch. 8:31). Sea mediante el púlpito en las iglesias o mediante los medios modernos de comunicación, la Palabra de Cristo se hace presente en la predicación como si Cristo mismo hablase mediante ella. Toda la sabiduría del mundo, la oratoria más brillante, el sentimentalismo más conmovedor, el llamamiento más emocional y angustioso, son en vano si Cristo está ausente. Si Cristo no habla no hay predicación. La Biblia puede estar sobre el púlpito o levantada en alto por el predicador, pero si la predicación se convierte en espectáculo o plataforma para autoglorificación del orador, entonces no hay predicación. Cristo se ausenta. El Espíritu Santo es contristado.

El predicador no puede provocar la acción de Dios en el corazón de los oyentes mediante llamamientos efectistas y súplicas dramáticas, lo más que puede hacer es tocar las emociones de aquellas personas predispuestas, pero sin ninguna experiencia de gracia. El predicador debe remitir siempre a la Palabra de Cristo que le comisiona. En sí mismo el predicador no es nada sin la Palabra. Palabra de la que ha sido constituido testigo y heraldo. Su gloria no es el éxito en términos de respuestas y logros personales, sino las *marcas* del Jesús crucificado (Gal. 6:17). «En todo nos presentamos como ministros de Dios: en mucha perseverancia, en tribulaciones, en necesidades, en angustias, en azotes, en cárceles, en tumultos, en duras labores, en desvelos, en ayunos, en pureza, en conocimiento, en tolerancia, en bondad, en el Espíritu Santo, en amor no fingido, en palabra de verdad, en poder de Dios, por medio de armas de justicia a derecha y a izquierda; por honra y deshonra, por mala fama y buena fama; como engañadores, pero siendo hombres de verdad; como no conocidos, pero bien conocidos; como muriendo, pero he aquí vivimos; como castigados, pero no muertos; como entristecidos, pero siempre gozosos; como pobres, pero enriqueciendo a muchos; como no teniendo nada, pero poseyéndolo todo» (2 Cor. 6:4-10; cf. 11:23-30). ¡Qué admirable carta de presentación apostólica!

El predicador «lucha y combate según la fuerza de Cristo, que obra poderosamente en él» (Col. 1:29), para lograr el asentimiento del oyente y así «presentar a todo hombre perfecto en Cristo» (v. 28). En el púlpito se libra una batalla entre la vida y la muerte, la salvación y la condenación[186]. No es el lugar para conferencias y ejercicios dialécticos o exegéticos, es el lugar donde la Palabra de Cristo debe llegar con claridad al oyente, de modo que no sea estorbo al propósito para el que ha sido enviada, a saber, la conversión del pecador y la edificación de los santos. Ciertamente, la predicación del Evangelio es un asunto extremadamente serio. Para Richard Baxter era una cuestión de vida o muerte. «Un hombre en agonía predicando a hombres agonizantes». Tal es la esencia de la predicación dicho en términos extremos. «Si mi predicación es sólo un ejercicio piadoso de oratoria del domingo por la mañana, lo mejor que puedo hacer es callarme. Si mi palabra no es declaración, proclamación de la Palabra de Dios mismo, vehiculada por mi palabra, no significa nada, y se convierte en el más absurdo, repelente y odioso de los discursos [...] Si me equivoco, si sustituyo la Revelación de Dios por mi opinión o mis ideas, si proclamo como Palabra de Dios mi palabra para reforzarla, darle peso,

---

186. Cf. K. Gibble, *The Preacher as Jacob: A New Paradigm for Preaching*, Seabury, Minneapolis 1985.

brillantez y seducir a mis oyentes, entonces esa palabra mía, no ratificada por Dios o desautorizada por el Espíritu Santo, se convierte para mí en motivo de condenación»[187].

«Cuando el predicador habla de ideas religiosas en vez de hablar de la salvación de Jesucristo; cuando habla de una moralidad general sin referencia a la regeneración del Espíritu; cuando presenta sus propias opiniones, en vez de dar testimonio; cuando hace fuegos de artificio retórico, cuando expone sus ideas exegéticas preferidas; cuando trata a "su público" con técnica efectista; cuando relata sus análisis sociales; cuando hace cualquiera de estas cosas, está despreciando su calidad de heraldo de la Palabra de Dios»[188].

Puede que el predicador haya dejado de creer en su ministerio como canal de la gracia y, en lugar de ello crea que su trabajo consiste en entretener y retener a los oyentes con cosas interesantes, nuevas, originales; en hacer cosas útiles y programar actividades atractivas para la sociedad secular. Puede que se haya dejado seducir por los que confían más en las técnicas que en los hombres –la calidad de los hombres que siembran la Palabra, y la calidad de los que la reciben–, y se concentre en métodos y resultados cuantificables en estadísticas, números, respuestas visibles. Entonces habrá perdido el norte y su ministerio no será otra cosa que palos de ciego. Todo ministro del Evangelio sabe que no conviene descuidar la predicación de la Palabra de Dios (Hch. 6:2). Es un servicio que le compromete personalmente y que tiene de su parte la llamada, la comisión de Cristo por medio de su Iglesia. No se puede dejar desconcertar por la falta de éxito, juzgándolo desde el punto de vista humano. Cristo le ha llamado a ser su testigo, pero no le ha garantizado inmunidad frente a la oposición y el sufrimiento, el cansancio, la decepción y el desaliento; como Cristo mismo no se hizo inmune a estas experiencias humanas al hacerse hombre y desempeñar su ministerio en la tierra. El predicador, en cuanto siervo de la Palabra de Cristo, participa de la vida de su Señor, pero no es mayor que él. Por tanto, si Jesús ha sido rechazo y perseguido, también los serán sus seguidores, pero, y este *pero* es muy importe, «si han guardado mi palabra, también guardarán la vuestra» (Jn. 15:20).

---

187. Jacques Ellul, *La palabra humillada*, p. 149.

188. Alfred Bengsch, *La predicación cristiana*, en *Sínodo 74. Predicación y evangelización*, Ediciones Palabra, Madrid 1974, 74.

3. Predicación y vida interior

Bibl.: Hans Jürgen Baden, *Vivencia de Dios* (Herder, Barcelona 1984); R. Barbosa de Sousa, *Por sobre todo cuida tu corazón* (Kairós, Buenos Aires 2005); J. Sidlow Baxter, *His Deeper Wok in Us* (Marshall, Morgan & Scott, London 1967); Murray A. Capill, *Preaching with Spiritual Vitality: Including Lessons from the Life and Practice of Richard Baxter* (Christian Focus Publications, Ross-shire 2004); Chalo González, *Hasta ver a Dios* (Monte Carmelo, Burgos 2008); B. Jiménez Duque, *Temas de teología espiritual* (TAU, Ávila 1986); T. Goffi, *La experiencia espiritual hoy* (Sígueme, Salamanca 1987); Oswald J. Smith, *The Man God Uses* (Marshall, Morgan & Scott, London 1946); Thomas Watson, *The Godly Man's Picture* (Banner of Truth, Edinburgh 1992); Maurice Zundel, *No habléis de Dios. Vivid de él ¡y que se note!* (Monte Carmelo, Burgos 2008).

Si, como venimos diciendo a lo largo de esta obra, la predicación auténtica es tal en cuanto media la personalidad, se deduce por lógica que el carácter de la personalidad, que porta y proclama la palabra, juegue un papel muy importante en esta labor. Según el profesor James Alexander, la razón por la que tenemos tan poca buena predicación, es porque tenemos muy poca piedad[189]. Para ser poderoso en el púlpito el predicador debe estar lleno de la verdad que se dispone a exponer tanto intelectual como espiritualmente, sin crear una falsa dicotomía entre espíritu ilustrado y devocional.

Desde el punto de vista teológico, Dios es quien en última instancia hace efectiva la Palabra predicada, pero desde la psicología de la comunicación sabemos que el predicador, que porta y expone la Palabra de Dios, puede llegar a convertirse en un serio obstáculo de la misma. Aquí conviene recordar la admonición paulina: «No damos a nadie ocasión de tropiezo en nada, para que nuestro ministerio no sea desacreditado. Más bien, en todo nos presentamos como ministros de Dios: en mucha perseverancia, en tribulaciones, en necesidades, en angustias, en azotes, en cárceles, en tumultos, en duras labores, en desvelos, en ayunos, en pureza, en conocimiento, en tolerancia, en bondad, en el Espíritu Santo, en amor no fingido, en palabra de verdad, en poder de Dios, por medio de armas de justicia a derecha y a izquierda; por honra y deshonra, por mala fama y buena fama; como engañadores, pero siendo hombres de verdad» (2 Cor. 5:3-8).

Si el predicador no reúne las cualidades aquí enunciadas por el apóstol, difícilmente logrará hacerse oír con credibilidad. La falta de credibilidad es el enemigo mortal del púlpito. Muchos darán la sensación de que

189. James W. Alexander, *Thoughts on Preaching*, p. 20.

oyen, pero su mente y su voluntad estarán en otro lugar. Es preciso cuidar el ministerio recibido del Señor (Col. 4:17), prestando la debida atención a aquellos aspectos de la personalidad que es preciso educar, corregir o reprimir. Se puede lucir y brillar en el púlpito por un tiempo, pero si el interior personal no brilla juntamente con la palabra, su luz pronto se convertirá en tinieblas. «Un error palpable en aquellos ministros que crean tal desproporción entre su predicación y su vida es que estudian arduamente para predicar correctamente y estudian poco o nada en absoluto para vivir correctamente. La semana completa no alcanza para estudiar cómo hablar durante dos horas; y sin embargo una hora parece ser demasiado para estudiar cómo vivir toda la semana [...] Debemos estudiar con el mismo ímpetu tanto para vivir bien como para predicar bien»[190].

Las personas "razonables" que a menudo marcan la pauta en las relaciones eclesiales son las menos interesadas en fomentar la vida interior, a la que suelen desacreditar bajo la rúbrica de pietismo o misticismo. Experiencias dolorosas a lo largo de la historia de la Iglesia por parte de "iluminados" y "entusiastas" crearon desconfianza hacia toda apelación al Espíritu, lo que dio origen a un *déficit de experiencia espiritual*. Muchos se contentaron con un Cristo confesado, antes que con un Cristo vivido. «Cuando el fuego carismático se apaga, nos reducimos al cuidado de la tradición, tanto en la ciencia como en la práctica [...] Hablar de Dios presupone experiencias que, el que habla o piensa, ha realizado con anterioridad. Él debe tener la voluntad firme de transmitir tal experiencia a sus oyentes [...] Su tarea consiste en testimoniar la realidad divina que le ha fascinado de tal manera, que le ha tocado hasta el punto de que no puede ya separarse de ella»[191].

3.1. Espiritualidad y praxis

Cuando la predicación se considera a la luz de la cristología, entendemos que esta sirve a la extensión del conocimiento de Jesús. Y, si desde el punto de vista ministerial es necesario que el predicador adecue su vida al tema de su predicación, en un sentido más amplio y general, el predicador, en cuanto discípulo de Cristo, está destinado a reproducir en su vida la vida de Jesús, lo cual comporta un largo proceso de identificación mental, espiritual y moral con su Señor. Una experiencia aguda de la realidad divina en el corazón produce tal sentido de liberación que lleva a la persona a dedicarse más libremente a la tarea divina y humana a la que ha sido llamado.

190. Richard Baxter, *The Reformed Pastor* I, 3, Banner of Truth, Edinburgh 1983, org. 1656, 63-64.

191. Hans Jürgen Baden, *Vivencia de Dios*, Herder, Barcelona 1984, 146-147.

La espiritualidad que aquí proponemos no es una huída *mística*, un andar por las nubes, pues como ya dijimos, lo que más necesitamos es una espiritualidad de los pies, del caminar entre las gentes de la tierra con las miras del espíritu. Es urgente desterrar de nuestra mente el prejuicio moderno que considera que el *espíritu* es enemigo del *mundo*. Lo que ocurre es el que hombre moderno ha encogido su mundo reduciéndolo a la sola razón, al intelecto, es decir, pura abstracción conceptual distanciada del suelo que pisa. Es una evasión cara y perjudicial, pues al comunicarse con el espíritu, han dejado de comunicarse con las fuerzas que mueven la tierra, la voluntad y la carne. El mundo se devalúa cuando se cortan sus raíces espirituales, se cosifica para ser manejado a voluntad. La relación entre la "materia muerta" de los racionalistas y la "muerte de Dios" de nuestros contemporáneos es una exigencia lógica de la supresión del espíritu. La espiritualidad, como han escrito los maestros de esta materia, es lucidez, liberación y acomodación a lo real. Es la actividad del hombre en cuanto espíritu frente a la vida meramente vegetativa y sensible. «Se trata de la vida de la inteligencia y de la libertad»[192].

La espiritualidad, en sentido cristiano, nunca es huída, escape, indiferencia a las realidades del mundo, es básicamente seguimiento de Jesús, querer ser como él, no vivir sino en él (cf. Gal. 2:20). Es un estilo y una forma de vivir conformes al dinamismo propio de Jesús, quien sustentado en una continua relación con el Padre, se proyectó hacia la gente en acciones concretas de solidaridad, amor y misericordia. Tal sigue siendo la fuerza que alimenta la teología y la praxis de muchos movimientos de compromiso con el mundo. «Una espiritualidad es una forma concreta, movida por el Espíritu, de vivir el evangelio. Una manera precisa de vivir "ante el Señor" en solidaridad con todos los hombres, "con el Señor" y ante los hombres. Ella surge de una experiencia espiritual intensa, que luego es tematizada y testimoniada»[193].

La espiritualidad centrada en Cristo, que por su Espíritu vive con los suyos hasta el final de los tiempos (cf. Mt. 28:20), libera la predicación de caer en el individualismo pietista, pues la dirige hacia el prójimo en su situación concreta. Gracias a ella ensancha su perspectiva y su radio de acción. Ya no sólo aspira a mover la voluntad del individuo, sino los mismos cimientos de la sociedad. El llamamiento a la conversión se dirige a personas concretas, pero también a situaciones y estructuras que ahogan la Palabra de Dios e impiden el libre movimiento del Espíritu de Dios. Y todo esto sin perder la relación con la fuente de la vida espiritual.

192. B. Jiménez Duque, *Temas de teología espiritual*, p. 9.
193. Gustavo Gutiérrez, *Teología de la liberación*, Sígueme, Salamanca 1990, 245.

Alimentar la vida interior no es un acto insolidario de reclusión individual, sino todo lo contrario, es un ejercicio de concentración para mejor expansión. Es la manera de hacer propia y viva la Escritura para que ésta se exprese con la fuerza de Dios y no de la carne. La personalización de la Palabra lleva aparejada la experiencia del Espíritu, que camina de la mano de la Escritura para hacerla dinámica, viva, creativa. Es, por decirlo de alguna manera, la *mística de la Palabra Viva*, su capacidad de renovación crítica y original. «La piedad mística despliega posibilidades extraordinarias que dormitan en el cristianismo y que se despiertan rara vez, o nunca. Sólo en el contacto místico se pone claramente de manifiesto la riqueza espiritual de la fe cristiana»[194].

Dijimos que la Biblia es el libro del predicador, pero no en cuanto algo que le pertenece y del que extrae citas para fundamentar o justificar su discurso, sino en cuanto tribunal al que ha de someter su pensamiento, su alma y su corazón antes de decir ni una palabra. La Biblia, en cuanto Palabra Dios, es soberana, y exige atención y obediencia absolutas. Nadie puede recurrir a su "letra" sin tener en cuenta su "espíritu", ni apelar a su espíritu sin prestar atención a su letra. Cuando se produce alguno de estos extremos el resultado es muerte y confusión (cf. 2 Cor. 3:6). Espiritualidad y teología caminan juntas o dejan de ser cristianas.

Por su mismo carácter soberano, la Palabra de Dios puede realizar por sí misma aquello que enuncia, «es un poder que no está sometido a ningún otro; ni tiene que temer ninguna limitación por parte de otros poderes»[195]; es Dios mismo que se comunica al hombre mediante su gracia para salvarle y santificarle, haciendo que al mismo tiempo se de cuenta de su presencia y su acción en él. Ni siquiera los malos predicadores pueden malograr la eficacia de la Palabra aplicada por el Espíritu directamente al alma. «Algunos, a la verdad, predican a Cristo por envidia y contienda», admite san Pablo, pero en lugar de renegar de ellos, el apóstol confiesa su fe inquebrantable en el poder del Evangelio por sí mismo: «De todas maneras Cristo es anunciado, sea por pretexto o sea de verdad, y en esto me alegro» (Flp. 1:15-18). Pero en sentido ordinario, el predicador no puede tentar a Dios confiando que él obrará de todos modos, cualesquiera que sean sus intenciones y su estado interior. Dios ha elegido la predicación como agencia humana para la siembra de su palabra, y advierte sobre el obrero perezoso o indigno cuyos malos hechos puedan ser motivo de tropiezo. Una cuestión muy seria. Por eso, el apóstol aconseja: «No demos a nadie ocasión de tropiezo en nada, para que nuestro ministerio no sea desacreditado» (2 Cor. 6:3).

194. H. J. Baden, *op. cit.*, p. 64.
195. K. Barth, *op. cit.*, p. 104.

La espiritualidad santa y comprometida es un signo en el cual la Palabra testimoniada aparece como Palabra de Dios y no como simple palabra de hombre. La espiritualidad aquí quiere decir la configuración y conformación de nuestro ser al ser de Cristo, que es la razón, causa y meta de la elección (cf. Ro. 8:29). Del mismo modo que en Jesucristo se dio la unión de la divinidad con la humanidad, en el cristiano debe darse la unión de su humanidad con la divinidad, sabiendo que Dios no quita, sino que añade, no resta, sino suma, no disminuye, aumenta. La comunión con Dios es una relación personal que dinamiza al que la conserva, aviva y alimenta; la entrega a Dios y su voluntad no merma ni suprime la humanidad del que la dona, sino que la recibe de vuelta reforzada y fortalecida para hacer frente a cualquier eventualidad que se le presente, no con la propia energía, que en última instancia es siempre miedosa, sino con el valor y determinación que procede de la renovación de nuestro ser en el ser de Dios. El coraje de ser, la valentía de existir en verdad y justicia es siempre un don y regalo de la relación con el Ser que sustenta la vida, la redime y la renueva cada día. Por esta razón, de los hombres de fe se dice que nunca se doblegaron ante el miedo al hombre, porque el temor de Dios, el respeto y veneración de su nombre, les liberaba de los temores humanos. «No temáis por el temor de ellos, ni seáis turbados; sino santificad al Señor Dios en vuestros corazones, y estad siempre aparejados para responder con mansedumbre y reverencia a cada uno que os demande razón de la esperanza que hay en vosotros» (1 Pd. 3:14-15). «Yahvé está conmigo; no temeré lo que me pueda hacer el hombre» (Sal. 118:6).

De la abundancia del corazón habla la boca, decía Jesús, porque en lo interior está el secreto de lo exterior[196]; ya los sabios de Israel recomendaban como labor primordial *guardar el corazón*, «porque de él brotan los manantiales de la vida» (Prov. 4:23)[197]. El sermón que forma parte del ser y de la vida del predicador fluye con la naturalidad de una verdad sentida y experimentada y toca el corazón de los oyentes en un acto de empatía con el corazón del predicador. ¿Cómo hacer sentir de un modo real a los demás lo que uno no siente en sí mismo, sino recurriendo a la manipulación y juego de sentimientos? En el curso natural de la comunicación oral cuando se detecta falta de realidad en el orador cualquier cosa que diga se tomará por mera palabrería. «Las palabras de la proclamación se convierten en frases, es decir, se vacían, mientras no adquieran credibilidad mediante la experiencia espiritual»[198]. Si el predicador es un "asalariado", es decir,

---

196. «La relación recíproca del exterior y del interior continúa siendo una ley fundamental de la naturaleza. Quien ignore esta ley deberá atenerse a las consecuencias. Y no se trata de una amenaza vacía, sino que puede venir sobre nosotros como un huracán y poner en entredicho nuestro futuro» (H. J. Baden, *op. cit.*, p. 69).

197. Cf. Dallas Willard, *Renueva tu corazón. Sé como Cristo*, CLIE, Barcelona 2004.

198. Hans Jürgen Baden, *op. cit.*, p. 149.

no vive como suyos el mensaje y aquellos a cuya edificación se dirige, su predicación se convierte en parodia. Ya no habla en calidad de *testigo*, sino de *actor*, con fingimiento culpable (cf. 2 Pd. 2:3).

El trabajo interior de uno mismo con su propio corazón y sus erráticas dispersiones es más sacrificado y exigente que el a veces tedioso estudio, pues exige disciplina de la voluntad y mayor dosis de concentración y meditación espirituales, técnicas a las que el hombre occidental está poco habituado, al revés, ha sido acostumbrado a una sociedad que prima el alboroto y el espectáculo, que rehúye el silencio interior y el recogimiento del alma hasta un punto tal que se ha introducido en el mismo culto debido a Dios. «¡Ah, hoy todo es ruidoso! −se quejaba en su día Kierkegaard−. Así como se dice que una bebida fuerte agita la sangre, así todo en nuestro día, incluso el proyecto más insignificante, hasta la comunicación más vacía, está diseñado meramente para sacudir los sentidos o para agitar las masas, la multitud, el público: ¡ruido! Y nosotros los humanos, nosotros gente inteligente, parecemos habernos vueltos insomnes a fin de inventar siempre nuevos medios para aumentar el ruido, para desparramar el ruido y la insignificancia con la mayor facilidad posible y a la mayor escala posible»[199].

Equivocado por los maestros de turno y la dictadura de la moda el hombre moderno menosprecia la llamada *contemplación* como un no hacer nada, una pérdida de tiempo, en la falsa creencia que la *acción* prima sobre cualquier otra actividad, aunque en la mayoría de los casos las técnicas basadas en la nerviosa actividad, como si tal azogue produjera por sí sola los resultados apetecidos, no son más que ruido y hacer por hacer. Se multiplican las reuniones "pastorales" y administrativas que dan la falsa sensación de ser y hacer algo ante aquellos que también han hecho de este tipo de reuniones una justificación de su ministerio, robando así el tiempo precioso que necesitan para desarrollar adecuadamente su trabajo de cuidadores de almas. Es una trampa a evitar por todos los medios, pues va contra el mismo principio evangélico de la acción que enseña que lo *exterior* debe ser resultado del trabajo interior. La actividad por la actividad carece de valor cuando no está avalada por el cultivo de una vida interior, motor de cualquier empresa digna y grande. Si el predicador no deja en reposo la violencia de sus pensamientos, que se atropellan unos a otros y fuerzan por salir más como furias que como palomas, y aquieta su alma y pone en orden su corazón para escuchar a Dios, ¿cómo puede pretender edificar el pensamiento ajeno y que la gente escuche su voz con provecho si primero él no la ha oído, aprovechado y trabajado en su corazón? «Porque así ha dicho el Señor Jehovah, el Santo de Israel: En arrepentimiento y en reposo seréis salvos; en la quietud y en la confianza estará vuestra fortaleza. Pero no quisisteis» (Is. 30:15).

199. Cf. Manfred Svensson, *Polemizar, aclarar, edificar. El pensamiento de S. Kierkegaard*, CLIE, Barcelona 2013.

Del mismo modo que se saca tiempo para el estudio y análisis del texto bíblico, hay que sacarlo para probarse y examinarse uno a sí mismo a la luz del ejemplo dejado por Cristo. Es un ineludible ejercicio de higiene espiritual que pone en juego las facultades de la persona para la honestidad, la autocorrección y el anhelo de renovación. Charles Simeon (1759-1836), el gran predicador de Cambridge (Inglaterra), recomendaba a los muchos aspirantes a predicador que veían en él un modelo a imitar: «El estado completo de tu alma ante Dios tiene que ser el primer punto a considerar; porque si tú no tienes pensamientos verdaderamente espirituales, y no vives sinceramente según estas verdades de las cuales predicas o compartes con otros, entonces llegarás a tener muy poco propósito»[200].

El *secreto* de los grandes predicadores no ha sido otro que el cuidado de su vida interior, la integridad de vida y fe, el mantenimiento de una estrecha relación mental y espiritual con el objeto de su fe, lo cual en ningún modo significa ausencia de dudas y de luchas, de angustias y combates contra el desaliento. De «noches oscuras del alma», a las que hacía referencia san Juan de la Cruz, y que han experimentado personas incuestionablemente comprometidas con el Evangelio, con Dios y con los hombres. Pero eso pertenece al *lado oculto* de la personalidad, el cual no es predicable sino en cuanto contraste con la reserva potencial del *nuevo ser* en Cristo. La vida espiritual consiste en el tránsito de nuestras dudas y deficiencias «al trono de la gracia para que alcancemos misericordia y hallemos gracia para el oportuno socorro» (Heb. 4:16).

En lucha consigo mismo, con Dios y con los hombres, el predicador tiene que ganar las batallas con sus rodillas. De Tom Rees (1912-1970), un evangelista que llenó más de cincuenta veces el *Royal Albert Hall* de Londres con su predicación, se dice que preparaba sus mensajes con la Biblia y de rodillas delante de Dios. Entonces, cuando comenzaba a hablar lo hacía como un profeta, y muchos lloraban al percibir cómo el Señor era exaltado[201].

Alimentar la vida interior no es una opción para los de naturaleza espiritual o mística, es un deber intrínsecamente unido al carácter *testimonial* de la predicación. El predicador tiene que hablar en calidad de *testigo* de las realidades que anuncia; testifica de lo que ha visto y oído por propia experiencia en su comunión con Dios y meditación de la Escritura. Cuando uno aprende a sentarse a los pies de Cristo, es decir, a leer la Escritura como *testimonio vivo* de Cristo y su salvación, cada objeto y cada persona que entra en su campo de visión adquirirán su luz verdadera y lo estimará en su justo valor en relación a su vocación eterna en Cristo.

---

200. Handley Moule, *Charles Simeon*, 70, Intervarsity Fellowship, London 1892 (reed. en 1965).

201. Jean Rees, *His Name was Tom*, Hodder & Stougton, London 1971, 92.

Para evitar que este cuidado de la "vida interior" caiga en el peligro de un espiritualismo ingenuo e ineficaz, tiene que verse a la luz del seguimiento vivo del Jesús resucitado. El cuidado del alma no es una medida terapéutica para sentirse mejor y tener éxito ante los demás. Aquí *alma* se refiere a la persona en su totalidad, y ésta en su relación con el nuevo ser en Cristo. La forma de vida de Jesús, su mensaje y sus acciones deben convertirse en la inspiración y fuente de vida del predicador cristiano. La vivencia de la vida de Jesús en la experiencia personal jamás puede llevar a un espiritualismo vago y desencarnado, imagen de nosotros mismos, de nuestros deseos y ambiciones. No somos nosotros los que tenemos que convertirnos en imagen de nuestra propia imagen sublimada, sino en el reflejo de la Imagen que es la imagen por excelencia, «porque somos hechura de Dios, creados en Cristo Jesús para hacer las buenas obras que Dios preparó de antemano para que anduviésemos en ellas» (Ef. 2:10). «Por el bautismo fuimos sepultados juntamente con él en la muerte, para que así como Cristo fue resucitado de entre los muertos por la gloria del Padre, así también nosotros andemos en novedad de vida» (Ro. 6:4). El seguimiento de Jesús, comenzando por los primeros seguidores de Cristo, comienza por la muerte y la negación de uno mismo (Mt. 16:24; Mc. 8:34; Lc. 9:23), condición indispensable para que se manifieste la vida de resurrección, que es siempre apertura a los demás, entrega total al reino de Dios y su justicia (Mt. 6:33).

Entonces, la predicación perderá ese carácter de comunicación de ideas, por más sublimes que sean (justicia, amor, santidad...), o de doctrinas, todo lo correctas que se quieran, para convertirse en testimonio de la vida de Jesús que lleva a la comunión personal de todos con la fuente de la vida, y a ésta con la vida de todos.

3.2. Oración y comunión

Bibl.: Aniano Álvarez, *Por los caminos de la interioridad. Teología y parresía de la oración* (Monte Carmelo, Burgos 2008); Armando Bandera, *Oración cristológica* (Ed. San Esteban, Salamanca 1990); – *Orar en cristiano* (PPC, Madrid 1991); L. Boros, *Sobre la oración cristiana* (Sígueme, Salamanca 1973); E. M. Bounds, *Lo mejor de E. B. Bounds* (CLIE, Barcelona 2001); Reinhard Deichgräber, *El arte de la oración. La Biblia enseña a orar* (Sígueme, Salamanca 2008); M. Herraiz, *La oración, experiencia liberadora* (Sígueme, Salamanca 1989); D. M. M'Intyre, *La vida de oración a solas* (CLIE, Barcelona 1989).

Un aspecto vital de la vida interior es la oración, alma de la predicación por excelencia. Es la nota invisible al ojo humano que caracteriza a los grandes predicadores de todos los tiempos, cualquiera que sea su confesión o teología. «La oración es la primera cosa, la segunda cosa, y la tercera cosa más importante [...] Ora, entonces mi querido hermano, ora, y ora», aconsejaba Edward Payson a los aspirantes a predicador. En el *Christian Spectator*, Payson escribió «que él predicaba como si de una observación real se tratase, como si él hubiera visto con sus propios ojos los objetos espirituales que describía y escuchaba de Cristo»[202]. Cada predicador que ha sido grandemente usado por Dios ha tenido experiencias similares. Así se cumple el carácter *testimonial* de la predicación de la que hemos hablado. El predicador no es un imitador de experiencias ajenas ni un ventrílocuo de palabras que pasan por él sin afectar su personalidad. La predicación es la comunicación de la verdad mediante la personalidad en su calidad de *testimonio*, testimonio del Cristo vivo al que se accede mediante la fe y la oración.

Albert N. Martin cree que la causa de la crisis de la predicación en la actualidad se debe no sólo al fracaso del ministro en la aplicación personal de la Palabra de Dios a su corazón, sino también a la cuestión de la oración privada[203]. Hace ya dos centurias que el gran predicador suizo Alexandre Vinet temía que el descuido del alma y de los medios de gracia ordenados a alimentarla, podrían llevar al menosprecio de la gracia[204]. Lo que tristemente se hizo realidad en los predicadores de la hermandad universal del género humano, en los defensores de la ética para hacer mejores ciudadanos.

La oración privada es inseparable del estudio personal y anterior y parte esencial de cada movimiento. Es una conciencia de la presencia divina en cada cosa, en cada momento y en cada persona, que vuelve la mente reflexiva, contemplativa y práctica, pues la oración nos lleva a Dios pero nos devuelve al hombre. El sacerdote napolitano Ricardo Lombardi (1908-1979), fundador del Movimiento por un Mundo Mejor (1952), predicador extraordinario conocido en Italia por "el micrófono de Dios", confiesa en su *Diario* que el mensaje que él predicaba no era el pensado en el estudio, sino «el mensaje escuchado en el silencio de la oración y leído en el rostro de los hombres»[205].

Para comprender y practicar la oración cristiana hay que superar el campo de lo meramente pietista, moralizante, devocional, y situarse en el nivel cristológico, el propio de la fe cristiana. La oración en versión *religiosa* tiene el carácter de técnica mediante la que la persona busca el cumplimiento de unos deseos, la oración *cristiana*, por contra, es la búsqueda de la

---

202. Edward Payson, *The Complete Works of Edward Payson*, Sprinkle, Harrisonburg 1846, pp. 20.447 (reed. 1987).

203. A. N. Martin, *What's Wrong With Preaching Today?*, Banner of Truth, Edinburgh 1997, 11.

204. A. Vinet, *op. cit.*, p. 60.

205. Giancarlo Zizola, *Il Microfono Di Dio: Pio XII, Padre Lombardi e i Cattolici Italiani*, Mondadori, Italia 1990.

comunión con Dios por medio de Cristo, es un *don*, no una *técnica*. Es vivir de cara a Dios para tener de qué vivir cara a los hombres. Contemplación para la acción. Acción contemplativa.

En su estudio homilético, san Agustín decía que el predicador ha de ser «antes varón de oración que de peroración» (*sit orator ante quam dictor*). «Cuando ya se acerque la hora de hablar, antes de soltar la lengua una palabra, eleve a Dios su alma sedienta para derramar lo que bebió y exhalar de lo que se llenó»[206]. Se cuenta de un santo predicador en Granada a quien se encomendó un sermón la noche antes, y viéndose falto de tiempo leyó la Biblia una hora, y luego se puso dos horas en oración, y sin más preparación que ésta por la mañana predicó un sermón de los más excelentes que se han oído[207].

Que la oración sea imprescindible para la predicación no significa que sea la llave mágica para el éxito y que los sermones acudirán a la mente formados y elaborados para ser predicados. Es un hecho imposible de negar que «en predicadores igualmente santos y dados a oración suele haber desigualdad en la fuerza de mover a los oyentes, porque hay algunos en esto aventajados; ora por don natural de energía en el decir, ora, que es lo que yo más creo, por don sobrenatural o gracia *gratis data*, que no hay sino pedirla a nuestro Señor y contentarse cada uno con lo que del cielo le hubieren repartido»[208].

El estudio bíblico formal, sin que medie la oración, es un legítimo ejercicio académico, pero no conveniente al que tiene por misión estudiar las Escrituras con vistas a transmitir con sentido su enseñanza ante un auditorio variopinto, reunido para dar culto a Dios y ser edificado en la fe. El cristianismo, y menos cuando se reúne como comunidad de adoración, no tiene nada que ver con reuniones de tipo gnóstico donde se busca la salvación por el conocimiento. Desgraciadamente abundan los sermones de tipo gnóstico con capacidad para captar el interés del intelecto, pero incapaces de elevar el espíritu a Dios. Cuando esta *elevación* falta, al creyente se le escamotea la perspectiva que necesita para entenderse a sí mismo en relación a Dios y al mundo.

«La oración es el asiento de la verdad», decía Vinet, en el sentido de que nos sitúa en un plano que nos hace posible comprender las cosas a la luz de su transcendencia. Gracias el estudio y meditación de las Sagradas Escrituras el predicador ahonda en el sublime conocimiento de Jesucristo, deja que Dios le hable mediante su Palabra de modo que tenga palabra de parte

---

206. Agustín, *op. cit.*, IV, 15, 32.

207. Citado por Francisco Terrones del Caño, en *Arte o instrucción, y breve tratado, que dice las partes que ha de tener el predicador evangélico*, cap. I, 2.

208. *Ibid.*, I, 2.

de Dios que decir a su congregación; en la oración, él mismo habla y se introduce en la vida divina llevando su propia palabra y la de sus hermanos a la presencia de Dios. La predicación, pues, tiene este doble movimiento de estudio y meditación de la Escritura para escuchar la Palabra de Dios, y de oración y alabanza para mantener viva la comunión de nuestra palabra con la Palabra de Dios.

3.3. Humildad y autocrítica

La oración no le va a facilitar el trabajo de desarrollar un sermón, pues de ningún modo es un atajo hacia fines de utilidad, al contrario, le abrirá su mente a la pobreza y precariedad de su conocimiento y de su experiencia de modo que esté abierto y receptivo a Dios y sus hermanos.

El predicador arrogante y dogmático puede ganarse adhesiones de algunos fieles, o mejor, adictos a sus doctrinas y puntos de vista, pero contribuirá bien poco a expandir el conocimiento y el buen olor de Cristo. El creyente humilde, es decir, aquel que ha aprendido a ser humilde en el encuentro con el Maestro humilde, escucha la voz de Dios en su Palabra y en las voces de sus hermanos. La falta de humildad en el púlpito es una verdadera desgracia, o sea, un obstáculo a la gracia que todo sermón debe hacer posible. Dios resiste a los soberbios y da gracia a los humildes (Stg. 4:6; 1 Pd. 5:5), esto explica que los grandes predicadores de todos los tiempos siempre han sido personas humildes, amorosas, amantes de Dios y de todas sus criaturas, cuya vida se desenvuelve en una constante atmósfera de oración. «Digo, pues, a cada uno de vosotros, por la gracia que me ha sido dada, que nadie tenga más alto concepto de sí que el que deba tener; más bien, que piense con sensatez, conforme a la medida de la fe que Dios repartió a cada uno» (Ro. 12:3). La falta de humildad impide entender y comunicar al Cristo humilde[209]. El predicador sin humildad puede enseñar algunas cosas sobre el texto bíblico, pero nada del Cristo vivo que dice: «Llevad mi yugo sobre vosotros, y aprended de mí, que soy manso y humilde de corazón» (Mt. 11:29). La humildad es una forma peculiar de amor, «no celoso, no ostentoso, ni arrogante» (1 Cor. 13:4). Cuando falta, aunque uno hable «en lenguas de hombres y de ángeles», viene a ser como bronce que resuena o un címbalo que retiñe (v. 1).

Suele ocurrir a algunos predicadores noveles que se desesperen por la falta de gracia de sus sermones pese al tiempo y esfuerzo dedicado. Es bueno desconfiar de uno mismo, ser autocrítico con nuestros logros, siempre precarios y necesitados de perfección. De hecho, la autocrítica y la desconfianza propia son señales de madurez. No hay un espectáculo

---

209. Cf. Agustín, *Confesiones* VII, 18, CLIE, Barcelona 2001.

más deplorable que contemplar personas pagadas de sí mismas, que creen haber alcanzado la perfección del arte, tan complacidos de sus obras que, cual Palabra de Dios, no añadirían ni quitarían una coma.

La experiencia de los grandes predicadores dice todo lo contrario. Aparte de las luchas personales contra el desaliento, la incredulidad y la dureza de corazón, existe el sentimiento desolado de no haber sabido acertar en el blanco como quería[210]. San Agustín confiesa que su predicación casi siempre le decepcionaba, esperando como esperaba algo mejor; pero es que no es fácil expresar con palabras audibles los pensamientos concebidos en la mente con la rapidez de un rayo y sentidos con un gozo interno difícil de comunicar a los demás.

Por otra parte, si bien es cierto que es bueno tener conciencia de nuestras limitaciones para evitar el peligro de la arrogancia, el orgullo y la vanidad, no hay que llegar al extremo de un prurito de perfeccionismo que olvida que la eficacia de la predicación no depende de la calidad del sermón sino del auxilio divino. Excepto si el sermón se ha de dar a la imprenta, lo que hay que cuidar de este es la naturalidad, la sinceridad y la convicción al predicarlo, sabiendo esto, que poca gente sigue el sermón en el orden lógico y deductivo pensado por el predicador, sino que una frase aquí prende en uno, una sentencia allá toca al otro. También el sermón, el mejor sermón, es un vaso de barro al servicio del tesoro de la gracia. Lo que importa es su capacidad de impresionar. A esta impresión del alma seguirá un proceso de meditación, estudio o recogimiento. Después de todo, ¿qué es la predicación? Según William Law el fin de la predicación es conmover de tal modo el alma que desde el letargo de la insensibilidad se despierte para conocer a Dios y vivir en él. San Pablo decía que predicar es *persuadir*[211]. Persuadir a los oyentes a que compartan los mismos sentimientos que el orador tiene por Cristo y por su salvación. La predicación presupone siempre la posibilidad de operar el milagro de la conversión, ser la agencia divina para despertar el anhelo de santidad.

Si el afán perfeccionista es en muchos casos una pérdida de tiempo y un olvido del carácter precario y provisional de toda labor humana, la negligencia y la falta de preparación es siempre un mal condenable. Indica

210. «Las artes mecánicas son carga para el cuerpo con que se ejercitan y le cansan; las liberales para el espíritu; pero el predicador fatiga el espíritu en estudiar, discurrir, ordenar y decorar el sermón, y luego, al predicarlo, queda el cuerpo sudado y molido como alheña» (Francisco Terrones del Caño, *op. cit.*, I, 4).

211. Lo cual coincide con los principios del arte retórico antiguo y moderno. Cf. Lionel Bellenger, *La persuasión*, FCE, México 1989; Xavier Laborda, *De retórica. La comunicación persuasiva*, Barcanova, Barcelona 1993; Walter Nash, *Rhetoric. The wit of persuasión*, Blackwell, Oxford/Cambridge 1989; Kathleen K. Reardon, *La persuasión en comunicación*, Paidós, Barcelona 1991.

tal falta de interés que raramente captará el interés de los demás. Lo que no es interesante para uno es difícil que resulte interesante para los demás. Maestros de la predicación de todos los tiempos, Spurgeon entre ellos, han enseñado a sus estudiantes que una de las mejores maneras de aprender es aprender de los otros, en especial de los malos predicadores, para prevenirse y guardarse de caer en las faltas que se les ve caer a ellos. A la vez hay que atender a amigos y no amigos que puedan advertir algunas cosas que no les contentan, y procurando pensar en ellas con vistas a corregirlas y enmendarlas. No hay mayor bendición que un oyente atento y exigente.

XII

Comunidad, situación y circunstancias

Bibl.: AA.VV., *Misión y testimonio. La vida de la Iglesia* (Sal Terrae, Santander 1969); A. Bandera, *La Iglesia sacramento del mundo* (OPE, Guadalajara 1971); G. C. Berkouwer, *The Church* (Eerdmans, Grand Rapids 1976); J. A. Jungmann, *The Liturgy of the Word* (Liturgical Press, Collegeville 1966); R. B. Kuyper, *El cuerpo glorioso de Cristo* (SLC, Grand Rapids 1985); Luis Maldonado, *La homilía. Predicación, liturgia, comunidad* (Paulinas, Madrid 1993); Michael Pasquarello, *Sacred Rhetoric: Preaching as a Theological and Pastoral Practice of the Church* (Eerdmans, Grand Rapids 2005); Armand Puig, «Ministerio de la Palabra», en *Nuevo Diccionario de Catequética*, vol. II, pp. 1472-1477 (San Pablo, Madrid 1999); Christian A. Schwarz, *Cambio de paradigma en la Iglesia* (CLIE, Barcelona 2001).

1. De la Iglesia y para la Iglesia

Después de todo lo que llevamos dicho se puede concluir que ningún talento es demasiado grande, brillante o rico como para desempeñar como conviene el ministerio de la Palabra si no está respaldado por una experiencia viva y sincera de la gracia de Dios. Ni ningún individuo es tan importante y encumbrado como para prescindir del respaldo de la Iglesia y su comisión. La predicación no es un medio de propaganda personal ni de fundación de iglesias a imagen y semejanza del predicador, sino que es un anuncio que surge de la comunidad creyente, que cuenta con su respaldo y que contribuye a construirla ulteriormente. Es esta una doctrina ignorada en los círculos evangélicos más individualistas, lo cual ha sido motivo de alarma y de advertencia por parte de algunos teólogos. Por ejemplo Herman Hoeksema, cuando avisa de que «ningún creyente individual puede constituirse en predicador por su propia cuenta; tiene que ser enviado. Ninguna clase de grupo, escuela, sociedad, comité o secta, que funcionan a menudo al margen de la Iglesia y hablan de ella en tono despectivo, ha recibido la comisión de predicar; sólo la Iglesia tiene tal comisión, y ella solamente puede llamar y enviar al predicador. Precisamente por esta razón, el predicador no se gloriará de ser "adenominacional", ni pretenderá introducir toda suerte de doctrinas nuevas y extrañas. Al contrario, se sentirá llamado por la Iglesia y, conectado con la Iglesia de todos los tiempos, proclamará el evangelio de Cristo tal como lo ha confesado esa Iglesia que ha sido guiada por el Espíritu a toda verdad»[212].

Es indiscutible, como admite R. B. Kuiper, que todo cristiano tiene el derecho y el deber de testificar a Cristo, pero esto no debe empañar en ningún aspecto el principio de que «la responsabilidad de la predicación de la Palabra de Dios es una prerrogativa dada por Dios a la Iglesia organizada»[213].

El plan de Dios de salvación del mundo se cumple por medio de la Iglesia. Esto es una verdad patente que se desprende de la enseñanza de la carta a los Efesios, donde se dice que el anuncio del evangelio de las inescrutables riquezas de Cristo se da a conocer «por medio de la iglesia» (Ef. 3:10). Dios no sólo quiere la salvación de todos los hombres, sino que, además, ha decidido llevarla a cabo por un procedimiento determinado: la predicación de la Palabra mediante misioneros apartados por el Espíritu y enviados por la Iglesia (cf. Hch. 13:2). Dios, en su soberanía, podría haber realizado la salvación del género humano en el secreto del alma de cada hombre, pero quiso hacerlo mediante la predicación del Evangelio, que no es una voz interna que se introduzca inmediata, directa y místicamente en el corazón de los pecadores. Es la voz que corresponde a la de Cristo, por la que atrae a los pecadores, les convence de pecado y juicio y les muestra el camino de la salvación, que es Cristo mismo. Es una obra asombrosa en la cual interviene la plenitud de la deidad, Dios Padre, Dios Hijo y Dios Espíritu Santo, sirviéndose del ministerio de hombres llamados y comisionados por la Iglesia a predicar.

Dios eligió reconciliar consigo mismo todas las cosas por medio de Cristo (Col. 1:20), para ello se hizo hombre y «se humilló a sí mismo haciéndose obediente hasta la muerte, y una muerte de cruz» (Flp. 2:8). Este hecho maravilloso fue conocido inicialmente por unos pocos que recibieron la misión de darlo a conocer entre el resto de los hombres. Para salvar este hecho de la contingencia de la historia y convertirlo en un hecho universal es necesaria la predicación. De aquí se desprende una lección teológica, a saber, que la predicación de la salvación no queda al arbitrio de los hombres que fueron testigos oculares de lo ocurrido, sino que entra en el designio divino al cual la Iglesia debe ajustarse para siempre. «Lo que una vez fue predicado por el Señor o lo que en Él se obró para salvación del género humano, debe ser proclamado y difundido hasta los últimos confines de la tierra, comenzando por Jerusalén, de suerte que lo que fue realizado una sola vez para bien de todos en orden a la salvación alcance su efecto a través de los tiempos»[214].

---

212. H. Hoeksema, *op. cit*, p. 91.

213. R. B. Kuyper, *El cuerpo glorioso de Cristo*, SLC, Grand Rapids 1985, 154-155.

214. Concilio Vaticano II, *Ad Gentes* (Decreto Conciliar sobre *La actividad misionera de la Iglesia*), 1965, n. 3a.

El *kerigma* de la Iglesia, fiel al mensaje apostólico, es la continuación lógica y natural de la predicación de Jesús centrada en la redención del pecador, cuya conversión y regeneración da lugar a la formación de una comunidad de creyentes sustentada y guiada por el Espíritu, primicia del reino de Dios en la tierra, que tiene a Cristo por Señor de las personas y meta de la historia. El tiempo que transcurre entre la resurrección de Jesucristo y su segunda venida es el tiempo de la Iglesia, el tiempo del anuncio de la reconciliación del mundo, el tiempo de la Iglesia que, en su cualidad de Cuerpo de Cristo, prolonga el ministerio histórico de Cristo de salvación –individual y comunitaria, íntima y social–, gracias al cual la ministerialidad de Cristo se extiende a todo los ministros llamados por Dios y ordenados por la Iglesia, cuerpo místico y escatológico que vive en tensión el "ya y todavía no" del reino a que está destinada. «Ausente de este mundo en cuanto al cuerpo, se ha suscitado para él un cuerpo, ya que en una perspectiva bíblica el cuerpo es el elemento por el que una persona se hace presente y actúa. Este cuerpo es la Iglesia, sacramento de la salvación»[215].

Jesucristo ejerce su autoridad mediante su Palabra, la Escritura, la Biblia, la cual, en cuanto palabra del Cabeza del cuerpo, está por encima de la comunidad y exige obediencia fiel. Y es precisamente esta Biblia la que dice que Jesucristo ejerce hoy su autoridad, su ministerio y su redención, mediante el testimonio, el *kerigma* de aquellos que componen su cuerpo, en cuanto intérpretes fieles del testimonio apostólico. «Quien a vosotros escucha, a mí me escucha» (Lc. 10:16; cf. Mt. 10:40; Jn. 13:20). Cada vez que se proclama la Escritura dentro de la comunidad creyente se escucha la misma palabra de Cristo tal como la dirigió a sus discípulos. Por medio de la Iglesia, Jesucristo continúa de lleno en la historia del mundo y ésta avanza con la autoridad de Cristo el Señor y su Palabra. «Por su cabeza –escribe Karl Barth–, la Iglesia es divina [...] Su ser es sólo desde arriba, desde Dios, un ser seguro, sin peligros e inatacable; pero no lo es desde abajo, desde los hombres que en ella toman parte»[216].

La Cabeza no crece, pero el Cuerpo sí crece y debe perfeccionarse a sí mismo mediante la energía que procede de la Cabeza. Cristo vive «sentado a la diestra del Padre», ascendido por encima de todos los cielos, «para llenarlo todo» (Ef. 4:10). y qué duda cabe que lo que llena de un modo especial es su Iglesia, en la cual «él mismo constituyó a unos apóstoles, a otros profetas, a otros evangelistas, y a otros pastores y maestros, a fin de capacitar a los santos para la obra del ministerio, para la edificación del cuerpo de Cristo, hasta que todos alcancemos la unidad de la fe y del conocimiento del Hijo de Dios, hasta ser un hombre de plena madurez,

---

215. Yves Congar, *Un pueblo mesiánico*, Cristiandad, Madrid 1976, 43-44.

216. K. Barth, *Ensayos teológicos*, Herder, Barcelona 1978, 197.

hasta la medida de la estatura de la plenitud de Cristo. Esto, para que ya no seamos niños, sacudidos a la deriva y llevados a dondequiera por todo viento de doctrina, por estratagema de hombres que para engañar, emplean con astucia las artimañas del error; sino que, siguiendo la verdad con amor, crezcamos en todo hacia aquel que es la cabeza: Cristo. De parte de él todo el cuerpo, bien concertado y entrelazado por la cohesión que aportan todas las coyunturas, recibe su crecimiento de acuerdo con la actividad proporcionada a cada uno de los miembros, para ir edificándose en amor» (vv. 11-16). El cuerpo crece hacia la Cabeza gracias al ministerio constituido por el mismo Cristo resucitado y ascendido a los cielos.

Ministros y fieles están claramente unidos a Cristo, como el cuerpo a la cabeza, pero son distintos a la cabeza, a la que deben obediencia, como la esposa al marido (Ef. 5:23-24). Esto significa que el ministerio de la palabra es un ministerio eclesial en estricta obediencia a la Palabra de la Cabeza. La responsabilidad del anuncio de la Palabra pertenece a la Iglesia entera y a cada uno de sus miembros. Por eso es insuficiente hablar de la llamada que uno recibe de Dios para ser servidor del mensaje fuera del marco comunitario en el que se inscribe su ministerio y al que sirve.

Los apóstoles no predican por su propia cuenta, sino porque han sido comisionados directamente a ello por Cristo con vistas a la formación de un pueblo nuevo (cf. Hch. 2:41; 4:4, 32; 5:14). Pablo no emprende su viaje misionero sino hasta que el Espíritu Santo da la orden y los hermanos le imponen las manos y le comisionan (Hch. 13:2). De esta manera se significa que Cristo sigue unido vitalmente a su Iglesia, que es también acontecimiento del Espíritu Santo para la obra de la redención. Los apóstoles a su vez comisionan y encargan a otros, fieles e idóneos, que continúen el testimonio de Cristo en el mundo (cf. 2 Tim. 2:2), fijado de una vez por todas por los testigos elegidos (cf. Jn. 17:18-19) y cristalizado en el canon bíblico. En un sentido, la obra de Cristo en la tierra finalizó con su «subida al Padre» (Jn. 17:4), pero en otro, esta obra todavía continúa mediante la Iglesia que, unida a la Cabeza, sustentada y animada por el Espíritu, actúa como embajadora del reino mesiánico ya cumplido y cuya consumación se aguarda.

El hecho de la redención ya se realizó, de una vez por todas, esto la diferencia de cualquier misión posterior de los apóstoles y de la Iglesia, cuya labor consiste en *rememorar*, trayendo a la memoria lo que Cristo dijo e hizo (Jn. 16:13), de modo que las nuevas personas se apropien mediante la fe de los *beneficios* de la salvación y pasen a formar parte de la Iglesia. En este tiempo de intervalo que va entre las dos venidas de Cristo, la Iglesia, mediante los apóstoles y sus ministros, realiza en la historia aquella parte que le corresponde en la historia de la salvación. Es una relación que mira hacia la Encarnación de Cristo en el tiempo y hacia su consumación al final del tiempo. Cristo sigue siendo a lo largo de esta historia salvífica el mismo y único mediador, el mismo y único sacerdote, y también el mismo y único *ministro* de la Nueva Alianza (cf. Heb. 13:8)[217]. El ministerio posterior no es más que la continuación de este ministerio de Jesús y participación de él (Mt 10, 40; Lc. 10:16; Jn. 13:20). «La semejanza con Cristo en sus ministerios salvíficos no afecta solamente a una parte de la Iglesia, sino que se encuentra en toda ella e informa todos los actos de la comunidad eclesial, ya se trate de actos realizados por los pastores constituidos sobre la grey, ya de los actos más sencillos del laico más olvidado»[218].

Gracias a este plan, que tiene su origen en el corazón de la Trinidad, cada generación posterior al evento histórico de la redención, camina hacia la misma experiencia de salvación que las generaciones precedentes debido a la solidaridad en la gracia proclamada por la Iglesia, aplicada por el Espíritu y apropiada por la fe. Es una idea hermosa, pero también una grave responsabilidad, que lleva a decir al apóstol: «Ay de mí si no anuncio el evangelio» (1 Cor. 9:16). La obra de salvación está asegurada en Dios, terminada a la perfección, pero Dios ha escogido la agencia humana de la predicación para difundir el conocimiento del Evangelio y la aplicación de los beneficios de esa obra. Nada es dejado a la improvisación o iniciativa humana, sino que el mismo Cristo que murió para nuestra redención es el que resucitó para hacer efectiva esa salvación a través de los tiempos mediante la Iglesia, asociada por Cristo a su misión, de manera tal que Él mismo la continúa en ella.

El ministerio de la Palabra corresponde por derecho divino a la Iglesia, la cual alentada por el Espíritu Santo debe poner todos los medios para que se cumpla efectivamente el plan de Dios, suscitando dones, promoviendo las misiones, dando testimonio, guardando el "buen depósito", capacitando hombres fieles para el ministerio; de modo que todo el rebaño se alimente de sus pastores y a la vez estos de su rebaño. El ministerio especial de la predicación, la enseñanza, la exhortación, el gobierno y la sanidad está al servicio del ministerio general de todos los creyentes para juntos crecer «en todo hacia aquel que es la cabeza: Cristo» (Ef. 4:15).

2. Recepción y transmisión de la Palabra

El ministro de la Palabra es un eslabón más de una larga cadena a la que debe fidelidad en cuanto al contenido de su mensaje y al propósito del mismo. Pablo, apóstol único y excepcional, comisionado directamente por el Señor exaltado, «apóstol, no de parte de hombres ni por medio de

---

217. Cf. M. Spindler, *La Mission, combat pour le salut du monde*, Neuchâtel 1967.
218. Armando Bandera, *La Iglesia, imagen de Cristo*, OPE, Guadalajara 1969, 67.

hombre, sino por medio de Jesucristo y de Dios Padre» (Gal. 1:1), no parte de cero, desde su propia iluminación individual, sino de la enseñanza de los «ministros de la palabra» (Lc. 1:2), comenzado por Ananías, creyente de Damasco que le sanó de su ceguera y le bautizó, y del que, sin duda, recibió su primera catequesis (Hch. 9:17). En lo que se refiere al mensaje objetivo del Evangelio, Pablo enseña lo que ha recibido (1 Cor. 11:23; 15:3).

Predicar la Palabra es transmitir con fidelidad la verdad de las cosas relativas a Cristo y su obra, tal como fueron transmitidas por «los que desde el principio fueron testigos oculares y ministros de la palabra» (Lc. 1:2). La predicación tiene que hacer resonar el anuncio fundamental y común de todos los cristianos. Lo puede hacer con más o menos acierto, con una preparación más estricta o con unas palabras menos justas, pero debe anunciar lo que le han enseñado. Antes de ser ministro de la Palabra es un creyente en la Palabra vivida y obedecida en la comunidad. Solamente así anunciará la verdad de Dios sin protagonismo ni afán de novedad. Parte de una tradición que ha de transmitir, que eso significa tradición, en griego *parádosis*, que hace referencia a la enseñanza que se transmite de una a otra persona, ya sea oralmente o por escrito. En el Nuevo Testamento está bien presente la "tradición apostólica", que es el conjunto de enseñanzas impartidas por los apóstoles respecto al núcleo o depósito de la fe. Pablo alabó a los corintios porque retienen «las enseñanzas transmitidas tal como yo os las entregué» (1 Cor. 11:2). En las cartas pastorales se apela a las tradiciones transmitidas por los apóstoles «de parte del Señor Jesús» (cf. 1 Ts. 4:2; 2 Ts. 2:15; 3:6). Es el mismo Señor glorificado quien da testimonio de este proceso, toda vez que ordena a sus discípulos que enseñen «todas las cosas que os he mandado», y promete estar con ellos «todos los días, hasta el fin del mundo» (cf. Mt. 28:18-20). La asistencia del Espíritu Santo garantiza la continuidad de la enseñanza del mismo Jesucristo (Jn. 16:13). De esta forma, se va formando un "depósito" dinámico de verdades relativas al mensaje evangélico (1 Tim. 6:20; 2 Tim. 1:12-14; cf. 1 Tm. 1:10-11; 4:6-7; 6:3; 2 Tim. 2:14ss.; 3:14ss.; 4:1-8), al ser guardado «por medio del Espíritu Santo que habita en nosotros» (2 Tim. 1:14). Depósito que con el correr del tiempo se colocará en la Iglesia al mismo nivel que las Escrituras hebreas (cf. 2 Tim. 3:15-16; 2 Ped. 1:20-21)[219].

La dependencia del Espíritu a nivel interior, y la fidelidad a la tradición apostólica reflejada en la Escritura y enseñada en la Iglesia, a nivel exterior, marcan los límites y extensión del mensaje predicado. Sólo así la voz humana puede llegar a ser Palabra de Dios sin degenerar en protagonismos personales, doctrinas falsas o imágenes del pensamiento divorciadas de la cadena que las une a la Escritura en una larga sucesión de testigos fieles.

---

219. Cf. A. Ropero, «Tradición», en *Gran diccionario enciclopédico de la Biblia*, CLIE, Barcelona 2013, 2521-2523.

También aquí, en el ministerio de la Palabra, el predicador se encuentra rodeado por una «gran nube de testigos» (Heb. 12:1)[220].

Si falta la correa transmisora, el predicador de la Palabra se encontraría falto de raíces y fundamento; desconocería la naturaleza exacta de la Escritura, que tiene una historia, una gestación, un desarrollo y un propósito. La conciencia de responsabilidad respecto a esa línea transmisora que se perpetúa a lo largo de los siglos en diálogo con la Escritura, raíz y fuente de toda predicación, puede ayudar a mantener la fidelidad al Evangelio, pues el predicador se verá libre de la necesidad de improvisar o ser original, toda vez que lo que se le pide es ser fiel a lo recibido, a retener lo que tiene «para que nadie tome su corona» (Ap. 3:11), pudiéndose concentrar mejor en la persona y la obra de Jesucristo, objeto de su predicación (2 Cor. 4:5). Al ministro de la Palabra lo único que se le pide, aparte de un testimonio personal honesto, bueno, prudente, justo, santo y dueño de sí mismo, es que «sepa *retener* la palabra fiel conforme a la doctrina, para que pueda exhortar con sana enseñanza y también refutar a los que se oponen» (Tit. 1:8-9).

La fidelidad pasa, pues, por el servicio a la palabra fiel, «que es el nombre que Pablo da a esa doctrina que es pura y que ha salido de la boca de Dios»[221], la cual nunca se puede tomar como pretexto o excusa para divulgar las ideas propias, sino como ancla que fija la comunidad a la verdad de Cristo. Acoger, retener y transmitir esta verdad, que no es estática, sino que crece hasta sobrepasar todo conocimiento (cf. Ef. 3:19), libera al predicador de la interpretación subjetiva y le ayuda a concentrarse en la riqueza del tesoro recibido, del cual ha sido constituido administrador y, como buen padre de familia, sacar cosas nuevas y cosas viejas (cf. Mt. 13:52).

En permanente estado de escucha de lo que Dios tenga que decirle mediante su Palabra y en diálogo constante con los que han sido maestros de la Palabra antes que él, arraigado y fundamentado en el amor, será plenamente capaz de comprender, «junto con todos los santos», cuál es la anchura, la longitud, la altura y la profundidad de la revelación de Dios en Cristo (Ef. 3:18). Así, lleno «de toda la plenitud de Dios», podrá enfrentar cada día las necesidades de las personas que Dios ha puesto bajo su cuidado, quien «es poderoso para hacer todas las cosas mucho más abundantemente de lo que pedimos o pensamos, según el poder que actúa en nosotros» (Ef. 3:20).

220. Cf. en el cap. 10, el apartado *Fidelidad, tradición y modernidad*.

221. Juan Calvino, *Comentario a las Epístolas Pastorales de San Pablo*, TELL, Grand Rapids 1968, 341.

Interpretar y predicar auténticamente la Escritura conlleva un compromiso de fe y vida en obediencia únicamente a Cristo sin detrimento de la aceptación sincera del mensaje que le ha sido transmitido por la Iglesia, en servicio a la edificación de la comunidad, la unidad de la fe y la extensión del conocimiento de Cristo.

3. Actualización de la Palabra

Bibl.: J. Scott Duval y J. Daniel Hays, *Hermenéutica*, parte 2: *Contextos: Entonces y ahora* (CLIE, Barcelona 2008); Jack Kuhtschek, *Applying the Bible* (Zondervan, Grand Rapids 1990); Bruce J. Nichols, *Contextualization: A Theology of Gospel and Culture* (IVP, Downers Grove 1979); R. S. Reid, *The Four Voices of Preaching: Connecting Purpose and Identity Behind the Pulpit* (Brazos Press, Grand Rapids 2006); John R.W. Stott, *La predicación: puente entre dos mundos* (Desafío, Grand Rapids 2000).

La misión de la predicación no sólo es interpretar, proclamar y proponer la palabra de salvación, sino que además debe actualizarla para que los oyentes a los que llega, con su cultura, su mentalidad y sus circunstancias, puedan sentirse tan vivamente alcanzados por ella como los que la escucharon por vez primera, pese a la separación que el tiempo va poniendo entre el momento de la revelación y la recepción de la misma.

El predicador tiene que salvar la separación que hay entre la Escritura y el hombre actual. La Palabra dirigida antiguamente a los judíos del Antiguo Testamento y a los cristianos del primer siglo tiene que encontrar igual resonancia en el espíritu y en el corazón del hombre contemporáneo. No es una labor imposible. El género humano es el mismo desde sus orígenes y nada de lo que ha sido se pierde absolutamente, de tal modo que resultara prácticamente imposible la comunicación entre habitantes de mundos tan alejados en el tiempo. La experiencia nos dice lo contrario. No sólo la Biblia, libro inspirado por Dios, sino otras muchas obras de la cultura clásica son capaces de establecer una sintonía intelectual y espiritual con el lector moderno pese a los siglos transcurridos. Esto se debe a la continuidad del género humano en la identidad de su ser y de sus necesidades, que más allá de las biológicas, consisten en la necesidad de amor, de aceptación y de justificación.

También en la vida humana, en los aspectos más vitales de la historia, se cumple la ley de la energía de que nada se crea ni se pierde, sino que se transforma. Ciertamente el hombre del siglo xxi no es el hombre del siglo i, pero no lo es por vía de ruptura, sino de acumulación. El hombre del siglo xxi, como diría Ortega y Gasset, es el hombre del siglo i y es *más*. Es el hombre al que se le van sumando los siglos habidos a lo largo de la historia. Ninguno de ellos se pierde, sino que todos perviven en el hombre actual. De manera que el hombre moderno es el resultado de los hombres que le han precedido, los cuales perviven en él como estratos espirituales que forman su corteza personal. Esto hace posible la comunicación de la humanidad en el tiempo y en el espacio. Varían las lenguas, usos y costumbres, pero no la orientación del espíritu. Al predicador le corresponde interpretar correctamente la terminología del pasado en su orientación espiritual, de modo que la haga corresponder con la del presente. No basta repetir literalmente las palabras bíblicas y dejar a la responsabilidad de los oyentes recibirlas o no. Hay que interpretar «lo espiritual por medios espirituales» (1Co 2:13), lo cual está más allá de la sana exégesis, de la filología y de la letra. También aquí, la letra "mata", sólo el Espíritu vivifica (2 Cor. 3:6).

El predicador que se siente un *mártir* al no sentirse escuchado correctamente, antes que víctima, como dice Paul Tillich, es *culpable* de una falta de actualización del mensaje[222]. El Evangelio no se ha vuelto obsoleto en la era de la ciencia, ni incomprensible a la mentalidad moderna, sigue siendo tan relevante como lo fue en su día, lo que ocurre es que hay que despojarlo de excrecencias de tipo escolástico y eclesial para volverlo a su sentido original, de modo que el primer impulso original continúe informando la orientación de la experiencia presente. El propósito de la predicación es servir de canal y puente permanentes entre la verdad de la revelación divina y la experiencia humana. Canal y puente son medios de uso que permiten el tránsito de cosas y personas. Por naturaleza deben mantenerse limpios y sin fisuras para así facilitar el encuentro entre las orillas opuestas y el curso de la corriente vital que fecunda los espíritus mediante la conversión y renovación del hombre.

La predicación se convierte en obstáculo e impedimento de esa corriente cuando se encastilla en sí misma, en un lenguaje trasnochado, más preocupado por mantenerse fiel a su propia escuela y tradición que a la enseñanza bíblica, la única que posee la capacidad suficiente para crear una corriente de entendimiento que alcance a cada nueva generación en su situación y circunstancias; un puente que salve la diferencia de tiempo entre el hoy del hombre sometido a las presiones propias de su mundo, y el ayer del anuncio gozoso de Jesús el Cristo.

No hay mayor escándalo que hacer de la predicación una cuestión de guerra interna por cuestiones de palabras, causantes de tantas desgracias y muertes espirituales (cf. 2 Tim. 2:14). La fidelidad debe ser para la Palabra de Dios. El canal para el Agua de Vida, el puente para el Hijo de Dios. Esto

---

222. Citado por Christian A. Schwarz, *Cambio de paradigma en la Iglesia*, CLIE, Barcelona 2001, 208.

obliga al predicador a tomar conciencia de su condición de permanente alumno y oyente de la Escritura, dispuesto a comenzar de nuevo cada día, como el peón que quita las malas hierbas y repara los ladrillos resquebrajados, atento siempre al paso del agua y al paso de los transeúntes. Atento a la pureza del agua, y también atento a las necesidades de los viajeros que en su ir y venir no son los mismos. Tienen otras cargas, alimentan otros sueños y le atormentan otras pesadillas.

Ya lo dijo Jesús, el escriba instruido en el reino de los cielos saca de su tesoro cosas nuevas y viejas (Mt. 13:52), de modo que no hay carencias por un lado ni por otro. La familiaridad del pueblo cristiano con los temas y enseñanzas de la Biblia contribuye al mantenimiento en buen estado de las vías de comunicación que mantienen viva y actual la revelación de Dios con la experiencia creyente, en un proceso constante de actualización de la enseñanza de la Escritura, el viejo tesoro siempre nuevo.

El conocimiento directo y personal de la Escritura aunado al conocimiento de su interpretación en el curso de los siglos evitará que la predicación se empobrezca a la vez que proporcionará al predicador una base firme para actualizar el contenido de la Escritura sin miedo a su tergiversación. La actualización de la Escritura no mira sólo al lenguaje –contextualización filológica–, sino también y especialmente a las personas, su situación y circunstancias.

La situación del hombre en el mundo, a la que el Evangelio se dirige, es más o menos universal: radical desorientación y fragilidad, culpabilidad y perdición. Para esto vino Cristo al mundo, «a buscar y a salvar lo que se había perdido» (Mt. 18:11; Lc. 19:10). Para esto existe la predicación como una de las tareas más urgentes e irrenunciables.

Pero no todos los hombres viven su fragilidad y perdición de igual manera, dependiendo de las circunstancias en que se encuentren. Por circunstancias entendemos todo lo que rodea al ser humano, desde el país donde nace, la familia a la que pertenece, el cuerpo que tiene, las ideas y creencias que comparte, el tiempo socio-político que le toca vivir o sufrir, y así una larga lista que conforma el mundo concreto de la persona humana con sus límites y condicionantes morales, intelectuales, morales, religiosos, económicos, etc.

Es la circunstancia peculiar de cada cual, de cada región, de cada país y de cada tiempo, lo que todo predicador debe tener en cuenta a la hora de predicar la Palabra de Dios, de modo que hable significativamente a la situación de los oyentes inmersos en sus ineludibles circunstancias vitales. No prestar atención a las circunstancias diferentes y cambiantes de los pueblos sólo puede irritarles y en lugar de sentirse misionados, saberse colonizados. Incluso aquellos que al principio reciben la semilla de la Palabra con gozo terminan por decepcionarse y marcharse, no tanto por una culpa moral que halla en su entendimiento o disposición, sino por la falta de adecuación del mensaje evangélico a la realidad de su mundo, que en lugar de verse ensanchado se ve disminuido.

Los grupos humanos comparten circunstancias similares, pero no idénticas, pues la circunstancia es propia de la vida de cada individuo, toda vez que ella incluye su cuerpo, su mente, su alma, sus habilidades o incapacidades físicas y psicológicas. Por eso, la predicación cristiana tiene tanto de testimonio, de comunicación de persona a persona. Como Pablo cuando dice: «Por tres años, de noche y de día, no cesé de amonestar con lágrimas a cada uno» (Hch. 20:31).

Las circunstancias de los pueblos y de los individuos no dictan el contenido del mensaje, que es siempre el mensaje que viene de Dios por su Espíritu y mediante la Escritura. Es el Espíritu Santo quien escribe en el corazón de los fieles la Palabra viva de Dios (cf. 2 Cor. 3:2ss.); el mismo que continuamente recuerda la Palabra de Dios y guía a los creyentes siempre más profundamente hacia la verdad entera (cf. Jn. 16:13), la cual, a través de la Escritura, ilumina la experiencia cristiana y hace estar atento a los signos de los tiempos, de cada tiempo y de cada pueblo. El Dios de Abraham es también el Dios de Cornelio, y el dios del eunuco etíope.

La dimensión universal del mensaje salvífico, supone que la universalidad no consiste únicamente en que se dirige a toda la humanidad en su pecado, sino también en su propia lengua, cultura y costumbres. Por esta razón, Pablo, que entendió como nadie la vocación universal del Evangelio, se opuso a aquellos que pretendían hacer de la salvación un sistema cerrado al que las gentes de los diferentes pueblos tenían que amoldarse, renegando de su propia identidad personal y nacional. Fue Pablo el que se amoldó por amor a la salvación del pecador y no al revés. Se hizo siervo de todos para ganar a más, para los judíos se hizo judío, para los griegos se hizo griego, para los débiles, se hizo débil. «A todos he llegado a ser todo, para que de todos modos salve a algunos» (1 Cor. 9:19-22).

La predicación del mismo mensaje salvífico exige múltiples adaptaciones según la cultura, los tiempos, los grupos sociales, etc., y el único elemento que no cambia, a saber, Jesucristo en su calidad de Señor y Salvador, que a través de la Escritura no cesa de llamar al arrepentimiento y a la conversión, a la renovación y recreación del viejo hombre conforme al modelo dejado por Él, de modo que la comunidad cristiana sea un signo y reflejo del Jesucristo vivo y de la salvación que se extiende a lo largo de los siglos.

Enfocada así la cuestión, la actualización del mensaje de la Escritura queda a resguardo de una lectura anecdótica y moralista de la misma o de una repetición mecánica de la «fe dada una vez a los santos» (Jud. 1:3), para centrarse en lo que realmente constituye el núcleo del Evangelio, la persona de Jesucristo, lo cual ofrece cobertura amplia e inagotable a las necesidades de los oyentes, teniendo presente su situación y circunstancias. La predicación no se confunde jamás con la repetición, fatalmente vacía, y desde luego perniciosa, de formas y estructuras pasadas; no es nunca costumbre ni esclerótica inmovilidad, es siempre un acontecimiento sorprendentemente vivo y real, casi una perenne teofanía, una ocasión para la manifestación de Dios en medio de la congregación.

El acontecimiento de la predicación cristiana –que se centra en Cristo, su alfa y omega– se produce cuando el texto antiguo, que da testimonio de Cristo, cobra vida y cada cual lo escucha en su propia lengua (cf. Hch. 2:8) y en su propio tiempo en virtud de la obra del Espíritu Santo y de la sabia aplicación del predicador. Si este se contenta con leer y citar la Biblia en su sentido inmediato, gramatical e histórico, aunque lo haga con profusión, no hará otra cosa que presentar un cadáver envuelto en un precioso sudario pero sin capacidad de resucitación. Para que se produzca el encuentro vivificante con Cristo, al que la verdadera predicación aspira, el predicador tiene que estar atento a la intención del Espíritu que inspira el texto, con vistas al testimonio de Cristo, y a la situación y necesidad de los oyentes reunidos en torno a la Palabra, necesitados de la palabra de salvación.

Desde el punto de vista teológico la actualización de la Palabra obedece al movimiento original por el que la revelación fue dada por Dios, a saber, guiar la experiencia de los creyentes del pueblo de Dios en sus cambiantes circunstancias históricas, políticas, económicas y religiosas. Al hacerlo, desde la perspectiva de la eternidad, marca una pauta que trasciende el tiempo y la situación a la que se dirige, para seguir guiando esa misma experiencia de fe en las nuevas y cambiantes circunstancias en que tiene que desenvolverse. Sólo de este modo la revelación de Dios *en* la historia se puede convertir en una revelación *para* la historia como un faro que alumbra en todo tiempo hasta el final de los tiempos. Excepto algunas porciones relativas al culto y ritual levítico, la Biblia es la revelación de un propósito eterno de bendición universal, comenzando por la Creación (Gn. 1:27-28), el llamamiento de Abraham, que mantiene esa misma bendición prometida a todos los pueblos (Gn. 12:3; 18:18), que pasa por los profetas y que desemboca finalmente en el mensaje evangélico extendiendo a todo el mundo (Mt. 28:18-20; Ro. 4:16-17; Ef. 3:6).

Si la revelación de Dios contenida en la Biblia fuese un código de leyes rituales o morales a observar al pie de la letra indistintamente del momento histórico y de la intención del legislador en un momento dado, entonces la actualización de la revelación sería una invasión impropia de lo contingente y profano en el terreno de lo sagrado y eterno, que haría violencia a lo inmutable de la misma. La lengua utilizada para fijar esa revelación como Escritura inspirada y santa no sería susceptible de traducción, so pena de transgredir sus iotas y tildes, de modificar su sentido. La traducción, además, comporta necesariamente un cambio de perspectiva temporal e ideológica. El paso de una lengua a otra es siempre más que una simple transcripción del texto original. Es ya interpretación y actualización. Y el cristianismo acepta el riesgo de la traducción porque su concepto de lo sagrado difiere de las religiones al uso. En ningún momento de su historia veneró el texto, la letra del mismo, sino su espíritu, su significado dentro del contexto del plan redentor de Dios en Cristo. No sacralizó ningún libro, sino una Persona.

No es del todo cierto que el cristianismo sea una religión del Libro, como lo son el judaísmo y el islamismo. El cristianismo es la religión de una Persona para las personas, de ahí su dinamismo siempre fresco en cada generación; esa sensación de estar siempre comenzando de nuevo; de que nada está acabado, sino que queda mucho por hacer; que el cristianismo no ha hecho más que nacer; que cada Navidad festeja no sólo el nacimiento del Fundador, sino el nacimiento de lo perennemente nuevo que actúa en la historia como levadura que fermenta la masa. Por eso, para el cristianismo cada cultura y cada persona es portadora de valores que es preciso salvar, salvar de sus propios errores y desviaciones. Todo momento histórico está sometido al "misterio de la iniquidad" al que hay que hacer frente con las armas de la justicia. El reino de Dios se abre paso en medio de la violencia e injusticia de los hombres que, al detener la verdad de Dios detienen también la verdad de los hombres, les oculta el destino de su origen común y de su supremo llamamiento a la bendición eterna.

El mundo, la religión, la política, la economía, la cultura, han sido creados para el hombre, no el hombre para ellos, por eso el predicador cristiano tiene que estar atento a los signos de los tiempos y combatir con la fuerza de la Palabra aquellos elementos de este mundo que, buenos en sí mismos –cultura, arte, religión, política, economía–, se alzan por encima del hombre con pretensiones absolutistas, lo esclavizan, lo oprimen, lo explotan y, finalmente, lo aniquilan.

A quienes sacralizan el Templo, el Estado, la Razón o la Economía, el Evangelio les recuerda el valor de la persona, por la que Dios mismo, en la persona de su Hijo, ha derramado su sangre para rescatarle del pecado y hacerle heredero de la promesa eterna juntamente con sus hermanos (Ro. 8:17; Gal. 3:29; Ef. 3:6; Tit. 3:7; Stg. 2:5).

Para que la predicación cristiana sea algo más que jerga religiosa tiene que mirar inteligentemente en ambas direcciones: al pasado, para hacer memoria de lo que Dios ha hecho a favor de la humanidad en Cristo, y al presente, para que el logos del recuerdo y la memoria sea también logos profético y vivificante, conforme a la palabra del que dijo: «Yo he venido para que tengan vida, y para que la tengan en abundancia» (Jn. 10:10). Este es el criterio esencial que el predicador debe observar en todo momento para que a la hora de actualizar la Escritura y aplicarla a los oyentes sepa hacerlo de tal manera, que en todo tiempo y circunstancia la persona a la que se dirige sea capaz de advertir y sentir los efectos liberadores y vivificadores del mensaje de Jesucristo, para lo que el mensajero del Evangelio ha sido «constituido predicador» (1 Tim. 2:7).

La verdad de Dios expuesta en la predicación entonces será real no por la cantidad de textos bíblicos a los que apele o elementos del pasado que retenga –credos, confesiones de fe, costumbres–, sino por la capacidad de hacer real el poder vivificante de la Palabra que "hace nuevas todas las cosas". Sólo una predicación real, real por su fundamento en la Escritura y real por su compromiso con la situación a la que se dirige, puede ser un instrumento de ayuda para cada ser humano en su circunstancia personal, sea que se halle tirado malherido al borde del camino, o sentado cómodamente en un banco de tributos.

Gracias a una interpretación correcta que ponga el mensaje bíblico en relación explícita con los modos de sentir, de pensar, de vivir y de expresarse, propios de cada cultura a la que se dirige, puede darse una actualización de la Palabra que produzca los resultados para los cuales ha sido dada, a saber, producir los frutos de una vida renovada en Cristo. La Palabra es la semilla, y como tal está en manos del hombre para ser sembrada, pero no le pertenece, no puede manipularla, está en sus manos, pero no es suya, le ha sido confiada y su labor es plantarla, esparcirla (cf. Mc. 4:14; 1 Cor. 3:6), sin operaciones transgénicas ni ningún otro tipo de manipulación. La Palabra de Dios es el elemento inalterable en la expansión dinámica del Evangelio y el crecimiento del Reino de Dios: «Pues habéis nacido de nuevo, no de simiente corruptible sino de incorruptible, por medio de la palabra de Dios que vive y permanece» (1 Pd. 1:23). La tierra, que acoge la semilla y la deja fructificar, o la ahoga o agosta, es el elemento cambiante de la situación a la que la Palabra se dirige. Para que la tierra sea fecunda es preciso que el sembrador prepare con cuidado el terreno, aparte los elementos negativos y aproveche los útiles, abonando y regando todo elemento de la tierra –cultura, tradición, modos de vida– que contribuya al crecimiento de la Palabra, aunque en última instancia «Dios da el crecimiento» (1 Cor. 3:6). Esto quiere decir que es Dios, el dador de la Escritura, quien debe controlar el proceso de traducción, interpretación y final actualización de su Palabra. Si se respeta, como debe ser, esta prioridad y criterio de juicio, se puede proceder confiadamente a la actualización siempre renovada de la Escritura sin miedo a negaciones del Evangelio por culpa de adaptaciones superficiales o sometimiento a principios confusos basados en la autoridad del hombre y no de Dios.

El miedo fundamentalista a apartarse de la "sana doctrina" está tipificado por Jesús en la parábola de los talentos en el siervo que sólo tenía ojos para el señor duro y exigente, que cosecha donde no sembró y recoge donde no esparció, por lo que en aparente sana lógica, el siervo escondió el talento recibido temeroso de perder algo del mismo. Su sorpresa fue mayúscula al recibir el severo juicio de su señor: «¡Siervo malo y perezoso! ¿Sabías que cosecho donde no sembré y recojo donde no esparcí? Por lo tanto, debías haber entregado mi dinero a los banqueros, y al venir yo, habría recibido lo que es mío con los intereses» (Mt. 25:26-27). La Palabra de Dios ha sido confiada al predicador para que se multiplique y lleve fruto, que sea fecunda en medio de los pueblos. Su administración no debe estar regida por otro miedo que el de la infidelidad e improductividad por su propia limitación y negligencia. Debe realizar un gran esfuerzo para que los talentos recibidos no sean improductivos. Fiel al Señor que lo llama, lo inviste con el poder de su Espíritu y le confía la administración de su Palabra, «conforme a la medida de la fe» (Ro. 12:6), debe esparcir esa Palabra mediante la predicación, de tal modo que corresponda al mensaje salvífico de Dios y la situación y cultura de cada pueblo al que se dirija.

Fiel al supremo llamamiento de su ministerio no debe contentarse con menos que el anuncio de «todo el consejo de Dios» (Hch. 20:27), pero sin permitir que un exceso de celo mal entendido le lleve a exigir más de lo que está escrito, un problema siempre presente en la Iglesia y su labor misionera a la hora de llevar y traducir a otras culturas el mensaje del Evangelio. Para esta situación conviene no olvidar la solución adoptada por la Iglesia primitiva respecto a la incorporación de los gentiles al Pueblo de Dios: «Ha parecido bien al Espíritu Santo y a nosotros no imponeros ninguna carga más de las necesarias» (Hch. 15:28). Sólo respetando esta sabia decisión del Señor de la Iglesia que habla mediante su Espíritu y su Palabra, es posible evitar el escollo del legalismo y esclerotización del mensaje del Evangelio, que no es imposición de una nueva ley, sino anuncio gozoso del poder liberador y salvífico de Dios para todo aquel que cree (Ro. 1:16).

PARTE II
ESTUDIOS
SOBRE LA PREDICACIÓN

I

La predicación y el poder del espíritu

Martyn Lloyd-Jones[223]

Bibl.: Jay Adams, *Preaching According to the Holy Spirit* (Timeless Texts, Stanley 2000); Arturo Azurdia, *Spirit Empowered Preaching, Involving The Holy Spirit in Your Ministry* (Christian Focus Publications, Ross-shire 1999); Murray A. Capill, *Preaching with Spiritual Vitality: Including Lessons from the Life and Practice of Richard Baxter* (Christian Focus Publications, Ross-shire 2004); Clovis G. Chappell, *Anointed to Preach* (Abingdon, Nashville 1951); James Forbes, *The Holy Spirit and Preaching* (Abingdon Press, Nashville 1989); Greg Heisler, *Spirit-Led Preaching. The Holy Spirit's Role in Sermon Preparation and Delivery* (Broadman & Holman, Nashville 2007); Dennis F. Kinlaw, *Preaching in the Spirit. A Preacher Looks for Something that Human Energy Cannot Provide* (Evangel-Francis Asbury, Nappanee 1985).

1. Importancia y naturaleza de la unción

Considero que lo más esencial respecto a la predicación es el ungimiento y la unción del Espíritu Santo, la cual no depende de lo que hacemos, o intentamos hacer. Por contra, algunos caen en el error de confiar únicamente en la unción y dejar de lado todo lo que pueden hacer en cuanto a la preparación. La forma adecuada de considerar la unción del Espíritu es pensar en ella como algo que desciende sobre la preparación. Existe un incidente en el Antiguo Testamento que proporciona una ilustración idónea para mostrar esta relación. Es la historia de Elías ante los falsos profetas de Israel en el monte Carmelo. Se nos dice que Elías construyó el altar, luego cortó la madera y la puso en el altar y después mató un buey, lo cortó en pedazos y los esparció por encima de la madera. Luego, tras haber hecho eso, oró para que descendiera fuego; y el fuego cayó. Ese es el orden.

---

223. Este artículo corresponde al capítulo 16 de la obra de Lloyd-Jones, Martyn, *La predicación y los predicadores*, publicada por Editorial Peregrino, Moral de Calatrava 2003 (usado con permiso. N.E.).

Existen muchos otros ejemplos de esto mismo. Uno de los más notables está en relación con el relato del levantamiento del Tabernáculo en el desierto en Éxodo 40. Se nos dice cómo Moisés hizo detalladamente todo lo que Dios le había dicho y que la gloria del Señor descendió sobre el Tabernáculo solamente tras haber hecho eso. Esa es la razón que tengo para reservar para el final, en relación con la predicación, lo que sin lugar a dudas es lo más importante de todo. Que «Dios ayuda a los que se ayudan a sí mismos» es cierto en relación con esto igual que con muchas otras cosas. La preparación cuidadosa y la unción del Espíritu jamás deben considerarse como alternativas, sino como complementarias entre sí.

Todos tendemos a irnos al extremo; algunos confían tan solo en su propia preparación y no buscan nada más; otros, como digo, tienden a despreciar la preparación y confían solamente en la unción, el ungimiento y la inspiración del Espíritu. Pero no se trata de "uno u otro"; siempre son "ambos". Estas dos cosas deben ir juntas.

¿Qué quiere decir esta "unción o ungimiento" del Espíritu? La mejor forma de enfocarlo es mostrar en primer lugar a partir de las Escrituras lo que significa. Pero antes de hacerlo, permítaseme plantear una pregunta a todos los predicadores: ¿Buscas siempre esta unción, este ungimiento, antes de predicar? ¿Ha sido esta tu mayor preocupación? No existe una prueba más profunda y reveladora que se pueda aplicar a un predicador.

¿Qué es? El Espíritu Santo descendiendo sobre el predicador de forma especial. Es un acceso de poder. Es Dios dando poder y capacitando al predicador, a través del Espíritu, a fin de que pueda hacer esta obra de una manera que lo eleva por encima de los esfuerzos y tentativas del hombre hasta una posición en que es utilizado por el Espíritu y se convierte en el canal a través del cual obra el Espíritu. Esto se ve muy clara y manifiestamente en las Escrituras.

2. El ejemplo de Juan el Bautista

Propongo considerar en primer lugar, pues, la enseñanza escrituraria, luego ver la cuestión desde un punto de vista histórico y finalmente hacer algunos comentarios. En las Escrituras queda bastante claro que los profetas del Antiguo Testamento son ejemplos de esta unción, pero propongo limitar nuestra atención al Nuevo Testamento. Comencemos por Juan el Bautista, porque es el precursor del Salvador. En Lucas 1 se nos dice que Zacarías recibió un mensaje a este efecto: «Porque será grande delante de Dios. No beberá vino ni sidra, y será lleno del Espíritu Santo, aun desde el vientre de su madre. Y hará que muchos de los hijos de Israel se conviertan al Señor Dios de ellos. E irá delante de él con el espíritu y el poder de Elías, para hacer volver los corazones de los padres a los hijos, y de los rebeldes a la prudencia de los justos» (Lc. 1:15-17).

Este es un excelente resumen de la posición de los profetas del Antiguo Testamento. Esos hombres eran conscientes de un soplo que descendía sobre ellos; el Espíritu los tomaba y recibían un mensaje y el poder para comunicarlo. Es la gran característica de los profetas. Se nos dice, pues, acerca de él que Dios le dotó de esta manera muy especial con el Espíritu Santo y con su poder para hacer su obra. Y cuando leemos la historia de su ministerio, esto se hace patente. Habló de tal forma que las personas experimentaron una profunda convicción. La predicación de Juan el Bautista convenció incluso a los fariseos: esa es la prueba más cierta del poder de un ministerio. Pero Juan era muy consciente de la naturaleza meramente preliminar de su ministerio y siempre subrayó que estaba preparando el camino: «Yo no soy el Cristo» –dice–. «Yo a la verdad os bautizo en agua; pero viene uno más poderoso que yo, de quien no soy digno de desatar la correa de su calzado; él os bautizará en Espíritu Santo y fuego» (Jn. 1:20; Lc. 3:16). Había algo más por venir, algo mucho más grande en su totalidad.

3. El ejemplo del Señor Jesús

A continuación, observemos lo que sucedió en el caso de nuestro propio Señor. Este es un punto que a menudo se pierde de vista. Me refiero a la forma en que descendió el Espíritu Santo sobre Él en forma de paloma. Él mismo explicó posteriormente lo que esto significaba cuando habló en la sinagoga en su ciudad natal de Nazaret, tal como se relata en Lucas 4:18ss.: «El Espíritu del Señor está sobre mí, por cuanto me ha ungido para dar buenas nuevas a los pobres […]». Lo que me preocupa recalcar es que lo que dice es que aquello que le sucedió en el Jordán fue que fue ungido por el Espíritu para predicar ese Evangelio de salvación, para «predicar el año agradable del Señor».

Esta es una declaración extraordinaria. Por supuesto, arroja luz sobre todo el significado y el propósito de la encarnación; pero lo que es significativo es que aun nuestro propio Señor, el Hijo de Dios, no podría haber ejercido su ministerio como hombre en la Tierra sin haber recibido esta "unción" especial y particular del Espíritu Santo para hacer su obra. Es cierto aun de Él.

Luego –y no estoy sino eligiendo lo que considero como los pasajes más importantes que tratan esta cuestión– llegamos al libro de Hechos, donde leemos: «Pero recibiréis poder, cuando haya venido sobre vosotros el Espíritu Santo, y me seréis testigos en Jerusalén, en toda Judea, en Samaria, y hasta lo último de la tierra» (Hch. 1:8). Eso, por supuesto, debe asociarse siempre al último capítulo del Evangelio según Lucas, donde tenemos un relato de lo que dijo nuestro Señor a los discípulos reunidos en el Aposento Alto. Dijo que les estaba enviando: «Así está escrito, y así fue necesario que el Cristo padeciese, y resucitase de los muertos al tercer día; y que se predicase en su nombre el arrepentimiento y el perdón de pecados en todas las naciones, comenzando desde Jerusalén. Y vosotros sois testigos de estas cosas. He aquí, yo enviaré la promesa de mi Padre sobre vosotros; pero quedaos vosotros en la ciudad de Jerusalén, hasta que seáis investidos de poder desde lo alto».

Eso nos lleva a Hechos 1:8 y a su cumplimiento, tal como se documenta en Hechos 2.

La importancia de esto, tal como lo veo, es que aquí tenemos hombres a los que imaginaríamos en la posición perfecta y en condiciones de actuar ya como predicadores. Habían estado con nuestro Señor durante tres años, habían oído todos sus discursos y sus instrucciones, habían visto todos sus milagros, habían tenido el beneficio de estar con Él, de ver su rostro y tener una conversación personal y una comunión con Él. Tres de ellos habían presenciado su transfiguración, todos ellos habían testimoniado su crucifixión y su enterramiento y, por encima de todo, eran testigos del hecho de su resurrección física. Habríamos pensado que estos hombres, pues, se encontraban ahora en perfecta situación de salir a predicar; pero, según la enseñanza de nuestro Señor, no lo estaban. Parecen tener todos los conocimientos adecuados, pero esos conocimientos no son suficientes, hace falta algo más, algo esencial. Ciertamente, los conocimientos son vitales, porque no se puede ser testigo sin ellos, pero para ser testigos eficaces necesitamos además el poder, la unción y la demostración del Espíritu. Ahora bien, si esto era necesario para aquellos hombres, ¿cuánto más lo será para todos los demás que intentan predicar estas cosas?

4. El Espíritu en Pentecostés

Leemos que el Espíritu vino sobre aquellos hombres reunidos el día de Pentecostés en Jerusalén; y de inmediato vemos la diferencia que supuso para ellos. El Pedro que con ánimo cobarde había negado a su Señor, a fin de salvar su propia vida, está lleno ahora de valor y de gran confianza. Es capaz de exponer las Escrituras con autoridad y de hablar con tan poderoso efecto que 3000 personas se convierten bajo su predicación. Esta fue la inauguración, por así decirlo, de la Iglesia cristiana tal como la conocemos en esta dispensación del Espíritu, y esa es la gráfica imagen que se nos da de cómo empezó.

Aquí debo llamar la atención con respecto a otro punto que también creo que solemos perder de vista. Esta "adquisición de poder" o, si lo prefieres, esta "efusión de poder" de los predicadores cristianos no ocurre "de una vez por todas"; se puede repetir y se ha repetido en muchísimas ocasiones.

Permítaseme aducir algunos ejemplos de ello. Allí, en el día de Pentecostés, hemos visto a los Apóstoles llenos de este poder y hemos visto asimismo que el verdadero propósito del "bautismo del Espíritu" es capacitar a los hombres para dar testimonio de Cristo y de su salvación con poder. El bautismo del Espíritu Santo no es la regeneración –los Apóstoles ya estaban regenerados– y no se concede de manera primordial para alentar la santificación; es un bautismo de poder, un bautismo de fuego, o un bautismo que le capacita a uno para dar testimonio. Los antiguos predicadores solían darle gran importancia. Preguntaban con respecto a un hombre: «¿Ha recibido el bautismo de fuego?». Esa era la pregunta importante. No se refiere a la regeneración o la santificación; es poder, poder para dar testimonio.

Los Apóstoles lo recibieron en el día de Pentecostés y Pedro dio testimonio de inmediato de manera muy poderosa; y él y Juan dieron testimonio nuevamente tras sanar al inválido, y lo hicieron al predicar en el Templo. Pero consideremos por otro lado Hechos 4:7. Allí tenemos a Pedro y Juan sometidos a juicio ante el Sanedrín y se les formula la acusación: «¿Con qué potestad, o en qué nombre, habéis hecho vosotros esto?». Pero advirtamos lo que dice el relato a continuación: «Entonces Pedro, lleno del Espíritu Santo, les dijo: Gobernantes del pueblo [...]».

¿Cómo interpretamos eso? ¿Por qué dice: «Entonces Pedro, lleno del Espíritu Santo»? Se podría argumentar: «¿Pero no fue lleno del Espíritu Santo en el día de Pentecostés como lo fueron los demás hombres?». Por supuesto que lo fue. ¿Qué sentido tiene la repetición aquí? Sólo existe una explicación adecuada. No es un simple recordatorio del hecho de que había sido bautizado con el Espíritu en el día de Pentecostés. No tiene sentido utilizar esta expresión a menos que recibiera una nueva adquisición de poder. Se encontraba en una situación crítica. Estaba siendo juzgado junto con Juan, ciertamente el Evangelio y toda la Iglesia cristiana estaban siendo juzgados y necesitaba un nuevo poder para dar testimonio con energía y refutar a sus perseguidores: un poder nuevo, y lo recibió. De modo que se utiliza la expresión: «Pedro, lleno del Espíritu Santo». Fue otra llenura para esa tarea especial.

Hay otro ejemplo más de esto en el mismo capítulo 4 de Hechos, en el versículo 31. Todos eran miembros de la Iglesia que oraban con miedo ante la amenaza de las autoridades que intentaban exterminar a la Iglesia. Entonces sucedió esto: «Cuando hubieron orado, el lugar en que estaban congregados tembló; y todos fueron llenos del Espíritu Santo»: las mismas personas de nuevo. Habían sido llenos del Espíritu Santo en el día de

Pentecostés, y también Pedro y Juan en ocasiones posteriores; pero aquí se llena de nuevo a toda la congregación con el Espíritu Santo. Es obvio, pues, que esto se puede repetir en muchas ocasiones.

Luego, pasando a Hechos 6, tenemos el relato de cómo se nombró a los primeros diáconos. Adviértanse los términos que se recalcan en los versículos 3 y 5: «Buscad, pues, hermanos, de entre vosotros a siete varones de buen testimonio, llenos del Espíritu Santo y de sabiduría –esto no es cierto de todo el mundo, sino que es cierto de algunos–, a quienes encarguemos este trabajo. [...] Agradó la propuesta a toda la multitud; y eligieron a Esteban, varón lleno de fe y del Espíritu Santo». «Pero –dirás– ¿no estaban todos llenos del Espíritu Santo?». No en este sentido. Hay algo especial allí, hay algo peculiar, hay algo adicional; y se les dijo que lo buscaran. En todos los casos se trata exactamente de la misma idea.

Posteriormente tenemos otro ejemplo en Hechos 7:55: La imagen de Esteban justo antes de ser apedreado hasta la muerte. Esto no sólo es memorable, sino también de gran importancia. Dice el versículo 54: «Oyendo estas cosas –sus acusadores, los miembros del Sanedrín–, se enfurecían en sus corazones, y crujían los dientes contra él. Pero Esteban, lleno del Espíritu Santo, puestos los ojos en el cielo, vio la gloria de Dios, y a Jesús que estaba a la diestra de Dios». Esta, obviamente, es una investidura especial. Una vez más es un hombre en una gran crisis; y el Espíritu desciende sobre él de forma excepcional y le capacita para afrontar la crisis y dar un tremendo testimonio.

5. El ejemplo de Pablo

Bastará con otro ejemplo más en relación con el apóstol Pablo, que entró posteriormente en la Iglesia. El apóstol Pablo y Bernabé habían llegado a un país donde había un procónsul llamado Sergio Paulo que deseaba escuchar la Palabra de Dios. «Pero les resistía Elimas, el mago (pues así se traduce su nombre), procurando apartar de la fe al procónsul». Luego, a continuación, se dice: «Entonces Saulo, que también es Pablo, lleno del Espíritu Santo, fijando en él los ojos [...]» (Hch. 13:9). Cuando el texto dice "lleno del Espíritu Santo" no se está refiriendo al hecho de que hubiera sido lleno del Espíritu Santo en relación con su conversión y como resultado de su reunión con Ananías. Sería ridículo repetirlo si hubiera sucedido de una vez por todas. Se trata nuevamente de una investidura especial de poder, una crisis especial, una ocasión especial, y recibió este poder especial para esta ocasión especial.

Yo iría más lejos y señalaría que esto les sucedía siempre a los Apóstoles cuando quiera que obraban un milagro o cuando quiera que tenían que afrontar alguna situación en especial. La importancia de esto se manifiesta de la siguiente forma. Hay mucha diferencia entre los milagros obrados por los Apóstoles y los "milagros" que ciertos hombres afirman llevar a cabo en la actualidad. Una gran diferencia es esta: Jamás vemos a los Apóstoles anunciando de antemano que van a celebrar un culto de sanidad en el plazo de unos días. ¿Por qué no? Porque nunca sabían cuándo iba a suceder. No lo decidían y no lo controlaban; más bien lo que sucedía era esto invariablemente. Por ejemplo, Pablo estaba tratando con este hombre –encontramos lo mismo en el caso del hombre en Listra que se relata en el capítulo 14– y de pronto recibió el mandato de sanarle. Pablo no sabía nada de esto hasta que le impulsó el Espíritu y recibió el poder; y así lo hizo. La primera diferencia, pues, entre los presuntos obradores de milagros de la actualidad y los Apóstoles es que los Apóstoles jamás podían predecir o anunciar la ejecución de milagros, y jamás lo hicieron.

Hay una segunda diferencia asimismo. Los Apóstoles –lo advertimos en el Libro de Hechos– jamás fallaban. Nunca se trataba de un ensayo; no había un elemento experimental. Lo sabían. Recibían un mandato, de modo que hablaban con autoridad. Emitían una orden y no había fracaso alguno; y no puede haber fracaso cuando es así. Esa es claramente la imagen general que se da en el Libro de Hechos de los Apóstoles.

Pero hay algo aún más directo y específico que todo esto: La gran declaración crucial del apóstol Pablo en que describe su propia predicación en Corinto. «Y estuve entre vosotros con debilidad, y mucho temor y temblor; y ni mi palabra ni mi predicación fue con palabras persuasivas de humana sabiduría, sino con demostración del Espíritu y de poder, para que vuestra fe no esté fundada en la sabiduría de los hombres, sino en el poder de Dios» (1 Cor. 2:3-5). Esa es la afirmación vital y definitoria con respecto a toda esta cuestión. Estamos ante un hombre con grandes dones, con unas excepcionales facultades naturales; pero eligió deliberadamente no utilizarlas de manera carnal: «Me propuse no saber entre vosotros cosa alguna sino a Jesucristo, y a este crucificado»; y entonces se abstuvo deliberadamente del estilo de los retóricos griegos con el que tan familiarizado estaba, tanto en la forma como en el contenido. Como dice más adelante a estos mismos corintios, se hizo «[insensato] por amor de Cristo», a fin de que quedara claro que el poder no era suyo sino de Dios y que toda su posición no debía basarse en «la sabiduría de los hombres, sino en el poder de Dios».

Viniendo esto de Pablo, de entre todos los hombres, resulta sumamente sorprendente. Recuerda esto a los corintios una vez más en el capítulo 4, versículos 18-20. Algunos de los miembros de la iglesia en Corinto estaban hablando mucho, criticando al apóstol Pablo y expresando sus opiniones libremente con respecto a él y su enseñanza. Por tanto, les desafía y dice:

«Mas algunos están envanecidos, como si yo nunca hubiese de ir a vosotros. Pero iré pronto a vosotros, si el Señor quiere, y conoceré no las palabras, sino el poder de los que andan envanecidos. Porque el reino de Dios no consiste en palabras, sino en poder». Hoy día quizá no haya texto que debamos recordar más que precisamente ese. Ciertamente no faltan las palabras; ¿pero hay grandes pruebas de poder en nuestra predicación? «El reino de Dios no consiste en palabras, sino en poder». Esa –dice Pablo– es la prueba, y sigue siéndolo, de la predicación verdadera.

Más adelante vemos que viene a repetir más o menos lo mismo en 2 Corintios 4. Hablando de su propio ministerio, dice: «Por lo cual, teniendo nosotros este ministerio según la misericordia que hemos recibido, no desmayamos. Antes bien renunciamos a lo oculto y vergonzoso, no andando con astucia, ni adulterando la palabra de Dios, sino por la manifestación de la verdad recomendándonos a toda conciencia humana delante de Dios». Pasa luego a la conmovedora afirmación del versículo 6: «Dios, que mandó que de las tinieblas resplandeciese la luz, es el que resplandeció en nuestros corazones, para iluminación del conocimiento de la gloria de Dios en la faz de Jesucristo». E inmediatamente a continuación: «Pero tenemos este tesoro en vasos de barro, para que la excelencia del poder sea de Dios, y no de nosotros». Es siempre lo mismo, siempre está deseoso de subrayar esta dependencia absoluta del poder del Espíritu. Lo mismo vemos de nuevo en 2 Corintios 10:3-5: «Pues aunque andamos en la carne, no militamos según la carne; porque las armas de nuestra milicia no son carnales, sino poderosas en Dios para la destrucción de fortalezas, derribando argumentos y toda altivez que se levanta contra el conocimiento de Dios, y llevando cautivo todo pensamiento a la obediencia a Cristo». Es siempre la misma idea, "no son carnales", "poderosas en Dios". Es un poder espiritual. Ciertamente hallamos el mismo hincapié en esa extraordinaria afirmación de 2 Corintios 12, donde nos dice que había sido «arrebatado al paraíso, donde oyó palabras inefables que no le es dado al hombre expresar» y cómo entonces le había llegado "el aguijón en la carne" y oró en tres ocasiones para que se le quitara; pero no se le quitó. Al principio estaba perplejo, pero había llegado a comprender el significado cuando Dios le dijo: «Bástate mi gracia; porque mi poder se perfecciona en la debilidad». Ahora puede decir, pues: «Por tanto, de buena gana me gloriaré más bien en mis debilidades, para que repose sobre mí el poder de Cristo […]; porque cuando soy débil, entonces soy fuerte».

Otra declaración de esto que jamás deja de conmoverme se encuentra al final del capítulo 1 de Colosenses: «A quien anunciamos, amonestando a todo hombre, y enseñando a todo hombre en toda sabiduría, a fin de presentar perfecto en Cristo Jesús a todo hombre; para lo cual también trabajo, luchando según la potencia de él, la cual actúa poderosamente en mí». Ese es el testimonio de Pablo siempre. Estaba haciendo todo lo que podía, pero lo que verdaderamente cuenta es «la potencia de él, la cual actúa poderosamente en mí». Eso es lo que quiere decir "unción". En 1 Tesalonicenses 1:5 encontramos una definición aún más precisa: «Pues nuestro evangelio no llegó a vosotros en palabras solamente, sino también en poder, en el Espíritu Santo y en plena certidumbre». El Apóstol está recordando a los tesalonicenses cómo habían recibido el Evangelio. Tuvo que abandonarles a fin de predicar en otros sitios, y les escribe esta carta, que muchos consideran la primera carta a una iglesia. Es un capítulo de suma importancia, ciertamente como la definitiva y definitoria afirmación concerniente a la predicación y la evangelización. Les recuerda que el Evangelio no les «llegó [...] en palabras solamente». Había llegado "en palabras", y les recuerda el contenido de esas palabras en los versículos 8 y 19, pero no fue "en palabras solamente, sino también [...]". Es este "también", esta adición del poder del Espíritu Santo, lo que hace en última instancia que la predicación sea eficaz. Esto es lo que produce conversiones y crea y edifica iglesias: "poder", "Espíritu Santo" y "plena certidumbre".

Pedro enseña exactamente la misma verdad al recordar a los cristianos a quienes escribió en su Primer Epístola cómo se habían convertido en cristianos y la naturaleza del mensaje del Evangelio. Dice en referencia a los profetas del Antiguo Testamento: «A estos se les reveló que no para sí mismos, sino para nosotros, administraban las cosas que ahora os son anunciadas por los que os han predicado el evangelio por el Espíritu Santo enviado del cielo; cosas en las cuales anhelan mirar los ángeles». Así es como se predica el Evangelio; dice: «Por el Espíritu Santo enviado del cielo».

Mi última cita proviene del último libro de la Biblia. Es la afirmación de Juan mismo: «Yo estaba en el Espíritu en el día del Señor, y oí detrás de mí una gran voz» (Ap. 1:10). ¿Cómo interpretamos eso? ¿Significa que Juan, siendo cristiano, estaba siempre "en el Espíritu"? Si ese era el caso, ¿por qué se molesta en decirlo? Claramente no era su estado o situación habitual; era algo completamente excepcional. Dice: Allí estaba yo, en esa isla de Patmos, en el día del Señor y de pronto me encontré "en el Espíritu". Fue una visitación del Espíritu de Dios. Y fue como resultado de esto como recibió esa gran visión, los mensajes a las iglesias y su conocimiento del futuro de la Historia.

Ese es el claro e inequívoco testimonio y la evidencia de las Escrituras con respecto a la predicación. Pero quizá tu postura sea: «Sí, eso lo aceptamos y no nos ocasiona dificultad alguna. Pero todo eso se acabó con la era apostólica, por lo que no tiene nada que ver con nosotros». Mi respuesta es que las Escrituras también están concebidas para aplicársenos hoy día y que, si limitas todo esto a la era apostólica, estás dejando muy poco para nosotros en la actualidad. En cualquier caso, ¿cómo dirimes lo que estaba destinado a ellos únicamente y lo que también lo está a nosotros? ¿Sobre qué base lo haces? ¿Cuáles son tus cánones de juicio? Yo opino que no son otros que el prejuicio. Toda la Escritura es para nosotros. En el Nuevo Testamento tenemos una imagen de la Iglesia y es pertinente para la Iglesia en todos los tiempos y épocas. Gracias a Dios, demuestra lo correcto de esta tesis. Las pruebas de ello son abundantes.

6. El ejemplo de la historia de la Iglesia

La larga historia de la Iglesia muestra repetidamente que lo que hallamos en el Nuevo Testamento ha caracterizado siempre a la Iglesia en períodos de avivamiento y reforma. Por eso he sostenido siempre que, tras la lectura de la Biblia misma, leer la historia de los avivamientos es una de las ocupaciones que más ánimo pueden infundirle a uno. Tomemos la situación a la que nos enfrentamos en la actualidad. Considera la tarea, considera el estado del mundo, considera la mentalidad moderna. Sin creer en el poder del Espíritu y sin conocer algo de él, es una tarea desmoralizadora. Ciertamente, no seguiría adelante un solo día de no ser por él. Si creyera que todo depende de nosotros, de nuestros conocimientos, de nuestra erudición y de nuestras organizaciones, sería el más desgraciado y desesperanzado de los hombres. Pero ese no es el caso. Lo que leemos en el Nuevo Testamento es igualmente posible y está abierto para nosotros en la actualidad; y es nuestra única esperanza. Pero debemos comprenderlo. Si no lo hacemos, nos pasaremos el tiempo estancados y deprimidos, y no lograremos nada.

6.1. La Reforma

¿Cuáles son, pues, las evidencias que arroja la historia? Podríamos comenzar por la Reforma protestante. Hay grandes evidencias de la obra del Espíritu en esa época. Está la gran experiencia que describe Lutero mismo cuando toda la habitación pareció llenarse de luz. Esa es sin duda la clave para entender su extraordinaria predicación. Estamos tan interesados en Lutero el teólogo que tendemos a olvidar al Lutero el predicador. Lutero era un extraordinario predicador. Lo mismo podemos decir también de Calvino.

Pero hubo dos hombres en Inglaterra muy destacados en este aspecto. Uno fue Hugh Latimer[224], cuya predicación en *St. Paul's Cross* en Londres

---

224. Cf. Douglas C. Wood, *Such a Candle. The Story of Hugh Latimer*, Evangelical Press, Welwyn 1980. N.E.

fue acompañada obviamente por gran unción y poder del Espíritu Santo. Nuevamente tendemos a olvidar esto. Estamos justificadamente interesados en la gran convulsión teológica de la época de la Reforma protestante; pero no olvidemos nunca que también fue un movimiento popular. No estaba restringido a los eruditos y a los maestros; llegó al pueblo gracias a estos predicadores ungidos con el Espíritu.

Hubo un hombre llamado John Bradford que obviamente era un gran predicador en este mismo sentido[225]. Fue uno de los primeros mártires protestantes. Lo mismo se puede decir también de otros países en esa época. A finales del siglo xvi hubo en Escocia un extraordinario predicador llamado Robert Bruce. Recientemente se ha reeditado un pequeño libro sobre él[226]. En dicho libro se puede leer el relato de lo que sucedió en una ocasión cuando se encontraba en una conferencia de ministros en Edimburgo. En esa época las cosas estaban muy mal y ciertamente eran de lo más descorazonadoras. Los ministros hablaban entre sí y conferenciaban al respecto, pero todos estaban muy deprimidos. Cuanto más hablaban más se deprimían, como no es infrecuente en las asambleas generales y otras conferencias religiosas. Robert Bruce intentó que oraran, y estaban intentando orar. Comoquiera que sea, Bruce tenía claro que solo estaban "intentando orar", y no lo consideraba oración. De modo que, como le pasó a Pablo en Atenas, "su espíritu se enardeció" y dijo que iba a "golpearles" con el Espíritu Santo. Comenzó, pues, a aporrear la mesa con los puños, y ciertamente logró algo. Entonces comenzaron a orar realmente "en el Espíritu", y fueron transportados de la depresión hasta las alturas y recibieron gran certidumbre de Dios de que seguía con ellos y jamás los desampararía ni los dejaría. Volvieron a su obra con renovado vigor y con una esperanza y confianza renovadas.

Pero pasemos al que, en muchos sentidos, es mi ejemplo favorito. Trata de John Livingstone[227], que vivió a comienzos del siglo xvii en Escocia. John Livingstone era también un hombre muy capaz, como la mayoría de estos hombres. Aquellos primeros ministros reformados en Escocia fueron una serie de hombres imponentes con respecto a su capacidad, su cultura y sus conocimientos; pero lo que les caracterizaba por encima

---

225. John Bradford (1510–1555). Hace tiempo que Cambridge University Press publicó *The writings of John Bradford* en dos vols., Cambridge 1853. Se puede encontrar en www.ccel.org/ccel/bradford/writings. N.E.

226. D. C. MacNicol, *Robert Bruce. Minister in the Kirk of Edinburgh*, The Banner Truth, Edinbrug 1961. Cf. también *The Mystery of the Lord's Supper. Sermons by Robert Bruce Preached at St. Giles, Edinburgh*, Thomas F. Torrance, Christian Focus (eds.), Ross-shire, Escocia 2004. N.E.

227. Cf. Iain H. Murray, *A Scottish Christian Heritage*, Banner of Truth, Edinburgh 2006. N.E.

de todo lo demás era su conocimiento y experiencia de esta unción y este poder espiritual.

John Livingstone –como digo– era un excelente erudito y un gran predicador. Tuvo que escapar a Irlanda del Norte a causa de la persecución, y estando allí tuvo algunas experiencias de avivamiento. Pero su gran día llegó en 1630. Hubo unos días de comunión en un lugar llamado Kirk O'Shotts, a medio camino entre Glasgow y Edimburgo. Estas reuniones de comunión podían durar muchos días y se caracterizaban por las abundantes predicaciones de diversos predicadores visitantes. En aquella ocasión en particular todos habían sentido desde el comienzo hasta el domingo por la noche que había algo inusual. Los hermanos decidieron, pues, celebrar un culto adicional el lunes, y pidieron a John Livingstone que predicara. Ahora bien, Livingstone era un hombre muy modesto, humilde y piadoso, por lo que temía la responsabilidad de predicar en semejante ocasión. Pasó, pues, toda la noche debatiéndose en oración. Salió al campo y allí prosiguió orando. Muchas de las personas también estaban orando. Pero su alma sufría una gran angustia, y no halló paz hasta que, en las primeras horas de la mañana del lunes, Dios le dio un mensaje y a la vez la certeza de que su predicación estaría acompañada por un gran poder. John Livingstone predicó, pues, en aquella famosa mañana del lunes, y como resultado de aquel único sermón se añadieron quinientas personas a las iglesias de esa localidad. Fue un día tremendo, una experiencia abrumadora del derramamiento del Espíritu de Dios sobre una congregación reunida. El resto de la historia de su vida es igualmente significativo e importante. John Livingstone vivió muchos años después, pero jamás volvió a tener una experiencia semejante. Siempre la recordó, siempre la anheló; pero jamás volvió a repetirse.

Se describen experiencias espirituales similares en las vidas de predicadores de los Estados Unidos. Fue de gran provecho para mí leer hace unos años los diarios de Cotton Mather, el autor de *Magnalia Christi Americana*[228]. Estos diarios, y su historia de la religión en América, contienen muchos ejemplos del poder del Espíritu Santo. Como ya he dicho, no hay nada más importante para la predicación que la lectura de la historia de la Iglesia y las biografías[229]. En el propio diario de Cotton Mather encontramos extraordinarias descripciones de estas "visitaciones", como él las llamaba, del Espíritu de Dios y del efecto que tuvieron en su predicación. Por otra parte, quiero recalcar el hecho de que Cotton Mather era un hom-

228. Reedición: Cotton Mather, *The Great Works of Christ in America*, 2 vols., Banner of Truth, Edinburgh 1979. N.E.

229. Cf. R. Larry Overstreet, *Biographical Preaching*, Kregel, Grand Rapids 2001. J. Ellsworth Kalas, *Preaching about People: The Power of Biography*, Chalice Press, St. Louis 2005. N.E.

bre muy capaz y erudito, y no un mero predicador ignorante, crédulo e impresionable. Todos los Mather eran hombres capaces; y él llevaba en la sangre, además, la influencia de los Cotton, aún más capaces. Era nieto de John Cotton, quizá el más erudito de los primeros predicadores americanos, y también de Richard Mather. Ningún hombre podía tener mejor pedigrí, un mejor árbol genealógico desde el punto de vista del intelecto y la capacidad; sin embargo, no hay nada más sorprendente con respecto a este hombre que su comprensión de que en realidad no podía hacer nada sin esa unción y ese poder del Espíritu Santo, y su sentimiento de absoluta dependencia de ellos.

"El tiempo me faltaría" –como al autor de la Epístola a los Hebreos– para hablar acerca de Jonathan Edwards y David Brainerd. Sus biografías, tanto las nuevas como las antiguas, están a nuestra disposición y debieran ser lectura obligatoria para todos los predicadores. También están Gilbert Tennant y otros miembros de su notable familia. Gilbert Tennant fue utilizado durante un tiempo como una espada ardiente, y luego el poder pareció abandonarle y durante el resto de su ministerio en Filadelfia fue un predicador relativamente "normal".

6.2. El Avivamiento Evangélico

También tenemos la historia de George Whitefield[230] y de los Wesley. John Wesley[231] es un hombre importante en todo este argumento por diversas razones. Una de ellas, y la más importante en muchos sentidos, es que si alguna vez hubo un hombre típicamente erudito ese fue John Wesley. También era un inglés típico, lo que significa que no era emocional por naturaleza. Se nos dice que el inglés es flemático y no se emociona, no se conmueve fácilmente y no es voluble como las razas célticas y latinas; ¡aunque esto no parece ser cierto en el terreno del fútbol! Ahora bien, John Wesley era el inglés más típico que se pueda concebir: pedante, preciso y exacto. Su educación había sido muy estricta, rigurosa y disciplinada, y tras una brillante carrera académica como estudiante se había convertido en miembro de la junta de gobierno de una universidad de Oxford. Era exacto en su exégesis, preciso en sus afirmaciones, utilizaba cada palabra en su lugar y además era un hombre muy devoto y religioso. Dedicaba su tiempo libre a visitar a los prisioneros en las cárceles; hasta acompañaba a algunos a su ejecución. Entregaba su dinero para alimentar a los pobres.

230. Cf. Arnold A. Dallimore, *George Whitefield; Life and times of the great evangelist of the 18th century revival*, Banner of Truth, Edinburgh 1970. N.E.

231. Cf. Mateo Lelièvre, *Juan Wesley, su vida y su obra*, CLIE, Terrassa 1988; Henry D. Rack, *Reasonable Enthusiast. John Wesley and the Rise of Methodism*, Trinity Press International, Philadelphia 1989. N.E.

Ni siquiera todo esto le satisfizo; renunció a su puesto en Oxford y cruzó el Atlántico para predicar en Georgia a los pobres esclavos y a otros. Pero fue completamente inútil, un fracaso absoluto, y llegó a la conclusión de que necesitaba el Evangelio tanto como los pobres esclavos de Georgia. Y era cierto. No había poder alguno en su ministerio. Adicionalmente, no tenía claro el camino de la salvación, y esto lo comprendió en una tormenta en medio del Atlántico cuando observó la diferencia entre sí mismo y algunos hermanos moravos cara a cara ante la muerte. Regresó, pues, a Inglaterra.

Tras volver a Inglaterra, lo primero en que se le corrigió fue con respecto a la doctrina de la justificación por la sola fe. Logró verla con claridad en marzo de 1738, pero seguía siendo un fracaso como predicador; de hecho comenzó a sentir que no debía predicar. Al hermano moravo Peter Bohler, que le había ayudado a entender la justificación por la fe, le dijo: «La veo claramente con la cabeza pero no la siento, y sería mejor que dejara de predicar hasta que la sintiera». «No –dijo Peter Bohler en esa respuesta imperecedera–, no dejes de predicar, sino predica hasta que la sientas». Recordemos lo que sucedió. El 24 de mayo de 1738 tuvo aquella experiencia culminante. En una pequeña reunión en Aldersgate Street, en Londres, un grupo de personas se había congregado para estudiar las Escrituras y edificarse mutuamente en la fe. Aquella noche en particular se había elegido a alguien para que leyera el prefacio del comentario de Lutero a la Epístola a los Romanos; no el comentario, sino el prefacio. Allí estaba aquel hombre leyendo ese prefacio del comentario de Lutero cuando, mientras lo leía, Wesley dice que su corazón experimentó "un extraño fervor" y sintió de pronto que Dios había perdonado sus pecados: aun los suyos. Al sentir ese calor, algo empezó a derretirse en su interior; y fue a partir de ese momento cuando este hombre comenzó a predicar con un nuevo poder y fue grandemente utilizado por Dios. Todo esto no hace sino confirmar lo que encontramos en las Escrituras. Puedes tener el conocimiento y puedes ser meticuloso en tu preparación; pero sin la unción del Espíritu Santo carecerás de poder y tu predicación no será eficaz.

Whitefield nos cuenta que fue consciente, de hecho en el culto de su ordenación, de un poder que descendía sobre él. Lo sabía. Estaba emocionado por esa sensación de poder. El primer domingo después de su ordenación predicó en su ciudad natal, Gloucester, y fue un culto asombroso. Fue tan extraordinario que la gente escribió al obispo –el obispo Benson– quejándose de Whitefield y aseverando que, como resultado de su sermón, quince personas habían perdido la razón. El obispo no sólo era un hombre sabio, sino también un hombre bueno; de modo que respondió diciendo que deseaba que todo su clero produjera el mismo efecto en la gente, puesto que la mayoría no causaba efecto alguno. Le alegraba oír de un hombre que causara algún efecto. Por supuesto, aquellas personas no habían perdido la razón; lo que les había sucedido es que habían experimentado una profunda y tremenda convicción de pecado. En aquella época la gente, como muchos médicos y otros en la actualidad, diagnosticaban muy fácilmente el "fanatismo religioso"; pero lo que sucede en realidad es que el Espíritu Santo de Dios lleva a la persona, o personas, a una tremenda convicción de pecado. Los diarios posteriores de Whitefield, y sus diversas biografías, contienen interminables relatos de su conciencia del Espíritu de Dios descendiendo sobre él mientras predicaba y también en otras ocasiones.

En mi tierra natal de Gales hubo dos hombres extraordinarios durante el siglo XVIII: Howel Harris[232] y Daniel Rowlands[233]. Sus vidas son igualmente elocuentes en este sentido. Howel Harris era un joven profesor de instituto. Fue convencido de pecado en la Pascua de 1735, y su alma estuvo angustiada hasta el domingo de Pentecostés, cuando recibió la certeza de que sus pecados habían sido perdonados y comenzó a regocijarse en este hecho. En cualquier caso, tres semanas después, mientras estaba sentado en la torre de la iglesia leyendo las Escrituras, orando y meditando, dice: «Dios comenzó a derramar su Espíritu sobre mí». Describe cómo le llegó "ola tras ola" hasta que apenas fue capaz de resistirlo físicamente, y nos dice cómo le llenó el amor de Dios derramado sobre su corazón. Ahora bien, fue a partir de ese momento cuando Harris comenzó a sentir el impulso de evangelizar a sus vecinos paganos. Al principio solía visitar a los enfermos y les leía buenos libros. No profería una sola palabra propia, simplemente les leía libros. Pero había tal unción y poder en la lectura de esos libros que las personas eran convencidas de pecado y se convertían. Esto prosiguió durante un tiempo. Sentía que era tan indigno que no valía para ser predicador, de manera que, a pesar de que creía que en cierto sentido no estaba siendo del todo honrado, siguió leyendo los libros pero intercalando algunos comentarios propios a medida que le llegaban los pensamientos a la cabeza, mientras mantenía los ojos fijos en el libro. Siguió así durante un tiempo. Finalmente comenzó a exhortar de forma abierta a la gente y las multitudes se congregaban para escucharle. En un sentido, este hombre fue el pionero de un movimiento que sacudió a todo el país y dio a luz a la denominación metodista calvinista galesa, o los actuales presbiterianos: la Iglesia de Gales. Así es como sucedió; fue el resultado directo de esa unción, de ese ungimiento especial del Espíritu Santo. A veces lo perdía durante un tiempo y se afligía por ello; pero luego volvía de nuevo.

232. Howel Harris (1714–1773). Cf. Gwyn Davies, *A light in the land: Christianity in Wales, 200-2000*, Bryntirion Press, Bridgend 2002. N.E.

233. Cf. Efion Evans, *Daniel Rowlands and the Great Evangelical Awakening in Wales*, The Banner of Truth, Edinburgh 1985. N.E.

Siguió así hasta que murió en 1773. Lo mismo se puede decir de muchos de sus contemporáneos, y especialmente del gran Daniel Rowlands cuyos diarios personales, por desgracia, se han perdido.

Hallamos lo mismo en la biografía escrita por Andrew Bonar sobre A. Nettleton[234], el predicador grandemente utilizado a quien he hecho referencia anteriormente. En otras palabras, encontramos exactamente el mismo tipo de experiencia en tipos muy distintos de hombres. La mayoría de los que he mencionado hasta ahora eran hombres muy capaces. Pero además tenemos a un hombre como D. L. Moody[235], que no era un hombre capaz, pero al que Dios utilizó grandemente de todas formas. Fue como consecuencia directa de una experiencia que tuvo mientras caminaba por Wall Street en Nueva York una tarde. Moody había sido pastor de una iglesia en Chicago antes de eso, y un pastor exitoso. Ciertamente había estado haciendo una buena obra, pero eso palidece hasta la insignificancia cuando lo comparamos con lo que se le capacitó para hacer posteriormente.

6.3. El Avivamiento de Gales

Pero permítaseme ofrecer un último ejemplo. En 1857 hubo un gran avivamiento en los Estados Unidos que se extendió a Irlanda del Norte en 1858 y a Gales en 1859. En general, los avivamientos han tenido lugar simultáneamente en una serie de países. Esto fue cierto en el siglo xviii así como en el xix, un hecho sumamente interesante de por sí. Pero estoy pensando en un hombre en particular al que Dios utilizó mucho en Gales en aquel avivamiento cuyo nombre era David Morgan[236], y especialmente en un aspecto de su asombrosa historia. Por aquella época había un galés en los Estados Unidos llamado Humphrey Jones que experimentó profundamente la influencia del avivamiento. Tras haber conocido esta nueva vida y estando lleno del Espíritu de gozo y regocijo, se dijo a sí mismo: «Desearía que la gente de mi país pudiera experimentar esto». Esto se convirtió en una carga tal para él que volvió a su hogar en Gales. Tras llegar comenzó a

---

234. Asahel Nettleton (1783–1844). La obra a la que hace referencia el autor, *Nettleton and his labours* (1854), ha sido reeditada por The Banner of Truth (Bennet Tyler and Andrew Bonar, *The Life and Labours of Asahel Nettleton*, Edinburgh 1975). Una biografía más reciente es la de John F. Thornbury, *God Sent Revival*, Evangelical Press, Durham 1977. N.E.

235. Cf. Stanley N. Gundry, *Love Them In. The life and theology of D. L. Moody*, Baker, Grand Rapis 1976. N.E.

236. David Morgan (1814–1883). Cf. Eifon Evans, *Fire in the Thatch*; y *Two Welsh Revivalists: Humphrey Jones, Dafydd Morgan and the 1859 Revival in Wales*, ambos publicados por Evangelical Press of Wales, Bridgend 1985-1996; Thomas Philiiph, *The Welsh Revival. Its Origin and Development*, James Nisbet, London 1860. N.E.

hablar a la gente de su condado natal acerca de lo que había visto y experimentado. Fue hablando por las capillas, a los ministros y a la gente que estaba dispuesta a escucharle. David Morgan había escuchado a Humphrey Jones varias veces y poco a poco empezó a interesarse y a sentir el deseo de un avivamiento. Una noche Humphrey Jones estaba hablando con excepcional poder y David Morgan resultó profundamente afectado. Más adelante diría: «Esa noche me fui a la cama siendo el David Morgan de siempre. A la mañana siguiente me levanté sintiéndome un león, sintiendo que estaba lleno del poder del Espíritu Santo». Para entonces ya llevaba siendo ministro uno cuantos años. Siempre había sido un buen hombre, sin destacar, un predicador verdaderamente normal. No había ocurrido gran cosa como resultado de su predicación. Pero esa mañana se levantó sintiéndose como un león y comenzó a predicar con tal poder que la gente experimentó convicción de pecado y muchos se convirtieron sintiendo gran regocijo; y las iglesias fueron creciendo. Eso continuó durante dos años; dondequiera que iba aquel hombre se producían tremendos resultados.

De entre las muchas historias de conversiones bajo el ministerio de Morgan, ninguna es tan extraordinaria como la de T. C. Edwards[237], el autor de un famoso *Comentario a la Primera Epístola a los Corintios* que aún se puede hallar en las estanterías de las librerías de segunda mano[238]. Thomas Charles Edwards era indudablemente un genio. Su padre, Lewis Edwards, fue director de la primera facultad de Teología de la Iglesia calvinista metodista galesa, y su madre era nieta del famoso Thomas Charles, que fue en gran medida responsable de la fundación de la Sociedad Bíblica Británica y Extranjera. T. C. Edwards, estudiante por aquella época, estaba en su casa de vacaciones y oyó que David Morgan y otro predicador iban a predicar en su ciudad natal. Decidió ir a escucharle y posteriormente describiría cómo fue a la reunión con su mente llena de confusión y de dificultades filosóficas. Su fe había resultado sacudida por sus lecturas filosóficas y estaba en apuros. No sabía muy bien dónde estaba y fue con ese ánimo sólo por curiosidad, para ver y oír lo que aquellos sencillos predicadores tenían que decir. Había oído hablar mucho acerca del entusiasmo y la emoción en relación con el avivamiento y lo desaprobaba enérgicamente.

Pero esto es lo que sucedió. Tenía un pañuelo rojo de seda en el bolsillo, como acostumbraban los jóvenes de aquellos tiempos; y lo único que sabía era que al final del culto el pañuelo rojo de seda estaba hecho jirones debajo del banco donde estaba sentado en la iglesia. Era completamente incons-

237. T. C. Edwards (1837–1900), Rector de *University College of Wales*, Aberystwyth (1872-1891) y de *Bala College* (1891-1900). N.E.

238. T. C. Edwards, *A Commentary on the First Epistle to the Corinthians*, Hodder & Stoughton, London1885 (reeditado por Klock & Klock Christian Publishers, Minneapolis 1980). N.E.

ciente de haber hecho eso; pero la realidad es que toda su vida cambió, sus dudas filosóficas desaparecieron, todas sus incertidumbres se desvanecieron como la bruma matinal y aquel gran erudito fue lleno del poder del Espíritu Santo y se convirtió en un destacado predicador. Llegó a ser el rector de la Universidad de Aberystwyth y finalmente siguió los pasos de su padre como presidente de la Facultad Teológica. Sir William Robertson Nicoll, el editor del famoso semanario religioso *The British Weekly* y un agudo juez de hombres y predicadores, dijo que, de todos los grandes predicadores que había conocido, T. C. Edwards era el único a quien podía imaginar como fundador de una nueva denominación: tal era su poder dinámico.

Ese fue el tipo de ministerio que ejerció David Morgan durante cerca de dos años. ¿Cuál fue el final de su historia? Unos años después dijo: «Me acosté una noche sintiéndome aún como un león, lleno de ese extraño poder que había disfrutado durante dos años. Me levanté a la mañana siguiente y descubrí que me había convertido en David Morgan de nuevo». Vivió unos quince años más, durante los cuales ejerció un ministerio sumamente normal.

El poder vino y el poder se retiró. ¡Así es el señorío del Espíritu! No se puede mandar sobre la bendición, no se la puede ordenar; es un don de Dios por entero [pero se la puede buscar]. Los ejemplos que he dado procedentes de las Escrituras lo muestran. «Entonces Pedro, lleno del Espíritu Santo, les dijo». El Espíritu le llenó. Hizo lo mismo con David Morgan; y luego, en su inescrutable sabiduría y soberanía, se lo retiró. Los avivamientos no tienen el propósito de ser permanentes. Pero al mismo tiempo sostengo que todos los predicadores debieran buscar este poder cada vez que prediquen.

7. Efectos del poder en la predicación

¿Cómo lo reconocemos cuando sucede? Permítaseme que intente responder. La primera indicación se encuentra en la conciencia del propio predicador. «Nuestro evangelio no llegó a vosotros en palabras solamente –dice Pablo–, sino también en poder, en el Espíritu Santo y en plena certidumbre». ¿De quién era esta certidumbre? De Pablo mismo. Sabía que algo estaba ocurriendo, era consciente de ello. No se puede estar lleno del Espíritu sin saberlo. Tuvo "plena certidumbre". Sabía que estaba investido de poder y autoridad. ¿Cómo lo sabe uno? Da claridad de pensamiento, claridad de discurso, facilidad de habla, un gran sentimiento de autoridad y confianza al predicar, una conciencia de un poder que no es tuyo que llena de emoción a todo tu ser y una indescriptible sensación de gozo. Eres un hombre "poseído", asido, tomado. Me gusta expresarlo de esta forma, y sé que nada en la tierra puede compararse a esa sensación, que cuando esto sucede tienes la impresión de no estar predicando, eres un observador. Te observas a ti mismo asombrado mientras sucede. No es por tu propio esfuerzo; eres sólo un instrumento, el canal, el vehículo; y el Espíritu te está utilizando y tú observas con gran gozo y asombro. No hay nada que se pueda comparar de alguna forma con esto. Eso es lo que percibe el propio predicador.

¿Qué sucede con las personas? Lo sienten de inmediato; pueden advertir la diferencia instantáneamente. Están absortos, se vuelven serios, son convencidos, conmovidos, humillados. Algunos son convencidos de pecado, otros son elevados hasta los cielos, cualquier cosa puede ocurrir a cualquiera de ellos. Saben de inmediato que algo completamente inusual y excepcional está ocurriendo. Como resultado de ello empiezan a deleitarse en las cosas de Dios y desean más y más enseñanza. Son como las personas del libro de Hechos de los Apóstoles, quieren «[perseverar] en la doctrina de los apóstoles, en la comunión unos con otros, en el partimiento del pan y en las oraciones».

8. La búsqueda del poder

¿Qué debemos hacer, pues, al respecto? Sólo hay una conclusión obvia. ¡Búscale! ¡Búscale! ¿Qué podemos hacer sin Él? ¡Búscale! ¡Búscale siempre! Pero no te quedes ahí; espérale. ¿Esperas que suceda algo cuando subes a predicar al púlpito? ¿O simplemente te dices a ti mismo: «Bien, ya he preparado mi estudio, ahora voy a transmitirlo; algunos de ellos lo valorarán y otros no»? ¿Esperas que sea el punto de inflexión en la vida de alguien? ¿Esperas que alguien tenga una experiencia culminante? Eso es lo que la predicación debe hacer. Eso es lo que encontramos en la Biblia y en la historia posterior de la Iglesia. Busca ese poder, espera ese poder, anhela ese poder; y cuando el poder venga, cede a Él. No te resistas. Olvida todo lo referente a tu sermón si es preciso. Deja que te libere, deja que manifieste su poder en ti y a través de ti. Estoy seguro, como ya he dicho en varias ocasiones anteriormente, de que nada sino un regreso de este poder del Espíritu en nuestra predicación nos proporcionará cosa alguna. Esto es lo que constituye la verdadera predicación, y es la mayor necesidad de todas en la actualidad: jamás lo ha sido tanto. Nada puede sustituirlo. Pero, cuando lo tengas, tendrás una congregación deseosa de ser enseñada e instruida y dispuesta a ello y a ser guiada más y más profundamente a "la verdad que está en Jesús". Esta "unción", este "ungimiento", es lo más importante. Búscalo hasta que lo tengas; no te conformes con menos. Sigue hasta que puedas decir: «Ni mi palabra ni mi predicación fue con palabras persuasivas de humana sabiduría, sino con demostración del Espíritu y de poder». Él sigue siendo capaz de hacer «mucho más abundantemente de lo que pedimos o entendemos».

II

Predicación y oración

E. M. Bounds

Se dice de John Berridge, tan enérgico y piadoso, que aquello en lo que hacía énfasis en los últimos estadios de su ministerio era la comunión con Dios. Era en realidad su comida y bebida, y el banquete de cuya mesa no parecía levantarse nunca. Esto muestra la fuente de su gran fuerza (Horatius Bonar)[239].

1. La Predicación determinada por la oración

Hay dos tendencias extremas en el ministerio. Una consiste en apartarse de los hombres. El ermitaño y el monje se alejan de sus semejantes para consagrarse a Dios. Por supuesto que han fracasado. Nuestra comunión con Dios solamente es de provecho si derramamos sus bienes inapreciables sobre los hombres. En esta época ni el predicador ni el pueblo se concentran mucho en Dios. Nuestras inclinaciones no se enderezan en esa dirección. Nos encerramos en nuestros gabinetes, nos hacemos eruditos, ratones de biblioteca, fabricantes de sermones, nos encumbramos como literatos y pensadores; pero el pueblo y Dios, ¿dónde quedan? Fuera del corazón y de la mente. Los predicadores que son grandes estudiantes y pensadores deben ser todavía más grandes en la oración o se convertirán en los más temibles apóstatas, en profesionales cínicos y racionalistas, y en la estimación de Dios serán menos que los últimos predicadores. La otra tendencia es la de popularizar por completo el ministerio. Entonces el predicador ya no es un hombre de Dios, sino un hombre de negocios, entregado al pueblo. No ora, porque su misión es otra. Se siente satisfecho si dirige al pueblo, si crea interés, una sensación en favor de la religión y del trabajo de la Iglesia.

Su relación personal con Dios no es factor en su trabajo. La oración en poco o nada ocupa un lugar en sus planes. El desastre y ruina de un ministerio semejante no puede ser computado por la aritmética terrenal. Según lo que el predicador es en su oración a Dios, por sí mismo y por su pueblo,

---

239. Horatius Bonar, *Consejos a los ganadores de almas*, CLIE, Terrassa 1982, 21.

así es su poder para hacer un bien real a los hombres, para servir eficientemente y mantener su fidelidad hacia Dios y los hombres por el tiempo y la eternidad. Es imposible para el predicador estar en armonía con la naturaleza divina de su alta vocación si no ora mucho. Es un gran error creer que el predicador por la fuerza del deber y la fidelidad laboriosa al trabajo y rutina del ministerio puede conservar su aptitud e idoneidad. Aun la tarea de hacer sermones, incesante y exigente como un arte, como un deber, como una ocupación o como un placer, por falta de oración a Dios, endurecerá y enajenará el corazón. El naturalista pierde a Dios en la naturaleza. El predicador puede perder a Dios en su sermón. La oración renueva el corazón del predicador, lo mantiene en armonía con Dios y en simpatía con el pueblo, eleva su ministerio sobre el aire frío de una profesión, hace provechosa la rutina y mueve todas las ruedas con la facilidad y energía de una unción divina.

Spurgeon decía: «Por supuesto, el predicador tiene que distinguirse entre todos como un hombre de oración. Tiene que orar como cualquier cristiano, o será un hipócrita; ha de orar más que cualquier otro cristiano, o estará incapacitado para la carrera que ha escogido. Es de lamentar si como ministro no eres muy dado a la oración. Si eres indiferente a la devoción sagrada no sólo es de lamentar por ti, sino por tu pueblo, y el día vendrá en que serás avergonzado y confundido. Nuestras bibliotecas y estudios son nada en comparación de lo que podemos obtener en las horas de retiro y meditación. Han sido grandes días los que hemos pasado ayunando y orando en el Tabernáculo; nunca las puertas del cielo han estado más abiertas, ni nuestros corazones más cerca de la verdadera Gloria».

La oración que caracteriza al ministro piadoso no es la que se pone en pequeña cantidad, como la esencia que se usa para dar sabor agradable, sino que la oración ha de estar en el cuerpo, formando la sangre y los huesos. La oración no es un deber sin importancia que podamos colocar en un rincón; no es el hecho confeccionado con los fragmentos de tiempo que hemos arrebatado a los negocios y a otras ocupaciones de la vida; sino que exige de nosotros lo mejor de nuestro tiempo y de nuestra fuerza. Este tiempo precioso no ha de ser devorado por el estudio o por las actividades de los deberes ministeriales; sino ha de ser primero la oración, y luego los estudios y actividades, para que éstos sean renovados y perfeccionados por aquélla. La oración que tiene influencia en el ministerio debe afectar toda la vida. La oración que transforma el carácter no es un rápido pasatiempo. Ha de penetrar tan fuertemente en el corazón y en la vida como los ruegos y súplicas de Cristo, "con gran clamor y lágrimas", debe derramar el alma en un supremo anhelo como Pablo; ha de tener el fuego y la fuerza de la "oración eficaz" de Santiago; ha de ser de tal calidad que cuando se presente ante Dios en el incensario de oro, efectúe grandes revoluciones espirituales.

La oración no es un pequeño hábito que se nos ha inculcado cuando andábamos cogidos al delantal de nuestra madre; ni tampoco el cuarto de minuto que decentemente dedicamos para dar las gracias a la hora de la comida, sino que es un trabajo serio para los años de más reflexión. Debe ocupar más de nuestro tiempo y voluntad que las más hermosas festividades. La oración, que tiene tan grandes resultados en nuestra predicación, merece que se le consagre lo mejor. El carácter de nuestra oración determinará el de nuestra predicación. Una predicación ligera proviene de una oración de la misma naturaleza. La oración da a la predicación fuerza, unción y determinación. En todo ministerio de calidad, la oración ha tenido un lugar importante.

El predicador ha de ser preeminentemente un hombre de oración, graduado en la escuela de la plegaria. Sólo allí puede aprender su corazón a predicar. Ningún conocimiento puede ocupar el lugar de la oración. No puede suplirse su falta con el entusiasmo, la diligencia o el estudio.

Hablar a los hombres de parte de Dios es una gran cosa, pero es más aún hablar a Dios por los hombres. Nunca podrá el predicador transmitir el mensaje de Dios si no ha aprendido a interceder por los hombres. Por esto las palabras sin oración que dirija en el púlpito o fuera de él, son palabras muertas.

2. Primacía de la oración

Ya conoces el valor de la oración: es precioso sobre todo precio.
Nunca la descuides (Sir Thomas Buxton).

La oración es lo más necesario para el ministro.
Por tanto, mi querido hermano, ora, ora, ora (Edward Payson).

La oración en la vida, en el estudio y en el púlpito del predicador, ha de ser una fuerza conspicua y que a todo trascienda. No debe tener un lugar secundario, ni ser una simple cobertura. A él le es dado pasar con su Señor «la noche orando a Dios». Para que el predicador se ejercite en esta oración sacrificial es necesario que no pierda de vista a su Maestro, quien «levantándose muy de mañana, aún muy de noche, salió y se fue a un lugar desierto, y allí oraba». El cuarto de estudio del predicador ha de ser un altar, un Bethel, donde le sea revelada la visión de la escala hacia el cielo, significando que los pensamientos antes de bajar a los hombres han de subir hasta Dios; para que todo el sermón esté impregnado de la atmósfera celestial, de la solemnidad que le ha impartido la presencia de Dios en el estudio. Como la máquina no se mueve sino hasta que el fuego está encendido, así la predicación, con todo su mecanismo, perfección y pulimento, está paralizada en sus resultados espirituales, hasta que la oración arde y crea el vapor. La forma, la hermosura y la fuerza del sermón son como paja a menos que no tenga el poderoso impulso de la oración en él, a través de él y tras él. El predicador debe, por la oración, poner a Dios en el sermón.

El predicador, por medio de la oración, acerca a Dios al pueblo antes de que sus palabras hayan movido al pueblo hacia Dios. El predicador ha de tener audiencia con Dios antes de tener acceso al pueblo. Cuando el predicador tiene abierto el camino hacia Dios, con toda seguridad lo tiene abierto hacia el pueblo. No nos cansamos de repetir que la oración, como un simple hábito, como una rutina que se practica en forma profesional, es algo muerto. Esta clase de oración no tiene nada que ver con la oración por la cual abogamos. La oración que deseamos es la que reclama y enciende las más altas cualidades del predicador; la oración que nace de una unión vital con Cristo y de la plenitud del Espíritu Santo, que brota de las fuentes profundas y desbordantes de compasión tierna y de una solicitud incansable por el bien eterno de los hombres; de un celo consumidor por la gloria de Dios; de una convicción completa de la difícil y delicada tarea del predicador y de la necesidad imperiosa de la ayuda más poderosa de Dios. La oración basada en estas convicciones solemnes y profundas es la única oración verdadera. La predicación respaldada por esta clase de oración es la única que siembra las semillas de la vida eterna en los corazones humanos y prepara hombres para el cielo.

Naturalmente que hay predicación que goza del favor del público, que agrada y atrae, predicación que tiene fuerza literaria e intelectual y puede considerarse buena, excepto en que tiene poco o nada de oración; pero la predicación que llena los fines de Dios debe tener su origen en la oración desde que enuncia el texto y hasta la conclusión, predicación emitida con energía y espíritu de plegaria, seguida y hecha para germinar, conservando su fuerza vital en el corazón de los oyentes por la oración del predicador, mucho tiempo después de que la ocasión ha pasado.

De muchas maneras nos excusamos de la pobreza espiritual de nuestra predicación, pero el verdadero secreto se encuentra en la carencia de la oración ferviente por la presencia de Dios en el poder del Espíritu Santo. Hay innumerables predicadores que desarrollan sermones notables; pero los efectos tienen corta vida y no entran como un factor determinante en las regiones del espíritu donde se libra la batalla tremenda entre Dios y Satanás, el cielo y el infierno, porque los que entregan el mensaje no se han hecho militantes, fuertes y victoriosos por la oración.

Los predicadores que han obtenido grandes resultados para Dios son los hombres que han insistido cerca de Dios antes de aventurarse a insistir cerca de los hombres. Los predicadores más poderosos en sus oraciones son los más eficaces en sus púlpitos.

Los predicadores son seres humanos y están expuestos a ser arrebatados por las corrientes del mundo. La oración es un trabajo espiritual y la naturaleza humana rehúye un trabajo espiritual y exigente. La naturaleza humana gusta de bogar hacia el cielo con un viento favorable y un mar tranquilo. La oración hace a uno sumiso. Abate el intelecto y el orgullo, crucifica la vanagloria y señala nuestra insolvencia espiritual. Todo esto es difícil de sobrellevar para la carne y la sangre. Es más cómodo no orar que hacer abstracción de aquellas cosas. Entonces llegamos a uno de los grandes males de estos tiempos: poca o ninguna oración. De estos dos males quizás el primero sea más peligroso que el segundo. La oración escasa es una especie de pretexto, de subterfugio para la conciencia, una farsa y un engaño.

El poco valor que damos a la oración está evidenciado por el poco tiempo que le dedicamos. Hay veces que el predicador sólo le concede los momentos que le han sobrado. No es raro que el predicador ore únicamente antes de acostarse, con su ropa de dormir puesta, añadiendo si acaso una rápida oración antes de vestirse por la mañana. ¡Cuán débil, vana y pequeña es esta oración comparada con el tiempo y energía que dedicaron a la misma algunos santos varones de la Biblia y fuera de la Biblia! ¡Cuán pobre e insignificante es nuestra oración, mezquina e infantil frente a los hábitos de los verdaderos hombres de Dios en todas las épocas! A los hombres que creen que la oración es el asunto principal y dedican el tiempo que corresponde a una apreciación tan alta de su importancia, confía Dios las llaves de su reino, obrando por medio de ellos maravillas espirituales en este mundo. Cuando la oración alcanza estas proporciones viene a ser la señal y el sello de los grandes líderes de la causa de Dios y la garantía de las fuerzas conquistadoras del éxito con que Dios coronará su labor.

El predicador tiene la comisión de orar tanto como de predicar. Su labor es incompleta si descuida alguna de las dos. Aunque el predicador hable con toda la elocuencia de los hombres y de los ángeles, si no ora con fe para que el cielo venga en su ayuda, su predicación será como metal que resuena, o címbalo que retiñe, para los usos permanentes de la gloria de Dios y de la salvación de las almas.

3. La predicación que mata

La predicación que mata puede ser ortodoxa y a veces lo es –dogmática e inviolablemente ortodoxa–. Nos gusta la ortodoxia. Es buena. Es lo mejor. Es la enseñanza clara y pura de la Palabra de Dios; representa los trofeos ganados por la verdad en sus conflictos con el error, los diques que la fe ha levantado contra las inundaciones desoladoras de los que con sinceridad o cinismo no creen o creen equivocadamente; pero la ortodoxia, transparente y dura como el cristal, suspicaz y militante, puede convertirse en mera letra bien formada, bien expresada, bien aprendida, o sea, en letra que mata. Nada es tan carente de vida como una ortodoxia marchita, imposibilitada para especular, para pensar, para estudiar o para orar.

No es raro que la predicación que mata conozca y domine los principios, posea erudición y buen gusto, esté familiarizada con la etimología y la gramática de la letra y la adorne e ilustre como si se tratara de explicar a Platón y Cicerón, o como el abogado que estudia sus códigos para formular sus alegatos o defender su causa y, sin embargo, ser tan destructora como una helada, una helada que mata. La predicación de la letra puede tener toda la elocuencia, estar esmaltada de poesía y retórica, sazonada con oración, condimentada con lo sensacional, iluminada por el genio, pero todo esto no puede ser más que una costosa y pesada montadura o las raras y bellas flores que cubren el cadáver. O, por el contrario, la predicación que mata muchas veces se presenta sin erudición, sin el toque de un pensamiento o sentimiento vivo, revestida de generalidades insípidas o de especialidades vanas, con estilo irregular, desaliñado, sin reflejar ni el más leve estudio ni comunión, sin estar hermoseada por el pensamiento, la expresión o la oración. ¡Qué grande y absoluta es la desolación que produce esta clase de predicación y qué profunda la muerte espiritual que trae aparejada! Esta predicación de la letra se ocupa de la superficie y apariencia, y no del corazón de las cosas. No penetra las verdades profundas. No se ha compenetrado de la vida oculta de la Palabra de Dios. Es sincera en lo exterior, pero el exterior es la corteza que hay que romper para recoger la substancia. La letra puede presentarse vestida de tal forma que atraiga y agrade, pero la atracción no conduce hacia Dios. El fracaso está en el predicador. Nunca se ha puesto en las manos de Dios como la arcilla en las manos del alfarero. Se ha ocupado del sermón en cuanto a las ideas y su pulimento, los toques para persuadir e impresionar; pero nunca ha buscado, estudiado, sondeado, experimentado las profundidades de Dios. No sabe lo que significa estar frente al «trono alto y sublime», no ha oído el canto de los serafines, no ha contemplado la visión ni ha sido sacudido por la presencia de una santidad tan imponente que le haga sentir el peso de su debilidad y maldad después de clamar con desesperación por ver su vida renovada, su corazón tocado, purificado, inflamado por el carbón vivo del altar de Dios. Es posible que su ministerio despierte simpatías para él, para la Iglesia, para el formulismo y las ceremonias; pero no logra acercar a los hombres a Dios, no promueve una comunión dulce, santa y divina. La Iglesia ha sido retocada, no edificada; complacida, no santificada. Se ha extinguido la vida; un viento helado sopla en el verano; el suelo está endurecido. La ciudad de Dios se convierte en una necrópolis; la Iglesia en un cementerio, no en un ejército listo para la batalla. No hay alabanzas, ni plegarias, ni culto a Dios. El predicador y la predicación han prestado ayuda al pecado y no a la santidad; en vez de poblar el cielo han poblado el infierno.

La predicación que mata es la predicación sin oración. Sin la oración el predicador crea la muerte y no la vida. El predicador que es débil en la oración es débil también para impartir el poder vivificador. El predicador que ha dejado de considerar la oración como un elemento importante y decisivo en su propio carácter, ha privado a su predicación del poder de dar vida. No falta la oración profesional, pero ésta apresura la obra mortal de la predicación. La oración profesional enfría y mata al mismo tiempo la predicación y la plegaria. Gran parte de la falta de devoción y reverencia que muestran las congregaciones cuando se ora, puede atribuirse a la oración profesional en el púlpito. Las oraciones en muchos púlpitos son largas, argumentadoras, secas, vacías. Sin unción y sin espíritu caen como una helada sobre todo el servicio. Son oraciones que matan. Bajo su aliento desaparece todo vestigio de devoción. Cuanto más muertas son, tanto más largas se hacen. Lo que necesitamos son oraciones cortas, vivas, que salgan del corazón, inspiradas por el Espíritu Santo, directas, específicas, ardientes, sencillas y reverentes. Una escuela para enseñar a los predicadores a orar como a Dios le agrada, sería de más provecho para la verdadera piedad, para el culto y para la predicación que todas las escuelas teológicas.

Detengámonos un momento. Consideremos: ¿Dónde estamos? ¿Qué es lo que hacemos? ¿Predicamos y oramos de tal manera que damos muerte? Oremos a Dios, al gran Dios Hacedor de todos los mundos, al Juez de todos los hombres. ¡Qué reverencia! ¡Qué simplicidad! ¡Qué sinceridad! ¡Cuánta verdad se demanda en lo íntimo del corazón! ¡Cuán sinceros y entusiastas debemos ser! La oración a Dios es la ocupación más noble, el esfuerzo más elevado, el objeto más real. ¿No descartaremos para siempre la predicación y la oración que matan, sustituyéndolas por las que dan vida y poder, por las que abren a la necesidad y miseria del hombre los tesoros inextinguibles de Dios?

4. El alma de la predicación

«Porque nada llega al corazón sino lo que es del corazón y nada penetra en la conciencia sino lo que proviene de una conciencia viviente» (William Pent).

«Por la mañana me ocupaba más de preparar la cabeza que el corazón. Este ha sido mi error frecuente y siempre he resentido el mal que me ha causado especialmente en la oración. ¡Refórmame, oh Señor! Ensancha mi corazón y predicaré» (Roberto Murray McCheyne).

«Un sermón que contiene más de la cabeza que del corazón no encontrará albergue en las almas de los oyentes» (Richard Cecil).

La oración con sus múltiples fuerzas de aspectos variados ayuda a la boca para emitir la verdad con su plenitud y su libertad. El predicador necesita de la oración; estar formado por ella. Unos labios santos y valientes son el resultado de mucha oración. La Iglesia y el mundo, la tierra y el cielo deben mucho a la boca de Pablo y éste a la oración. La oración es ilimitable, multiforme, valiosa, útil al predicador en todos los sentidos y en todos los puntos. Su valor principal es la ayuda que da a su corazón.

La oración hace sincero al predicador. La oración pone el corazón del predicador en su sermón: la oración pone el sermón en el corazón del predicador. El corazón hace al predicador. Los hombres de gran corazón suelen ser grandes predicadores. Los de corazón malo pueden hacer algo bueno, pero esto es raro. El asalariado y el extraño pueden ayudar a la oveja de alguna forma, pero es el buen pastor, con el corazón del Buen Pastor, quien beneficia a la oveja y ocupa en todo la medida y el lugar que le ha asignado el Maestro. Damos tanto énfasis a la preparación del sermón que hemos perdido de vista lo que importa preparar: el corazón. Un corazón preparado es mejor que la mejor homilética. Un corazón preparado predicará un sermón preparado.

Se han escrito volúmenes exponiendo la técnica y la estética de la confección de un sermón, hasta que se ha posesionado de nosotros la idea de que el armazón es el edificio. Al joven predicador se le ha enseñado a poner toda su fuerza en la forma, buen gusto y belleza de un sermón como si fuera un producto mecánico e intelectual. De aquí que hayamos cultivado un gusto vicioso entre el pueblo que levanta su clamor pidiendo talento en lugar de gracia, elocuencia en lugar de piedad, retórica en lugar de revelación, renombre y lustre en lugar de santidad. Por eso hemos perdido la verdadera idea de la predicación, la convicción punzante del pecado, la rica experiencia y el carácter cristiano elevado, hemos perdido la autoridad sobre las conciencias y las vidas que siempre resulta de la predicación genuina. No quiero decir que los predicadores estudian demasiado. Algunos de ellos no estudian bastante y quizá debieran estudiar aún más. Los hay que no estudian de manera que puedan presentarse como obreros aprobados de Dios. Pero nuestra gran falta no está en la carencia de cultura de la cabeza, sino de cultura del corazón; no es falta de conocimiento, sino de santidad; nuestro defecto principal y lamentable no es que no sepamos demasiado, sino que no meditamos en Dios y en su palabra; que no hemos velado, ayunado y orado lo debido. El corazón es el que pone obstáculos en la predicación. Las palabras impregnadas con la verdad divina encuentran corazones no conductores; se detienen y caen vanas y sin poder.

¿Puede la ambición que ansía alabanza y posición predicar el evangelio de Aquel que se anonadó a sí mismo, tomando forma de siervo? ¿Puede el orgulloso, el vanidoso, el pagado de sí mismo predicar el evangelio de Aquel que fue manso y humilde? ¿Puede el iracundo, el apasionado, el egoísta, el endurecido, el mundano, predicar el sistema que rebosa sufrimiento, abnegación, ternura, que imperativamente demanda alejamiento de la maldad y crucifixión al mundo? ¿Puede el asalariado oficial, sin amor, superficial, predicar el evangelio que demanda del pastor dar su vida por las ovejas? ¿Puede el ambicioso que se preocupa por el salario y el dinero, predicar el evangelio sin que haya dominado su corazón y pueda decir en el espíritu de Cristo y Pablo y con las palabras de Wesley: «Lo cuento por pérdida; lo aplasto bajo mis pies; yo (no yo, sino la gracia de Dios que es en mí) lo estimo como el lodo de las calles, no lo deseo, no lo anhelo?». La revelación de Dios no necesita la luz del genio humano, el lustre y la fuerza de la cultura humana, el brillo del pensamiento humano, el poder del cerebro humano para adornarla o vigorizarla; sino que demanda la sencillez, la docilidad, la humildad y la fe de un corazón de niño. Por esta renunciación y subordinación del intelecto y del genio a las fuerzas divinas y espirituales, vino a ser Pablo inimitable entre los apóstoles. Esto dio también a Wesley su poder y fijó hondamente su labor en la historia de la humanidad. Nuestra gran necesidad es la preparación del corazón. Lutero sostenía como axioma que «quien ha orado bien, ha estudiado bien». No decimos que los hombres no han de pensar ni usar su inteligencia; pero emplea mejor su mente el que cultiva más su corazón. No decimos que los predicadores no han de ser estudiosos, sino que su principal libro de estudio ha de ser la Biblia y la estudia mejor si ha guardado su corazón con diligencia. No decimos que el predicador no ha de conocer a los hombres, sino que tendrá un mayor conocimiento de la naturaleza humana el que ha sondeado los abismos y las perplejidades de su propio corazón. Decimos que, aunque el canal de la predicación es la mente, la fuente es el corazón; aunque el canal sea amplio y profundo si no se tiene cuidado de que la fuente sea pura y honda, aquél, estará sucio y seco. Decimos que por lo general cualquier hombre con una inteligencia común tiene sentido suficiente para predicar el evangelio, pero pocos tienen la gracia para esto. Decimos que el que ha luchado con su propio corazón es el que lo ha vencido; que ha cultivado la humildad, la fe, el amor, la verdad, la misericordia, la simpatía y el valor; quien puede vaciar sobre la conciencia de los oyentes los ricos tesoros de un corazón educado así, a través de una inteligencia vigorosa y todo encendido con el poder del evangelio, éste será el predicador más sincero y con más éxito en la estimación de su Señor.

5. El ministerio fructífero

> *La causa principal de mi pobreza e ineficacia es debida a una inexplicable negligencia en la oración. Puedo escribir, leer, conversar y oír con voluntad presta, pero la oración es más íntima y espiritual que estas cosas y por eso mi corazón carnal fácilmente la rehúye. La oración, la paciencia y la fe nunca quedan sin efecto. Hace tiempo que he aprendido que si llego a ser un ministro será por la oración y la fe. Cuando mi corazón está en aptitud y libertad para orar, cualquier otra tarea es comparativamente sencilla* (Richard Newton).

Es necesario establecer como un axioma espiritual que en todo buen ministerio la oración es una fuerza dominante y manifiesta no sólo en la vida del predicador, sino en la espiritualidad profunda de su obra. Un ministro puede ser todo lo dedicado que se quiera sin oración, asegurar fama y popularidad sin oración; toda la maquinaria de la vida y obra del predicador puede ser puesta en movimiento sin el aceite de la oración o con un poco, apenas para engrasar alguno de los dientes de las ruedas; pero ningún ministerio puede ser espiritual y lograr la santidad del predicador y de su pueblo sin la oración como fuerza dominante y manifiesta.

El predicador que ora tiene la ayuda efectiva de Dios en su obra. Dios no muestra su presencia en la obra del predicador como cosa natural o en principios generales, sino que viene por la oración urgente y especial. Que Dios puede ser hallado el día que le busquemos con todo el corazón, es tan cierto para el predicador como para el penitente. Un ministerio donde hay oración es el único capaz de poner al predicador en simpatía con el pueblo. La predicación le liga tanto a lo humano como a lo divino. Sólo el ministerio donde hay oración es idóneo para los altos oficios y responsabilidades de la predicación. Los colegios, el saber, los libros, la teología, la predicación, no pueden hacer por el predicador lo que hace la oración. La comisión para predicar dada a los apóstoles fue una hoja en blanco hasta que no la llenó el Pentecostés pedido en oración. Un ministro devoto ha ido más allá de las regiones de lo popular, es más que un hombre ocupado de actividad mundana, de atractivo en el púlpito. Ha ido más allá del organizador o director eclesiástico hasta alcanzar lo sublime y poderoso, lo espiritual. La santidad es el producto de su obra; los corazones y vidas transfiguradas son el blasón de la realidad de su trabajo, de su naturaleza genuina y substancial. Dios está con él. Su ministerio no se proyecta sobre principios mundanos o superficiales. Tiene grandes reservas y conocimientos profundos de los bienes de Dios. Su comunión frecuente e íntima con el Dios de su pueblo y la agonía de su espíritu luchador le han coronado como un príncipe en el reino de Dios. El hielo del simple profesional se ha derretido con la intensidad de su oración.

Los resultados superficiales del ministerio de algunos, la inercia del de otros, tienen que explicarse en la falta de oración. Ningún ministerio puede alcanzar éxito sin mucha oración, y esta oración ha de ser fundamental, constante y creciente. El texto, el sermón han de ser la consecuencia de la oración. Su cuarto de estudio ha de estar bañado en oración, todos los actos impregnados de este espíritu. «Lamento haber orado muy poco», fue la expresión de pesadumbre que tuvo en su lecho de muerte uno de los escogidos de Dios, remordimiento que nos entristece tratándose de un predicador. «Deseo una vida de muy grande, profunda y verdadera oración», decía el finado arzobispo Tait. ¡Que esto digamos todos y para ello nos esforcemos! Los genuinos predicadores de Dios se han distinguido por esta gran característica: han sido hombres de oración. A menudo difieren en algunos rasgos, pero han coincidido en el requisito central. Quizá han partido de diferentes puntos y atravesado distintos caminos pero están unidos en la oración. Para ellos Dios fue el centro de atracción y la oración ha sido la ruta que los ha conducido a él. Estos hombres no han orado ocasionalmente ni en cortas proporciones a horas regulares, sino que sus oraciones han penetrado y formado sus caracteres; han afectado sus propias vidas y las de otros, y han formado la historia de la Iglesia e influenciado la corriente de los tiempos. Han pasado mucho tiempo en oración, no porque lo marcaran en la sombra del reloj de sol o las manecillas de un reloj moderno, sino porque para ellos fue una ocupación tan importante y atractiva que difícilmente la abandonaban. La oración para ellos ha sido como fue para Pablo, un ardiente esfuerzo del alma; lo que fue para Jacob, haber luchado y vencido; lo que fue para Cristo «gran clamor y lágrimas». «La oración eficaz» ha sido el arma más poderosa de los soldados más denodados de Dios. «Oraban en todo tiempo con toda deprecación y súplica en el espíritu, y velando en ello con toda instancia». Lo que se dice de Elías respecto de que «era hombre sujeto a semejantes pasiones que nosotros, y rogó con oración que no lloviese, y no llovió sobre la tierra en tres años y seis meses, y otra vez oró, y el cielo dio lluvia, y la tierra produjo fruto», incluye a todos los profetas y predicadores que han guiado hacia Dios la generación en que han vivido, dando a conocer el instrumento por el que han hecho maravillas.

6. Unción y predicación

Habla para la eternidad. Sobre todas las cosas cultiva tu propio espíritu. Una palabra que hables con tu conciencia clara y tu corazón lleno del Espíritu de Dios vale diez mil palabras enunciadas en incredulidad y pecado. Recuerda que hay que dar gloria a Dios y no al hombre. Si el velo de la maquinaria del mundo se levantara, cuánto encontraríamos que se ha hecho en respuesta a las oraciones de los hijos de Dios (Robert Murray McCheyne).

Todos los esfuerzos del ministro serán vanidad o peor que vanidad si no tiene unción. La unción debe bajar del cielo y esparcirse como un perfume dando sabor, sensibilidad y forma a su ministerio; y entre los otros medios de preparación para su cargo, la Biblia y la oración deben tener el primer lugar, y también debemos terminar nuestro trabajo con la Palabra de Dios y la oración (Richard Cecil).

La unción es la cualidad indefinible e indescriptible que un antiguo y renombrado predicador escocés describe de esta manera: «En ocasiones hay algo en la predicación que no puede aplicarse al asunto o a la expresión, ni puede explicarse lo que es ni de dónde viene, pero con una dulce violencia taladra el corazón y los afectos y brota directamente del Señor. Si hay algún medio de obtener este don es por la disposición piadosa del orador». La llamamos unción. Esta unción es la que hace la Palabra de Dios «viva y eficaz y más penetrante que toda espada de dos filos; y que alcanza hasta partir el alma, y aún el espíritu, y las coyunturas y tuétanos, y discierne los pensamientos y las intenciones del corazón». Esta unción es la que da a las palabras del predicador precisión, agudeza y poder y la que agita y despierta las congregaciones muertas. Las mismas verdades han sido dichas en otras ocasiones con la exactitud de la letra, han sido suavizadas con el aceite humano; pero no ha habido señales de vida, no ha habido latido del pulso; todo ha permanecido quieto como el sepulcro y como la muerte. Pero si el predicador recibe el bautismo de esta unción, el poder divino está en él, la letra de la Palabra ha sido embellecida y encendida por esta fuerza misteriosa, y empiezan las palpitaciones de la vida, la vida que recibe a la vida que resiste. La unción penetra y convence la conciencia y quebranta el corazón.

Esta unción divina es el rasgo que separa y distingue la genuina predicación del evangelio de todos los otros métodos de presentar la verdad que abren un abismo espiritual entre el predicador que la posee y el que no la tiene. La verdad revelada está apoyada e impregnada por la energía divina. La unción sencillamente pone a Dios en su palabra y en su predicador. Por medio de una grande, poderosa y continua devoción, la unción se hace potencial y personal para el predicador; inspira y clarifica su inteligencia, le da intuición, dominio y poder; imparte al predicador energía del corazón que es de más valor que la energía intelectual; por ella brotan de su corazón la ternura, la pureza, la fuerza. Esta unción produce los frutos de amplitud de miras, libertad, pensamiento vigoroso, expresión sencilla y directa.

A menudo se confunde el fervor con esta unción. El que tiene la unción divina será fervoroso en la misma naturaleza espiritual de las cosas, pero puede haber una gran cantidad de fervor sin la más leve mezcla de unción.

El fervor y la unción se parecen desde algunos puntos de vista. El entusiasmo puede fácilmente confundirse con la unción. Se requiere una visión espiritual y un sentido espiritual para discernir la diferencia.

El entusiasmo puede ser sincero, formal, ardiente y perseverante. Emprende un fin con buena voluntad, lo sigue con constancia y lo recomienda con empeño; pone fuerza en él. Pero todas estas fuerzas no van más alto que lo mero humano. El hombre está en ellas, todo lo que es el hombre completo de voluntad y corazón, de cerebro y genio, de voluntad, de trabajo y expresión hablada. Él se ha fijado un propósito que le ha dominado y se esfuerza por alcanzarlo. Puede ser que en sus proyectos no haya nada de Dios o haya muy poco por contener tanto del hombre. Hará discursos en defensa de su propósito ardiente que agraden, enternezcan o anonaden con la convicción de su importancia; y sin embargo, todo este entusiasmo puede ser impulsado por fines terrenales, empujado únicamente por fuerzas humanas; su altar hecho mundanamente y su fuego encendido por llamas profanas. Se dice de un famoso predicador de mucho talento que construía la Escritura tan a su modo, que se «hizo muy elocuente sobre su propia exégesis». Así los hombres se hacen excesivamente solícitos en sus propios planes o acciones. Algunas veces el entusiasmo es egoísmo disimulado.

¿Qué es unción? Es lo indefinible que constituye una predicación. Es lo que distingue y separa la predicación de todos los discursos meramente humanos. Es lo divino en la predicación. Hace la predicación severa para el que necesita rigor; destila como el rocío para los que necesitan ser confortados. Está bien descrita como una «espada de dos filos, templada por el cielo, que hace doble herida, una de muerte al pecado, otra de vida al que lamenta su maldad; provoca y aplaca la lucha, trae conflicto y paz al corazón». Esta unción desciende al predicador no en su oficina, sino en su retiro privado. Es la destilación del cielo en respuesta a la oración. Es la exhalación más dulce del Espíritu Santo. Impregna, difunde, suaviza, filtra, corta y calma. Lleva la Palabra como dinamita, como sal, como azúcar; hace de la Palabra un confortador, un acusador, un escrutador, un revelador, hace al oyente un culpable, o un santo, lo hace llorar como un niño y vivir como un gigante; abre su corazón y su bolsillo tan dulcemente y al mismo tiempo tan fuertemente como la primavera abre sus hojas. Esta unción no es el don del genio. No se encuentra en las salas de estudio. Ninguna elocuencia puede traerla. Ninguna industria puede lograrla. No hay manos episcopales que puedan conferirla. Es el don de Dios, el sello puesto a sus mensajeros. Es el grado de nobleza impartido a los fieles y valientes escogidos que han buscado el honor del ungimiento por medio de muchas horas de oración esforzada y llena de lágrimas.

El entusiasmo es bueno e impresionante; el genio es grande y hábil. El pensamiento enciende e inspira, pero se necesita el don más divino, una energía más poderosa que el genio, la vehemencia o el pensamiento para romper las cadenas del pecado, para convertir a Dios los corazones extraviados y depravados, para reparar las brechas y restaurar la Iglesia a sus antiguas prácticas de pureza y poder. Sólo la unción santa puede lograr esto.

¿Cómo? Por el Espíritu Santo morando en toda su plenitud en la vida del ministro del Evangelio. Es una obra de Dios.

6.1. Unción y oración

En el sistema cristiano la unción es el ungimiento del Espíritu Santo, que aparta a los hombres para la obra de Dios y los habilita para ella. Esta unción es la única cosa divina que capacita, por la cual el predicador logra los fines peculiares y salvadores de la predicación. Sin esta unción no se obtienen verdaderos resultados espirituales; los efectos y fuerzas de la predicación no exceden a los resultados de la palabra no consagrada. Sin unción ésta tiene tanta potencia como la del púlpito. La unción divina sobre el predicador genera, por medio de la Palabra de Dios, los resultados espirituales que emanan del evangelio; y sin esta unción no se consiguen tales resultados. Se produce una impresión agradable, pero muy lejos de los fines de la predicación del evangelio. La unción puede ser simulada. Hay muchas cualidades que se le parecen, hay muchos resultados que se asemejan a sus efectos, pero que son extraños a sus resultados y a su naturaleza. El fervor o el enternecimiento causados por un sermón patético o emocional pueden parecerse al efecto de la unción divina, pero no tienen la fuerza punzante que penetra y quebranta el corazón. No hay bálsamo que cure el alma en este enternecimiento exterior que obra por emoción y por simpatía; su resultado no es radical, no escudriña, no sana del pecado. Esta unción divina es el único rasgo de distinción, que separa la predicación del verdadero evangelio de todos los otros métodos de presentarlo, que refuerza y penetra la verdad revelada con todo el poder de Dios. La unción ilumina la Palabra, ensancha y enriquece el entendimiento capacitándolo para asirla y afianzarla. Prepara el corazón del predicador y lo pone en esa condición de ternura, pureza, fuerza y luz que es necesaria para obtener los resultados más satisfactorios. Esta unción da al predicador libertad y amplitud de pensamiento y de alma, una independencia, vigor y exactitud de expresión que no pueden lograrse por otro proceso.

Sin esta unción sobre el predicador, el evangelio no tiene más poder para propagarse que cualquier otro sistema de verdad. Este es el sello de su divinidad. La unción en el predicador pone a Dios en el evangelio. Sin la unción, Dios está ausente y el evangelio queda a merced de las fuerzas mezquinas y débiles que la ingenuidad, interés o talento de los hombres pueden planear para recomendar y proyectar sus doctrinas. En este elemento falla el púlpito más que en cualquier otro. Fracasa precisamente en este punto importantísimo. Posee conocimientos, talento y elocuencia, sabe agradar y encantar, atrae a multitudes con sus métodos sensacionales; el poder mental imprime y hace cumplir la verdad con todos sus recursos; pero sin esta unción, todo esto será como el asalto de las aguas sobre Gibraltar. La espuma cubre y resplandece; pero las rocas permanecen quietas, sin conmoverse, inexpresivas. Tan difícil es que las fuerzas humanas puedan arrancar del corazón la dureza y el pecado como el oleaje continuo del océano es impotente para arrebatar las rocas. Esta unción es la fuerza que consagra y su presencia una prueba constante de esa consagración. El ungimiento divino del predicador asegura su consagración a Dios y a su obra. Otras fuerzas y motivos pueden haberlo llamado al ministerio, pero solamente aquello puede ser consagración. Una separación para la obra de Dios por el poder del Espíritu Santo es la única consagración reconocida por Dios como legítima. Esta unción, la unción divina, este ungimiento celestial es lo que el púlpito necesita y debe tener. Este aceite divino y celestial derramado por la imposición de manos de Dios, tiene que suavizar y lubricar al individuo –corazón, cabeza y espíritu– hasta que lo aparta con una fuerza poderosa de todo lo que es terreno, secular, mundano, de los fines y motivos egoístas para dedicarlo a todo lo que es puro y divino. La presencia de esta unción sobre el predicador crea conmoción y actividad en muchas congregaciones. Las mismas verdades han sido dichas con la exactitud de la letra sin que se vea ninguna agitación, sin que se sienta ninguna pena o pulsación. Todo está quieto como un cementerio. Viene otro predicador con esta misteriosa influencia; la letra de la Palabra ha sido encendida por el Espíritu, se perciben las angustias de un movimiento poderoso, es la unción que penetra y despierta la conciencia y quebranta el corazón. La predicación sin unción endurece, seca, irrita, mata todo.

La unción no es el recuerdo de una era del pasado; es un hecho presente, realizado, consciente. Pertenece a la experiencia del hombre tanto como a su predicación. Es la que lo transforma a la imagen de su divino Maestro y le da el poder para declarar las verdades de Cristo. Es tanta su fuerza en el ministerio que sin ella todo parece débil y vano, y por su presencia compensa la ausencia de todas las otras potencialidades. Esta unción no es un don inalienable. Es un don condicional que puede perpetuarse y aumentarse por el mismo proceso con que se obtuvo al principio; por incesante oración a Dios, por vivo deseo de Dios, por estimar esta gracia, por buscarla con ardor incansable, por considerar todo como pérdida y fracaso si falta. ¿Cómo y de dónde viene esta unción? Directamente de Dios en respuesta a la oración. Solamente los corazones que oran están llenos con este aceite santo; los labios que oran son los únicos ungidos con esta unción divina.

La oración, y mucha oración, es el precio de la unción en la predicación, y el requisito único para conservarla. Sin oración incesante, la unción nunca desciende hasta el predicador. Sin perseverancia en la oración, la unción, como el maná guardado en contra de lo prevenido, cría gusanos.

7. Instrumentos del Espíritu

Busca la santidad en todos los detalles de la vida.
Toda tu eficiencia depende de esto,
porque tu sermón dura solamente una o dos horas
pero tu vida predica toda la semana.
Si Satanás logra hacerte un ministro codicioso, amante de las adulaciones,
del placer, de la buena mesa, habrá echado a perder tu ministerio.
Entrégate a la oración para que tus textos, tus oraciones y tus palabras
vengan de Dios (Robert Murray McCheyne).

Constantemente nuestra ansiedad llega a la tensión, para delinear nuevos métodos, nuevos planes, nuevas organizaciones para el avance de la Iglesia y para la propagación eficaz del evangelio. Esta tendencia nos hace perder de vista al hombre, diluyéndolo en el plan u organización. El designio de Dios, en cambio, consiste en usar al hombre, obtener de él más que de ninguna otra cosa. El método de Dios se concreta en los hombres. La Iglesia busca mejores sistemas; Dios busca mejores hombres. «Fue un hombre enviado de Dios, el cual se llamaba Juan». La dispensación que anunció y preparó el camino para Cristo estaba ligada al hombre Juan. «Niño nos es nacido, hijo nos es dado». La salvación del mundo proviene de este Hijo del pesebre. Cuando Pablo recomienda el carácter personal de los hombres que arraigaron el evangelio en el mundo nos da la solución del misterio de su triunfo. La gloria y eficiencia del evangelio se apoyan en los hombres que lo proclaman. Dios proclama la necesidad de hombres para usarlos como el medio para ejercitar su poder sobre el mundo, con estas palabras: «Los ojos de Jehová contemplan toda la tierra, para corroborar a los que tienen corazón perfecto para con él». Esta verdad urgente y vital es vista con descuido por la gente de nuestra época, lo que es tan funesto para la obra de Dios como sería arrancar el sol de su esfera, pues produciría oscuridad, confusión y muerte. Lo que la Iglesia necesita hoy día, no es maquinaria más abundante o perfeccionada, ni nuevas organizaciones ni métodos más modernos, sino hombres que puedan ser usados por el Espíritu Santo: hombres de oración, poderosos en la oración. El Espíritu Santo no pasa a través de métodos, sino de hombres. No desciende sobre la maquinaria, sino sobre los hombres. No unge a los planes, sino a los hombres: los hombres de oración. Un historiador eminente ha dicho que los accidentes del carácter personal tienen una parte más importante en las revoluciones de las naciones que la admitida por ciertos historiadores filosóficos o políticos. Esta verdad tiene una aplicación plena en lo que se refiere al evangelio de Cristo, porque el carácter y la conducta de sus fieles seguidores, cristianizan al mundo y transfiguran a las naciones y a los individuos.

El buen nombre y el éxito del evangelio están confiados al predicador, pues o entrega el verdadero mensaje divino, o lo echa a perder. Él es el conducto de oro para el aceite divino. El tubo no sólo debe ser de oro, además tiene que estar limpio para que nada obstruya el libre paso del aceite, y sin agujeros para que nada se pierda.

El hombre hace al predicador, Dios tiene que hacer al hombre. El mensajero, si se nos permite la expresión, es más que el mensaje. El predicador es más que el sermón. Como la leche del seno de la madre no es sino la vida de la madre, así todo lo que el predicador dice está saturado por lo que él es. El tesoro está en vasos de barro y el sabor de la vasija impregna el contenido y puede hacerlo desmerecer. El hombre –el hombre entero– está detrás del sermón. Se necesitan veinte años para hacer un sermón, porque se requieren veinte años para hacer un hombre. El verdadero sermón tiene vida. Crece juntamente con el hombre. El sermón es poderoso cuando el hombre es poderoso. El sermón es santo si el hombre es santo. El sermón estará lleno de unción divina siempre que el hombre esté lleno de la unción divina.

Pablo solía decir "mi Evangelio", no porque lo había degradado con excentricidades personales o desviado con fines egoístas, sino porque el evangelio estaba en el corazón y en la sangre del hombre Pablo como un depósito personal para ser dado a conocer con sus rasgos peculiares, para que impartiera él mismo el fuego y el poder de su alma indómita. ¿Qué se ha hecho de los sermones de Pablo?, ¿dónde están? ¡Son esqueletos, fragmentos esparcidos, flotando en el mar de la inspiración! Pero el hombre Pablo, más grande que sus sermones, vive para siempre, con la plenitud de su figura, facciones y estatura, con su mano modeladora puesta sobre la Iglesia. La predicación no es más que una voz. La voz muere en el silencio, el texto es olvidado, el sermón desaparece de la memoria; el predicador vive.

El sermón con su poder vivificador no puede elevarse sobre el hombre. Los hombres muertos producen sermones muertos que matan. Todo el éxito depende del carácter espiritual del predicador. Bajo la dispensación judía el sumo sacerdote inscribía con piedras preciosas sobre un frontal de oro las palabras: «Santidad a Jehová». De una manera semejante todo predicador en el ministerio de Cristo debe ser modelado y dominado por el mismo lema santo. Es una vergüenza para el ministerio cristiano tener un nivel más bajo en santidad de carácter y de aspiración que el sacerdocio judío. Jonathan Edwards decía: «Perseveré en mi propósito firme de adquirir más santidad y vivir más de acuerdo con las enseñanzas de Cristo. El cielo que yo deseaba era un cielo de santidad». El evangelio de Cristo no progresa por movimientos populares. No tiene poder propio de propaganda. Avanza cuando marchan los hombres que lo llevan. El predicador debe personificar el evangelio, incorporarse sus características más divinas. El poder impulsor del amor ha de ser en el predicador una fuerza ilimitada y dominadora; la abnegación, parte integrante de su vida. Ha de conducirse como un hombre entre los hombres, vestido de humildad y mansedumbre, sabio como serpiente, sencillo como paloma; con las cadenas de un siervo, pero con el espíritu de un rey; su porte independiente y majestuoso, como un monarca, a la vez que delicado y sencillo como un niño. El predicador ha de entregarse a su obra de salvar a los hombres, con todo el abandono de una fe perfecta y de un celo consumidor. Los hombres que tienen a su cargo formar una generación piadosa, han de ser mártires valientes, heroicos y compasivos. Si son tímidos, contemporizadores, ambiciosos de una buena posición, si adulan o temen a los hombres, si su fe en Dios y su Palabra es débil, si su espíritu de sacrificio se quebranta ante cualquier brillo egoísta o mundano, no podrán conducir ni a la Iglesia ni al mundo hacia Dios. La predicación más enérgica y más dura del ministro ha de ser para sí mismo. Esta será su tarea más difícil, delicada y completa. La preparación de los doce fue la obra grande, laboriosa y duradera de Cristo.

Los predicadores no son tanto creadores de sermones como forjadores de hombres y de santos, y el único, bien preparado para esta obra, será aquel que haya hecho de sí mismo un hombre y un santo. Dios demanda no grandes talentos, ni grandes conocimientos, ni grandes predicadores, sino hombres grandes en santidad, en fe, en amor, en fidelidad, grandes para con Dios. Hombres que prediquen siempre por medio de sermones santos en el púlpito y por medio de vidas santas fuera de él. Estos son los que pueden modelar una generación que sirva a Dios.

De este tipo fueron los cristianos de la Iglesia primitiva. Hombres de carácter sólido, predicadores de molde celestial, heroicos, firmes, esforzados, santos. Para ellos la predicación significaba abnegación, penalidades crucifixión del yo, martirio. Se entregaron a su tarea de una manera que dejó huellas profundas en su generación y prepararon un linaje para Dios. El hombre que predica tiene que ser el hombre que ora.

El arma más poderosa del predicador es la oración, fuerza incontrastable en sí misma, que da vida y energía a todo lo demás. El verdadero sermón se forma en la oración secreta. El hombre –el hombre de Dios– se forma sobre las rodillas. La vida del hombre de Dios, sus convicciones profundas, tienen su origen en la comunión secreta con el Altísimo. Sus mensajes más poderosos y más tiernos, los adquiere a solas con Dios. La oración hace al hombre, al predicador, al pastor, al obrero cristiano y al creyente consagrado.

El púlpito de nuestros días es pobre en oración. El orgullo del saber se opone a la humildad que requiere la plegaria. A menudo, la presencia de la oración en el púlpito es sólo oficial: un número del programa dentro de la rutina da culto. La oración en el púlpito moderno está muy lejos de ser lo que fue en la vida y en el ministerio de Pablo.

El predicador que no hace de la oración un factor poderoso en su vida y ministerio, es un punto débil en la obra de Dios y es incompetente para promover la causa del evangelio en este mundo.

III
Predicamos a Cristo

Taito A. Kantonen

«Porque no nos predicamos a nosotros mismos, sino a Jesucristo como Señor, y a nosotros como siervos vuestros por amor de Jesús. Porque Dios, que mandó que de las tinieblas resplandeciese la luz, es el que resplandeció en nuestros corazones, para iluminación del conocimiento de la gloria de Dios en la faz de Jesucristo. Pero tenemos este tesoro en vasos de arcilla, para que la excelencia del poder sea de Dios, y no procedente de nosotros» (2 Cor. 4:5-7).

1. El ejemplo de la predicación apostólica

La predicación del Evangelio no es exhortación a la gente a que haga algo o sea algo. Es un anuncio de lo que Dios ha hecho y está haciendo. La palabra que Pablo usa cuando dice "predicamos" significa "proclamamos", y la palabra para el que proclama significa "heraldo". Jesús mismo apareció en la escena de la historia como un heraldo que anunciaba la aurora de la era mesiánica, el principio del día aceptable del Señor. Cuando las trompetas de los heraldos anunciaban por toda la tierra el comienzo del año del jubileo, empezaban a suceder cosas. Las puertas de las celdas eran abiertas, y las deudas eran canceladas. La proclamación de Jesús fue un anuncio como el de estas trompetas. Lo que proclamó, ocurrió mientras lo estaba proclamando. El Reino de Dios se acercó y tocó las vidas de la gente. Esta fue la naturaleza de la predicción apostólica. La palabra proclamada fue el instrumento de la acción redentora de Dios. La palabra oída y aceptada generaba fe, y la fe era el acceso al poder del mundo venidero que había entrado en el mundo presente, en Cristo. Los apóstoles no comunicaban meramente conocimiento referente a la salvación. La salvación tenía lugar cuando ellos predicaban. La palabra predicada era el poder de Dios para salvación.

Es con esta proclamación redentora que el predicador del Evangelio, incluso hoy, confronta a la gente. Cuando es fiel a ella, Cristo mismo habla a través de él, comunicando su presencia viva a ellos, y realiza el propósito de Dios para sus vidas. Pablo afirma de modo específico la substancia de la proclamación: «Predicamos a Cristo». Todo lo que decimos sobre Dios y el mundo se irradia de Cristo. Si la proclamación de la Iglesia ha de tener un contenido cristiano auténtico, tiene que referirse constantemente al Cristo encarnado, crucificado, ascendido y que retorna.

2. La Palabra encarnada

La palabra con la que el predicador del Evangelio confronta a los hombres y mujeres es, primero, la palabra "encarnada". El mensaje cristiano no es «Dios formuló esta táctica» o «Dios dio esta pauta de ideas o reglas», sino «Dios envió a su Hijo». La vida que latía bajo el corazón de María era la vida de Dios. El hombre humilde que, sentado en una barca en el mar de Galilea, enseñaba a la gente congregada en la orilla era Dios en la carne. El hombre que fue crucificado en una colina de Judea era el mismo Dios y verdadero Dios. Tanto el contenido como el método de nuestra misión tienen su fuente en el hecho de la encarnación. Este hecho da a la proclamación un carácter vital concreto y una apelación directa a todo corazón humano. «No nos predicamos a nosotros mismos», dice Pablo. La palabra que proclamamos no son nuestros pensamientos sobre Dios, ni aun los pensamientos de Dios transcritos y entregados a nosotros, sino el Verbo, la Palabra hecha carne. El Dios que se hizo hombre no se interesa en ideas o principios, sino en personas. Su apelación no toma la forma de «Creed mis enseñanzas», o «Seguid mis preceptos», sino «Creed en mí», «Seguidme», «Yo soy la verdad». Pide a la gente que eche mano de Él como un hombre hambriento agarra un pan. Un hombre hambriento, dice Kierkegaard, necesita algo más que leer un libro de recetas de cocina. O como dice el arzobispo Lehtonen de Finlandia: «Un sermón no se interesa en doctrinas o sistemas y en su aceptación. Es una cosa de fe, que es el abrirse personalmente a Jesús, y el establecer una relación viva con Él».

Los apóstoles predicaban de esta manera. Habían sido enviados, no para obtener asentimiento en esta o aquella proposición, sino para ser pescadores de hombres y hacerlos cautivos de Cristo. «Es a Cristo Jesús el Señor a quien predicamos», dice Pablo, y para impedirnos que perdamos la fuerza de esta afirmación y le demos vueltas y nos convenzamos de que sólo hablamos de Cristo, el apóstol sigue y dice que llevamos en estos mismos cuerpos al Señor crucificado y resucitado, «para que también la vida de Jesús se manifieste en nuestra carne mortal» (2 Cor. 4:5-11).

La encarnación es presentada aquí como contenido del mensaje y como el método de comunicarlo. El Verbo o Palabra que se hizo carne por nosotros, pasa a ser carne en nosotros cuando nosotros la usamos para establecer contacto con otras personas. Cuando nos levantamos para predicar, Cristo mismo sigue nuestros pasos, mira a través de nuestros ojos, piensa con nuestros pensamientos, habla a través de nuestras palabras, ama a través de nuestros corazones. Por medio de nosotros el Reino de Dios hace un impacto en los hombres y mujeres, y Dios pasa a ser real para ellos. Tan tremendo es el impacto, que tiene la fuerza de una nueva creación, como en el principio cuando Dios creó el cielo y la tierra e hizo un cosmos ordenado del caos. Porque, dice el apóstol, es el Dios que primero ordenó que la luz brillara en las tinieblas el que está en obra aquí. La palabra que predicamos es la misma Palabra (Verbo) creadora que hizo los cielos. Tiene el poder de recrear las vidas en desorden de la gente y presentarlas a Dios como nuevas criaturas en Cristo.

Al confrontar a la gente con Dios «manifestado en la carne» el heraldo del Evangelio sigue diciendo con Pablo: «Resolví no saber entre vosotros cosa alguna sino a Jesucristo, y a éste crucificado» (1 Cor. 2:2). Cristo es Dios en acción salvadora para vencer el pecado del hombre y poner fin a la separación de Dios que le ha causado el pecado. Cuando el hombre no sabe otra manera de recompensar al Verbo encarnado más que con una cruel muerte en la cruz, Él lo acepta y hace de la cruz un instrumento de redención. No permite que nada nos separe de Él. Esto es lo que hace del Evangelio las buenas nuevas: «Nunca te abandonaré.» La encarnación, la redención y la comisión del predicador, todas ellas se resumen en la palabra apostólica que ha de ser considerada con el texto clave de todo el mensaje cristiano: «Dios estaba en Cristo reconciliando consigo al mundo, no tomándoles en cuenta a los hombres sus transgresiones, y nos encargó a nosotros el mensaje de la reconciliación» (2 Cor. 5:19).

3. El mensaje de la cruz

El Evangelio de la cruz se dirige a la necesidad más profunda de todo ser humano, su necesidad de restauración de una comunión personal con Dios a través de la gracia del perdón. Cuando la verdadera causa de la tragedia de la ruina humana ha sido hallada en el pecado, entonces la única esperanza del hombre se ve que ha de ser la reconciliación efectuada en la cruz. Esto da lugar a la pregunta perturbadora: ¿Cómo podemos despertar en la gente de hoy, satisfecha de sí misma, un sentido de su necesidad espiritual, una conciencia de pecado que le lleve a aceptar la gracia del perdón? La respuesta de nuevo se halla en Cristo. Como el pobre paralítico de la historia del Evangelio, los hombres y las mujeres de hoy no pueden hacer nada, ni aun arrepentirse, hasta que manos amantes los lleven a Cristo, y entonces ellos oyen su voz. De ahí que la pregunta apropiada es: ¿Hasta qué punto hemos explorado y cuántos recursos hemos aplicado al poder para ganar almas del Cristo crucificado? La crucifixión, como la encarnación, ha de ser duplicada en los heraldos de Cristo. La reconciliación no es un espectáculo para ser presenciado, sino una estrategia para ser realizada. No se nos permite descansar cómodamente al pie de la cruz, sino que se nos comisiona para un ministerio de reconciliación. Es para un ministerio de amor persistente, sacrificial, haciendo uso de todos los recursos, que lleve la pauta de la cruz.

Cuando seguimos inquiriendo el origen desde el cual este ministerio de reconciliación deriva su poder, se nos lleva al pesebre y a la cruz, a la tumba vacía y al Cristo resucitado. No ofrecemos a la gente las enseñanzas de un hombre que vivió hace dos mil años, sino al mismo Señor vivo. La resurrección es el suceso al cual la Iglesia debe su existencia y que da validez y vitalidad a todo lo demás que enseñamos. Reivindica el mensaje de Jesús y demuestra su divinidad. Asegura al creyente el perdón de sus pecados y la restauración de una relación recta con Dios. Es la base de nuestra esperanza de la vida eterna. El mismo gran poder que se manifestó en la resurrección de Cristo, hace que el Evangelio que predicamos sea «el poder de Dios para salvación», y hace posible el nuevo nacimiento del cristiano. El triunfo de Cristo sobre la muerte es una realidad para ser experimentada aquí y ahora. Hemos resucitado con Cristo para novedad de vida. La duplicación del milagro de Pascua, en la vida del creyente prueba el hecho de que aquellos que están "en Cristo" ya han entrado en la nueva edad, la edad mesiánica. Probamos «los poderes del mundo venidero» y pasamos a ser cauces por los cuales Dios envía sus poderes sobre el mundo. El Señor, victorioso, obra a través de nosotros para cumplir los propósitos redentores de Dios respecto a la humanidad: Si no fuera así no tendríamos ni mensaje ni misión. Estaríamos todavía en nuestros pecados, esclavizados por los poderes demoníacos de la edad presente, bajo los cuales gime toda la creación. Destinados sólo a perecer, seríamos los más dignos de lástima de todos los hombres, porque habríamos puesto nuestra esperanza en una idea falsa. Pero como Cristo es una realidad viva, la fe en Dios, el perdón de los pecados, el poder para una nueva vida y el triunfo sobre la muerte son también realidades vivas.

4. La ascensión y el retorno

Todavía hay otro aspecto de la predicación de Cristo: su ascensión. Es el Cristo ascendido y exaltado que nos da la múltiple mayordomía de la Palabra y nos capacita para llevarla a cabo. Es por la voluntad y dones de Aquel que «ascendió arriba a los cielos», declara el apóstol, que «dio: unos, los apóstoles; otros, los profetas; otros, los evangelistas; y otros, los pastores y maestros, a fin de equipar completamente a los santos para la obra del ministerio, para la edificación del cuerpo de Cristo» (Ef. 4:10-12). Nuestra predicación tiene una fuerza y una autoridad que no puede derivar de otra fuente cuando nos damos cuenta que el mismo Revelador divino nos está usando, obra con nosotros, y confirma la Palabra con su poder. Al hacer frente al mal atrincherado, no podemos desanimarnos cuando recordamos que servimos al vencedor triunfante de los poderes de las tinieblas, que vive para hacer intercesión por nosotros. Y como Dios ha colocado todas las cosas bajo sus pies, no aspiramos a nada menos que a la restauración de cada área de vida a su legítimo Señor.

La predicación cristiana está inseparablemente conectada, finalmente, con el Cristo que volverá a la tierra. El propósito salvador de Dios, manifestado en la encarnación, la crucifixión, la resurrección y la ascensión, encuentra su cumplimiento en la segunda venida de Cristo. Al hablar del retorno de nuestro Señor no estamos especulando sobre algo que no sabemos, sino que afirmamos lo que sabemos, la victoria que Cristo ya ha ganado y la inevitabilidad de la consumación definitiva de esta victoria. Es nuestro Señor mismo el que ha conectado específicamente la tarea de proclamar el Evangelio con la segunda venida: «Y será predicado este Evangelio del reino en todo el mundo, para testimonio a todas las naciones; y entonces vendrá el fin» (Mt. 24:14). Cuando pedimos una señal o pista para juzgar cuándo la historia del mundo se está acercando a su cumplimiento, el Señor dirige nuestra atención, no a la política del mundo, sino a las misiones en el mundo. La proclamación del Evangelio es una parte integral del propósito eterno de Dios, y cuando se ha alcanzado este objetivo, el mundo está maduro para el juicio. Sólo Dios sabe cuándo se alcanzará este objetivo. Pero sabemos que el futuro pertenece a Cristo y que ningún suceso o sesgo en los sucesos va a impedir su triunfo completo. Nuestra predicación, pues, va dirigida, no a lo que sucede en cualquier momento dado, sino a lo que ha de ser, porque los reinos de este mundo pertenecen a Dios y a su Cristo. Y cuando nosotros realizamos nuestra misión de proclamar el Evangelio, se nos permite incluso hablar de «apresurar el día del Señor».

5. Tesoro en vasos de barro

El pensamiento con el que Pablo termina de hablar sobre la predicación de Cristo es el humilde reconocimiento de que «tenemos este tesoro en vasos de arcilla, para que la excelencia del poder sea de Dios y no procedente de nosotros». El apóstol se refiere a la fragilidad de la "carne mortal", por medio de la cual Dios ha escogido transmitir su poder. Pero esta palabra señala, además, algo más profundo todavía. Indica el método que Dios usa constantemente para revelarse a sí mismo. Escoge a la despreciada y pequeña nación de Israel para ser la transmisora de su revelación a las naciones. Y cuando envía al mundo a su Hijo, el resplandor de su gloria y la fiel representación de su ser real, le deja que asuma la forma de un siervo, que, no tenía forma ni hermosura, y no lo estimamos. Bienaventurado es el que no se ofende ante este hombre humilde que dice que es Dios. La revelación suprema del amor soberano de Dios es por medio del escándalo de la cruz. Y cuando la nación mesiánica, la Iglesia, se forma para ser el cuerpo de Cristo sobre la tierra, Dios escoge «lo necio, lo débil, lo bajo, lo despreciado».

La misma forma de un siervo es evidente en aquellas transcripciones de documentos perdidos por los cuales el Evangelio nos ha sido dado; las Escrituras, de las cuales san Juan Crisóstomo dice: «Son todas ellas humanas así como divinas». Esto es también verdad de la palabra visible, los sacramentos. La sabiduría del mundo no puede ver en ellos nada sino rituales sin sentido que son transmitidos desde un pasado supersticioso. Pero los ojos de la fe disciernen aquí la forma del Señor resucitado cuando hace sentir su presencia entre su pueblo. En cada caso, el tesoro divino y el vaso de arcilla. Nuestra teología, pues, insiste Lutero, tiene que ser una humilde «teología de la cruz», no una «teología de gloria». No podemos hablar de Dios como es en su majestad divina, sino sólo como le ve la fe, «en el regazo de la Virgen, en la cruz y en la palabra».

Tan rico es el tesoro y tan pobre es el vaso que lo lleva, que ningún hombre con un poco de sinceridad puede presumir, en su propia iniciativa, de entrar en el negocio de manejar estas cosas sagradas, de actuar como representante de Dios. La reacción natural de un hombre decente es, como hizo Jonás, escaparnos; como hizo Moisés, excusarse en una dificultad personal; como hizo Jeremías, alegar inmadurez; o como Pedro, clamar angustiado: «Apártate de mí, Señor, que soy un hombre pecador».

Aquí, explica Karl Barth, está el dilema constante de la Iglesia. Domingo tras domingo ascendemos a nuestros púlpitos para proclamar la palabra de Dios». Pero sólo Dios puede hablar de Dios, sólo cuando Él habla es verdaderamente la palabra de Dios. Nosotros no somos Dios. ¿Qué derecho tenemos a pedir a la gente que crea que lo que estamos diciendo tiene autoridad divina? ¿Tenemos seguridad de que no estamos verbalizando meramente nuestras pobres opiniones, o, peor aún, presentando opiniones de segunda mano de otros hombres que las han puesto en libros?

Pablo tiene que haber pensado en esto cuando declara: «Renunciamos a los subterfugios vergonzosos, no andando con astucia, ni adulterando la palabra de Dios» (2 Cor. 4:2). La manifestación de la verdad, dice, tiene que proceder de la consciencia a una conciencia viva. Pero, a pesar de nuestras limitaciones y de los peligros que nos asedian, todavía servimos, de modo consciente, como portadores de los tesoros divinos, si con Pablo podemos seguir diciendo: «Porque no nos predicamos a nosotros mismos». «El Evangelio predicado por mí no es Evangelio de hombre». «No lo recibí de ningún hombre, ni me lo enseñaron». «Soy un apóstol por la voluntad de Dios». «No decimos nada como viniendo de nosotros». «Nuestra suficiencia viene de Dios». Un mensajero verdadero de Dios es una persona a la cual Dios ha subyugado hasta que acepta la comisión. Como expresó Jeremías: «La palabra de Dios es como un fuego ardiente metido en mis huesos». Finalmente se ve obligado a decir: «Eres más fuerte que yo, y has prevalecido» (Jr. 20:7-9). Lutero lo dice así: «Yo no quería hacer esto, Dios me ha seducido a hacerlo».

El que tiene esta idea de su comisión, que Dios le ha confiado, que no surge de sus propios deseos naturales, tiene la respuesta a la pregunta de K. Barth: ¿Cómo puede éste que no es Dios proclamar la palabra de Dios? Dice en palabras de Lutero: «Un predicador debería declarar con denuedo y seguridad, como san Pablo y todos los apóstoles y profetas: "*Haec dixit Dominus*": Dios mismo ha dicho esto. En este sermón he sido un apóstol y profeta de Jesucristo. Aquí no es necesario que pida perdón por mis pecados. Porque es la palabra de Dios, no la mía, y por tanto no hay razón alguna para que me perdone. Él sólo puede confirmar y alabar lo que he predicado, diciendo: "Has enseñado correctamente, porque yo he hablado a través de ti, y tu palabra es la mía". Todo el que no puede decir esto en su propia predicación tiene que callar al instante, porque tiene que estar mintiendo y blasfemando a Dios cuando predica».

Ésta es nuestra comisión de predicar a Cristo. Es una comisión a entregar el poder que da vida de Dios a una edad enferma de muerte. Es una comisión que lleva a la gente a experimentar a Cristo como una realidad viva y salvadora.

IV

La predicación expositiva
Ajustando el foco

Garnett Reid[240]

Bibl.: Andrew W. Blackwood, *Expository Preaching for Today* (Baker, Grand Rapids 1975); G. Goldsworthy, *Preaching the Whole Bible as Christian Scripture: The Application of Biblical Theology to Expository Preaching* (Eerdmans, Grand Rapids 2000); Haddon W. Robinson, *Biblical Preaching: The Development and Delivery of Expository Messages* (Baker, Grand Rapids 1980); Steven J. Lawson, *Famine in the Land: A Passionate Call for Expository Preaching* (Moody, Chicago 2003); Walter L. Liefield, *Cómo predicar expositivamente* (Vida, Deerfield 1990); Marvin A. McMickle, *Living Water for Thirsty Souls: Unleashing the Power of Exegetical Preaching* (Judson Press, Valley Forge 2001); R. A. Mohler, *Proclame la verdad* (Editorial Portavoz, Grand Rapids 2010); Derek Newton, *And the Word Became... a Sermon: A Guide to Biblical Expository Preaching* (Mentor, 2002); Donald R. Sunukjian, *Volvamos a la Predicación Bíblica* (Editorial Portavoz, Grand Rapids 2010); Joseph M. Webb, *Old Texts, New Sermons: The Quiet Revolution in Biblical Preaching* (Chalice Press, St. Louis 2000); Keith Willhite, *The Big Idea of Biblical Preaching: Connecting the Bible to People* (Baker, Grand Rapids 2003).

1. Importancia y definición

«Que prediques la palabra» (2 Tim. 4:2). Ese mandamiento de Pablo a Timoteo sirve como punto de referencia para todos los predicadores de la Biblia. Estamos orgullosos de nuestra obediencia a este mandamiento. Nos defenderíamos a muerte en contra de cualquier tipo de insinuación de que nuestra predicación no es bíblica. El llamamiento actual para una renovación de la predicación expositiva recibe un gran "¡Amén!" de nuestros labios.

---

240. Este trabajo fue publicado originalmente en la revista *Dimension*, t. 1, n. 2, otoño de 1984. Traducido por Ronad J. Callaway, M. Div., D. Mis (usado con permiso).

Pero en realidad, ¿predicamos *la* Biblia, o sólo predicamos *sobre* la Biblia? ¿Estamos más preocupados por lo que en realidad dice Dios en su Palabra o por lo que nosotros queremos decir sobre su Palabra? A pesar de las declaraciones de muchos predicadores, hay demasiados predicadores ocupando los púlpitos de iglesias bíblicas y, a muchos les falta la parte vital de la objetividad bíblica en sus mensajes. Esta escasez de una predicación clara, honesta, directa y bíblica ha debilitado a la iglesia, pues la autoridad y eficacia de la predicación no depende primordialmente del predicador, sino de la Palabra de Dios (Is. 55:11; 1 Tes. 2:13; 2 Tim. 3:15-17; 4:2; Heb. 4:12).

El discernimiento de R. McChyene da en el clavo: «No son nuestros comentarios sobre la Palabra los que salvan, sino que es la Palabra misma». Dios bendice su Palabra predicada, no las teorías y especulaciones del predicador, a pesar de lo nobles que sean. El compromiso a favor de una exposición bíblica fiel, como el enfoque de la predicación y la manera en que uno vive aquello que dice, puede aclarar mucho algunas de las "nieblas" espirituales que existen en nuestras iglesias y en los púlpitos.

Hay razones distintas por las cuales este enfoque renovado de la predicación expositiva no ha hecho más impacto en nuestras iglesias. Una razón tiene que ver con un desacuerdo básico sobre el concepto mismo de la exposición. Los especialistas en la homilética han discutido inútilmente sus teorías sobre la naturaleza de la predicación expositiva. Muchos que escriben sobre el tema ofrecen sus definiciones rígidas y secas sobre la predicación expositiva. La mayoría de estas definiciones intentan imponer unos límites rígidos al concepto. Según algunos escritores, un sermón sólo debe ocuparse de un cierto número de versículos, o sólo puede contener un número preciso de puntos principales para calificarse realmente como un sermón expositivo.

Parece más bien apropiado describir algunos fundamentos básicos que sostienen la predicación expositiva en lugar de crear unas definiciones exactas y limitativas. Cuando se define la exposición por esto o por aquello, trastornamos lo que debería ser una idea equilibrada de la misma predicación.

2. Uniformidad y variedad al mismo tiempo

Algunos predicadores creen que toda predicación es expositiva, que cualquier sermón que toca una verdad bíblica, de cualquier manera que sea, puede clasificarse como expositivo. Si así fuese el caso, las distinciones entre los tipos de sermones tópicos, textuales y expositivos no tendrían sentido; el término "expositivo" no describiría ningún tipo de sermón distinto.

Otros defienden exactamente lo opuesto, definiendo la predicación expositiva tan estrictamente que otros críticos tienen razón en argumentar que así se la restringe demasiado. Dicen que no hay espacio para la variedad.

Semana tras semana la misma rutina agobia a la congregación: el predicador lee algunos versículos, y después aburre a los oyentes con unos detalles técnicos en los que nadie tiene interés ni entiende. Son muchos los oyentes críticos que, al escuchar que se habla de una «predicación expositiva», reciben y tienen en su mente esta idea previa. Estos críticos dicen que no hay diversidad, o sea, variedad, en el trato expositivo de los pasajes bíblicos.

El expositor cuidadoso evita los dos extremos. No considera que cualquier cosa que trata del texto bíblico sea "una predicación expositiva". Ese expositor no cae en la rutina de la repetición monótona en los temas o las estructuras de sus sermones, sino que provee a su congregación con un menú variado, pero siempre se cuida para darles de comer una comida equilibrada. Puede que un mensaje tenga que ver con un párrafo del Antiguo Testamento, el siguiente con un personaje del Antiguo Testamento, y luego, tal vez, se ocupe de estudiar una palabra importante en la Biblia. De todos modos y a pesar del enfoque usado, el predicador expositivo predica consistentemente la Biblia en su contexto y es fiel al significado que la Palabra tiene en su contexto bíblico al hacer su aplicación a las necesidades actuales.

Por un lado, el expositor debe seguir algunos patrones y principios hechos para poder interpretar la Palabra con exactitud. Entonces sus oyentes sentirán que los mensajes de su predicador intentan comunicar objetivamente lo que la Biblia dice. Si el ministerio del púlpito quiere basarse en la exposición bíblica, el predicador no debe estar satisfecho con utilizar un enfoque inestable, tejido con frases no exactas en su predicación.

Por otro lado, la variedad es importante. Mientras Dios mismo "sopló" la Palabra (2 Tim. 3:16), la Biblia es también un reflejo de la mentalidad de distintos autores humanos con sus propios estilos, vocabularios y propósitos. Vemos en las Escrituras la poesía y la prosa, la historia y la profecía, la instrucción y la narrativa. La predicación expositiva reflejará esta diversidad. J. Braga observa: «El método del discurso expositivo puede cubrir un alcance muy amplio. Una unidad de exposición puede centrarse en la doctrina cuando el texto tiene que ver con los fundamentos de la fe cristiana. Puede ofrecer una enseñanza devocional que contiene ideas sobre una vida más comprometida con Dios. Puede incluir la ética porque la Biblia, en gran parte, muestra su carácter moral. Por otra parte, el rasgo fundamental de su mensaje podrá ser profético o distintamente típico, o podría ser de carácter biográfico o histórico. Otras unidades expositivas, primordialmente evangélicas en su contenido, ofrecen una oportunidad especial para la presentación de las aseveraciones del Evangelio»[241].

241. James Braga, *How to Prepare Bible Messages*, Multnomah Press, Portland 1969 (traducción cast.: Cómo preparar mensajes bíblicos, Portavoz, Grand Rapids 1995, 74).

La variedad en la exposición sirve para edificar a los que escuchan. Si el plan es pasar un año o dos predicando del libro del Deuteronomio, está bien; pero al mismo tiempo uno debería ofrecer a la congregación un poco de variedad, ¡no sea que el pastor vaya a estar mucho tiempo en la misma congregación y repita siempre lo mismo!

«Esforzaos en presentar en vuestros sermones pensamientos tan interesantes como os sea posible. No repitáis cinco o seis doctrinas de un modo monótono y fastidioso… Un predicador profético multiplicó sus sermones sobre "el cuerno pequeño" de Daniel, hasta tal grado, que en la mañana de un domingo sólo siete se reunieron para escucharle. Les pareció, sin duda extraño, que un arpa de mil cuerdas, como es la Biblia, produjese la misma música durante tanto tiempo…»[242].

3. Método y filosofía

¿Es el enfoque de la preparación para los sermones lo que hace que su mensaje sea expositivo? El motivo de la exposición ¿está sólo en seguir fielmente unos ciertos pasos prescritos en la construcción de sus sermones? Si es así, ¿la exposición depende solamente del método usado? ¿O se trata más bien de una cuestión de filosofía, o sea, de la actitud y del enfoque de la mente en cuanto a las Escrituras? Estas preguntas apuntan a otro tema que se relaciona con la naturaleza de la predicación expositiva.

Algunos escritores insisten en el método y la técnica utilizados en la exposición. Otros creen que son la filosofía del predicador y sus normas de predicación las que determinan si él es expositor o no. Sin embargo, la exposición bíblica influye en los dos planos, en el método y en la filosofía.

Los métodos correctos de la construcción de sermones no bastan en sí para asegurar que un mensaje sea bíblico, enviado del cielo u orientado hacia las personas. Liefield declara: «La predicación expositiva refleja un ideal abierto… no es un método estrechamente definido de bosquejar el texto. No significa simplemente seguir el pasaje bíblico frase por frase. En esa línea, un mensaje puede tratar meticulosamente de los detalles del vocabulario y de la gramática, y todavía dejar sin explicar la enseñanza y aplicación que fue la intención del autor»[243].

Kaiser añade: «La competencia en los aspectos técnicos de la homilética y el arte de la persuasión no bastan en sí»[244]. Eso significa que un predica-

---

242. Charles H. Spurgeon, *Discursos a mis estudiantes*, Casa Bautista de Publicaciones, El Paso 1950, 136, 167.

243. Walter L. Liefield, *Cómo predicar expositivamente*, Editorial Vida, Deerfield 1990, 15.

244. Walter Kaiser, *Toward an Exegetical Theology: Biblical Exegesis for Preaching and Teaching*, Baker, Grand Rapids 1998, 22.

dor puede estar comprometido totalmente con la predicación del mensaje de la Biblia a su congregación y fracasar en su propósito porque sigue unos métodos defectuosos en la construcción de sus sermones, aunque conozca bien la Biblia.

El expositor se acerca a su estudio de la Palabra y a su tarea de cómo predicar con el único propósito de dejar que la Biblia hable por sí misma. No trae a su preparación un deseo de imponer sus propias nociones sobre el texto sagrado, sino que su intención ha de ser, más bien, la de dejar que la Palabra diga lo que su Autor quiere que comunique. El éxito del predicador expositivo comprometido con la Escritura no tendrá nada que ver con la exégesis cerrada en sí misma, ni se centrará tampoco en el deseo de imponer sus propios pensamientos en las Escrituras. La autoridad bíblica se funda en la autoridad de su Autor divino, no en su intérprete humano. En esta línea Virkler comenta: «La única manera para empalmar de nuevo con la autoridad de la Escritura (¡Así dice el Señor!) es dejar que hable la misma Palabra de Dios»[245].

Los "hacedores de noticias" del mundo secular, o sea, los muy conocidos por el público, se quejan a menudo de la frustración que les produce el que la prensa les cite incorrectamente o tomen algo que dicen fuera de su contexto. El significado que querían dar sale torcido e incorrecto. Pues bien, de un modo semejante, Dios está apenado cuando cada domingo muchos de sus predicadores, hombres buenos, intentan hacer que su Palabra diga algo que Él nunca quiso decir.

«Si nosotros, como predicadores, estamos interesados en persuadir y motivar a las personas a tomar decisiones cruciales en su vida y en su relación con Dios, debemos proveerles de una motivación bíblica para hacerlo. Si vamos a persuadir a las personas para que reconozcan las verdades de Dios presentes en su Palabra, debemos proveerles de una base lógica adecuada para tal aceptación… si intentamos hacer esto por nuestros propios poderes de persuasión, dejando a un lado la misma verificación que Dios da en sus propias palabras, habremos puesto el brazo débil de la carne en sustitución del poder del Espíritu de Dios que habla mediante su Palabra inspirada»[246].

Cuando se usa una frase, un versículo o un pasaje como texto para un sermón, y se ignora su trasfondo y aplicación del contexto, y cuando se descuida su construcción lingüística y se desechan los principios sanos de

---

245. Henry A. Virkler, *Hermeneutics Principles and Processes of Biblical Interpretation*, Baker, Grand Rapids 1980, 237 (traducción cast.: *Hermenéutica. Principios y procesos de la interpretación bíblica*, Editorial Vida, Deerfield 1994).

246. W. L. Liefield, *op. cit.*, pp. 81, 82.

interpretación, esto no es predicar la Biblia, a pesar del poder o la atracción de aquel tema que el predicador quiera destacar.

Todo esto no significa que el predicador tenga que ser un lingüista profesional o un traductor para ser un predicador bíblico. Quiere decir que como predicador de la Palabra, el expositor debe poseer una determinación firme y no cambiable de ofrecer a su comunidad el mensaje de Dios dado en la Biblia, nada más, nada menos. A pesar de las otras calificaciones que tenga o no, esto es preeminente. Debe ser honesto con las Escrituras.

Así que el método de estudio bíblico y su preparación de los sermones enlazan con su enfoque filosófico de la tarea. Las actitudes y las normas sobre la predicación siempre se revelan en los métodos y en la técnica de la predicación. El interés principal del predicador es hallar algo en la Escritura para apoyar una idea que tiene para un sermón. Puede que ignore o por lo menos no aproveche bien los principios sanos de la exégesis, sin embargo, si su interés es comunicar de una forma significativa lo que Dios dice en la Biblia, entonces utilizará los métodos que encajan con este propósito.

4. Exégesis y aplicación

Algunos predicadores no miran con buenos ojos la predicación expositiva porque tienen la idea de que la exégesis y la exposición son iguales. Parece que Jay Adams confunde los dos conceptos hablando del expositor: «El predicador expositor ocupa el púlpito para hablar sobre la Biblia más bien que para hablar de Dios y de la congregación... Está tentado de hacerse el gran expositor, el mago que sabe abrir la Palabra y sacar el consejo evangélico de ella. Sus esfuerzos van dirigidos no tanto hacia el cambio de personas como hacia la explicación de las Escrituras»[247].

Adams traza una línea precisa entre lo que es un expositor bíblico y lo que él llama un "heraldo". Lo que frena al expositor es que él actúa como alguien que simplemente «habla sobre el texto», que «habla principalmente de lo pasado y lejano de la Biblia... Pues bien, en contra de eso, hay que decirle al predicador: sé un heraldo de la Palabra (2 Tim. 4:2). No la expliques meramente, sino pregona la Palabra, haciendo que ella misma se vuelva Mensaje para la comunidad».

Sin duda la llamada a pregonar la Palabra es vital. Sin embargo, la idea de Adams sobre la exposición yerra el blanco simplemente porque él identifica la predicación expositiva con la exégesis. Ciertamente, la exégesis, o sea, la narración o explicación del significado de un pasaje bíblico, es una parte clave de la exposición, pero es solamente una parte. Escuchemos a

---

247. Jay Adams, *Exposition–Is That What's Needed?*: Journal of Pastoral Practice 7.1. (1984) 54.

John Stott: «La exposición no es un sinónimo para "la exégesis". La predicación bíblica verdadera va más allá de la aclaración del texto, insiste en su aplicación. El estudio fuerte que nos lleva a descubrir el significado original de un texto no vale mucho si no seguimos adelante para discernir su mensaje contemporáneo. Debemos preguntar a la Escritura no sólo "¿Qué significaba?", sino también "¿Qué dice actualmente?"»[248].

Virkler se ocupa también de esta finalidad práctica de la predicación expositiva: «Su enfoque primordial es una exposición de lo que Dios quería decir en un pasaje escogido, pero ello debe conducir a una aplicación de este significado a las vidas de los cristianos contemporáneos». Una vez que el expositor haya usado la técnica de la exégesis y haya llegado a un entendimiento satisfactorio de lo que el pasaje dice, tiene que aplicarlo a sí mismo y a las vidas de sus oyentes. En ese sentido hay que utilizar la frase de la carta de Santiago: «Una exégesis, si no tiene aplicación, está muerta en sí misma». No se ha terminado la exposición hasta que se haya cumplido esta última tarea de «aplicar las aseveraciones de la verdad» a las vidas de la gente, para que cumplan lo dicho en la Palabra.

«Una predicación expositiva que sea aburrida suele carecer de una aplicación creativa… Por lo tanto, un predicador debería olvidarse de "hablar a los siglos", es decir, en sentido general y universal, para dirigirse a su propia realidad. Un predicador expositivo confronta a la gente con la Palabra de la Biblia en lugar de darles una conferencia de la Biblia sobre la historia o la arqueología. Una congregación ha de sentirse como un jurado, pero no para juzgar a Judas, a Pedro o a Salomón, sino para juzgarse a misma»[249].

Jack William lo destaca bien cuando escribe que «una predicación buena te agarra por el cuello con unas trabas de acero y te arroja contra la pared del santuario. Te deja tu alma en pedazos, tu intelecto herido, tus emociones como una jalea, hasta que estés gimoteando como un niño, dispuesto a cumplir lo que dice la Palabra»[250]. La predicación expositiva no es un discurso seco sobre unos datos bíblicos; es un encuentro vivo entre personas reales y la Palabra de Dios por medio del predicador. A. W. Tozer nos deja un llamamiento digno: «No hay nada más aburrido y sin sentido que la doctrina bíblica enseñada por sí misma, desligada de la vida de los creyentes. La verdad divorciada de la vida no es verdad en el sentido bíblico, sino es algo diferente y algo muchos menos importante… Cualquier hombre

---

248. John Stott, *Paralyzed Speakers and Hearers*: Christianity Today (13 de marzo de 1981) 44.

249. John A. Broadus, *On the Preparation and Delivery of Sermons*, Harper & Brothers, New York 1944, 167 (reimpreso en 1979).

250. Jack William, *Contact* (agosto de 1983) 5.

que tiene dones normales para el púlpito no se contentará con llevarse bien con la congregación normal si sólo "les alimenta" y después les deja en paz, para que así estén contentos, sino que hará que las personas de la congregación se dejen interpelar y cambiar por la Palabra. En esa línea, «el hombre que predica la verdad y la aplica a las vidas de sus oyentes sentirá los clavos y las espinas. Llevará una vida dura, pero al mismo tiempo será gloriosa. ¡Qué Dios llame más de tales profetas! La iglesia les necesita mucho»[251].

5. Compromiso y eficacia

El llamamiento de Tozer para más "profetas" en los púlpitos debería servir como reto para cada creyente preocupado por la salud de la iglesia. Si somos predicadores o laicos, la excelencia a la que hemos de aspirar tiene que estar marcada por la norma del ministerio del púlpito. Muchos títulos de libros recientemente publicados en el campo de los negocios insisten en la eficacia máxima, o sea, en la excelencia. Como hombres de Dios que llevamos la Palabra de Dios a una sociedad moribunda, no debemos atrevernos a hacer menos que entregar lo mejor de nosotros a esta tarea suprema. Con el poder de Dios y nuestros esfuerzos, debemos entregar lo mejor de nosotros mismos al ministerio de la predicación.

Esta eficacia depende no sólo de nuestro concepto de la predicación expositiva, sino también de la técnica que usemos. Los métodos pobres producen productos pobres. Sin embargo, aquí nuestro propósito no es examinar los detalles básicos de las técnicas exegéticas. Más bien, sugeriremos algunas ideas simples y prácticas que pueden traer una mejoría a nuestra eficacia como predicadores expositivos.

5.1. Tema unificador

Buscar un tema unificador, y ponerlo por norte del mensaje. Casi nunca fracasa un mensaje porque el predicador no diga bastantes cosas. Al contrario, muchos sermones llegan a los bancos y vuelven al predicador porque dicen más cosas de las que la congregación pueda comprender de una sentada. El predicador dice tanto sobre tantas cosas que termina no diciendo nada. La gente sale del culto habiendo oído y sentido mucho, pero se preguntan, "¿qué dijo el predicador?".

Un mensaje eficaz se centra sólo alrededor de un eje, una idea o un propósito; todas sus partes sostienen la tesis principal. Los puntos principales del sermón deberían relacionarse con el tema básico. Los puntos no son

---

251. A. W. Tozer, citado por W. Wiersbe en *The Best of A. W. Tozer*, Wingspread 2007, 140, 142.

tópicos distintos en sí. Igualmente los puntos secundarios deberían servir para dejar más claros los temas principales. Cada parte del sermón debería contribuir de alguna manera a la explicación del tema principal.

La manera en que un predicador bosqueje su sermón no es lo más importante porque la mayoría de la congregación va a olvidar el esquema antes de la bendición. Hay que dejar que un pensamiento claro de la Palabra defina al predicador. En esa línea, al confrontar a la gente con esta verdad para que también cambien sus vidas, los oyentes entenderán lo que el predicador quería mostrarles. Como observa Stott: «No van a recordar los detalles. Pero deberían recordar el pensamiento dominante, porque el predicador ha juntado todos los detalles del sermón para ayudarles coger su mensaje y sentir su poder».

Las grandes obras sobre la predicación afirman este principio. Me viene a la mente el comentario conocido de Jowett: «Estoy convencido de que ningún sermón está listo para ser predicado... hasta que no lo podamos expresar en una frase corta y significativa, y que quede clara como un cristal. Encuentro que conseguir esta frase es la labor más difícil, más costosa y más fructífera de mi estudio... No creo que se deba predicar, ni escribir, ningún sermón hasta que esta frase haya surgido, tan clara y lúcida como una luna cuando no hay nubes»[252].

Robinson llama al tema del sermón "la gran idea"[253]. Un capítulo de Blackwood sobre el tema está centrado en ese motivo, en "la búsqueda de la verdad unificadora"[254]. Los expertos en comunicación recalcan este principio del "tema dominante" como una de las claves para la claridad en enviar y recibir cualquier tipo de mensaje.

En el mensaje expositivo de Colosenses 1:15-23 podría considerar un tema como: «Cristo debe reinar de un modo supremo en cada área de la vida del cristiano». Una proposición que trata Ageo cap. 1 podría ser: «Los intereses del mundo no han de atraer nuestra atención de nuestro Señor y la demanda de su obra sobre su pueblo». El encuentro de nuestro Señor con el joven rico en Mateo cap. 19 enseña vívidamente que ni bienes ni bondad son suficientes para ganar el favor de Dios. Hay que aislar una verdad dominante del pasaje y hacer que el resto del mensaje contribuya a recalcar el tema.

252. J. H. Jowett, citado por John Stott en *Between Two Worlds: The Challenge of Preaching Today*, Wm. B. Eerdmans, Grand Rapids 1982, 21 (traducción cast.: *La predicación: puente entre dos mundos*, Desafío, Grand Rapids 2000).

253. H. W. Robinson, *Biblical Preaching: The Development and Delivery of Expository Messages*, Baker, Grand Rapids 1980, 31 (traducción cast.: *La predicación bíblica*, Logoi, Miami 1993).

254. A. W. Blackwood, *Expository Preaching for Today*, Baker, Grand Rapids 1975, 77.

5.2. Variación en el método

Variar el método de la exposición; buscar nuevos enfoques para la construcción de los mensajes expositivos.

Aunque la congregación debería creer que el predicador va a predicar la Palabra cada vez que entra el púlpito, él no debe permitir que su enfoque llegue a ser fácil de predecir. Nuestra predicación ha de ser bíblica; en este sentido, no puede haber variación en lo esencial. Pero dentro de la esfera de la predicación de la Biblia, el predicador expositivo puede seleccionar entre unos "manjares" y otros, entre unos métodos y planes distintos. He aquí algunos ejemplos de los temas que pueden ser más significativos:

- Desarrollar unos mensajes sobre versículos claves, tales como Jeremías 2:13; Miqueas 6:8; 2 Corintios 8:9; Gálatas 2:20; o de toda una serie de versículos relacionados entre sí en el NT.

- Preparar unos estudios sobre palabras importantes como "el corazón" en el AT o "la redención" en el NT. Incluso los pronombres utilizados en la Gran Comisión misionera (Mateo 28:16-20) nos sitúan ante el corazón mismo del evangelismo.

- Las congregaciones se identifican fácilmente con los estudios sobre personajes concretos de la Biblia: Besaleel, Gedeón, Ana, Esdras, Daniel, Juan el Bautista, los personajes de la historia navideña, Tomás, Esteban, Felipe, etc.

- Un enfoque geográfico puede ser interesante y provechoso: por ejemplo, el significado de los eventos que ocurrieron en Getsemaní, o las montañas más destacadas de la Biblia. Se podría combinar los enfoques geográficos con un estudio sobre unos personajes para explorar lugares y eventos clave en las vidas de personas como Abraham y Jacob. Hay que recordar que cada pasaje tiene que ser tratado en su contexto y ser investigado con cuidado.

- No se deben descuidar los capítulos clave o destacados del conjunto de la Biblia, como pueden ser el Salmo 139; Proverbios 3; Isaías 53; Mateo 16; Juan 17; Romanos 13; o 2 Corintios 5.

- Será bueno preguntar a la congregación sobre cuáles son sus salmos favoritos, y predicar una serie de mensajes expositivos sobre esos salmos así seleccionados.

- Sermones o series de mensajes sobre libros o cartas pueden ocuparse detalladamente de algunos libros concretos de la Escritura como Filemón, Eclesiastés y Gálatas, o simplemente pueden tratar unos párrafos importantes de tales libros como Josué o Lucas.

- Pueden ofrecerse estudios y desarrollos sobre temas importantes, llenos de bendiciones especiales, como pueden ser: la pascua, Melquisedec, el día de la propiciación, el tabernáculo, las ofrendas del AT, y otros.

- Un enfoque tópico puede combinarse con la exposición para retratar con exactitud tales temas como el pecado en la vida del rey Saúl, los principios involucrados en el juicio de Cristo o los temas de las oraciones de Cristo.

- Hay temas claves o frases en las Escrituras que merecen que se les dedique una atención especial por parte del predicador dando mucho fruto:

  - Satanás retratado por Pablo en 2 Corintios.
  - El discipulado en los evangelios.
  - Las "obras" en la carta a Tito.
  - Un retrato del AT sobre la gracia vista en 2 Samuel 9.
  - Un tratamiento expositivo de cada pasaje del NT donde se menciona "una cosa hago".
  - Las relaciones y responsabilidades familiares en Proverbios.
  - Cristo "levantado" en el evangelio según Juan.

La Biblia es el tesoro del predicador; su ministerio de predicación debería retratar consistentemente al padre de familia que Jesús describe como «sacando de su tesoro cosas nuevas y cosas viejas» (Mt. 13:52).

5.3. Aplicación del texto bíblico

Desarrollar la habilidad de aplicar la verdad bíblica a las necesidades de los oyentes.

El predicador efectivo de la Biblia debe construir puentes entre el pasado de la Escritura y el presente y futuro de la congregación. Una vez que ha contestado a la pregunta: «¿Cuál es el significado de este pasaje?», entonces debe plantear esta otra: «¿Qué significado tiene este pasaje para mí y mis oyentes?». Hace siglos Dios dio su Palabra al hombre. Los autores bíblicos vivían en culturas y situaciones muy distintas que las nuestras. La predicación expositiva debe abarcar este abismo ancho de años y maneras de vida por medio de una aplicación significativa de la verdad bíblica.

Para conseguir esta meta, el expositor debe intentar al máximo ver por medio de los ojos del autor bíblico. ¿Cómo era su mundo? En su día, ¿qué efecto tenía su ministerio y mensaje? ¿Cuál era el ambiente en que vivía y servía? Como resultado de la obra de Dios por medio de él, ¿qué es lo que ocurrió? Cuanto más pueda introducirse el predicador en la vida y en los tiempos del mundo bíblico, tanto más preparado estará para comunicar el impacto práctico de la verdad de Dios a su día actual.

Pero la tarea sólo ha empezado aquí. Una aplicación provechosa depende del conocimiento que el predicador tenga de sus oyentes concretos y sus puntos de vista. Debe sentarse donde ellos se sienten y saber cómo piensan. Es aquí, en este punto de la vida concreta de la comunidad y de la acción de Dios en ella, donde los papeles de predicador y pastor se complementan. El predicador observa, siente, escucha. Pone en movimiento todos sus sentidos para percibir las necesidades de la gente que escuchará sus sermones.

Después, el predicador expositivo debe buscar cosas que tienen en común él y sus oyentes: lecciones aprendidas, principios enseñados y verdades practicadas en la Biblia que se relacionan con las necesidades actuales. ¿Cómo puede lograr que aquello que cambió la vida de los oyentes del primer siglo, pueda actuar como verdad de Dios y cambiar la vida de los oyentes de su propio tiempo? Predicando un salmo que David escribió hace 3.000 años, ¿qué frase, ilustración o pregunta puede utilizar para ayudar a sus oyentes a decir: "¡Esto es para mí!"? ¿Cuáles eran los problemas con que Pedro tenía que luchar en su tiempo, cuando escribía sus cartas, y cuáles son aquellos con los que tiene que enfrentarse la congregación en el día de hoy? En este sentido, la aplicación de las Escrituras significa simplemente que el predicador tiene que vincular las necesidades de aquel entonces con las actuales. Por lo tanto, la aplicación provechosa es personal, dirigida al corazón y tan concreta como posible. El obrero, la esposa y el bombero que escuchan en el banco de la iglesia han de comprender lo que la Biblia habla sobre sus necesidades.

Todo esto no niega el ministerio del Espíritu Santo al aplicar y actualizar la Biblia. Si Él no habla y convence, el mensaje no sería más que un sermón vacío, una disertación aburrida y sin vida. Aún así, el predicador expositivo debe poner mucho de su parte para hacer que la verdad sea significativa para los oyentes. La aplicación del mensaje para satisfacer las necesidades humanas permanece como una parte importante y frecuentemente descuidada de la preparación del sermón. Hay demasiados pocos predicadores que se pregunten antes de predicar el mensaje: «¿Qué quiere Dios que hagan estos 30 minutos en las vidas de mi congregación?».

6. Claridad y sencillez hasta donde sea posible

«¡Si quieres que tu mensaje tenga éxito, hazlo sencillo!», exhorta Myron R. Chartier[255]. Ya existen muchos estorbos a la comunicación buena sin añadir encima una estructura compleja del sermón. Nosotros los predicadores tomamos por sentado que nuestros oyentes entienden lo que estamos diciendo cuando en realidad no es así. La mayoría de los oyentes nos paran más tarde para pedir una explicación más clara.

Por lo tanto cuando el expositor quiere comunicar seriamente su tema a cada persona de la congregación tiene que simplificar la estructura de su mensaje. Donald Sunukjian observa: «El respeto de la congregación hacia el predicador crece cuando los sermones se estructuran de una manera clara. Su estima y apertura se iluminan cuando su mente reconoce que "Es fácil seguirle" o "Puedo comprender lo que él intenta decirnos". Esto va en contra de la perplejidad o estupor ocasional que oculta el reconocimiento que "No tengo ninguna idea de lo que él está diciendo"»[256].

En cuanto le es posible, el predicador expositivo eficaz escoge las palabras que son conocidas a la mayoría de su gente. Charles Swindoll dice: «Es importante utilizar un lenguaje que se entienda por todo el mundo. No hables en clave secreta si quieres ser interesante, si quieres que te escuchen. Hay demasiados predicadores que sólo se hablan a sí mismos cuando predican»[257].

Habrá algunos oyentes que no entiendan lo que significa una palabra como "deconstrucción", pero todo el mundo entiende lo que significa "cambio". Cuando el predicador habla de las "ramificaciones hermenéuticas" de las palabras de Pablo, hay muchos que no tendrán idea alguna sobre aquello a lo que se refiere. Pero casi todos pueden comprender el "efecto" de las palabras de Pablo. En algunos casos, para la precisión, habrá que utilizar una palabra más compleja, pero las palabras más sencillas suelen ser mejores aunque no encajen en un esquema artificial y conceptual de la predicación.

Otras guías sirven para hablar claramente. Por ejemplo:

- Usar palabras conocidas.
- Escoger, si es posible, palabras concretas y específicas.
- Identificarse con la experiencia de los oyentes.
- Hablar para expresarse y no para impresionar.

255. M. R. Chartier, *Preaching As Communication: An Interpersonal Perspective*, Abingdon, Nashville 1981, 62, 63.

256. D. Sunukjian, *The Credibility of the Preacher*: Bibliotheca Sacra (julio de 1982) 259.

257. Ch. Swindoll, *Why Some Preachers Are Better Than Others*: Christian Herald (julio-agosto de 1984) 21.

Siguiendo esta línea de pensamiento, nos ayudará si usamos verbos activos en los puntos principales del bosquejo cuando nos sea posible. Se compararán estos dos bosquejos basados en Tito 2:11-15.

1. Estamos salvados por la gracia de Dios	1. La gracia de Dios salva.
2. Se nos enseña por la gracia de Dios	2. La gracia de Dios enseña.
3. Se nos purifica por la gracia de Dios	3. La gracia de Dios purifica.
4. Se nos anima por la gracia de Dios	4. La gracia de Dios anima.

Los verbos activos tienen más impacto en el lenguaje hablado y en el escrito: «... Alargó Aod su mano izquierda, y tomó el puñal... y se lo metió por el vientre [de Eglón]» retrata un cuadro mucho más vívido que si dijéramos: «El puñal fue puesto en el vientre de Eglón».

Generalmente los puntos principales del bosquejo son más claros y más fáciles de comprender y recordar cuando el expositor los expone usando unos principios duraderos más bien que en una forma limitada a cierto escenario histórico. Ténganse en cuenta los bosquejos siguientes basados en el tema que trata de las «Características del Avivamiento», tomando como ejemplo algunos elementos del libro de 1 Samuel 7:1-12.

1. Israel se quitó a Astarot	1. Avivamiento significa quitar los dioses falsos.
2. Israel confesó sus pecados	2. Avivamiento significa la confesión de pecado.
3. Israel fue atacado por los filisteos	3. Avivamiento significa luchar contra el enemigo.
4. Samuel ofreció un sacrificio a Dios	4. Avivamiento significa restauración de la consagración.
5. Israel derrotó a los filisteos	5. Avivamiento significa la victoria sobre el enemigo.
6. Israel reconoció el lugar de Dios	6. Avivamiento significa la renovación de la presencia de Dios.

Los predicadores expositivos harán bien en resistir la tentación de impresionar a sus congregaciones con unos bosquejos que son complejos y técnicos; «Simplifícalo, simplifícalo», éste el buen consejo de Thoreau, que todavía vale la pena escuchar.

7. Simpatía y fervor

Ni una cantidad enorme de preparación ni la técnica del púlpito pueden tomar el lugar de un corazón lleno de amor y cariño.

Los hombres que predican la Palabra deben ser personas de sentimientos profundos. Dios llama al expositor a predicar la Palabra, no meramente a distribuir información. Debe ser un hombre que siente profundamente su amor y compromiso hacia Dios y hacia su pueblo. Un peligro en el adiestramiento pastoral es que a veces el proceso del aprendizaje apaga "el fuego en los huesos", es decir, el calor interior. No tiene que ser así; el hecho es que no debe ocurrir. Apolo recibió adiestramiento adicional, pero su ministerio todavía manifestaba "poder" y vigor espiritual (Hch. 18:28).

Mucho depende del compromiso personal del predicador y de su andar diario con el Señor. Ninguna aula, ningún libro de texto o conferencia alguna puede suplir esta fuente. El predicador no la puede tomar prestada ni puede imitarla. Lo hay en él o no lo hay. Sin esto, las llamas del corazón se apagarán.

No es sorprendente que B. B. Warfield recordara a sus alumnos la tarea enorme con que se les enfrentaba y de la fuente infinita que poseía para realizar esa tarea. Como predicadores de la Biblia, la revelación escrita de Dios, ya tenemos en nuestras manos la herramienta, la fuente para la obra.

«Esta es tu labor; el Libro ya está en tus manos, para que puedas abrir sus contenidos a tu gente, comunicándolo a sus mentes por todas las maneras posibles y aplicándolo a todos los momentos de sus vidas cotidianas… Este Libro se te hará más precioso cada día; enriquecerá cada parte de tu naturaleza… Pero, ¡séle fiel! La Biblia será para ti lo que te he dicho sólo si tú vas profundizando en ella. Si andas por su superficie, te cansarás de ella»[258].

Y ¡qué urgente es la tarea, qué importante es lo que hacemos con la fuente!

Entrando un predicador en el auditorio de una prisión para hablar con los presos, notó que había dos sillas en frente cubiertas con tela negra. Preguntó al alcaide sobre ellas. Le explicó el alcaide: «Estas dos sillas están tapizadas con negro para los que van a morir. Su sermón será el último que éstos dos jamás escucharán». ¿No es lo mismo cada vez que un hombre de Dios se pone de pie delante de la gente para compartir la Palabra? Los hombres moribundos necesitan oír una palabra del Dios viviente.

Simplemente no hay excusa para una predicación aburrida. A pesar de los talentos y dones que tengamos o no tengamos, se debe predicar con un

---

258. James Stalker, citado por W. Kaiser en *op. cit.*, p. 243.

corazón tocado por Dios. No existe reto más grande que el de comunicar eficazmente la Palabra de Dios a gente cuya pérdida sería grande si muriera sin haberla escuchado. La única respuesta que el predicador puede ofrecer a este reto es su compromiso sin reserva de hacerlo lo mejor que pueda. Dios no exige ni más ni menos.

V

Elaboración del sermón

Cornelis Trimp[259]

Bibl.: Charles Killer, *Sermons Preached Without Notes* (Baker, Grand Rapids 1964); Thomas Long, *Preaching and the Literary Forms of the Bible* (Fortress Press, Philadelphia 1989); Craig A. Loscaizo, *Preaching Sermons that Connect: Effective Communication Through Identification* (IVP, Downers Grove 1992); Thomas J. Potter, *The Spoken Word, or The Art of Extemporary Preaching, its Utility, its Danger, and its True Idea* (Patrick Donahoe, Boston 1872); Richard S. Storrs, *Conditions of success in preaching without notes* (Dodd and Mead, Nueva York 1875); Joseph M. Webb, *Preaching Without Notes* (Abingdon Press, Nashville 2001); F. Barham Zincke, *On the Duty and the Discipline of Extemporary Preaching* (Rivingtons, London 1866).

1. El sermón escrito

Hay profesores elocuentes que vedan el escribir literalmente un discurso; a lo sumo admiten como lícito apuntes al principio y al final. Señalan el peligro de que el manuscrito represente un obstáculo para la palabra libre y viva. Un manuscrito puede transformar una alocución en un ensayo, y puede representar una pared de papel entre locutor y oyente. Este peligro es real y atañe a los predicadores.

El texto escrito determina un estilo que no es el propio de la lengua hablada, y la diferencia entre ambos es mayor de lo que se supone. El que tenga ocasión de grabar un discurso y trasladarlo al papel descubrirá la diferencia. Sin embargo, no debemos dejar de escribir cada semana con afán y fidelidad.

---

259. Este capítulo forma parte del libro *La predicación*, de C. Trimp, traducido y publicado por la Iglesia Cristiana Reformada, Madrid s/f. Usado con permiso.

Las ventajas de la escritura son múltiples:

a) La escritura requiere una formulación precisa y clara, que requiere exactitud. Hasta aquí se daba bastante confusión pese a la meditación y el bosquejo; lo que está escrito proporciona luz para los momentos flojos.

b) Lo escrito permite controlar las series de ideas.

c) Al escribir se estimula el pensamiento. Calvino, al unísono de Agustín, pertenecía a aquellos que preparaban sus apuntes (lema de la Institución).

d) Escribir ofrece la ocasión de elegir las palabras y de formar una lexicografía propia para escapar a lo común. Favorece la formación del estilo y previene un tratamiento negligente del idioma, así como la evasión hacia los estereotipos.

e) Lo escrito posibilita la corrección, por ejemplo, el compendio de cada uno de los puntos.

¿Qué ocurre cuando el sermón se deja a la improvisación?

Resulta prolijo, vago, sobre todo al comienzo, y rara vez encuentra un buen final.

El trato lingüístico es descuidado y desemboca en toda clase de repeticiones y giros conocidos, lugares conocidos, "muletillas", que terminan por embotar la atención de los oyentes.

Únicamente los mejor dotados están en condiciones de predicar "de memoria".

Precisamente aquellos que disponen de gran capacidad oratoria, deben escribir con profusión. La ampulosidad de oratoria es gran enemiga del ministerio de la Palabra.

«Desde el comienzo escribí totalmente mis sermones. Aún lo hago. Espero seguir. Encuentro que predicar en nuestro tiempo es una misión pesada y ardua, pero puedo hablar. Hablar plenamente durante media hora en el púlpito no me es difícil. Los engranajes funcionan. Cuando no me veo obligado a escribir de antemano el sermón, confío en mis habilidades. No me ahogo en un vaso de agua. Sin embargo, cuando un ministro *verbi divini* se sumerge, se emborracha en la multiplicidad de sus palabras.

Entretanto no resulta tan incomprensible que se llegue tan lejos. Disponemos de una semana y mucha labor por delante. ¿Por qué no buscar un texto de la tarde del sábado y anotar las ideas que nos sobrevienen? No se pregunte cómo salen del púlpito las que inciden la mañana del domingo.

La capacidad oratoria como base de nuestra predicación significa el final de nuestro ministerio. Ya no somos ministros, porque hemos tomado el asunto en nuestros propias manos» (J. J. Buskes)[260].

Trataremos de captar los peligros de escribir que no ofrecen dudas. En primer lugar, los que nos hace la ver la congregación, y con su supervisión. Todo lo que se le habla a la congregación, se escribe.

Posteriormente, no debemos pensar que con la preparación del sermón todo está concluido, hay un momento en la preparación que puede ayudar a soslayar los peligros del lenguaje escrito, a saber, la memoria.

2. El uso del lenguaje

La lengua, instrumento de la predicación, es extremadamente flexible. La elección de las palabras en su variedad se debe subordinar al mensaje.

Aquí reside el centro de gravedad del mandato para el anuncio. Después de haber hecho todo en cuanto a exégesis, meditación y estructura, el mensaje debe disponerse en palabras ordenadas. La meta es alcanzar y tocar a las personas en su corazón. Es sabido que esto no se consigue con artificios oratorios.

El evangelio tiene su propia manera de presentación, tal y como se enseña en 1 Cor. 1 y 2. El uso inadecuado del lenguaje y la falta de convicción vuelve ineficaz el mensaje del evangelio.

Por otra parte, el arte de hablar tal como se enseña en la retórica clásica o moderna no siempre es procedente en la iglesia. En este punto habría que pensar en la retórica y hermenéutica moderna. ¿Podemos todavía hablar en el lenguaje de la Biblia, nosotros que tenemos una imagen del mundo totalmente diferente de la de los autores bíblicos? ¿Podemos decir todavía: "arriba en los cielos", y el "descenso de Cristo"?

Para estas preguntas pueden consultarse las obras actuales de teología. En la búsqueda de una respuesta adecuada pueden aplicarse consideraciones de carácter teológico y filosófico-lingüístico. El fin es suficientemente relevante para pensar ampliamente en ello, pero no entra en el marco de esta exposición.

El predicador es como un transmisor que *actualiza* el texto bíblico de antaño con la situación cotidiana del presente, contextualizando el lenguaje

---

260. Johannes Jan Buskes (1899-1980), importando teólogo, predicador y ministro de la Iglesia reformada de Holanda. Citado por H. Konker, *Predicación actual*, pp. 155, 156.

del mundo bíblico con el actual. En este sentido, predicar es igual a interpretar, o sea, trasladar un horizonte conceptual a otro[261].

3. Relevancia del mensaje

Para predicar de un modo comprensible hoy día es necesario utilizar las expresiones que son relevantes para el oyente en sus problemas concretos, de otro modo no habría transmisión de ideas.

Como criterio de comprensión –y de enlace entre el universo bíblico y el nuestro– está la *constancia permanente* de lo que Dios realiza por nosotros, en nuestra humanidad concreta, y en medio de nuestras circunstancias políticas y sociales.

Lo que Cristo es para nosotros –ayer, hoy y siempre–, y lo que representa la salvación para el hombre y el mundo, desde la cruz hasta la resurrección final, requiere exponerse de forma relevante únicamente dentro de un cuadro de estricta tangibilidad. El predicador debe mostrar la obra salvadora de Cristo en términos de humana individualidad y también en lo que la salvación afecta a la política, la economía y la sociedad en general. Sólo de este modo la predicación se acopla al tiempo presente y la Biblia es reinterpretada relevantemente, que es lo que se desea.

Un precedente a evitar es el problema relativo a lo que se dio en llamar las "lenguas de Canaán", cuando las iglesias reformadas de Holanda se redujeron al uso exclusivo de una traducción de la Biblia en el lenguaje del siglo XVII. Se soslayó, así, el uso lingüístico actual y los problemas modernos. De esta manera la Biblia y el lenguaje usado en la predicación se convierten en algo enigmático y convencional dentro de la iglesia. Hay como un temor al progreso histórico y ninguna conexión con la época vigente.

Aquí la Biblia ha sido interpretada y fijada en un momento determinado de la larga historia de siglos de traducción a las lenguas modernas de cada pueblo. Esto es útil dentro de la secular e imperturbable narración mística que con frecuencia quiere hablar sobre Dios en tono arcaizante y familiar al propio tiempo.

---

261. El Dr. James Denney, gran teólogo, predicador y maestro escocés, decía que el ministro necesitaba una triple preparación para cumplir su sagrada vocación. Primero, conocer tan bien la Biblia como para encontrar en ella el evangelio; segundo, estar tan familiarizado con el pensamiento de su época que sea capaz de adecuar su predicación a sus necesidades y cuestiones; y tercero, dominar tanto su estilo literario como su modo de predicar, de manera que pueda recomendar su mensaje tanto por su forma como por su contenido (Citado por Alfred Ernest Garvie, *A guide to preachers*, Hodder and Stoughton, London 1907, 2) [N.E.].

El lenguaje de la Biblia parece ser extraordinariamente variado. El lenguaje es acorde con el mensaje. El mensaje quiere arrastrar tras sí su propia lírica y dinámica. Este mensaje adopta el estilo de los que lo exponen, y moviliza las propias posibilidades de Amós y Pablo, pongamos por caso. Dios no se atiene a un determinado patrón lingüístico. En su concreción histórica, la revelación se ha relacionado con el hebreo, el arameo y el griego en sus múltiples estilos.

Quien quiera dominar bien el lenguaje bíblico hará frente a la variedad y no se arredrará por la multitud de figuras lingüísticas (juegos de palabras con sentido irónico, metafórico, parabólico, etc.).

El lenguaje no es esotérico o sacro, sino que estará al servicio del mensaje, y en la lengua ordinaria del hombre común a quien Dios quiere dirigirse, porque el Señor no se avergüenza del lenguaje corriente. Él se ha manifestado no en el idioma de la filosofía, sino en el del pueblo.

Ninguna lengua está al nivel del Espíritu Santo, pero sí que cada una, en cuanto creación de Dios, es usada por Aquel. En el día de Pentecostés se oyó el anuncio de las grandes obras de Dios en la lengua de cada país. Así el Espíritu Santo inauguró la obra de Dios en la lengua cotidiana de los judíos nacidos dentro de la tierra santa o fuera de ella. El Espíritu Santo rehusó enclaustrarse en el hebreo de los escribas.

La relevancia del mensaje se reduce a saber acerca de la presencia de Dios y de su acción en Cristo. Así se recorre todo el trayecto que el hombre tiene que hacer. Precisamente porque la Palabra de Dios se refiere a su obra, puede imponer su relevancia al hombre y establecer la conexión y finalidad gracias al poder del Espíritu Santo. ¡Entonces se incrementará considerablemente el mundo humano de las vivencias! La relevación parece determinarse por la relevancia. Pablo no busca la retórica griega, sino que, para el mensaje de la cruz, utiliza un griego asimilable, lo cual consigue con frases equilibradas y sencillas. Eran palabras enseñadas por el Espíritu Santo.

No podemos tampoco nosotros desatender lo que el Señor nos presenta, aunque nadie encuentre el asunto "relevante". Tampoco podemos ignorar las palabras fundamentales que nos comunica el Espíritu Santo como pecado, gracia, justicia, reconciliación, etc. No se trata de algo perteneciente al siglo I, o al siglo XVI, sino expresiones autorizadas para toda la iglesia. En tanto que estas palabras o conceptos sean específicas y estén explicadas en el lenguaje común, la iglesia evitará convertirse en un *ghetto*.

Jesús de Nazaret fue una figura histórica y habló públicamente en una cultura determinada. Sin embargo, Jesucristo no es producto de la historia, ni una creación de la cultura. Es el Hijo de Dios que se manifestó en un momento concreto de la historia, cuyo significado está por encima de las determinaciones del tiempo y del espacio. Caminó entre los hombres, pero su vida escapa a toda circunscripción. A Él están unidos los creyentes, y con el poder de su nombre y de sus palabras, su revelación se salvaguarda del desgaste y pérdida de poder de expresión. Esto confiere al predicador el derecho y la obligación de aprovechar las palabras de las Escrituras.

La manera con que tratamos las palabras de la fe cristiana queda al amparo de la libertad cristiana y la protección del Espíritu Santo[262]. Dios sabe conectar con cualquier clase de estilo individual, y cada cual aprovecha las propias posibilidades otorgadas por el Creador. El Señor ante todo quiere penetrar en nuestras vidas comunes, y esto requiere de sus ministros un estilo adecuado, en la transcripción de las palabras fundamentales de la fe. Creer no es asunto de ayer o del siglo pasado y esto debe proyectarse también en nuestra expresión. Finalmente no deseará que nuestro estilo deje en la cuneta el mensaje, o se desvíe por causa del predicador, que "tan bien" puede "decir".

Hablar bien nace del amor, y este se dirige hacia la palabra revelada de Dios, expuesta en el nombre del Padre, del Hijo y del Espíritu Santo. La palabra no tiene que estar ligada a una imagen judía del mundo o a una fase cultural, y debe estar lista a quebrar en todo momento nuestras visiones limitadas del mundo. También en este siglo llega el amor de Dios a la comunidad. En la predicación se asienta gran parte del cuidado de las almas. Quien predica pastoralmente ha de conocer y hablar la lengua de sus oyentes. Tiene que esforzarse por hablar clara e inteligiblemente, procurando interpretar algo del poder del mensaje de Dios y transmitirlo a la congregación. Nadie necesita a tal efecto hablar el lenguaje de la calle, pero sí el vigente. Popular y vulgar son dos cosas distintas. Es por esto que debemos luchar contra el estereotipo, los arcaísmos, los hábitos, porque estos matan el espíritu y son enemigos de la predicación. Tenemos que buscar la palabra más aguda y la significación más rica. Mucho hemos de corregir en nuestros manuscritos, como cuidar los adjetivos, ya que el estilo sobrio y realista vence al barroquismo. También con este estilo sobrio y real se puede transmitir a la congregación una emoción plena de contenido. El que contamina con sus palabras, irrita al buen oyente y, cuando menos, lo embota.

4. Predicando de «memoria»

Hemos considerado la exégesis del texto bíblico, hemos meditado, preparado un bosquejo y escrito un sermón. ¿Qué hacer ahora con el texto escrito? Quien nada tiene que hacer se limita a subir al púlpito y proceder

---

262. Cf. Klaas Schilder, *Kerktaal en leven* (*Lenguaje eclesiástico y vida*). U.M. Holland, Amsterdam 1923.

a la lectura. Leerá su manuscrito sin matizar ni acentuar. Parece que entre escribir y presentar queda aún un momento preparatorio, que es la apropiación del texto escrito del sermón. A esto llamaron *memoria* los retóricos clásicos. No puede ser la intención de esta parte de la preparación almacenar totalmente el texto en la memoria y, en su momento, extraerlo literalmente de la misma. Esto sería actuar sin sentido y con poca efectividad, pegado constantemente a la letra del manuscrito, al que dar cuerda como a un despertador, o hacerlo hablar como una grabación. El más mínimo fallo de memoria lo pondría en peligro.

Naturalmente que la memoria ofrece grandes posibilidades y la acomodación es rápida, sin duda alguna. Sin embargo, esta modalidad representa con seguridad un trabajo inicial innecesario para aquellos predicadores que tienen que actuar con frecuencia. Mucho más positivo y provechoso resulta la identificación interna con el mensaje.

Se puede tanto más abundar en el mensaje si se está en condiciones de reproducir la exposición en breve tiempo cuando inesperadamente se pierde el sermón.

La predicación debe ser nuestra propiedad normal y espiritual, con lo cual se infunde calor y convencimiento, así como tranquilidad para añadir aclaraciones marginales o complementos que pueden surgir en el curso del sermón. De esta manera el lenguaje se libera del texto manuscrito.

La memoria, en la práctica, consiste en leer más de una vez concienzudamente el manuscrito. Cada cual actúa por iniciativa propia, aunque es evidente y muy recomendable marcar o subrayar los momentos principales y las afirmaciones centrales del texto. Pueden ampliarse al paso una cantidad de puntos fijos que harán la función de señalizadores del sentido, o avisos.

Al mismo tiempo, ofrece la posibilidad de maniobrar libremente durante la predicación, para que el lenguaje sea directo. No son mecánicos, sino conductores, los que se lanzan al tráfico.

Categóricamente tenemos que decir que no nos avergüenza llevar el papel al púlpito. Resulta una pretensión inhumana prohibir este recurso. No existe ninguna profesión que requiera tanto hablar en público sobre cosas tan importantes, y ante las mismas personas, que la del predicador. No nos dejemos influir por el complejo de inferioridad que imputan los maestros de la elocuencia, al rechazar toda clase de pauta escrita[263].

263. «Mi experiencia de veinticinco años me ha mostrado la importancia de escribir los sermones. Ahora sé que la redacción del sermón requiere una más grande variedad de cualidades que cualquier otra clase de compasiones, y, por tanto, es proporcionalmente más difícil. Un sermón, como cualquier otra obra literaria presentada a la atención del público, demanda un cierto dominio de su técnica. Esta nunca debería faltar;

Sin embargo, recibamos la influencia de sus consejos. Verdaderamente no debemos levantar un muro de papel entre nosotros y los oyentes. Sentimos la necesidad del discurso en lengua viva, que deba apartarse de la formulación establecida, la reproducción libre.

Todo esto es posible únicamente cuando nos hemos apropiado del mensaje y hemos dispuesto ante nosotros todo el material y la línea principal, más los conceptos fundamentales de la predicación. De aquí la necesidad de la memoria.

5. Una palabra del pacto dirigida a la comunidad

El fin de la predicación no es la de mirar exclusivamente el texto, sino a la congregación partiendo del texto. Esta es una etapa completamente nueva en la preparación de la predicación. Cada uno experimenta esto como una transición que, previsiblemente es lo más arduo de todo el asunto.

Cuando se establece la exégesis, el texto comienza a hablar, se fija en principio la idea principal y pueden cerrarse los comentarios. Pero entonces, siendo cada uno distinto, sólo con una idea general no se logra una buena predicación. Los ingredientes están disponibles y tenidos en cuenta, pero no es una comida. Hay que salvar todavía las distancias, lo cual acontece en la llamada "exégesis homilética", llamada propiamente también "meditación".

En la exégesis disponemos de un espacio de consideraciones metódicas, listo el texto como objeto de nuestro estudio. Sin embargo, puede convertirse en predicación cuando el texto mismo habla y nos ha tomado al servicio de su mensaje.

Primeramente tenemos el texto, y después el texto nos "tiene" a nosotros. Sólo es fiable predicar cuando uno se deja llevar por el texto. Es ante todo necesario que el mensaje del texto ejerza su fuerza en el predicador, lo que es la meta primordial de la "meditación", que, antes que información, es formación.

Aquí la base en general es que el Señor sea oído por el texto. No podremos hablar nunca con convicción si nosotros mismos no nos sentimos movidos.

la gente de cierta educación tiene derecho a quejarse cuando descubren que el pastor emprende la labor pública de enseñar y predicar sin este indispensable requisito. Al lado de esto, es necesario que posea un buen sentido de la lógica, porque cada sermón puede ser considerado como la exposición de la predicación de lo que ha venido a ser un complejo sistema de teología, un sistema que, en muchos aspectos, es controvertido en cada punto» (F. Barham Zincke, *On the Duty and the Discipline of Extemporary Preaching*, Rivingtons, London 1866, 9). [N.E.].

Cualquiera que sea el discurso, la chispa sólo saltará cuando hablemos convencidos, como hombres ganados por el mensaje, presentándolo así ante la congregación.

De otro modo, la predicación permanece encerrada en un discurso exegético o en un relato objetivo con una conclusión edificante. La Biblia no es un relato objeto, es una alocución, una palabra del pacto dirigida a la comunidad.

Lo que ahora es el mensaje concreto para la congregación, debe configurarse en la meditación. Resulta patente que aquí la decisión supera a la llamada "aplicación". Al efecto, la preparación tiene lugar desde una exégesis aplicable, expuesta por el texto y dirigida a la comunidad. La Biblia se libera nuevamente de la función-objeto, que con ocasión del trabajo exegético ha cambiado por un tiempo.

La meditación, por tanto, interesa en primer término a la relación: mensaje del texto-predicador. Esta es una difícil y rica división en la preparación del sermón. Sigue naturalmente la relación mensaje-congregación.

Cuando conozcamos a la congregación algo más que globalmente, tendremos la constante pregunta: ¿Qué significa esta Palabra de Dios para estas gentes?

Se trata de lo que a los hombres y mujeres de este tiempo interesa: el bienestar, la inquietud, la prisa, la tensión en la vida política, incertidumbre por el futuro, secularización, revolución en las costumbres, teorías de incredulidad difundidas por los medios de comunicación masiva.

Se trata de personas con preocupaciones personales, penas, necesidades, pérdidas, inseguridad, circunstancias difíciles en el trabajo, problemas de educación, cuidados por causa de enfermedad y vejez; la juventud y la sexualidad en el mundo.

Se trata de personas que pueden vivir únicamente de la gracia de Dios: paciencia de Dios y amor en el pacto, perdón de Dios en Jesucristo, interés divino por la obra del Espíritu Santo.

Son hombres y mujeres que se encaminan hacia el futuro de Cristo: a ellos les es dado esperar la gran voz y la corona de sus luchas en esta vida, en la victoria final de la fe.

Se trata de personas que son miembros de la iglesia de Cristo: participan en la lucha de la iglesia o enseñan a hacerlo, instruyendo a la comunidad.

Debemos tener siempre presente a esta comunidad y tenemos que hablarle de continuo desde nuestro estudio y preparación, porque la Palabra de Dios quiere llegar a ellos viva y concreta.

La predicación no consiste según esta meditación en una disertación exegética objetiva, sin color, convencimiento o poder doctrinal de divulgación. Por eso debemos tomarnos tiempo en esta dedicación y penetrar en el mensaje divino con los ojos puestos en el pueblo al que se dirige.

PARTE III
HISTORIA BREVE
DE LA PREDICACIÓN

Silas Ramos

I
Historia breve de la predicación

Bibl.: Andrew W. Blackwood, *The Protestant Pulpit* (Abingdon-Cokesbury Press, New York 1947); John A. Broadus, *Lectures on the History of Preaching* (A. C. Armstrong, New York 1893/trad. cast.: *Historia de la predicación, Discursos*, Casa Bautista de Pub., El Paso s/f); F. J. Calvo Guinda, *Homilética* (BAC, Madrid 2003); Orlando Costas, *Comunicación por medio de la predicación* (Caribe, Miami 1989); Edwin Dargan, *A History of Preaching, from the Apostolic Fathers to the great Reformers A. D. 70 -1572* (Baker Book House, Grand Rapids 1954, orig. 1905); Pablo A. Deiros, *Historia del Cristianismo en América Latina* (Fraternidad Teológica Latinoamericana, Ecuador 1992); Id., *Protestantismo en América Latina* (Caribe, Miami 1997); R. H. Ellison (ed.), *A new history of the sermon: the nineteenth century* (Brill, Leiden 2010); Segundo Galilea, *Evangelización en América Latina* (Instituto Pastoral Latinoamericano, Quito 1970); Alfred E. Garvie, *Historia de la predicación cristiana* (CLIE, Barcelona 1987); DeWitte T. Holland, *The Preaching Tradition. A Brief History* (Abingdon, Nashville 1980); Pablo A. Jiménez y J. González, *Manual de Homilética Hispana* (CLIE, Barcelona 2006); John Kerr, *Lectures on the history of preaching* (Hodder and Stoughton, London 1888); David L. Larsen, *The Company of the Preachers: A History of Biblical Preaching from the Old Testament to the Modern Era*, 2 vols. (Kregel, Grand Rapids 1998); T. H. Pattison, *The History of Christian Preaching* (American Baptist Publication Society, Philadelphia 1903); Craig Skinner, *The Teaching Ministry of the Pulpit: Its History, Theology, Psychology, and Practice for Today* (Baker, Grand Rapids 1973); John Telford, *A History of Lay Preaching in the Christian Church* (C. H. Kelly, London 1897); R. G. Turnbull (ed.), *Baker's Dictionary of Practical Theology* (Marshall, Morgan & Scott, London 1968); F. R. Webber, *A History of Preaching*, 3 vols. (Northwestern Publishing House, Milwaukee 1952); Paul Scott Wilson, *Concise History of Preaching* (Abingdon Press, Nashville 1992).

1. Introducción

El nacimiento de la *homilética* de ninguna manera tiene que verse como un evento que se inicia con la iglesia cristiana. Una lectura rápida de la historia, nos comunica y nos señala las raíces de la homilética en la *predicación hebrea* y en la *retórica antigua*. De manera que, la teoría de la predicación, tal como la conocemos hoy, bebió inicialmente de estas dos fuentes que imperaban en la época de los inicios del cristianismo. Tampoco la homilética es una teoría y práctica que descendió de los cielos directamente; tal como se verá adelante, en su formulación y desarrollo, intervinieron seres de carne y hueso, hijos cada uno de ellos de su época, y por lo tanto influidos por el contexto en el cual vivieron.

En la primera fuente, los *profetas*, juntamente con los *escribas*, deben de ser considerados como los exponentes más elevados de la predicación hebrea. Por su lado, la retórica antigua empezó a gestarse en Sicilia alrededor del año 465 a.C. con Corax y su discípulo Tisias. Al realizar una revisión de la retórica antigua, encontrarnos que la retórica griega tiene mucho que ver en la formación de la Homilética. Así, Aristóteles (384-322 a.C.) y su *Retórica*, posee una gran cuota de aportación. La obra del filósofo griego fue una de las más grandes en el mundo antiguo. También debe de resaltarse la contribución de los retóricos latinos, entre ellos Cicerón (106-43 a.C.) con su obra *De Oratore*, y Quintiliano (35-95 d.C.) con *Instituciones Sobre Oratoria*. El legado de ambos es innegable. De la simbiosis de ambas fuentes: la predicación hebrea y del «arte de hablar», en un proceso que duró algunos siglos, emergió la Homilética cristiana, llegando a convertirse en el arte de la predicación bíblica y cristiana (Turnbull, 1968, p. 50).

Aun cuando los gérmenes de la Homilética actual, pueden rastrearse mucho antes del cristianismo, el término como tal, no aparece sino hasta finales del siglo XVII. En el año de 1672, S. Gobel publica su obra titulada *Methodologia homiletica*. Cinco años después J. W. Baier publica su *Compendium theologiae homileticae*. Antes de que ellos introduzcan la palabra *homilética*, se habían utilizado los siguientes términos: (1) *Ars praedicandi*, (2) *Ars conciniandi*, (3) *Rethorica ecclesiastica*, entre otros (Calvo, 2003, p. 13). Sin embargo, y como ya se ha sugerido, la Homilética como concepto, no como término, se fue gestando a través de un largo proceso histórico-formativo.

2. La predicación en el Antiguo Testamento

En el Antiguo Testamento encontramos muchos ejemplos de predicación; en la mayoría de casos, se trata de discursos de algunos personajes bíblicos de este periodo. En su obra titulada *Lectures on the History of Preaching* (*Conferencias sobre la Historia de la Predicación*), John A. Broadus (1873, p. 10) sostiene que los grandes predicadores del AT fueron los profetas. De ellos, sostiene el autor, Isaías fue el «más elocuente de todos» (*ibid.*, p. 14). Jeremías, Ezequiel y Malaquías, también ocupan un lugar importante en la valoración de Broadus. No obstante la presencia predominante de los profetas, no se puede olvidar la predicación de Noé, quien es llamado predicador o «pregonero de justicia» por el apóstol Pedro en su segunda carta (2 Pd. 2:5). Aun cuando encontramos en él, la imagen del anti-predicador, Jonás merece también mención entre los predicadores del Antiguo Testamento.

3. La predicación en el Nuevo Testamento

En el Nuevo Testamento, la predicación tiene que ver directamente con la proclamación pública del evangelio del Reino. Este evangelio no es un simple discurso religioso, es el plan divino de salvación ejecutado a través de Jesús, el Hijo de Dios, que ha sido dado gratuitamente a la humanidad caída por causa del pecado. Tal como lo menciona el *Nuevo Diccionario Bíblico Certeza*[264], «La predicación no es una desapasionada recitación de verdades moralmente neutras; es Dios mismo que aparece en escena y enfrenta al hombre con una demanda de decisión». Hay rasgos muy marcados que retratan y caracterizan la predicación neotestamentaria[265]: (1) posee un «sentido de compulsión divina», es decir, los predicadores sienten una carga enorme por predicar el evangelio (cf. Mc. 1:38; Hch. 4:20; 1 Cor. 9:16; 2 Tim. 4:2). Pablo por ejemplo se siente esforzado a hacerlo, sobretodo, donde otros no habían llegado (Ro. 15:20); (2) en la predicación del Nuevo Testamento se puede notar nítidamente «la transparencia de su mensaje y motivo». No solapa ni concede espacios a la palabrería, la demagogia, la «sabiduría de palabras», ni a la excelente y vacía retórica del predicador (cf. 1 Cor. 1:17; 2:1-4). En la predicación no hay astucia ni adulteración (2 Cor. 4:2). Los predicadores del Nuevo Testamento no rehúsan predicar «todo el consejo de Dios» (Hch. 20:27).

La figura principal de la predicación neotestamentaria es sin duda Jesucristo mismo. Nadie puede opacar la luz dominante de su presencia en la predicación. Jesús es un predicador itinerante que se desplaza y predica por aldeas, ciudades (Mt. 11:1), casas (Mt. 9:10; 9:23; 9:28; 13:36; 17:25; 26:6) e incluso sinagogas (Mt. 4:23; 9:35; 13:54; Mr. 1:39; 6:2; Lc. 4:15; 4:44; 6:6; 13:10; Jn. 6:59; 18:20). El núcleo de su mensaje es evangelio del reino de Dios[266] (Mc. 1:14; Lc. 4:42, 8:1, 9:10), pues este se convierte en la columna vertebral de su

---

264. «Predicación», en *Nuevo Diccionario Bíblico*, Certeza, Colombia 1982, 1113-1114. Cf. también P. A. Jiménez, «Predicar, predicación», en *Gran Diccionario Enciclopédico de la Biblia*, 2005-2008, CLIE, Barcelona 2013.

265. *Ibid.*

266. De todos los evangelistas, Lucas es el que más referencias hace al reino de Dios en la predicación de Jesús. Se pueden encontrar hasta 32 referencias directas del reino de Dios en este evangelio.

kerygma[267]. Junto a la figura de Jesús aparece también la de Juan el Bautista, un predicador a la medida de los profetas, que no tiene ningún reparo en confrontar al mismo Herodes (Lc. 13:32) ni tampoco al pueblo de Israel (3:2, 7-10). Él era la voz que habría de clamar en el desierto, tal como lo había profetizado Isaías (40:3, cf. Mt. 3:3). La predicación de Juan el Bautista tiene un fuerte énfasis en el arrepentimiento y es una protesta contra el falso orgullo judío que se sostenía en su ascendencia abrámica. Su misión era la de «enderezar veredas» y preparar el camino para el ministerio de Jesús. Un tercer grupo de predicadores está conformado por los apóstoles. Ellos le dieron «prioridad al ministerio de la predicación» (Stott, 2006, p. 15; cf. Hch. 6) en vez de diluirse en asuntos administrativos, que eran importantes, pero al fin una tarea a la cual ellos no habían sido llamados[268]. El primero de ellos en aparecer en el libro de los Hechos, es el apóstol Pedro. Lo encontramos en el capítulo 2:14-42, luego en 3:12-26; 5:29-32 y 10:34-43. El apóstol Pablo también desarrolla un rol preponderante en la predicación apostólica del Nuevo Testamento. La primera vez lo encontramos dirigiéndose al pueblo de Antioquía de Pisidia, dentro de la sinagoga (Hch. 13:23-41). Más adelante lo veremos predicando una y otra vez en sus viajes misioneros.

Otros predicadores destacados del Nuevo Testamento son: Juan el Bautista (predicador del arrepentimiento), los hermanos de Cristo (Jacobo y Judas), Esteban (Hechos 7) y Apolos (1 Corintios 3).

4. La predicación en la Iglesia primitiva y en la época patrística

Al parecer la predicación en la iglesia primitiva fue influida poderosamente por el método de predicación utilizado por los escribas y los ancianos de la sinagoga. La presentación del evangelio constituyó una homilía

---

267. Literalmente significa «proclamación». El *Compendio del Diccionario Teológico* de Kittel y Friedrich, 2003, pp. 427-428, refiere, que esta palabra, era de uso común en el mundo helenístico; denotaba «tanto el acto de la proclamación como su contenido. [Podía] tener sentido tales como "noticia", "declaración", "decreto", "anuncio", etc.».

Dentro de la literatura del NT la palabra adquiere un significado más espiritual; no es mera oratoria, es la proclamación de un mensaje poderoso en el Espíritu (cf. 1 Cor. 2:4). Este mensaje puede salvar (1 Cor. 1:21), incluye el hecho de la resurrección de Jesús (1 Cor. 15:14), es el mismo mensaje que fue predicado por Jesús el Cristo (Rom. 16:25), quienes lo proclaman lo hacen bajo el designio y las fuerzas de Dios [1 Tim. 2:7 (cf. 2 Tim. 1:11); Mrc. 3:14; 2 Tim. 4:17] y se convierte en heraldos a todas las naciones (Mrc. 16:15).

268. A partir de Pentecostés, más adelante confirmado en Hch. 6, se puede notar una clara predisposición de los apóstoles a favor de la proclamación pública del evangelio. Esto puede entenderse en términos de la obediencia al encargo hecho por Jesús a sus discípulos en Mr. 3:14. La razón de su llamamiento estaba conectado con el ministerio de la proclamación del evangelio.

simple y rústica. Pero más adelante, después de que el evangelio fue presentado a los *gentiles*, se pudo notar que:

> «Gradualmente la forma del mensaje empezó a cambiar. En poco tiempo, bastantes retóricos preparados estuvieron entre los creyentes y algunos de ellos respondieron al llamado divino a predicar. El evangelio fue ahora presentado en formas ya familiares a estos predicadores. Las reglas de la retórica empezaron a remodelar la presentación del mensaje cristiano» (Turnbull, 1968, p. 51)[269].

Entre los principales predicadores *gentiles* –entrenados en la retórica, convertidos al cristianismo y llamados a la predicación– se puede mencionar a los siguientes: Clemente de Alejandría (160-220 d.C.) quien recibió una excelente formación literaria y filosófica de la época, además de ser formado por los maestros cristianos más renombrados y ser discípulo del filósofo cristiano Panteno. Clemente era un muy buen conocedor de la retórica griega. Trató de conciliar predicación y filosofía, él creía que la filosofía era una preparación para la predicación del evangelio:

> «De la misma manera que recientemente, a su debido tiempo, nos vino la predicación [del Evangelio], así a su debido tiempo fue dada la ley y los profetas a los bárbaros, y la filosofía a los griegos, para ir entrenando los oídos de los hombres en orden a aquella predicación...»[270].

Tertuliano (150-220 d.C.), al igual que el anterior, estaba bien entrenado en el arte de la retórica. Sus obras revelan su amplio conocimiento del mismo. Al utilizar formas retóricas convencionales de su época, hizo de sus escritos y predicación, un asunto accesible a sus contemporáneos[271].

Orígenes (185-254 d.C.). Fue el verdadero innovador de la predicación de su tiempo. Antes de él, «la homilía había sido un comentario

---

269. Cf. A. Olivar, *La predicación cristiana antigua*, Herder, Barcelona 1991; M. Peinado, *La predicación del Evangelio en los Padres de la Iglesia*, BAC, Madrid 1992; P. Grelot, *Homilías sobre la Escritura en la época Apostólica*, Herder, Barcelona 1991.

270. Clemente de Alejandría, *Stromata* VI, 5, 44, Editorial Ciudad Nueva, Madrid 1998. Cf. Clemente de Alejandría, *El Pedagogo*, CLIE, Barcelona 2001.

271. E. Osborn, *Tertullian, First Theologian of the West*, Cambridge University Press, Cambridge 1997, 6. Cf. A. Ropero, *Tertuliano. El triunfo de la fe*, en *Lo mejor de Tertuliano*, CLIE, Barcelona 2001.

informal de las escrituras» (Turnbull, 1968, p. 51). Su aporte a la homilé-tica se ve en «su doctrina del triple sentido de la Escritura que intentaba resolver el problema de la actualización de un texto histórico» (Calvo, 2003, p. 15)[272].

Gregorio Nazianceno (329-390 d.C.). En la iglesia de oriente se le llegó a conocer como "el teólogo", fue uno de los pilares de la denominada orto-doxia, pues defendió la fe de Nicea con sus famosos cinco sermones sobre la Trinidad y la deidad de Cristo. Su casa se convirtió en su primer centro de predicación[273].

Basilio (330-379 d.C.). A pesar de no haber escrito un tratado sobre la predicación, «hizo frecuentes referencias a los principios de la homilética que muestran un conocimiento e interés en ellos» (Calvo, 2003, p. 15).

Juan Crisóstomo o de Antioquía (347-407 d.C.) quien «...había sido ins-truido por Libanius, el maestro más famoso de retórica de ese tiempo» (*ibid.*); llegó a predicar doce años en la catedral de Antioquía antes de ser Obispo de Constantinopla en el 398 d.C. Su obra *Sobre el sacerdocio*, muestra secciones importantes acerca de la vida del predicador y su mensaje[274]. De-bido a sus dotes como predicador recibió el apelativo de "Crisóstomo" que significa «boca de oro[275]». Debido a ello, dice Schaff, a Crisóstomo «...se le considera como el más grande orador del púlpito de la iglesia griega»[276]. Según John Stott, su predicación mostró cuatro características muy espe-ciales: (1) era bíblica; (2) su interpretación era simple y directa; (3) poseía aplicaciones morales que se trasladaban al plano práctico; (4) poseía una marcada denuncia profética; eso le costó el exilio[277].

Ambrosio (340-397 d.C.), de quien se dice que Agustín quedó muy im-presionado con su habilidad oratorial, pero mucho más con su mensaje espiritual.

Agustín (354-430 d.C.). Fue profesor de retórica antes de su conversión. Como era de esperarse, Agustín incorporó y aplicó sus conocimientos retó-ricos a su predicación, llegando a escribir el primer gran trabajo acerca del arte de la predicación. Su obra *Sobre la enseñanza cristiana* contiene cuatro

272. Cf. A. Ropero, *Orígenes, maestro de la Palabra*, en Orígenes, *Tratado de los principios*, CLIE, Barcelona 2002.

273. Frank K. Flinn, *Encyclopedia of Catholicism*, Checkmark Books, New York 2007, 336.

274. Juan Crisóstomo, *La dignidad del ministerio* (*Sobre el sacerdocio*), CLIE, Madrid 2002.

275. Del griego *chrysóstomos: chrysos*, "oro", *stomos*, "boca".

276. Citado por J. Stitzinger, *Historia de la predicación expositiva*, en J. MacArthur, *El redescubrimiento de la predicación expositiva*, Editorial Caribe, Miami 1996, 62.

277. J. Stott, *La predicación: puente entre dos mundos*, Desafío, Grand Rapids 2000, 19.

volúmenes, el cuarto tiene que ver exclusivamente con la homilética. Según Stitzinger, Agustín:

«... produjo más de seiscientos sermones. Entre sus obras hay exposiciones de los Salmos, homilías acerca del Evangelio de Juan, 1ª Juan y los evangelios. Algunos de sus sermones podrían describirse como exegéticos, pero sus interpretaciones generalmente eran alegóricas e imaginativas, como lo hacían otros en ese entonces»[278].

Uno de los aportes de Agustín es que él llegó a relacionar «...los principios de la teoría retórica con la tarea de la predicación» (Turnbull, 1968, p. 52). La influencia de su obra perduró hasta el Renacimiento, época en la cual se publicó el tercer volumen de su obra ya mencionada, como *El arte de la predicación*. Hay una fuerte influencia de Cicerón y Aristóteles en su retórica. En su teoría y práctica de la predicación, procuró un fuerte énfasis en tres elementos: (1) claridad, (2) fuerza y (3) variedad.

5. La predicación en la Edad Media

Entre los autores medievales que escribieron en torno a la teoría homilética, podemos citar a Isidoro de Sevilla (560-636) y su obra *Etimologías*, compuesta por veinte volúmenes, donde el autor discute acerca de la predicación. Sus principios utilizados son más retóricos que homiléticos, por lo tanto no tiene mucho que aportar al arte de la predicación.

Rabanus Maurus (776-856) hizo una contribución muy importante al publicar su obra titulada, *Sobre la Institución del Clero*. Allí se plasma sus enseñanzas acerca de la teoría homilética, siguiendo el esquema de Agustín, de quien es muy dependiente.

Alan de Lille (1128-1202) publicó su obra titulada *Sumario del Arte de la Predicación*. En ella hace mucho énfasis al lugar de las Escrituras e insiste en el hecho de que los predicadores debieran tener un conocimiento especial, tanto del Nuevo, como del Antiguo Testamento. También insistió en la colegialidad de los predicadores; ellos deberían estar autorizados por la Iglesia, para poder predicar.

Aun cuando a algunos les parezca increíble, las órdenes monásticas también tuvieron un impacto muy enorme en la predicación. Charles Smyth sostiene que:

---

278. Stitzinger, *op. cit.*, p. 61-62. Cf. Agustín, *La verdadera religión. La utilidad de creer*, CLIE, Barcelona 2001.

«… la historia del púlpito tal como la conocemos comienza con los frailes predicadores. Se reunían y estimulaban una creciente demanda popular de los sermones. Ellos revolucionaron la técnica. Ellos engrandecieron el oficio»[279].

Las órdenes mendicantes de Francisco de Asís (1182-1226) y Domingo de Guzmán (1170-1221), centraron su predicación entre «los pobres de Cristo» de Europa e incluso de la China. A diferencia de las empresas de los cruzados, ellos predicaron «with the *word* and not the *sword*»[280]. Ambos apelaron por un retorno a los patrones de la vida cristiana del Nuevo Testamento: predicación itinerante, pobreza y servicio a favor de las necesidades físicas y espirituales de la gente. Se propusieron predicar el evangelio en palabra y en hecho. Francisco de Asís es bien conocido por ser un servidor, eso ha dado como resultado que su faceta como predicador sea ignorada. Francisco poseía un gran celo por la predicación[281]. Domingo le dio un poco más de énfasis a la predicación itinerante que Francisco de Asís. Eso le llevó a predicar por Italia, Francia y España. Llegó a organizar la *Orden de los Predicadores* (fundada en 1216) sobre la base de sus «monjes de negro».

Además de ellos, también debemos mencionar a Antonio de Padua (1195-1231), franciscano portugués y predicador con muchas dotes, cuya predicación se enfocó preferentemente en Italia. Debido a su labor, es conocido en la iglesia católica como el «Doctor Evangélico»[282]. Tal vez, la obra más importante de Antonio, en lo que concierne a la predicación, sea *Sermones dominicales y festivos*, que ha sido publicada en español, el año 1995, por la editorial Espigas.

Los franciscanos Berthold de Regensburgo (1210-1272) y Buenaventura (1221-1274) también merecen especial mención. El primero fue encargado por el Papa Urbano IV, a predicar en Oriente en 1263. El segundo escribió *El Arte de la Predicación*, siguiendo el esquema de Agustín. Otro tratado escrito en este periodo es, *Sobre la Educación de los Predicadores*, de Humberto de los Romanos. La obra presta atención a algunos consejos para predicadores y la preparación pastoral para deberes específicamente pastorales.

No se puede perder de vista a Alfonso María de Ligorio (1696-1787), cuyo mérito fue hablar directamente al corazón, en una época donde pre-

---

279. Citado por J. Stott, *op. cit.*, p. 19.

280. Traducción: «… con la palabra y no con la espada». Citado por Flinn, *op. cit.*, p. xviii. Las cursivas han sido agregadas para notar el juego de palabras en el idioma inglés.

281. Algunos mitos y leyendas se han formulado en torno a la predicación de Francisco. Se dice, por ejemplo, que él le predicaba a las aves y ellas se alineaban para escucharle.

282. Flinn, *op. cit.*, p. 28.

dominaba el estilo extravagante, basado en la multiplicidad de palabras que adornaban los sermones.

En general, durante la Edad Media se dio poco interés a las Escrituras como la base de la predicación. El método escolástico reinó, vigoroso, sobre la predicación, de ahí que el análisis minucioso diera como resultado numerosas y tediosas divisiones y subdivisiones dentro de la estructura del sermón. Todo esto produjo una predicación caracterizada por sermones fríos y sin vitalidad.

Una de las primeras voces reformadoras que se enfrentó al catolicismo romano medieval, vino sin duda a través de la predicación de Pedro Valdo (1140-1217). Valdo fue un comerciante rico nacido en Lyon, Francia, que vendió todas sus pertenencias y se consagró a la tarea de predicar el evangelio. Para este fin reunió a un grupo de laicos, a quienes les llegaron a conocer como «los pobres de Lyon» y luego los «valdenses»[283]. A ellos envió como predicadores y colportores. Del impacto y su obra, dice Dargan (1905, p. 218):

«Los sermones de estos hombres no están preservados, sin embargo, el testimonio de sus perseguidores y enemigos católicos declaran de su elocuencia, su poder sobre la gente y su éxito perdurable en establecer sus opiniones en los corazones de sus seguidores».

También se debe resaltar el digno trabajo de John Wycliffe (1329-1384)[284], quien «era un predicador bíblico y diligente, y [quien] a partir de las Escrituras atacó al papado, las indulgencias, la transubstanciación y la opulencia de la Iglesia»[285]. Wycliffe llegó a afirmar que:

«El servicio más elevado que los hombres puedan alcanzar en la tierra es predicar la Palabra de Dios… es por esta causa que Jesucristo dejó otras labores y se ocupó principalmente en la predicación, y así lo hicieron sus apóstoles, y por ello, Dios los amó… éste es el mejor servicio que los presbíteros pueden prestar a Dios…»[286].

283. Cf. Ernesto Comba, *Historia de los valdenses*, CLIE, Barcelona 1987; Amadeo Molnar, *Historia del valdismo medieval*, La Aurora, Buenos Aires 1981.

284. John Wycliffe fue sin duda un gran pre-reformador; es considerado como la «estrella matutina» de la Reforma. Su legado fue fundamental para la obra de los futuros reformadores del siglo XVI. Cf. Justo L. González, *La era de los sueños frustrados*, Caribe, Miami 1982; John T. McNeill, *Los forjadores del cristianismo*, vol. 2, CLIE, Barcelona 1987; Douglas C. Wood, *The Evangelical Doctor. John Wycliffe and the Lollards*, Evangelical Press, Welwyn 1984.

285. J. Sott, *op. cit.*, p. 20.

286. Citado por Stott, *op. cit.*, pp. 20-21.

Girolamo Savonarola (1452-1498), durante su juventud, se había unido a la orden dominicana en Bologna, en 1474. Cerca de los treinta años de edad, surgió como un predicador en Florencia. Después de haber ido a Brescia por unos años, regresó a Florencia. Su encendida oratoria le convirtió en un predicador muy popular. El centro de su predicación fue una denuncia contra el pecado y la apostasía de su tiempo, especialmente del papado. Debido a su predicación de acusación, fue excomulgado de la iglesia católica por el Papa Alejandro VI y luego condenado a la hoguera en 1498[287].

6. La predicación en el periodo del Renacimiento y la Reforma

El despertar por el estudio del griego y el latín, trajo como consecuencia que el método escolástico fuera evaluado y cuestionado. Uno de los eruditos de este periodo fue el gran humanista Desiderio Erasmo de Rotterdam (1457-1536)[288], quien publicó su obra *El Predicador del Evangelio*, que llegó a ser un importante aporte a la predicación de su época.

Junto a Erasmo debemos de mencionar a John Colet (1466-1519), un inglés que estaba familiarizado con los estudios de Erasmo y otros humanistas. En su país «inició una consecutiva exposición de las escrituras. [De esa manera] las Escrituras de nuevo llegaron a ser la base para la predicación cristiana»[289].

Por su lado, los reformadores procuraron recuperar no sólo la predicación, sino, por encima de ello, la predicación bíblica[290]. No obstante esto, ni Lutero, ni Zuinglio, Calvino, Knox o Latimer escribieron un tratado específico sobre la teoría de la predicación. Sin embargo, se puede advertir en sus obras algunas instrucciones con relación a la predicación. Por ejemplo Lutero (1483-1546), en su obra *Table Talk*, presenta una sección titulada «Sobre los Predicadores y la Predicación». Allí Lutero declara que todo

---

287. Alvaro Huerga, *Savonarola, reformador y profeta*, BAC, Madrid 1978.

288. Lucien Febvre, *Erasmo, la Contrarreforma y el espíritu moderno*, Martínez Roca, Barcelona 1971; Johan Huizinga, *Erasmo*, 2 vols., Salvat, Barcelona 1989.

289. Jonathan Arnold, *John Colet-Preaching and Reform at St. Paul's Cathedral, 1505-1519*: Reformation and Renaissance Review: Journal of the Society for Reformation Studies 5, 2 (2003) 204-209.

290. Todos los reformadores coincidieron en el valor de la centralidad de la Palabra; si para ellos, la Palabra, sin ser predicada, era estéril, también tendría que serlo para los demás. La influencia de la Reforma en la predicación es enorme y sus tentáculos alcanzan nuestra época. Orlando Costas (1989, p. 21) menciona que: «El énfasis que se le dio a la predicación en la liturgia protestante a partir de la Reforma, hizo que ésta se convirtiera en la tarea más importante del pastor. De ahí que, en la mayoría de las iglesias protestantes, la eficiencia de un pastor se mide por su éxito como predicador».

predicador debería tener las siguientes virtudes: (1) enseñar sistemáticamente; (2) tener discernimiento; (3) ser elocuente; (4) buena voz; (5) buena memoria; (6) saber cuándo terminar; (7) estar seguro de su doctrina; (8) aventurarse y comprometer cuerpo y sangre, salud y honor, en la palabra; (9) sufrir el hecho de ser objeto de burla y mofa de parte de todos[291].

Calvino (1509-1564), por su lado, «utilizó la homilía como método y predicó a través de varios libros de la Biblia». Para Calvino, la predicación y la iglesia, estaban muy relacionadas. Esa convicción lo llevó escribir: «En todo lugar en que la Palabra de Dios es predicada y escuchada de manera pura... allí existe, sin duda, una Iglesia de Dios»[292]. Puso mucho énfasis en la preparación del predicador, este debería de ser un erudito, un estudiante de la Palabra de Dios. El aporte de Calvino radicó en el lugar que le dio a la congregación. Ellos deberían mostrar un espíritu apropiado y ser obedientes a la Palabra de Dios, la misma que ya habían oído durante la predicación.

Philip Melachthon (1497-1560) escribió dos pequeños tratados acerca del arte de la predicación: *Elementorum Rhetorices Libri Duo* y *Ratio Brevissima Concionandi*. Aun cuando estas obras no fueron innovadoras en sí mismas, puesto que siguieron los principios de la retórica clásica con una aplicación a la predicación Cristiana, llegaron a ser un aporte al cual se le debe prestar atención.

Hugh Latimer (1485-1555), el popular predicador de Inglaterra, poseía un «toque sencillo y rústico»[293]. Sus prédicas le salían del corazón y llegaban al corazón de sus oyentes. Su prédica se orientó básicamente a denunciar la apatía del clero inglés. En su época los obispos se habían desentendido de la predicación para dedicar su tiempo al disfrute terrenal de sus bienes. Uno de sus sermones más populares es el que lleva por título «El sermón del arado». Allí ataca directamente a los prelados de la iglesia inglesa y los desafía a abandonar su apatía, puesto que el diablo no se muestra así de indiferente frente a la grey descuidada, sino que trabaja activamente.

291. Cf. Kames Atkinson, *Lutero y el nacimiento del protestantismo*, Alianza Editorial, Madrid 1971; Roland H. Bainton, *Martín Lutero*, CUPSA, México 1989; Federico Fliedner, *Martín Lutero. Emancipador de la conciencia*, CLIE, Barcelona ⁵1983; Sidney H. Rooy, *Lutero y la misión*, Editorial Concordia, St. Louis 2005.

292. J. Calvino, *Institución de la religión cristiana*, XX, XXI, Felire, Barcelona 1998. Cf. Leopoldo Cervantes-Ortíz (ed.), *Juan Calvino. Su vida y obra a 500 años de su nacimiento*, CLIE, Barcelona 2009; Id., *Un Calvino latinoamericano para el siglo XXI*, El Faro-CUPSA-Centro Basilea, México 2010.

293. Allan G. Chester, *Hugh Latimer: Apostle to the English*, Octagon Books, New York 1978; Harold S. Darby, *Hugh Latimer*, Epworth Press, London 1953; Douglas C. Wood, *Such a Candle. The Story of Hugh Latimer*, Evangelical Press, Welwyn 1980.

Andreas Hyperius (1511-1564) fue quien hizo una significativa contribución a la teoría de la predicación con su obra *De formandis concionibus sacris* (*Sobre la elaboración de discursos sagrados*, 1553, 1562), primer tratado protestante dedicado a la homilética sistemática. Por su importancia ha sido catalogado como un «tratado científico sobre el arte de la predicación»[294]. Este autor aborda el tema de los sentimientos que podrían motivar al predicador. Deja bien en claro que: «El predicador no está para crear mera emoción, más bien está para avivar la vida espiritual y producir frutos espirituales» (Turnbull, p. 53).

Otro tratado importante dentro del periodo correspondiente a la Reforma, es *El Arte de Profetizar* de William Perkins (1558-1602). La obra presta mucha atención a la interpretación y la exposición, estos elementos influenciaron mucho a los predicadores ingleses, mayormente a los Puritanos y los Separatistas que fueron a América del Norte[295].

7. La homilética y la predicación en la Modernidad

Uno de los que más impactó en la historia de la predicación en Europa y los Estados Unidos en el siglo XVIII, fue John Wesley (1703-1791). Wesley fue un predicador incansable; se menciona que él «Predicaba dos veces al día, y a menudo tres y cuatro veces»[296]. Lo grande de Wesley es que llevó a cabo su predicación, en las condiciones más adversas que se puedan imaginar. A menudo era apedreado y había contra él innumerables intentos de homicidio. Las cifras en torno a su vida, inspiran mucho a los predicadores que han vivido después de él: «Se calcula que en los últimos cincuenta y dos años de su vida predicó más de cuarenta mil sermones. Wesley trajo a pecadores al arrepentimiento en tres reinos y dos hemisferios»[297].

Eso sin contar sus aportes en cuanto a literatura cristiana, misiones y estudios bíblicos. En su diario personal, el 28 de agosto de 1757, había men-

294. David L. Larsen, *The Company of the Preachers: A History of Biblical Preaching from the Old Testament to the Modern Era*, Vol. 2., Kregel Publications, Grand Rapis 1998; Heinrich F. Plett, *Rhetoric and Renaissance Culture*, Walter De Gruyter Inc. 2004.

295. Benjamin Brook, *William Perkins*, en *The Lives of the Puritans*, Soli Deo Gloria, London 1994.

296. Mateo Lelievre, *Juan Wesley, su vida y su obra*, CNP/CLIE, Barcelona 1988; Stanley Sowton, *Juan Wesley*, Casa Nazarena de Publicaciones, Kansas City, s/f; W. McDonald, *El Wesley del pueblo*, CUPSA, México 1985; Reginald Kissack, *Así era y así pensaba Juan Wesley*, CUPSA, México 1984; Gonzalo Báez-Camargo; *El reto de Juan Wesley a los metodistas de hoy*, CUPSA, México 1985.

297. «John Wesley», en *Biografías. Protestantes que dejaron huellas en la historia*, publicado en http://biografas.blogspot.com/2006/09/john-wesley.html.

cionado: «Ciertamente [yo] vivo por la predicación»[298]. Efectivamente así vivió hasta el último día de vida que le fue dada por el Señor.

El siglo XIX favoreció tremendamente la producción literaria, esto también alcanzó a la literatura relacionada con la teoría homilética. Turnbull (*ibid.*, p. 54) indica que «en la medida que el siglo progresó, la teoría homilética se tornó más informal, más variada y más interesante». Este siglo además se caracteriza por la industria creciente de los sermones impresos, que fueron publicados como folletos, boletines y libros. Escribir libros de sermones llegó incluso a ser una segunda carrera para algunos ministros. Uno de los más claros ejemplos es Charles Spurgeon (Ellison [ed.], 2010, p. 274).

En esta época se puede citar a Charles Simeon (1759-1836), predicador inglés, ardoroso e incansable, quien llegó a sostener, que el oficio más valioso era precisamente el de predicador. En una misiva enviada a John Venn, le escribió: «...felicito... tu ascenso al oficio más valioso, el más importante y el más glorioso en el mundo: el de un embajador del Señor Jesucristo»[299]. Además de ellos, podemos citar también a John Henry Newman (1801-1890), quien fue uno de los eruditos británicos más sobresaliente del siglo XIX, además de predicador capaz. Propugnó el Movimiento de Oxford para liberar a la Iglesia de Inglaterra del peligro del racionalismo y los enfoques teológicos liberales. Alexander Maclaren (1826-1910), quizá fue más influyente que Spurgeon en la Unión Bautista; él publicó diecinueve volúmenes de sermones, incluyendo en esto, su serie más afamada, *Sermons Preached in Union Chapel, Manchester* (Sermones predicados en la capilla Unión, Manchester). Estos volúmenes contienen más de cuatrocientos sermones. Otros predicadores dignos de mencionar son Henry Parry Liddon (1829-1890), Frederick William Robertson (1816-1853)[300].

Sin duda, una de las figuras más sobresalientes del siglo XIX, es la del predicador bautista Charles Haddon Spurgeon (1834-1892)[301]. Spurgeon es la imagen viva del predicador infatigable, con habilidades oratoriales, celo evangelístico y sobre todo celo bíblico. A pesar de que conocemos a Charles Spurgeon como un predicador bautista, su conversión se llevó a cabo

298. Citado por J. Sott, *op. cit.*, p. 29.

299. *Ibid.*, p. 31.

300. John Edwards, *Nineteenth Century Preachers and their Methods*, Charles H. Kelly, London 1902.

301. El nombre de la familia Spurgeon es de origen hugonote. Sus ancestros abandonaron Francia y se establecieron en el condado de Essex, cerca de Londres. Charles provino de una familia con tradición en la predicación y el ministerio pastoral. El abuelo de Charles, el reverendo James Spurgeon, fue pastor de la iglesia independiente en Stambourne, Essex, durante cincuenta y cuatro años. El padre de Charles, John Spurgeon, igualmente fue un predicador Congregacional.

en una capilla Metodista, el 15 de diciembre de 1850, mediante un sermón basado en Isaías 45:22, que fue predicado por un predicador desconocido[302] (Dargan, 1912, p. 535). Spurgeon, a partir de 1855 en adelante, colectó sus sermones en un volumen cada año: «Esta serie eventualmente alcanzó sesenta y tres volúmenes y contiene aproximadamente 3.600 sermones» (Ellison [ed.], 2010, p. 274). Se dice que «durante cierto periodo predicó 300 veces en doce meses» (Boyer, 1983, tomo I). En 1861, Spurgeon predicó usualmente ante una audiencia de seis mil personas, en el Tabernáculo Metropolitano en Newington Causeway (Londres); sin embargo, ese no fue su mayor auditorio:

> «El mayor auditorio al cual predicó, fue en el Crystal Palace de Londres, el 7 de octubre de 1857. El número exacto de asistentes fue de 23.654 personas. ¡Spurgeon se esforzó tanto en aquella ocasión y su cansancio fue tan grande, que después de ese sermón de la noche del miércoles durmió hasta la mañana del viernes!»[303].

A pesar de sus limitaciones físicas, Spurgeon continuó predicando, sin verse disminuido en su tarea, hasta el final de sus días en Francia.

Otros que dejaron huellas profundas en la teoría de la predicación, han sido: Alexandre Vinet (1797-1847) y su *Homilética* (1847). El libro fue traducido al inglés y tuvo un fuerte impacto en Inglaterra, donde fue utilizado como libro de referencia en el campo de la homilética, durante muchos años. Incluso llegó a influir en la obra de John A. Broadus. Fue precisamente John A. Broadus (1827-1895) quien escribió una de las obras más relevantes

---

302. Este predicador desconocido parece haber sido un humilde zapatero. Relata Orlando Boyer: «A falta del pastor, un zapatero se levantó para predicar ante las pocas personas que se encontraban presentes, y leyó este texto: "Mirad a mí, y sed salvos, todos los términos de la tierra" (Isaías 45:22). El zapatero, que no tenía experiencia en el arte de predicar, solamente podía repetir el pasaje y decir: "¡Mirad! No es necesario que levantéis ni un pie, ni un dedo. No es necesario que estudiéis en el colegio para saber mirar, ni tampoco que contribuyáis con 1000 libras esterlinas. Mirad a mí, y no a vosotros mismos. No hay consuelo en vosotros. Miradme, sudando grandes gotas de sangre. Miradme colgado de la cruz. Miradme, muerto y sepultado. Miradme, resucitado. Miradme, sentado a la derecha de Dios". Luego, fijando los ojos en Carlos, le dijo: "Joven, parece que tú eres desgraciado. Serás infeliz en la vida y en la muerte si no obedecieres". Entonces gritó con más fuerza: "¡Joven, mira a Jesús! ¡Míralo ahora!". El joven miró y continuó mirando, hasta que por fin, un gozo indecible se apoderó de su alma» (*Carlos Spurgeon, el príncipe de los predicadores*, en *Biografía de Grandes Cristianos*, tomo I, 1983). La conversión de Spurgeon fue el resultado de la predicación. A eso mismo se dedicaría el resto de su vida.

303. Cf. Arnold Dallimore, *Spurgeon: A New Biography*, Banner of Truth Trust, Edinburgh 1985; Tom Nettles, *Living By Revealed Truth The Life and Pastoral Theology of Charles Haddon Spurgeon*, Christian Focus Publishing, Ross-shire 2013.

en los Estados Unidos. Su trabajo fue publicado el año 1870 con el título de *Un tratado sobre la preparación y entrega de sermones* e increíblemente todavía se sigue usando como texto de referencia en algunos seminarios. En esta época, e inicios del siglo xx, también aparecieron otras obras importantes, tales como *La teoría de la predicación* (1890) de Austin Phelps (1820-1890) y *La elaboración del sermón* (1898) de Harwood Pattison (1838-1904).

Durante la primera mitad del siglo xx se deben resaltar las obras de *El predicador* (1909) y *Elementos vitales de la predicación* (1914) de Arthur Sephen Hoyt (1851-1924). Otros trabajos que también merecen mencionarse en esta época, son: *Disertaciones sobre predicación* de Lyman Beecher (1775-1863), *Predicación positiva y la mente moderna* (1907) de Peter Taylor Forsyth (1848-1921), Las conferencias de L. Beecher sobre predicación, tituladas *The Romance of Preaching* (Yale 1914, p. 35).

En general, durante la primera mitad del siglo xx, no hubo muchos cambios significativos en la teoría de la predicación, la tendencia fue «ser más inspiracional en contenido» (*ibid.*, p. 55). Los libros siguieron el formato siguiente: (1) el predicador, (2) su propósito, (3) su mensaje, y (4) su método (*ibid.*). Algunos aspectos de la predicación –como es el caso de la elaboración de las ilustraciones– recibieron aportes importantes, se puede mencionar aquí el trabajo de Dawson Bryan y su *Arte de ilustrar sermones* (1938), William Edwin Sangster (1900-1960) y *La habilidad de ilustración de sermones* (1946) e Ian Macpherson con *El arte de ilustración de sermones* (1964). También se le dio importancia a la relación entre la predicación y la teología. La obra titulada *La predicación apostólica y su desarrollo* (1936), de C. H. Dodd (1884-1973), resalta este punto.

Aunque sobresale más por su labor teológica, que por su labor como predicador, no podemos dejar de mencionar a Karl Barth (1886-1968) y su profundo respeto por la predicación. En 1928 declaró: «...no existe nada más relevante para la situación real, desde el punto de vista de los cielos y la tierra, que el hablar y escuchar la Palabra de Dios en el poder regulador y productor de su verdad...»[304].

En la segunda mitad del siglo xx, se le ha dado mayor importancia a la estructura y organización del sermón, dentro de la teoría homilética. En ese sentido, hay algunas obras que han contribuido a tal fin, ellas son: *La preparación de sermones* (1948) de A. W. Blackwood (1882-1966); *Principios y práctica de la predicación* (1956) de Ilion T. Jones; *Diseño para la predicación* (1958) de Grady Davis; *Pasos para el sermón* (1963) de Brown Clinard y Northcutt. Pero podríamos decir que la mayor contribución, durante la segunda mitad del siglo xx, sería el énfasis en el uso de las Escrituras en la predicación. En buena cuenta, «Esto representa una recuperación del mo-

304. Citado por J. Stott, *op. cit.*, p. 37.

delo de la iglesia primitiva y de la Reforma» (*ibid.*). El que más aportó en este sentido, fue A. W. Blackwood con sus obras *Predicando desde la Biblia* (1941) y *Predicación expositiva hoy* (1953). No podemos dejar de mencionar al Dr. Martyn Lloyd-Jones (1899-1981) y su obra *Preaching and Preachers*. De él, como predicador, escribe John Stott en los siguientes términos: «... su aguda mente analítica, su comprensión penetrante del corazón humano y su temperamento galés apasionado se combinaron para hacer de él el predicador británico más poderoso de las décadas de los cincuenta y sesenta»[305].

También se puede advertir en esta época, el surgimiento de la predicación expositiva, como método homilético, en lugar del sermón temático, que rigió por mucho tiempo.

8. La predicación en América Latina

La primera forma de predicación cristiana que llegó a América Latina, vino con los misioneros católicos del siglo XVI[306]. Su tarea se enfocó en la evangelización y catequización católica de los indígenas. El gran mérito de los misioneros radica en que procuraron evangelizar, catequizar y predicar en la lengua vernácula de los indígenas. El historiador Enrique Dussel da cuenta que:

> «Los misioneros pasaron rápidamente de la mímica o el gesto a la utilización de intérpretes; pero viendo la imprecisión de las traducciones comenzaron a estudiar la lengua. Así aparecieron diccionarios, gramáticas, catecismos, confesionarios, sermonarios, en lengua nahuatl, tarasca, etc.»[307].

Sin embargo, las evaluaciones hechas en torno a los resultados generales de los procesos de evangelización, dan cuenta de «un fracaso parcial de los métodos de evangelización empleados»[308]. Podríamos concluir en-

---

305. J. Stott, *op. cit.*, p. 43.

306. Eventualmente, y aunque nos sorprenda grandemente, algunos de los conquistadores fungieron como predicadores eventuales. Deiros (1992, p. 269) nos entrega un dato interesante de uno de ellos; dice: «*Hernán Cortés* (1485-1547) era tan devoto, que lloraba a la simple vista de una cruz junto al camino. Como muchos conquistadores, él mismo predicaba el Evangelio a los indígenas, cuando no había un sacerdote o fraile que lo hiciera. Pero también era cruel y sumamente ambicioso».

307. E. Dussel, *Historia de la Iglesia en América Latina: Medio milenio de coloniaje y liberación (1492-1992)*, Ed. Mundo Negro, Madrid ⁶1992, 94.

308. L. Bethell (ed.), *Historia de América Latina*, vol. 2, Editorial Crítica, Barcelona 1990, 198.

tonces que la predicación no logró cambiar la cosmovisión religiosa de los indígenas, deviniendo en un *sincretismo* religioso que difícilmente ha sido superado hasta la actualidad. Para el siglo xvii, «La época de los grandes misioneros fue quedando atrás y la reemplazó una pastoral conservadora y rutinaria. Se tomó la decisión de destruir todo lo que pudiera poner en evidencia errores pasados»[309]. A este proceso se le denominó *extirpación de idolatrías.* «El descubrimiento, aparentemente casual, de que persistían ciertas prácticas paganas desató una lucha a muerte, concebida según el método inquisitorial: se predicaba sistemáticamente contra la idolatría en todos los pueblos...» (*ibid.*). De esta manera, la predicación católica adquirió un tinte marcadamente apologético, represivo e inquisidor. La predicación de los jesuitas apostó por el paradigma de las *reducciones,* en la que los indígenas fueran parte de su sociedad y no solamente mano de obra de los colonos. Por eso, se considera que ellos «...tienen el mérito histórico de haber puesto en práctica, a gran escala, un modelo evangelizador alternativo al de la predicación colonizadora y castellanizante...»[310].

Para el siglo xviii la predicación también se extendió a los esclavos africanos llegados al continente, para trabajar las tierras de los colonos. En esta época, se da cuenta por ejemplo que:

> «... en Lima, uno o más jesuitas asistían a diario a los obrajes y mercados para predicar la fe, y parece ser que los esclavos los contemplaban con una mezcla de gratitud, respeto y fe. Un jesuita, favorito del virrey Toledo, solía acudir a la plaza central de Lima los domingos y días de fiesta, se sentaba en un banco de piedra, y predicaba a los negros que se acercaban y le rodeaban»[311].

De manera muy similar sucede con los chinos coolies llegados al Perú en el siglo xix (1849-1874). Franciscanos y jesuitas se entregaron a la tarea de predicar y evangelizar a los inmigrantes chinos, que se estima fueron alrededor de unos 100.000. Isabelle Lausent-Herrera[312] piensa que el objetivo de ambas órdenes «no era tanto *evangelizarlos* sino *convertirlos* (cristianizarlos)... impidiendo así que contaminaran con sus creencias a los indígenas ya acogidos a la fe cristiana» (la cursiva pertenece a la autora). Los resultados de la predicación no están del todo claros. Nuestra autora mencionada, sostiene en torno a ello: «No se puede saber cuántos chinos

---

309. *Ibid.*

310. *Ibid.*, p. 202.

311. L. Bethell, *op. cit.*, vol. 4, p. 149.

312. «La cristianización de los chinos en el Perú: Integración, sumisión y resistencia»: *Bull. Inst. fr. Études andines* (1992) 978.

se adhirieron a la religión católica por simple conveniencia o por sincera convicción»[313]. La aparición de sincretismos entre los chinos *cristianizados*, dan cuenta que la conversión anhelada, no se dio como se esperaba.

Más adelante, con la iglesia católica ya establecida en la sociedad latinoamericana, la predicación se convirtió en un acto eclesial que se circunscribió a la parroquia. Así, los predicadores católicos se instalaron en sus templos y perdieron el contacto con el pueblo. La predicación al aire libre desapareció, para dar lugar a la predicación intra-parroquial en forma de homilía.

8.1. *Énfasis de la predicación católica romana en América Latina*

En su obra titulada *El otro Cristo Español*, John Mackay, arguye a favor de la existencia de una predicación católica basada en un Cristo sufriente, crucificado para siempre y atrapado en una cruz. Para Mackay, la figura central del catolicismo español llegado a las Américas, fue un Cristo, cuya identidad también se formó en la lucha contra los moros y que nació en Tánger, al norte del África[314]. No se trata del Cristo que nació en Belén, sino de otro que tomó su lugar y que se embarcó con los conquistadores españoles. John A. Mackay lo describe de esta manera:

> «Pienso a veces que el Cristo, de paso a occidente, fue encarcelado en España, mientras otro que tomó su nombre se embarcó con los cruzados españoles hacia el Nuevo Mundo, un Cristo que no nació en Belén sino en Noráfrica»[315].

Este "otro" Cristo español se caracteriza por ser sufriente, representado «como la Víctima trágica»[316]. Su imagen es un reflejo fidedigno del arte religioso de España, donde abundan «monjes escuálidos... torturados por violencias y dolores» (*ibid.*). Los Cristos españoles son:

> «Imágenes lastimadas, lívidas, exangües y escurriendo sangre. Cristos retorcidos que luchan con la muerte, Cristos yacentes que han sucumbido a ella: por toda la Península se hallan esos Cristos tangerinos, quintaesencia de una tragedia que no acaba nunca»[317].

313. *Ibid.*, p. 988.

314. J. Mackay, *El Otro Cristo Español*, CUPSA, Ediciones la Aurora y Ediciones Semilla, Lima 1991, 147.

315. *Ibid.*

316. *Ibid.*, p. 148.

317. *Ibid.*

Siguiendo la fraseología de Mackay, el "otro" Cristo español acaba siendo una caricatura torpe del verdadero Cristo de la Biblia. Es una especie de monarca vencido y clavado en una cruz para siempre. Un Cristo que no resucitará, sino que su hogar perpetuo se encuentra en una tétrica cruz, de la cual no puede desclavarse. Ese es el Cristo que llegó a América Latina y se alojó en los hogares y en tanta representación que se hace de él. Por eso no es inusual encontrar en iglesias, en estampas religiosas, en lienzos artísticos y en tallas de madera, a este Cristo español que sigue vigente, pero ahora en su nueva morada latinoamericana. El continente adoptó a este Cristo, porque proyectaba en él sus dolores.

Pablo Deiros lo describe de esta manera:

«El Cristo que los españoles predicaron en América Latina fue el *Cristo de la opresión*. Se trató de un Cristo crucificado, sufriente, vencido, con el cual el indígena se identificó en sus dolores. No fue un Cristo resucitado y vivo, liberador y transformador de la vida, Señor de todo y con demandas éticas radicales para sus seguidores»[318].

8.2. Evaluación de la predicación católica en América Latina

El sincretismo y la religiosidad popular, expresados en el catolicismo popular latinoamericano, hacen presuponer que la predicación católica del evangelio no fue del todo efectiva, sino más bien epidérmica. Al problema del catolicismo popular, se suma el *analfabetismo religioso* de América Latina. Fue Paulo VI quien, en su discurso de apertura a la Conferencia de Medellín, puso el problema sobre el tapete[319]. Por eso ahora se propone una segunda evangelización, una «evangelización para bautizados», porque se da por aceptada que la primera evangelización, llevada a cabo durante la Conquista y luego en la Colonia, no logró encarnar el mensaje cristiano entre los latinoamericanos. La primera evangelización ha dejado como legado, a los católicos latinoamericanos, «instituciones de Iglesia, servicios, y estructuras pastorales y rituales», sin embargo, han faltado, «comunidades fervientes y activas, autosuficientes; a menudo un clero local; la vida sacramental. No se respetó –ni se respeta suficientemente– el itinerario básico de toda acción pastoral…»[320].

---

318. P. A. Deiros, *Historia del Cristianismo en América Latina*, Fraternidad Teológica Latinoamericana, Ecuador 1992, 192.

319. Segundo Galilea, *Evangelización en América Latina*, Instituto Pastoral Latinoamericano, Quito 1970, 7.

320. *Ibid.*, p. 8.

Pablo Deiros evalúa acertadamente la predicación católica, en la primera evangelización, en esto términos:

«El cristianismo no penetró más allá de la epidermis de la conciencia de los indígenas. En América Latina la religión primitiva de sus habitantes fue cubierta con una *religión formal*. Hubo poca penetración real del Evangelio cristiano y mucha imposición de un catolicismo meramente nominal. Esta es la manera en que se produjo la cristianización del continente. En este sentido, *cristianización* significó el establecimiento en América del sueño de crear, desde arriba hacia abajo, un ejemplo de Cristiandad»[321].

Además, en la primera evangelización, «*enseñar la fe era considerado lo mismo que predicar el Evangelio... la fe era entendida como un conjunto de doctrinas, y no como una actitud de confiada obediencia a Jesucristo*»[322]. Por eso, tal vez la ausencia más importante de la predicación católica romana en América Latina, sea la internalización de una ética adecuada que interpele al cristiano en sus acciones cotidianas. No se puede entender, aun haciendo el más grande de los esfuerzos, como es que en un continente mayoritariamente católico, se pueda constatar la ausencia de una ética apropiada entre los católicos latinoamericanos.

8.3. La predicación en círculos protestantes

En el mundo protestante, la predicación en nuestro continente, se nutrió inicialmente de la homilética europea que llegó junto a los ministros de las llamadas iglesias "étnicas", o de trasplante, y los misioneros protestantes que introdujeron el evangelio en el continente. Si esto es así, entonces podemos afirmar que el indicador de la homilética latinoamericana nunca estuvo en cero, sino que partió y se nutrió de toda la riqueza de la predicación reformada hasta encontrarse con su propia identidad, pero eso corresponde a otra etapa. En la etapa inicial podemos encontrar los primeros manuales de homilética que se tradujeron al español; posteriormente apareció la producción homilética desde América latina como una reinterpretación de la herencia europea. Pablo A. Jiménez[323] identifica tres momentos en la historia de la homilética hispana: (1) la transculturación; (2) la inculturación, (3) la contextualización.

---

321. P. Deiros, *op. cit.*, p. 331.

322. *Ibid.*, p. 259.

323. P. A. Jiménez, *Esbozo histórico de la homilética hispana*, en *Manual de Homilética Hispana*, CLIE, Barcelona 2006, 15.

8.4. La predicación protestante durante la Conquista

El monopolio religioso ejercido por la iglesia católica en América Latina (cuyo brazo más efectivo fue el Tribunal del Santo Oficio, establecido por el rey Felipe II, en México, el año de 1569), hizo que la predicación protestante en esta época se reduzca a una presencia imperceptible, pero no por ello poco honorable. La suspicacia y la paranoia se apoderó de la iglesia católica en ésta época. En torno a esto, Deiros anota:

> «La presencia creciente de corsarios extranjeros en las costas americanas y la sospecha de que predicadores protestantes se filtraban en las colonias aumentaron los temores y el rigor de las medidas inquisitoriales. Es así que comenzó a buscarse herejes por todas partes»[324].

No obstante, pese a las restricciones y las condiciones adversas para la introducción de la predicación protestante, la proclamación de la doctrina protestante no se paralizó ni se detuvo. Piratas y corsarios cumplieron un rol importante, aun a costa de ser atrapados por el Tribunal del Santo Oficio.

8.5. Etapa de la inmigración protestante

Esta etapa se puede dividir en dos momentos. En la primera se puede mencionar el trabajo de los clérigos, responsables pastorales de las comunidades de inmigrantes protestantes de Europa. Como es lógico, estos ministros protestantes recibían una formación teológica y homilética dentro de su contexto. No tenían la preocupación de cruzar la barrera cultural en la predicación de la Palabra, puesto que venían a ministrar a personas de su mismo idioma y de las mismas características culturales. Las comunidades de inmigrantes protestantes eran una especie de pequeños enclaves idiomáticos, culturales y religiosos, que funcionaban dentro de los estados latinoamericanos. La predicación tampoco fue pública debido a la prohibición proselitista que se les había impuesto a las comunidades protestantes[325]. Desde el nacimiento de las repúblicas latinoamericanas, en el siglo xix y hasta el primer tercio del siglo xx, los Estados se declararon confesionales y excluyeron –mejor dicho, persiguieron– a todo tipo

---

324. P. Deiros, *op. cit.*, p. 328.

325. En torno a esto, Pablo A. Deiros anota: «Durante mucho tiempo, no se les permitió predicar en español o portugués, y sus actividades religiosas debieron limitarse a sus templos o lugares de reunión, muchas veces cerrados al público. En la mayor parte de los países latinoamericanos se les permitió solamente la celebración del culto de manera privada» (*Protestantismo en América Latina*, Caribe, Miami 1997, 25).

de religión distinta a la católica. La introducción de la Biblia, mediante la labor titánica de los colportores, ayudó enormemente a la predicación y evangelización protestante en América Latina. Pablo A. Deiros sostiene: «Generalmente, apareció la Biblia primero y, detrás de ella, un predicador evangélico, cuando no era el propio agente bíblico quien actuaba también como evangelizador»[326].

En el segundo momento, relativo a la implantación del evangelio en América Latina, fue necesaria la presencia bibliográfica concerniente a la evangelización y, por ende, la predicación. Como el continente no estaba en condiciones de producir su propia bibliografía homilética, los misioneros promovieron «la traducción de algunos manuales de homilética al español. Necesitaban estos manuales para adiestrar nuevos predicadores laicos y nuevos candidatos al ministerio»[327]. Entre ellos se pueden citar tres libros que produjeron mucha influencia en la predicación latinoamericana: *Discursos a mis estudiantes* (Charles H. Spurgeon), *Tratado sobre la predicación* (John A. Broadus) y *La preparación de sermones bíblicos* (Andrew Blackwood). Hay que mencionar dos libros más que, aunque fueron publicados directamente en español, no fueron producidos dentro del suelo y contexto latinoamericano. Ellos son: *Manual de Homilética* (Samuel Vila) y *El sermón eficaz* (John D. Crane).

8.6. Etapa de la latino-americanización de la predicación protestante

En esta etapa –donde la producción bibliográfica homilética latinoamericana partió de la teoría homilética introducida en la etapa anterior– Jiménez (*ibid.*, p. 20) advierte dos grandes grupos de predicadores: (1) los "eruditos", quienes habían recibido una buena educación secular, de quienes podría decirse que eran los *poetas del púlpito* y; (2) los "populares", que, en muchos casos, sólo habían terminado sus estudios secundarios y no habían accedido a programas de estudios teológicos formales. Sus mensajes transitaban entre lo *narrativo* (secuencia de textos bíblicos que procuran iluminar y explicar el tema central) y lo *testimonial* (vicisitudes de la vida diaria sobre la cual gira todo el sermón). Aquí los textos bíblicos sólo sirven de "relleno", el cuerpo está dado por la experiencia vivida en la persona del predicador u otra persona. Actualmente todavía puede encontrarse predicas de tipo testimoniales, en la que los predicadores utilizan pasajes de su vida como una clave hermenéutica para interpretar y aplicar una verdad bíblica. Es una especie de *teología de la experiencia*. No obstante lo

326. *Ibid.*, p. 28.
327. P. Jiménez, *op. cit.*, p. 17.

anterior, la predicación popular no tiene que asumirse peyorativamente, pues su merito radica en que «la sencillez de la *predicación*, que no apela a desarrollos abstractos y utiliza un vocabulario sencillo, alcanza a la comprensión de todas las personas»[328].

En el proceso de latino-americanización de la predicación protestante, fueron los Metodistas y los Bautistas, los pioneros de la predicación en español en el continente. Así, entre 1836 y 1842, el metodista Juan Dempster, tuvo como propósito la predicación en castellano en Argentina[329]. Juan F. Thompson, misionero metodista, predicó el primer sermón en castellano en Montevideo, el año 1867. En 1883, Pablo Besson comenzó a predicar en castellano en una iglesia bautista de Buenos Aires. Otro personaje que debe resaltarse en la labor de introducir la predicación en castellano en América Latina, es David Trumbull, quien llegó a Chile en 1845, «… en 1868 comenzó la predicación en castellano y quedó fundada la primera iglesia protestante de habla castellana en Chile, con cuatro miembros chilenos»[330].

8.7. Características de la predicación protestante latinoamericana

La predicación protestante latinoamericana, durante el siglo xx, se caracterizó por ser contestataria de las necesidades de los desheredados sociales en el continente. Pablo A. Deiros, escribiendo de la predicación protestante en los sectores populares, anota: «Es allí donde los evangélicos han concentrado su prédica y acción, apuntando a las necesidades más inmediatas de las personas y procurando llenarlas con todos los medios (espirituales y humanos) a su alcance»[331]. La iglesia protestante evangélica no se vio a sí misma como la iglesia que acogía a los pobres, sino como la iglesia de los pobres. La segunda característica de la predicación latinoamericana ha sido su «carácter combativo, especialmente contra la Iglesia Católica Romana»[332]. No se trata de una predicación anticatólica, sino de una predicación basada en la exposición de «la Verdad mediante la denuncia del error» (*ibid.*, p. 71). El tercer aspecto de la predicación latinoamericana fue la presentación y proposición de una ética protestante y evangélica. Aquí Deiros escribe:

328. P. Deiros, *Historia del Cristianismo en América Latina*, p. 173.

329. *Ibid.*, p. 679.

330. *Ibid.*, p. 673.

331. P. Deiros, *Protestantismo en América Latina*, p. 68.

332. *Ibid.*, p. 70.

«La idea de que el catolicismo, a diferencia del protestantismo, había estimulado una moralidad baja y el atraso cultural y social de América Latina, fue el tema central de la predicación evangélica a lo largo de todo el presente siglo [xx]. Por cierto, que tal prédica encerraba implicaciones sociales, no solo para el mejoramiento de la calidad de la vida familiar, sino también para la creación de una comunidad de cierto orden moral, que los reformadores políticos y sociales latinoamericanos admiraban en los países de mayoría protestante»[333].

En cuarto lugar, la predicación latinoamericana se ha caracterizado por la defensa de la predicación bíblica, basada en la *Sola Scriptura* como fuente única de su contenido. Por eso:

«…la predicación de la verdad bíblica ha sido un elemento distintivo de los evangélicos latinoamericanos. El celo por la Biblia, su difusión, enseñanza y predicación, ha sido expresión del celo por el evangelio que distingue a los evangélicos de esta parte del mundo» (*Ibid.*).

Finalmente, la predicación protestante en el continente, se ha caracterizado por la invitación a una experiencia personal e individual en la vida cristiana. José Míguez Bonino sostiene: «Contra el trasfondo del catolicismo romano tradicional, la predicación protestante enfatizó la necesidad de un encuentro personal con Jesucristo, una experiencia viviente de perdón y conversión…»[334].

Todo esto permitió que la predicación protestante lograse latinoamericanizarse e inculturarse en el continente. La evidencia de este proceso fue la producción de una homilética latinoamericana, la misma que se nutrió de la homilética europea y americana traída por los misioneros. Fue sólo el primer grupo (los llamados "eruditos") quienes lograron producir tratados de predicación desde un contexto latinoamericano. Entre la producción homilética del primer grupo se puede citar: *El arte cristiano de la predicación* (Ángel Mergal), *Comunicación por medio de la comunicación* (Orlando Costas), *Predicación y misión: Una perspectiva pastoral* (Osvaldo Mottesi) y *Teoría y práctica de la predicación* (Cecilio Arrastía). Este último puede considerarse como uno de los más grandes homiletistas que ha visto nacer América Latina.

---

333. *Ibid.*

334. Citado por P. Deiros, *op. cit.*, p. 76.

8.8. La mundialización de la predicación latinoamericana

Aquí Jiménez, lamentablemente, se limita solamente a los «predicadores y predicadoras de habla hispana en los Estados Unidos»[335]. Su estructura, que es un edificio de tres pisos (transculturación, inculturación y contextualización), lo condiciona, a fin de poner su atención sólo en la masa de predicadores que han contextualizado la predicación hispana en los Estados Unidos.

Nuestro autor advierte con claridad un cambio importante a partir de los 80, entre los líderes hispanos relacionados con la teología y su esfuerzo por bosquejar una «teología hispana», hecha en los Estados Unidos, pero «desde una perspectiva hispana o latina…» (*ibid.*, p. 25). Más adelante aclara cual es la propuesta de esta teología:

> «La teología hispana propone una metodología que exhorta a la iglesia a desarrollar una práctica de la fe que sea liberadora y que, por lo tanto, transforme la realidad opresiva que enfrenta diariamente la comunidad latina» (*ibid.*).

Jiménez ve una relación directa entre teología hispana y predicación hispana. Los teólogos hispanos han hecho excelentes contribuciones a la predicación, mediante sus obras publicadas. Algunas de ellas son:

1) *Predicación evangélica y teología hispana*, editado por Orlando E. Costas. Con respecto a este libro, Jiménez escribe: «Este libro no ve el sermón como una mera composición retórica»[336]. Esa tal vez haya sido una de las grandes contribuciones de Costas en este libro.

2) *Liberation Preaching: The Pulpit and the Oppressed*, de Justo y Catherine González. Hay tres cosas que resaltan en esta obra: [a] «…leer la Biblia desde la perspectiva de las personas marginadas», [b] «capacita a la persona que predica para hacerle "preguntas políticas" al texto bíblico» y; [c] «…afirma la validez de la experiencia hispana como fuente para la teología»[337].

3) *Lumbrera a nuestro camino*, editado por Pablo A. Jiménez. Esta obra centra su atención en «la relación entre la interpretación de las Sagradas Escrituras y la predicación».

335. P. Jiménez, *op. cit.*, pp. 24-30.
336. *Ibid.*, p. 26.
337. *Ibid.*, p. 27.

4) *Predicación evangélica y justicia social,* editado por Daniel R. Rodríguez-Díaz. Este libro relaciona temas sociales y predicación, por lo tanto, la teología política y contextual están implícitas en el mismo.

5) *Principios de predicación,* por Pablo A. Jiménez. Su mismo autor lo define como «el único manual introductorio a la predicación», cuya tesis central es que, «la predicación cristiana tiene el propósito de ofrecer una interpretación teológica de la vida en el contexto del culto cristiano» (*ibid.,* pp. 28-29). Combina la parte teórica y práctica. Tres partes fundamentales constituyen el libro: [a] lo concerniente a la teología de la predicación y los principios de comunicación; [b] aspectos prácticos, y; [c] un apéndice con cuatro manuscritos de sermones.

Nuestro autor también destaca la labor de las mujeres dentro del contexto de la predicación latinoamericana. Considera a Leo Rosado como la pionera de todas ellas, y como experta, a la Dra. Sandra Mangual Rodríguez. La forma como las mujeres "ascendieron" al púlpito es relatado por Jiménez de una manera muy anecdótica, sin que ello signifique falta de seriedad en sus argumentos. Se puede notar que algunas de ellas subieron al púlpito casi por accidente, debido a que:

«Algunos misioneros eran reacios a entregar el trabajo pastoral a los recién convertidos, razón por la cual delegaban tareas en sus esposas. Sin querer, estas misioneras estadounidenses y británicas se convirtieron en modelos para las mujeres latinoamericanas. La feligresía de las distintas iglesias se acostumbró a ver mujeres en puestos de autoridad y en el púlpito. Esto motivó que la segunda y tercera generación de creyentes protestantes nombrara mujeres como "misioneras" y como "pastoras" aun en denominaciones que tradicionalmente no ordenaban mujeres» (*ibid.,* p. 29).

8.9. La predicación actual en América Latina

En América Latina hoy conviven variados estilos de predicación, sin embargo, debido a la fuerza de su masa poblacional[338], son los sermones de Carismáticos y los Pentecostales, los que más se pueden ver y escuchar en

---

338. En América Latina, la proporción entre evangélicos es como sigue: hay 3 pentecostales o carismáticos por cada 4 evangélicos. Quiere decir que la población evangélica mayoritaria, del evangelicalismo latinoamericano, es de identidad pentecostal o carismática.

los medios de comunicación masiva. Basta con acceder a la televisión por cable para poder visualizar una variada gama de predicaciones espectaculares, con voces en el límite del volumen y un desplazamiento escénico impresionante.

La predicación Pentecostal, desde su nacimiento, fue espectacular y fundada sobre la base de las señales (liberaciones), milagros (sanaciones)[339] y la interacción con los oyentes mediante respuestas a arengas religiosas[340]. En un sentido rompió con la tradición reformada, que había devenido en institucional, intelectualista y árida. La predicación Pentecostal se diferenció rápidamente de la Reformada, en el lugar que le daba a la congregación. En ésta, los oyentes no eran meros receptores pétreos, sino que «participaban» del sermón e interactuaban con el predicador mediante sus espontáneas respuestas[341]. Ellos no asistían al culto, sino que participaban de él. Por eso es que lo sensorial llegó a ser uno de los componentes más resaltados de la adoración, el culto y la predicación Pentecostal. Sentir el mensaje llegó a ser más importante que entender una declaración teológica muy elaborada. De ahí se explica también la simplicidad de los sermones de la mayoría de los predicadores pentecostales. Su énfasis estaba centrado en lo vivencial más que en lo reflexivo. Eso los llevaba sustituir el sermón –tal como se entiende desde la homilética, es decir, como una estructura– por la narración de su testimonio o pasajes de su vida, a la luz de un pasaje bíblico. El testimonio se convirtió en una aplicación extensa del sermón, era el sermón mismo.

---

339. La teología pentecostal incorporó las señales y milagros a la predicación evangelística de su tiempo. Esto porque llegó a la conclusión de que así fue el *modus operandi* de la iglesia primitiva. En su obra titulada *Autoridad para sanar* (1995, p. 11), Ken Blue anota: «Cuando la iglesia primitiva predicaba el evangelio de Jesucristo, su predicación era confirmada e ilustrada con señales que generalmente se manifestaban en forma de sanaciones. Esa combinación de predicación con poder manifiesto producía efectos notables».

340. En la predicación Pentecostal se popularizó mucho las medias frases y respuestas, tales como: «a su nombre…», «¿quién vive…?», etc. Los «amén», «aleluya», «Gloria a Dios»; como respuestas, también han sido un ingrediente importante de la predicación Pentecostal, incluso, llegó a convertirse en el sistema de medida de la efectividad e impacto del sermón. Así, si la congregación asentía con un amén fortísimo, esto llegaba a significar que el sermón era de impacto (hoy en día se diría «con unción»). A esto también debemos de agregarle los aplausos como respuesta a una declaración o un párrafo del sermón. Esto, al igual que lo anterior, fue el parámetro para medir la efectividad del sermón. Los aplausos normalmente han ido acompañados de frases religiosas, éxtasis y, algunas veces, *glosolalia* (hablar en lenguas espontáneamente durante la predicación).

341. En realidad lo «espontáneo» es muy relativo, dado que con el pasar del tiempo, estas respuestas se convirtieron en un simple formulismo y no en una respuesta racional que asintiera una declaración bíblica.

Otro aspecto que caracteriza la predicación pentecostal, es su carácter masivo. Esto está ligado a algo que ya se ha mencionado anteriormente: el énfasis en las señales y milagros. Escribiendo acerca de los ministerios de evangelización masiva en América Latina, Pablo Deiros escribe:

«El carácter masivo de estos ministerios, su gran capacidad de convocatoria a todo el espectro denominacional del mundo evangélico, el ejercicio público de los dones sobrenaturales a escala multitudinaria, el *impacto significativo* sobre la sociedad en general y la opinión pública, y el efecto movilizador y motivador sobre los cristianos en general, son algunos de los elementos que caracterizan el desarrollo de estos ministerios novedosos. Los nombres de *Yiye Ávila, Omar Cabrera, Carlos Anacondia* y algunos otros son bien conocidos en *todo* el continente *latinoamericano* y en otras partes del mundo»[342].

En cuanto al estilo del predicador pentecostal, este es muy dinámico, espectacular y con fuerte énfasis en lo espiritual. Hay un constante desplazamiento escénico y se gesticula cada palabra que se profiere. Se le da mucho valor al volumen, se cree que, mientras más eleve la voz, mayor será el impacto de su predicación o será una prueba indubitable de la «unción» del predicador. En general, hay estilos muy variados, que van desde los que son muy ordenados en sus ideas, los que improvisan[343], hasta los que terminan convirtiéndose en verdaderos *showmen* del púlpito.

La predicación Carismática se diferencia de la predicación del Pentecostalismo clásico, en su forma más que en su fondo. Los carismáticos todavía guardan el componente sensorial y emotivo en su predicación. La utilización de frases es común durante el culto y la predicación carismática. El predicador interactúa con sus oyentes mediante ellas, por eso, es común encontrar entre los predicadores carismáticos solicitudes tales como: «Dígale a su hermano que está al costado...», «voltéese y dígale a su hermano...», «repita conmigo...», «declare esta mañana...», etc. Este es el puente que conecta al predicador con sus oyentes, hay un diálogo constante con la congregación y entre la congregación. La mayoría de predicadores carismáticos, por haber recibido algún tipo de instrucción superior, poseen una oratoria excelente, junto a la capacidad para esquematizar sus ideas, pero algunas veces fallan en desarrollar teológicamente esas mismas ideas.

---

342. P. Deiros, *Historia del Cristianismo en América Latina*, p. 171.

343. Sería muy injusto etiquetar a todos los predicadores Pentecostales como desordenados y faltos de una estructura homilética. En América Latina, la mayoría de predicadores, aún los que provienen de una tradición de la Reforma, muestran enormes deficiencias en la elaboración y presentación de sermones homiléticamente sostenibles.

Los predicadores carismáticos latinoamericanos se desplazan constantemente y de manera espectacular por todo el escenario. En los últimos años se puede ver que estos desplazamientos son muy extensos y constantes. Esto es muy fácil de verificarlo, basta con poner la televisión y ver a predicadores como Cash Luna, Dante Gebel y otros. Este recurso tiene su lado positivo, pues mantiene a la congregación muy atenta al desplazamiento del predicador, y por lo tanto, a su mensaje. Otro aspecto que debemos de resaltar en la predicación carismática es la relación que existe con la tecnología y la música. Hay predicadores muy proclives a la utilización de sistemas de audio sofisticado y a una buena *luminotecnia*. La mayoría de esas prédicas son grabadas y transmitidas por radio, televisión e internet. En cuanto a la música, ésta está presente antes, durante y después de la predicación, es parte del sermón mismo. Su conexión es mucho más evidente al final de la predicación, allí, mientras la música va creando una atmósfera adecuada para el predicador, este ministra a las personas que han atendido a la convocatoria de «pasar adelante» (cerca del púlpito). La parte de la ministración es tan importante en la predicación Carismática, que ha llegado a convertirse en una aplicación/conclusión extensa. Sin embargo, esta carecería de impacto si no fuese acompañada de la música.

En el otro extremo, podemos encontrar a los predicadores que provienen del movimiento de Santidad, los Bautistas y la tradición Reformada, quienes mantienen un estilo muy conservador sin mucho aspavientos ni movimientos espectaculares; a veces se llega a confundir ortodoxia en la predicación con falta de dinamismo y pasión en la predicación. La característica más destacada es su respeto por la Palabra de Dios; pero la debilidad más evidente, también, es su excesivo intelectualismo que a veces pude llegar a estar descontextualizado y no responde a las expectativas de los estratos más bajos de la iglesia: se interpreta bien el contexto bíblico, pero se falla al aplicarlo al contexto del oyente. Junto a esto, también debemos de mencionar la presentación del sermón en forma de monólogo. Si las prédicas Carismáticas son muy interactivas, las de este grupo son poco participativas. La música tampoco ocupa un lugar importante en su predicación.

8.10. De la predicación escatológica a la predicación de prosperidad

Durante los ochenta, la predicación latinoamericana se caracterizó por el fuerte énfasis puesto en la inminencia de la *parousia*. Lo escatológico se fundió con lo soteriológico, al punto que lo primero motivaba lo segundo. Juntamente con el anuncio de la Segunda Venida, eran anunciados también el «arrebatamiento» de la iglesia, la gran tribulación, el juicio final y el castigo eterno para los incrédulos. En esta época aparecieron también sendas películas que se basaban en el «arrebatamiento» de la iglesia, lo que aumentó la expectación, llevándola a su pico más elevado. A lo ya mencionado, se agregó también la expectativa del cambio de siglo –y de milenio a la vez–, tanto como algunos hechos en la naturaleza[344] y en la sociedad[345]. Todo esto sumó para que la predicación se tornara, no solamente escatológica, sino también apocalíptica. Muchos creyentes se despedían de los servicios nocturnos, pensando que tal vez esa sería su última noche aquí en la tierra, antes de ser arrebatados. La figura de Jesús, que viene como ladrón en la noche, se interpretó literalmente en muchos casos. La inminencia de la *parousia*, llevó a algunos creyentes a romper con el mundo. Algunos decidieron no construir más una casa, no enviar a sus hijos a una universidad, ni hacer planes para los años venideros. Eso más bien fue visto como un acto de incredulidad, menosprecio, y falta de preparación para el reencuentro de la iglesia con Cristo. Algunos ministerios con énfasis en la inminencia de la Segunda Venida surgieron como respuesta a la expectativa que envolvió a la iglesia de finales del siglo anterior. Tal vez el ejemplo más claro fue el ministerio *Cristo Viene* del evangelista portorriqueño José Joaquín (Yiye) Ávila (1925-2013). Ávila fue uno de los exponentes más elevados de la predicación escatológica en América Latina. Su predicación incluso ha trascendido los límites del continente y ha impactado a miles de personas en todo el mundo.

Luego de una fuerte expectación escatológica por la *parousia* y pasado ya el límite del nuevo milenio, la iglesia parece experimentar otro paradigma en la vida cristiana, la misma que se ha visto expresada en la predicación.

El tema principal de la mayoría de las prédicas carismáticas, es la prosperidad o la motivación. Esta se convierte en la clave hermenéutica para interpretar cualquier pasaje de la Biblia. Los oyentes son motivados a *dar para recibir* y a vivir una vida próspera como «hijos del Rey». Las prédicas Carismáticas son un cien por ciento *efectistas* sin ser por ello *efectivas*[346].

---

344. El año 1986 será siempre recordado por la visualización del cometa Halley, desde algunos lugares del globo terrestre. Su aparición se interpretó a partir de Marcos 13:25 y se asumió como una confirmación de la *parousia*.

345. El surgimiento de la ex URSS (acompañado de la Guerra Fría y la consiguiente amenaza de una guerra global con tecnología nuclear) hizo imaginar a algunos la aparición de un gobierno mundial, liderado por el anticristo. La gran tribulación se entendió como un periodo de desolación desatado por el anticristo, desde su palestra política, fundada sobre el comunismo. Este tipo de interpretación de la historia fue muy popular y difundida desde los púlpitos del continente.

346. Lo efectista «...busca ante todo producir fuerte efecto o impresión en el ánimo», mientras que lo efectivo es «Real y verdadero, en oposición a *quimérico, dudoso* o *nominal*» (Diccionario RAE).

Índice de nombres

A

Agustín, San, 18, 21, 68, 142, 163, 165
Alexander, James W., 154
Ambrosio, 266
Anselmo, San, 18
Aquino, Tomás de, 68
Argárate, Pablo, 59
Aristóteles, 97, 98, 108, 109, 111, 262, 267
Arocena, F. M., 42, 111
Ávila, Yiye, 288, 290

B

Baden, Hans Jürgen, 18, 59, 154, 155, 157, 158
Báez-Camargo, Gonzalo, 60, 272
Bandera, Armando, 144, 145, 161, 167, 171
Barth, Karl, 19, 73, 77, 81, 93, 95, 144, 145, 157, 169, 230, 231, 275
Basilio el Grande, 95
Baxter, Barrett, 65
Baxter, Richard, 95, 152, 155
Beecher, Henry Ward, 14, 117, 121
Beecher, Lyman, 20, 117, 275
Behrends, A. J. F., 142
Beneyto, Juan, 148
Bengsch, Alfred, 94, 153
Bernardo de Claraval, 86
Berthold de Regensburgo, 268
Besson, Pablo, 283
Black, James, 17, 23, 55, 89, 93
Blackwood, Andrew W., 233, 241, 261, 275, 282
Blaikie, William G., 34
Bohler, Peter, 198

Bradford, John, 195
Brainerd, David, 197
Bridges, Charles, 21
Brister, C. W., 79, 81
Broadus, John A., 108, 109, 133, 239, 261, 262, 274, 282
Broadus, John A., 69
Brooks, Phillips, 116, 117
Brown, Charles R., 107, 150
Brown, J. Baldwin, 15
Brown, William A., 80
Bruce, Robert, 195
Bryan, Dawson, 275
Buenaventura, 268
Bull, Paul B., 83, 85
Buttrick, George, 20

C

Calvino, Juan, 18
Calvino 95, 173, 194, 250, 270, 271
Campbell, Reginald John, 14
Carson, Alexander, 82
Charles, Thomas, 14
Cicerón, 30, 67, 97, 103, 210, 262, 267
Cipriano de Cartago, 103
Clemente de Alejandría, 59, 265
Clifford, John, 14
Codornio, Antonio, 110
Colet, John, 270
Congar, Yves, 169
Costas, Orlando E., 261, 270, 284, 285
Cotton, John, 197
Craddock, Fred B., 13, 16
Crisóstomo, Juan, 230, 266
Cullmann, Oscar, 19

Bibliografía

Abbott, Lyman, *The Christian Ministry*, Archibald Constable & Co., London 1905.

Achtemeier, Elizabeth, *Creative Preaching: Finding the Words*, Abingdon, Nashville 1980.

Adam, Peter, *Speaking God's Words: A Practical Theology of Preaching*, Regent College Publishing, Vancouver 2004.

Adams, Harry, *Preaching: the Burden and the Joy*, Chalice Press, St. Louis 1996.

Adams, Jay, *Preaching with Purpose. The Urgent Task of Homiletics*, Zondervan, Grand Rapids 1986.

— *Preaching According to the Holy Spirit*, Timeless Texts, Stanley 2000.

— *Preaching to the Heart*, Timeless Texts, Stanley 2004 (traducción cast.: *Predicar al corazón*, Vida, Miami 2002).

— *Preaching with Parables*, Timeless Texts, Stanley 2007.

— *Preaching That Persuades*, Timeless Texts, Stanley 2007.

Aden, LeRoy, *Preaching Gods Compassion*, Augsburg/Fortress, Minneapolis 2002.

Aguilar, Abel, *Homilética. El arte de predicar*, Vida, Miami 2000.

Ahlgrim, Ryan, *Not as the Scribes: Jesus as a Model for Prophetic Preaching*, Herald Press, Kansas City 2002.

Aldazábal, J. (ed.), *El arte de la homilía*, Centre de Pastoral Litúrgica, Barcelona 1994.

Alexander, James W., *Thoughts on Preaching, being contributions to Homiletics*, Charles Scribner, New York 1863 (reimpreso por The Banner of Truth, Edinburgh 1975).

Allen, Ronald J., *Theology for Preaching: Authority, Truth, and Knowledge of God in a Postmodern Ethos*, Abingdon Press, Nashville 1997.

— *Contemporary Biblical Interpretation for Preaching*, Judson Press, Valley Forge 1984.

— *Interpreting the Gospel: An Introduction to Preaching*, Chalice Press, St. Louis 1999.

— *Hearing the Sermon: Relationship, Content, Feeling*, Chalice, St. Louis 2004.

— *Preaching Is Believing. The Sermon as Theological Reflection*, Westminster John Knox Press, Louisville 2006.

— *Thinking Theologically: The Preacher as Theologian*, Fortress Press, Minneapolis 2007.

— *Preaching the Topical Sermon*, Westminster/John Knox Press, Louisville 1992.

— *Preaching and Practical Ministry*, Chalice Press, St. Louis 2001.

— *Preaching: An Essential Guide*, Abingdon, Nashville 2002.

— *Wholly Scripture: Preaching Biblical Themes*, Chalice Press, St. Louis 2003.

— con Gilbert Bartholomew, *Preaching Verse by Verse*, John Knox Press, Louisville 2000.

Alling, Roger, *Preaching as Prophetic Calling*, Morehouse Publishing, Harrisburgh 2004.

— *Preaching as Pastoral Caring*, Morehouse Publishing, Harrisburgh 2005.

Altrock, Chris, *Preaching to Pluralists: How to Proclaim Christ in a Postmodern Age*, Chalice Press, St. Louis 2004.

Amanzeh, Gus A., *B.Y.O.B. Bring Your Own Bible: The Miracle of Preaching and the Bible*, AuthorHouse, 2004.

Anderson, Kenton C., *Preaching with Conviction. Connecting with Postmodern Listeners*, Kregel, Grand Rapids 2001.

— *Preaching with Integrity*, Kregel, Grand Rapids 2003 (traducción cast.: *Predicando con integridad*, Portavoz, Grand Rapids 2005).

Andrews, Edgar, *Preaching Christ*, Evangelical Press, Nappanee 2005.

Angell, James W., *The Romance of Preaching*, CSS Publishing Co., 1995.

Apel, Karl-Otto, *Teoría de la verdad y ética del discurso*, Paidós, Barcelona 1995.

Arocena, Félix María, *La celebración de la Palabra*, Centre de Pastoral Litúrgica, Barcelona 2005.

Arrastía, Cecilio, *Teoría y práctica de la predicación*, Caribe, Miami 1992.

Arthurs, Jeffrey D., *Preaching with Variety. How to Re-Create the Dynamics of Biblical Genres*, Kregel, Grand Rapids 2007.

Azaustre, Antonio, y Casas, Juan, *Manual de retórica española*, Ariel, Barcelona 1997.

Azurdia, Arturo, *Spirit Empowered Preaching, Involving The Holy Spirit in Your Ministry*, Christian Focus Publications, Ross-shire 1999/ Mentor 2006.

Baab, Otto, *Prophetic Preaching*, Abingdon Press, Nashville 1958.

Bailey, Raymond, *Jesus the Preacher*, Broadman Press, Nashville 1990.

— *Paul the Preacher*, Broadman Press, Nashville 1991.

Baird, John Edward, *Preparing for Platform and Pulpit*, Baker, Grand Rapids 1976.

Barth, Karl, *La proclamación del evangelio*, Sígueme, Salamanca 1969.

Barthes, Roland, *Investigaciones retóricas*, Ed. Tiempo Contemporáneo, Buenos Aires 1974.

Bartlett, Gene E., *The Audacity of Preaching*, Harper, New York 1962.

Bartow, Charles L., *The Preaching Moment: A Guide to Sermon Delivery*, Abingdon, Nashville 1980.

Bassett, Paul, *God's Way*, Evangelical Press, Welwyn 1981.

Bauman, J. Daniel, *An Introduction to Contemporary Preaching*, Baker, Grand Rapids 1972.

Beecher, Henry Ward, *Lectures on Preaching*, James Clarke & Co., London 1874.

Begg, Alistair, *Preaching For God's Glory*, Crossway Books, Wheaton 1999.

Behrends, A. J. Frederick, *The Philosophy of Preaching*, Scribner's Sons, New York 1890.

Berkley, James D., *Leadership Handbook of Preaching and Worship*, Baker, Grand Rapids 1997.

Beuchot, Mauricio, *La retórica como pragmática y hermenéutica*, Anthropos, Barcelona 1998.

Binkley, Sam, *Effective Preaching as Paul Did It*, Guardian of Truth Foundation, 2006.

Bisagno, John R., *Principle Preaching: How to Create and Deliver Purpose Driven Sermons for Life Applications*, Broadman & Holman, Nashville 2002.

Black, James, *The Mystery of Preaching*, Fleming H. Revell Co., New York 1924 (reeditado por Lutterworth Press, Cambridge 2002).

— *Doctrinal Preaching for Today*, Abingdon Press, New York 1956.

— *Expository Preaching For Today*, Baker, Grand Rapids 1975.

— *Preaching From the Bible*, Abingdon-Cokesbury, Nashville 1941.

— *The Fine Art of Preachin*, MacMillan Company, New York 1945.

— *The Preparation of Sermons*, Abingdon Press, New York 1948.

Blackwood, Andrew W., *The Preparation of Sermons*, Abingdon-Cokesbury Press, Nashville 1948 (traducción cast.: *La Preparación de sermones bíblicos*, Casa Bautista de Publicaciones, El Paso 1953).

— *The Protestant Pulpit*, Abingdon-Cokesbury Press, New York 1947.

— *The Fine Art of Preaching*, Macmillan Co., New York 1952.

— *Expository Preaching for Today*, Baker, Grand Rapids 1975.

Blaikie, William Garden, *For the Work of the Ministry. Manual of Homiletical and Pastoral Theology*, 1873 (reeditado por Solid Ground Christian Books, USA 2005).

Blocker, Simon, *The Secret of Pulpit Power Through Thematic Christian Preaching*, Eerdmans, Grand Rapids 1955.

Blomberg, Craig L., *Preaching the Parables: From Responsible Interpretation to Powerful Proclamation*, Baker, Grand Rapids 2004.

Bohren, Rudolph, *Preaching and Community*, John Knox Press, Richmond 1965.

Boland, Vivian, *Don't Put Out the Burning Bush: Worship and Preaching in a Complex World*, ATF Press, 2008.

Boone, Dan, *Preaching the Story That Shapes Us*, Beacon Hill Press, Kansas City 2008.

Bordieu, Pierre, *Qué significa hablar*, Akal, Madrid 1999.

Bowen, Roger (ed.), *A Guide to Preaching*, SPCK, London 2005.

Bowie, Walter Russell, *The Renewing Gospel*, Beecher Lechers on Preaching at Yale, 1934; Scribners, New York 1935.

Braga, James, *How to Prepare Bible Messages*, Multnomah Press, Portland 1969 (traducción cast.: Cómo preparar mensajes bíblicos, Portavoz, Grand Rapids 1995).

Bricknell, William Simcox, *Preaching: its Warrant, Subject and Effects*, Seely and Co., London 1841.

Bridges, Charles, *The Christian Ministry*, Banner of Truth, Edinburgh 1976 (org. 1830).

Broadus, John A., *Lectures on the History of Preaching*, A. C. Armstrong, New York 1893 (traducción cast.: Historia de la predicación, Discursos, Casa Bautista de Pub., El Paso s/f).

— *On the Preparation and Delivery of Sermons* (revisado por el Weatherspoon), Harper & Brothers, New York 1944, reimpreso en 1979.

— *Tratado Sobre la Predicación*, Casa Bautista de Publicaciones, El Paso 1951.

Brokhoff, John R., *As One with Authority*, Bristol Books, Wilmore 1989.

Brooks, Phillips, *Lectures on Preaching*, Delivered before the Divinity School of Yale College, E. P. Dutton & Co., New York 1877 (reimpreso por Zondervan, Kregel y SPCK, 1965/1989).

Brown, Charles Reynolds, *The Art of Preaching*, Macmillan Co., New York 1922.

Brown, David M., *Transformational Preaching: Theory and Practice*, University Press of America, 2007.

Brown, H. C., *A Quest for Reformation in Preaching*, Broadman Press, Nashville 1968.

— *Steps to the Sermon: An Eight-Step Plan for Preaching with Confidence*, Broadman & Holman, Nashville 1996.

Brown, John, *Puritan Preaching in England. A Study of Past and Present*, Scribner & Sons, New York 1900.

Brown, Patricia G., *Preaching from the Pew*, Westminster/John Knox Press, Louisville 1998.

Brown, Sally A., y Miller, Patrick D., *Lament: Reclaiming Practices in Pulpit, Pew, and Public Square*, Westminster/John Knox, Louisville 2005.

Brown, William A., *Modern Theology and the Preaching of the Gospel*, Charles Scribner's Sons, New York 1915.

Brueggemann, Walter, *Finally Comes the Poet: Daring Speech for Proclamation*, Fortress Press, Minneapolis 1989.

— *The Prophetic Imagination*, Fortress Press, Philadelphia 1978 (traducción cast.: *La imaginación profética*, Sal Terrae, Santander 1986).

— *The Word Militant: Preaching a Decentering Word*, Fortress Press, Minneapolis 2007.

Bryson, Harold T., *Building Sermons to Meet People's Needs*, Broadman Press, Nashville 1980.

— *Expository Preaching: The Art of Preaching Through a Book of the Bible*, Holman, Nashville 1995.

Buechner, Carl Frederic, *Telling the Truth: The Gospel as Tragedy, Comedy and Fairy Tale*, Harper and Row, San Francisco 1977.

Bull, Paul B., *Preaching and Sermon Construction*, Macmillan, New York 1922.

Burghardt, Walter J., *Preaching: The Art and the Craft*, Paulist, New York 1987.

— *Preaching the Just Word*, Yale University Press, New Haven 1996.

Buttrick, David, *Homiletic. Moves and Structures*, Fortress, Philadelphia 1987.

— *A Captive Voice: The Liberation of Preaching*, Westminster/John Knox Press, Louisville 1994.

— *Preaching the New and the Now*, Westminster/John Knox Press, Louisville 1998.

— *Preaching Jesus Christ. Exercise in Homiletic Theology*, Fortress, Philadelphia 1988/2002 Wipf & Stock Publishers.

— *Speaking Jesus: Homiletic Theology and the Sermon on the Mount*, Westminster/John Knox Press, Louisville 2002.

Buttrick, George A., *Jesus Came Preaching: Christian Preaching in the New Age*, Scribners, New York 1931.

Buttry, Daniel, *First Person Preaching: Bringing New Life to Biblical Stories*, Judson Press, Valley Forge 1998.

Cahill, Dennis M., *The Shape of Preaching: Theory and Practice in Sermon Design*, Baker, Grand Rapids 2007.

Calvo Guinda, F. J., *Homilética*, BAC, Madrid 2003.

Callahan, Kennon L., *Preaching Grace: Possibilities for Growing Your Preaching and Touching People's Lives*, Jossey-Bass, 1999.

Camery-Hoggatt, Jerry, *Speaking of God: Reading and Preaching the Word of God*, Hendrickson, Peabody 1995.

Campbell, Charles, *Preaching Jesus*, Eerdmans, Grand Rapids 1997.

— *The Word before the Powers. An Ethic of Preaching*, Westminster/John Knox Press, Louisville 2002.

Capill, Murray A., *Preaching with Spiritual Vitality: Including Lessons from the Life and Practice of Richard Baxter*, Christian Focus Publications, Ross-shire 2004.

Capon, Robert, *The Foolishness of Preaching: Proclaiming the Gospel Against the Wisdom of the World*, Wm. B. Eerdmans, Grand Rapids 1997.

Carpenter, William Boyd, *Lectures on Preaching delivered in the Divinity School of Cambridge in 1894*, Macmillan, London 1895.

Carrick, John, *The Imperative of Preaching. A Theology of Sacred Rhetoric*, Banner of Truth, Edinburgh 2002.

Carter, Terry G., *Preaching God's Word: A Hands-On Approach to Preparing, Developing, and Delivering the Sermon*, Zondervan, Grand Rapids 2005.

Carroll, Thomas K., *Preaching the Word*, Wipf & Stock Publishers, 2008.

Castro, Emilio, *Las preguntas de Dios. La predicación evangélica en América Latina*, Kairós Ediciones, Buenos Aires 2004.

Cattani, Adelino, *Los usos de la retórica*, Alianza Editorial, Madrid, 2003.

Chant, Ken, *The Pentecostal Pulpit: Studies in the Art of Preaching*, Vision Publishing, Ramona CA., 1995.

Chapell, Bryan, *Christ-Centered Preaching: Redeeming the Expository Sermon*, Baker, Grand Rapids 1994.

— *Cómo usar las ilustraciones para predicar con poder*, Editorial Portavoz, Grand Rapids 2007.

Chappell, Clovis G., *Anointed to Preach*, Abingdon, Nashville 1951.

Chartier, Myron R., *Preaching As Communication: An Interpersonal Perspective*, Abingdon, Nashville 1981.

Cheeseman, John, *The Priority of Preaching*, Banner of Truth, Edinburgh 2006.

Childers, Jana L., *Purposes of Preaching*, Chalice Press, St. Louis 2004.

— *Performing the Word: Preaching as Theater*, Ingram Book Company, 1998.

Childs, James S., *Preaching Justice*, Trinity Press International, Philadelphia 2000.

Clader, Linda L., *Voicing the Vision: Imagination and Prophetic Preaching*, Morehouse Publishing, Harrisburgh 2004.

Clarke, Erskine, *Exilic Preaching*, Trinity Press International, Philadelphia 1998.

Claypool, John R., *The Preaching Event*, Morehouse Publishing, Harrisburgh 2003.

Clowney, Edmund P., *Preaching Christ in All of Scripture*, Crossway Books, Wheaton 2003 (traducción cast.: *Prédica*, CLIR, San José, Costa Rica 2007).

Cobb, John B., *Theology and Pastoral Care*, Fortress, Philadelphia 1977.

Coburn, John B., *Grace in All Things (Lyman Beecher Lectureship on Preaching)*, Yale 1987; Cowley Publications, Cambridge 1995.

Coffin, Henry Sloan, *Preaching in a Day of Social Rebuilding*, Yale University Press, New Haven 1918.

Coleson, Joseph, *Passion, Power, and Purpose: Essays on the Art of Contemporary Preaching*, Wesleyan Publishing House, 2006.

Cooper, Burton Z., y John S. McClure, *Claiming Theology in the Pulpit*, Westminster/John Knox Press, Louisville 2003.

Cosgrove, Charles H., *In Other Words: Incarnational Translation for Preaching*, Wm. B. Eerdmans, Grand Rapids 2007.

Costas, Orlando, *Comunicación por medio de la predicación*, Caribe, Miami 1973.

— (ed.), *Predicación evangélica y teología hispana*, Caribe, Miami 1982.

Cothen, Joe, *The Pulpit Is Waiting: A Guide for Pastoral Preaching*, Pelican Publishing Company, Gretna 1998.

Cox, James W., *A Guide to Biblical Preaching*, Abingdon, Nashville 1976.

— *Preaching: A Comprehensive Approach to the Design & Delivery of Sermons*, Wipf & Stock Publishers, 2002.

Craddock, Fred B., *As One Without Authority*, Chalice Press, St. Louis [3]1971.

— *Overhearing the Gospel*, Abingdon, Nashville 1978; Chalice Press, St. Louis 2002 (edición ampliada).

— *Preaching*, Abingdon, Nashville 1985.

Crane, James D., *El sermón eficaz*, Casa Bautista de Publicaciones, El Paso 1961.

— *Manual para predicadores laicos*, Casa Bautista de Publicaciones, El Paso 1966.

Crosby, Howard, *The Christian Preacher*, Nelson & Phillips, New York 1880.

Daane, James, *Preaching with Confidence. A Theological Essay on the Power of the Pulpit*, Eerdmans, Grand Rapids 1980.

Dabney, Robert Lewis, *Sacred rhetoric*, A course of Lectures on Preaching, delivered in the Union Theological Seminary of the General Assembly of the Presbyterian Church in the U. S. Presb. Com. of Pub., Richmond 1870.

Dale, R. W., *Nine Lectures on Preaching*, Hodder and Stoughton, London 1877 (reeditado por Kessinger Publishing, 2006).

Damazio, Frank, *Preaching with Purpose and Passion: The Greatest Call on Earth*, City Christian Publishing, 2006.

Dargan, Edwin Charles, *The Art of Preaching in the light of its History*, Doran, New York 1922.

— *A History of Preaching*, 2 vols., A. C. Armstrong & Son, New York 1905; Reimpreso por Baker Book House, Grand Rapids 1954.

Davis, Henry Grady, *Design for Preaching*, Fortress, Philadelphia 1958.

Davies, Horton, *Varieties of English Preaching: 1900-1960*, SCM Press, London 1963.

Day, David, *Preaching with All You've Got: Embodying the Word*, Hendrickson, Peabody 2006.

DeBona, Guerric, *Fulfilled in Our Hearing: History and Method of Christian Preaching*, Paulist Press, New York 2005.

DeLeers, Stephen Vincent, *Written Text Becomes Living Word: The Vision and Practice of Sunday Preaching*, Liturgical Press, Collegeville 2004.

Demaray, Donald E., *Proclaiming the Truth: Guides to Scriptural Preaching*, Evangel Publishing House, 2001.

— *Introduction to Homiletics*, Light and Life Communications, Indianapolis 2006.

— con Kenneth W. Pickerill, *A Robust Ministry: Keeping a Pure Heart, Clear Head, and Steady Hand*, Evangel, Nappanee 2004.

Dever, Mark, *Preaching the Cross*, Crossway Books, Wheaton 2007.

Dodd, C. H., *The Apostolic Preaching and its Developments*, Hodder & Stoughton, London 1935; Reimpreso por Baker, Grand Rapids 1980.

Doddridge, Philip, *Lectures on Preaching and the several branches of the ministerial office*, R. Edwards, London 1807.

Douglass, Truman B., *Preaching and the New Reformation*, Harpers, New York 1956.

Drakeford, John, *El humor en la predicación*, CPB, El Paso 1991.

Duduit, Michael (ed.), *Handbook of Contemporary Preaching*, Broadman, Nashville 1992.

— *Preaching with Power: Dynamic Insights from Twenty Top Communicators*, Baker, Grand Rapids 2006.

Dupanloup, Félix, *The Ministry of Preaching: an essay on pastoral and popular oratory*, Griffith Farran, Okeden & Welsh, London 1891.

Dykstra, Robert C., *Discovering a Sermon: Personal Pastoral Preaching*, Chalice Press, St. Louis 2001.

Ebeling, Gerhard, *Theology and Proclamation*, Fortress Press, Philadelphia 1966.

— *God and Word*, Fortress Press, Philadelphia 1967.

— *Word and Faith*, SCM Press, London 1963.

Eby, David, *Power Preaching for Church Growth*, Christian Focus Publications, Ross-shire 1996.

Edgerton, W. Dow, *Speak to Me That I May Speak: A Spirituality of Preaching*, Pilgrim Press, Cleveland 2006.

Edwards, J. Kent, *Effective First-Person Biblical Preaching: The Steps from Text to Narrative Sermon*, Zondervan, Grand Rapids 2005.

Edwards, O. C., Jr., *Elements of Homiletics: A Method for Preparing to Preach*, Pueblo, New York 1982.

Ellingsen, Mark, *The Integrity of Biblical Narrative*, Augsburg/Fortress, Minneapolis 1990.

Elliott, Mark Barger, *Creative Styles of Preaching*, Westminster John Knox Press, Louisville 2004.

Engel, James F., *Contemporary Christian Communications: Its Theory and Practice*, Nelson, Nashville 1979.

English, Donald, *An Evangelical Theology of Preaching*, Abingdon Press, Nashville 1996.

Eslinger, Richard L., *A New Hearing: Living Options in Homiletic Method*, Abingdon, Nashville 1987.

— *Pitfalls in Preaching*, Wm. B. Eerdmans, Grand Rapids 1996.

— *The Web of Preaching: New Options in Homiletic Method*, Abingdon Press, Nashville 2002.

Eswine, Zack, *Preaching to a Post-Everything World: Crafting Biblical Sermons That Connect with Our Culture*, Baker, Grand Rapids 2008.

Evans, William, *How To Prepare Sermons*, Moody Press, Chicago 1964.

— *La proclamación del mensaje*, Alianza, Temuco 1959.

Ezell, Richard, *Hitting a Moving Target: Preaching to the Changing Needs of Your Church*, Kregel, Grand Rapids 1999.

Fabarez, Michael, *Preaching That Changes Lives*, Thomas Nelson, Nashville 2002.

Fant, Clyde E., *Preaching for Today*, Harper and Row, San Francisco 1987.

— con William M. Pinson, Jr. (eds.), *20 Centuries of Great Preaching: An Encyclopedia of Preaching*, Word, Waco 1971.

Faris, D. Whitesell, y Perry, Lloyd M., *Variety in Your Preaching*, Fleming H. Revell Co., Los Angeles 1954 (traducción cast.: *Variedad en la predicación*, Editorial Libertador, Maracaibo 1974).

Farmer, Herbert H., *The Servant of the Word*, Nisbet and Co., London 1941.

— *God and Men*. Abingdon-Cokesbury, New York 1948.

Farris, Stephen, *Preaching That Matters*, Westminster John Knox Press, Louisville 1998.

Fasol, Al, *Preaching Evangelistically: Proclaiming the Saving Message of Jesus*, Broadman & Holman, Nashville 2006.

Faunce, William Herbert Perry, *The Educational Ideal in the Ministry*, Macmillan, New York 1908.

Fisher, Wallace E., *Who Dares to Preach? The Challenge of Biblical Preaching*, Augsburg, Minneapolis 1979.

Fitch, Albert Parker, *Preaching and Paganism*, Yale University Press, New Haven 1920 (reeditado por Dodo Press, 2007 y Biblio Bazaar, 2008).

Florence, Anna Carter, *Preaching as Testimony*, Westminster John Knox Press, Louisville 2007.

Flynn, James T., *Words That Transform: Preaching as a Catalyst for Renewal*, University Press of America, 2010.

Forbes, James, *The Holy Spirit and Preaching*, Abingdon Press, Nashville 1989.

Ford, D. W., *Preaching the Incarnate Christ*, Hendrickson, Peabody 1994.

Forde, Gerhard O., *Theology is for Proclamation*, Fortress, Philadelphia 1990.

— *The Preached God: Proclamation in Word and Sacrament*, Eerdmans, Grand Rapids 2007.

Forsyth, Peter Taylor, *Positive Preaching and Modern Mind*, Hodder and Stoughton, London 1907 (reeditado por Kessinger Publishing, Whitefish 2003).

Fosdick, Harry Emerson, *The Modern Use of the Bible* (*Lyman Beecher Lechers on Preaching at Yale 1924*), The Macmillan Co., New York 1924.

Francis, Leslie J., *Preaching: With All Our Souls: A Study in Hermeneutics and Psychological Type*, Continuum International Publishing Group, London/New York 2008.

Freeman, Harold, *Variety in Biblical Preaching: Innovative Techniques and Fresh Form*, Word, Waco 1987 (traducción cast.: *Nuevas alternativas en la predicación bíblica*, Casa Bautista de Publicaciones, El Paso 1990).

Fritzler, Sergio, *El oficio pastoral. Exposición bíblica e histórica del ministerio público de la Iglesia*, Concordia, Sant Louis 2010.

Frymire, Jeffrey W., *Preaching the Story: How to Communicate God's Word Through Narrative Sermons*, Warner Press, 2006.

Garavelli, B. M., *Manual de retórica*, Cátedra, Madrid 1991.

Gardner, Charles Spurgeon, *Psychology and Preaching*, MacMillan, New York 1918.

Garrison, Webb B., *The Preacher and His Audience*, Fleming H. Revell Co., Westwood 1954.

— *Creative Imagination in Preaching*, Abingdon Press, New York 1960.

Garvie, Alfred Ernest, *The Christian Preacher*, T. & T. Clark, Edinburgh 1920.

— *The Preachers of the Church*, London 1926 (traducción cast.: *Historia de la predicación cristiana*, CLIE, Terrassa 1987).

Gibble, Kenneth, *The Preacher as Jacob: A New Paradigm for Preaching*, Seabury, Minneapolis 1985.

Gibson, George Miles, *Planned Preaching*, Westminister Press, Philadelphia 1954.

Gibson, Scott M., *Should We Use Someone Else's Sermon? Preaching in a Cut-And-Paste World*, Zondervan, Grand Rapids 2008.

— *Preaching to a Shifting Culture: 12 Perspectives on Communicating That Connects*, Baker, Grand Rapids 2004.

Gladden, Washington, *Tools and the Man (Lyman Beecher Lectures on Preaching at Yale 1886)*, Houghton Mifflin, Boston 1893.

Goldsworthy, Graeme, *Preaching the Whole Bible as Christian Scripture: The Application of Biblical Theology to Expository Preaching*, Wm. B. Eerdmans, Grand Rapids 2000.

Goma, Tomás I., *La Biblia y la predicación*, Rafael Casulleras, Barcelona 1947.

González, Justo L., y Catherine G. González, *Liberation Preaching: The Pulpit and the Oppressed*, Abingdon Press, Nashville 1980.

Graham, Robert G., *Dynamics of Evangelistic Preaching*, Pathway Press, Cleveland 1996.

Grasso, Doménico, *Teología de la predicación*, Sígueme, Salamanca 1966.

— *La predicación a la comunidad cristiana*, Ed. Verbo Divino, Estella 1971.

Graves, Mike, *What's the Matter with Preaching Today?*, Westminster John Knox Press, Louisville 2004.

Gray, Phillip A., *Training Manual for Cultural Combat: Apologetics and Preaching for the Postmodern Mind*, Advantage Books, Longwood 2005.

Grazzo, Domenico, *Proclaiming God's Message*, Univ. of Notre Dame Press, South Bend 1965.

Green, Joel B., *Narrative Reading, Narrative Preaching: Reuniting New Testament Interpretation and Proclamation*, Baker, Grand Rapids 2003.

Green, Guillermo, *Principios claves para la predicación*, CLIR, San José, Costa Rica 2007.

Greenhaw, David M., *Preaching in the Context of Worship*, Chalice Press, St. Louis 2000.

Greer, David H., *The Preacher and His Place*, Scribners, New York 1895.

Greidanus, Sidney, *The Modern Preacher and the Ancient Text: Interpreting and Preaching Biblical Literature*, Wm. B. Eerdmans, Grand Rapids 1988.

— *Preaching Christ from the Old Testament: A Contemporary Hermeneutical Method*, Wm. B. Eerdmans, Grand Rapids 1999.

— *Sola Scriptura: Problems and Principles in Preaching Historical Texts*, Wedge Publishing Foundation, Toronto 1970/Wipf & Stock Publishers, 2001.

Grelot, Pierre, *Palabra de Dios y hombre de hoy*, Sígueme, Salamanca 1965.

— *Homilías sobre la Escritura en la época Apostólica*, Herder, Barcelona 1991.

Gunsaulus, Frank W., *The Minister and the Spiritual Life*, Fleming H. Revell, New York 1911.

Gushee, David P., *A Bolder Pulpit: Reclaming the Moral Dimension of Preaching*, Judson Press, Valley Forge 1998.

Habermas, Jürgen, *Teoría de la acción comunicativa*, Madrid, Taurus 1987.

Hall, John, *God's Word Through Preaching*, Dodd and Mead, New York 1875 (reeditado por Kessinger Publishing, Whitefish 2007 y University of Michigan Library, 2006).

Hamilton, Adam, *Understanding the Word: Preaching with Relevance, Purpose, and Passion*, Abingdon, Nashville 2000.

Hamilton, Donald L., *Homiletical Handbook*, Broadman, Nashville 1992.

— *Preaching with Balance: Achieving and Maintaining Biblical Priorities in Preaching*, Mentor, 2007.

Ham-Stanard, Carlos Emilio, *Trípode homilético: Una guía para predicadores laicos*, Consejo Latinoamericano de Iglesias, La Habana 2000.

Harding, Joe A., *Have I Told You Lately? Preaching to Help People and Churches Grow*, Discipleship Resources, Nashville 1982.

Harris, Daniel E., *We Speak the Word of the Lord: A Practical Plan for More Effective Preaching*, ACTA Publications, 2001.

Harris, James, *Preaching Liberation*, Augsburg/Fortress, Minneapolis 1995.

Hawkins, Tomás, *Homilética práctica*, Editorial Mundo Hispano, El Paso 1978.

Hedahl, Susan K., *Who Do You Say That I Am? 21st Century Preaching*, Augsburg/Fortress Publishers, 2003.

Heille, Gregory (ed.), *Theology of Preaching: Essays on Vision and Mission in the Pulpit*, Melisende, London 2001.

Heise, Ekkerhard, *Manual de homilética narrativa*, CLIE, Terrassa 2005.

Heisler, Greg, *Spirit-Led Preaching. The Holy Spirit's Role in Sermon Preparation and Delivery*, Broadman & Holman, Nashville 2007.

Helm, David R., *Expositional Preaching: How We Speak God's Word Today*, Crossway Books, Wheaton 2014.

Henson, H. Hensley, *The Liberty of Prophesying*, Yale University Press, New Haven 1910.

Herrero Salgado, Francisco, *La oratoria sagrada de los siglos XVI y XVII*, Fundación Universitaria Española, Madrid 1966.

Hicks, H. Beecher, Jr., *Preaching Through a Storm: Confirming the Power of Preaching in the Tempest of Church Conflict*, Zondervan, Grand Rapids 1987.

High, Dallas M., *Language, Persons and Belief*, Oxford Univ. Press, New York 1967.

Hogan, Lucy Lind, *Graceful Speech: An Invitation to Preaching*, Westminster John Knox Press, Louisville 2006.

Holland, DeWitte T., *The Preaching Tradition. A Brief History*, Abingdon, Nashville 1980.

Hoppin, James M., *Homiletics*, Funk and Wagnalls Co., New York 1883.

Horne, Charles Silvester, *The Romance of Preaching*, James Clarke, London 1914.

Horton, Robert F., *Verbum Dei (Lyman Beecher Lectures on Preaching at Yale 1892)* Macmillan, New York 1893.

Hostetler, Michael J., *Introducing the Sermon: The Art of Compelling Beginnings*, Baker, Grand Rapids 1986.

House, H. Wayne y Garland, Daniel, *God's Message, Your Sermon: Discover, Develop, and Deliver What God Meant by What He Said*, Thomas Nelson, Nashville 2007.

Howe, Reuel L., *Partners in Preaching: Clergy and Laity in Dialogue*, Seabury, New York 1967.

— *The Miracle of Dialogue*, Seabury, New York 1963.

Hoyt, Arthur S., *The Work of Preaching: A Book for the Classroom and Study*, Macmillan, New York 1918.

Hughes, Ray H., *Pentecostal Preaching*, Pathway Press, Cleveland 2004.

Hughes, Thomas H., *La Psicología de la predicación y de la obra pastoral*, La Aurora, Buenos Aires s/f.

Hull, William E., *Strategic Preaching: The Role of the Pulpit in Pastoral Leadership*, Chalice Press, St. Louis 2007.

Humbrecht, Thierry-Dominique, *El teatro de Dios. Discurso sin pretensiones sobre la elocuencia cristiana*, Ed. San Esteban, Salamanca 2007.

Hybels B., S. Briscoe y H. Robinson, *Predicando a personas del siglo XXI*, CLIE, Barcelona 2008.

Hyde, William DeWitt, *The Gospel of Good Will*, Macmillan, New York 1917.

Jabusch, Willard F., *The Person in the Pulpit: Preaching As Caring*, Abingdon Press, Nashville 1980.

Jackson, J. Dodd, *The Message and the Man: Some essentials of effective Preaching*, W. A. Hammond, Primitive Methodist Publishing House, London 1912.

Janowiak, Paul, *The Holy Preaching: The Sacramentality of the Word in the Liturgical Assembly*, Liturgical Press, Collegeville 2000.

Jensen, Phillip y Paul Grimmond, *The Archer and the Arrow: Preaching the Very Words of God*, Matthias Media, Kingsford, Australia 2010.

Jeter, Joseph R., Jr., *Crisis Preaching*, Abingdon Press, Nashville 1998.

— *One Gospel, Many Ears: Preaching for Different Listeners in the Congregation*, Chalice Press, St. Louis 2002.

Jiménez, Pablo A., *Principios de predicación*, Abingdon, Nashville 2003.

— con Justo L. González, *Manual de homilética hispana*, CLIE, Terrassa 2006.

Johnson, Dennis E., *Him We Proclaim: Preaching Christ from All the Scriptures*, Presb. & Reformed Pub., Phillisburg 2007.

Johnson, Herrick, *El Ministerio Ideal*. Casa de Publicaciones El Faro, México 1940.

Johnston, Graham MacPherson, *Preaching to a Postmodern World: A Guide to Reaching Twenty-First-Century Listeners*, Baker, Grand Rapids 2001.

Jones, Bob, *How to Improve Your Preaching*, Kregel, Grand Rapids 1960.

Jones, Edgar DeWitt, The Royalty of the Pulpit, Harper & Bros., New York 1951.

Jones, Ilion T., *Principles and Practice of Preaching*, Abingdon Press, Nashville 1956.

Jowett, J. H., *The Preacher His Life and Work*, Harper & Brothers, New York 1912.

Jungmann, J. A., *The Liturgy of the Word*, Liturgical Press, Collegeville 1966.

Kaiser, Walter C., *Toward an Exegetical Theology: Biblical Exegesis for Preaching and Teaching*, Baker, Grand Rapids 1991.

Kalas, J. Ellsworth, *Preaching from the Soul: Insistent Observations on the Sacred Art*, Abingdon Press, Nashville 2003.

— *Preaching about People: The Power of Biography*, Chalice Press, St. Louis 2005.

— *Preaching the Calendar: Celebrating Holidays and Holy Days*, Abingdon, Nashville 2004.

Katt, Ben J., *The Power of Persuasive Preaching*, Chalice Press, St. Louis 2007.

Kay, James F., *Preaching and Theology*, Chalice Press, St. Louis, 2008.

Keck, Leander, *The Bible in the Pulpit. The Renewal of Biblical Preaching*, Abingdon Press, Nashville 1982.

Keefer, Derl G., *Open Doors for Preaching, Teaching, and Public Speaking*, CSS Publishing Co., 2002.

Kelman, John, *The War and Preaching*, Yale University Press, New Haven 1919.

Kennedy, Gerald, *God's Good News*, Harpers, New York 1955.

Kerr, John, *Lectures on the history of preaching*, Hodder and Stoughton, London 1888.

Killer, Charles, *Sermons Preached Without Notes*, Baker, Grand Rapids 1964.

Killinger, John, *Preaching the New Millennium*, Abingdon Press, Nashville 1999.

— *Fundamentals of Preaching*, Augsburg/Fortress, Minneapolis 1996.

Kinlaw, Dennis F., *Preaching in the Spirit. A Preacher Looks for Something that Human Energy Cannot Provide*, Evangel-Francis Asbury, Nappanee 1985 (traducción cast.: *Predicando en el Espíritu*, Francis Asbury Press, 2006).

Kirkpatrick, Robert White, *The Creative Delivery of Sermons*, MacMillan, New York 1951.

Knox, John, *The Integrity of Preaching*, Abingdon Press, New York 1957.

Knowles, Michael P., *The Folly of Preaching: Models and Methods*, Eerdmans, Grand Rapids 2007.

— *We Preach Not Ourselves: Paul on Proclamation*, Brazos Press, Grand Rapids 2008.

Koessler, John, *The Moody Handbook of Preaching*, Moody, Chicago 2008.

Kroll, Woodrow Michael, *Prescription for Preaching*, Baker, Grand Rapids 1980.

Kurewa, John Wesley Zwomunon, *Preaching & Cultural Identity*, Abingdon Press, Nashville 2000.

Kysar, Robert, *Preaching to Postmoderns: New Perspectives for Proclaiming the Message*, Hendrickson, Peabody 2006.

Laborda, Xavier, *De retórica. La comunicación persuasiva*, Barcanova, Barcelona 1993.

Lane, Denis, *Preach the Word*, Evangelical Press, Welwyn 1986 (traducción cast.: *Predica la Palabra*, Editorial Peregrino, Moral de Calatrava).

Larsen, David L., *Telling the Old, Old Story: The Art of Narrative Preaching*, Kregel, Grand Rapids 2001.

— *The Anatomy of Preaching. Identifying the Issues in Preaching Today*, Baker, Grand Rapids 1999.

Larson, Craig Brian (ed.), *Interpretation and Application: The Preacher's Toolbox*, Hendrikson, Peabody 2012.

— *Prophetic Preaching: The Preacher's Toolbox*, Hendrikson, Peabody 2012.

Lawson, Steven J., *Famine in the Land: A Passionate Call for Expository Preaching*, Moody, Chicago 2003.

Leggett, Donald A., *Loving God and Disturbing Men: Preaching from the Prophets*, Clements Publishing, 2003.

Lendger, André, *La predicación*, Ed. San Esteban, Salamanca 2011.

Lenski, R. C. H., *The Sermon: Its Homiletical Construction*, Baker, Grand Rapids 1968.

Lewis, Ralph L., *Inductive Preaching: Helping People Listen*, Crossway, Westchester 1983.

— con Gregg Lewis, *Learning to Preach Like Jesus*, Crossway, Westchester, 1989.

Liefield, Walter L., *Cómo predicar expositivamente*, Vida, Deerfield 1990.

Lindsay, Vachel, *Adventures while Preaching the gospel of beauty*, MacMillan Co., New York 1914.

Lischer, Richard, *Theories of Preaching: Selected Readings in the Homiletical Tradition*, Labyrinth, Durham 1987.

— *The Company of Preachers: Wisdom on Preaching, Augustine to the Present*, Wm. B. Eerdmans, Grand Rapids 2002.

— *A Theology of Preaching: The Dynamics of the Gospel*, Wipf & Stock Publishers, 2001.

Lloyd-Jones, Martyn, *La predicación y los predicadores*, Editorial Peregrino, Moral de Calatrava 2003 (org.: *Preaching and Preachers*, Zondervan, Grand Rapids 1972).

Lombard, John A., *Speaking for God: A Refresher Study of Preaching Principles*, Pathway Press, Cleveland 1995.

Long, Thomas G., *The Witness of Preaching*, Westminster John Knox, Louisville 1989, 2 ed. rev. 2005.

— *Preaching and the Literary Forms of the Bible*, Fortress, Philadelphia 1989.

— *The Senses of Preaching*, Westminster/John Knox Press, Atlanta 1988.

— con Neely Dixon McCarter (eds.), *Preaching In and Out of Season*, Westminster/John Knox, Louisville 1990.

— con C. Plantinga, *A Chorus of Witnesses: Model Sermons for Today's Preacher*, Wm. B. Eerdmans, Grand Rapids 1994.

— con Leonora Tubbs Tisdale, *Teaching Preaching as a Christian Practice: A New Approach to Homiletic Pedagogy*, Westminster/John Knox, Louisville 2008.

Loscalzo, Craig A., *Apologetic Preaching: Proclaiming Christ to a Postmodern World*, InterVarsity Press, Downers Grove 2000.

— *Preaching That Connects*, InterVarsity Press, Downers Grove 1992.

— *Evangelistic Preaching That Connects: Guidance in Shaping Fresh and Appealing Sermons*, InterVarsity Press, Downers Grove 1995.

Lose, David J., *Confessing Jesus Christ: Preaching in a Postmodern World*, Wm. B. Eerdmans, Grand Rapids 2003.

Lowry, Eugene, *The Homiletical Plot. The Sermon as Narrative Art Form*, John Knox Press, Atlanta ²1980.

— *Doing Time in the Pulpit: The Relationship Between Narrative and Preaching*, Abingdon Press, Nashville 1985.

— *How to Preach a Parable: Designs for Narrative Sermons*, Abingdon Press, Nashville 1989.

Luccock, Halford E., *Communicating the Gospel*, Harpers, New York 1954.

Lundblad, Barbara K., *Marking Time: Preaching Biblical Stories in Present Tense*, Abingdon Press, Nashville 2007.

— *Transforming the Stone: Preaching Through Resistance to Change*, Abingdon Press, Nashville 2001.

Lybrand, Fred R., *Preaching on Your Feet: Connecting God and the Audience in the Preachable Moment*, Broadman & Holman, Nashville 2008.

MacArthur, John (ed.), *El redescubrimiento de la predicación expositiva*, Caribe, Miami 1996.

— *La predicación. Cómo predicar bíblicamente*, Grupo Nelson, Nashville 2009.

Macgregor, W. M., *The Making of a Preacher*, Westminster Press, Philadelphia 1948.

Maclaren, Ian, *The cure of Souls* (*Lyman Beecher Lectures on Preaching at Yale*) Hodder & Stoughton, New York 1896.

Macleod, Donald, *Word and Sacrament A Preface To Preaching and Worship*, Prentice-Hill, Inc. Englewood Cliffs 1960.

Mahaffy, John Pentland, *The decay of Modern Preaching. An essay*, Macmillan, New York 1882.

Maldonado, Luis, *El menester de la predicación*, Sígueme, Salamanca 1972.

— *La homilía. Predicación, liturgia, comunidad*, Ed. Paulinas, Madrid 1993.

— *Anunciar la Palabra hoy*, Ed. San Pablo, Madrid 2000.

Marcel, Pierre Ch., *The Relevance of Preaching*, Baker, Grand Rapids 1977.

Mark, Harry Thiselton, *The Pedagogics of Preaching*, Fleming H. Revell Co., New York 1911.

Markquart, Edward F., *Quest for Better Preaching: Resources for Renewal in the Pulpit*, Augsburg, Minneapolis 1985.

Martin, Albert N., *What's Wrong With Preaching Today?* Banner of Truth, Edinburgh 1997.

— *Preparados para predicar*, Publicaciones Aquila, North Bergen 2004.

Massey, James Earl, *The Sermon in Perspective: A Study of Communication and Charisma*, Baker, Grand Rapids 1976.

— *The Burdensome Joy of Preaching*, Abingdon Press, Nashville 1996.

— *Stewards of the Story: The Task of Preaching*, Westminster John Knox Press, Louisville 2006.

— *Designing the Sermon: Order and Movement in Preaching*, Abingdon Press, Nasville 1980.

Mather, Thomas Bradley, *Voices Of Living Prophets A Symposium of Present Day Preaching*, Cokesbury Press, Nashville 1933/Barclay Press, 2007.

Mawhinney, Bruce, *Preaching with Freshness*, Kregel Pub., Grand Rapids 1997 (traducción cast.: *Predicando con frescura*, Editorial Portavoz, Grand Rapids 1988).

McCall, Thomas, *Predicando Con Frescura*, Portavoz, Grand Rapids 1998.

McClure, John S., *The Roundtable Pulpit*, Abingdon Press, Nashville 1995.

— *Other-Wise Preaching: A Postmodern Ethic for Homiletics*, Chalice Press, St. Louis 2001.

— *The Four Codes of Preaching: Rhetorical Strategies*, Westminster John Knox Press, 2004.

— (ed.), *Best Advice for Preaching*, Fortress, Minneapolis 1998.

— con Ronald J. Allen, *Speaking of Preaching*, Chalice Press, St. Louis 2004.

McComb, Samuel, *Preaching in Theory and Practice*, Oxford University Press, New York 1926.

McConnel, Francis John, *The Prophetic Ministry*, Abingdon, New York 1930.

McDill, Wayne, *The 12 Essential Skills for Great Preaching*, Broadman & Holman, Nashville 1994.

McDowell, William Fraser, *Good Ministers of Jesus Christ*, Abingdon, New York 1917.

McKim, Donald K., *The Bible in Theology and Preaching*, Abingdon, Nashville 1994.

McMickle, Marvin Andrew, *Living Water for Thirsty Souls: Unleashing the Power of Exegetical Preaching*, Judson Press, Valley Forge 2001.

McPherson, Ian, *The Art of Illustrating Sermons*, Baker, Grand Rapids 1976.

Mergal, Ángel M., *El arte cristiano de la predicación*, CUPSA, México 1951.

Merrill, William Pierson, *The Freedom of the Preacher*, Macmillan, New York 1922.

Meyer, F. B., *Expository Preaching. Plans and Methods*, Hodder & Stoughton, London 1912 (reeditado por Baker, Grand Rapids 1974 y Wipf & Stock Publishers, 2001).

Meyers, Robin R., *With Ears to Hear: Preaching as Self-Persuasion*, Pilgrim Press, 1993/Wipf & Stock Publishers, 2007.

Michell, Henry H., *Celebration & Experience in Preaching*, Abingdon Press, Nashville 1990.

Miller, Calvin, *Preaching: The Art of Narrative Exposition*, Baker, Grand Rapids 2006.

Miller, Charles E, *Ordained to Preach. A Theology and Practice of Preaching*, Alba House, 1992.

Miller, Donald G., *The Way to Biblical Preaching*, Abingdon Press, New York 1957.

Mitchell, Henry H., *The Recovery of Preaching*, Harper and Row, San Francisco 1977.

— *Celebration and Experience in Preaching*, Abingdon, Nashville 1990.

Mohler Jr., R. Albert, *He Is Not Silent: Preaching in a Postmodern World*, Moody, Chicago 2008 (traducción cast.: *Proclame la verdad. Predique en un mundo postmoderno*, Portavoz, Grand Rapids 2010).

Montoya, Alex, *Predicando con pasión*, Ed. Portavoz, Grand Rapids 2003.

Morgan, G. Campbell, *The Ministry of the Word*, Fleming H. Revell Co., New York 1919 (traducción cast.: *El ministerio de la predicación*, CLIE, Terrassa 1984).

— *Preaching*, Marshall, Morgan & Scott, London 1938.

Mottesi, Osvaldo, *Predicación y misión: Una perspectiva pastoral*, Logoi, Miami 1989.

Mounce, Robert H., *The Essential Nature of New Testament Preaching*, Eerdmans, Grand Rapids 1960.

Mouzon, Edwin DuBose, *Preaching with Authority*, Doubleday Doran, New York 1929.

Muehl, William, *Why Preach? Why Listen?*, Fortress, Philadelphia 1986.

Mulligan, Mary Alice, *Believing in Preaching: What Listeners Hear in Sermons*, Chalice Press, St. Louis 2005.

— con R. Burrow, *Daring to Speak in God's Name: Ethical Prophecy in Ministry*, Pilgrim Press, Cleveland 2002.

Napier, Davie, *Word of God, Word of Earth*, United Church Press, Philadelphia 1976.

Nash, Walter, *Rhetoric. The wit of persuasion*, Blackwell, Oxford/Cambridge 1989.

Newton, Derek, *And the Word Became... a Sermon: A Guide to Biblical Expository Preaching*, Mentor, 2002.

Newton, Joseph Fort, *The New Preaching*, Cokesbury Press, Nashville 1930.

Nichols, J. Randall, *The Restoring Word: Preaching as Pastoral Communication*, Harper & Row, San Francisco 1987.

— *Building the Word: The Dynamics of Communication and Preaching*, Harper & Row, San Francisco 1980.

Nieman, James R., *Preaching to Every Pew*, Augsburg/Fortress, Minneapolis 2001.

Niles, D. T., *The Preacher's Task and the Stone of Stumbling*, Harpers, New York 1958.

Noyes, Morgan Phelps, *Preaching The Word of God*, Charles Scribner's Sons, New York 1943.

Oden, Thomas, *Pastoral Theology: Essentials of Ministry*, Harper, New York 1983.

O'Donnell, J. D., *The Preacher and His Preaching*, Randall House, Nashville 1977.

Old, Hughes O., *The Reading and Preaching of the Scriptures in the Worship of the Christian Church*, vol. 1: *The Biblical Period*; vol. 2: *The Patristic Age*; vol. 3: *The Medieval Church*; vol. 4: *The Age of the Reformation*, Wm. B. Eerdmans, Grand Rapids 1998.

Olford, Stephen y David, *Anointed Expository Preaching*, Broadman & Holman, Nashville 1998.

Olivar, Alexandre, *La predicación cristiana antigua*, Herder, Barcelona 1991.

Olyott, Stuart, *Preaching: Pure and Simple*, Bryntirion Press, Bridgend 2005.

Ong, Waiter J., *The Presence of the Word*, Yale Univ. Press, New Haven 1967.

Osborn, Ronald E., *Folly of God: The Rise of Christian Preaching*, Chalice Press, St. Louis 1999.

Ovando, Jorge, *El sentido profético del predicador*, Caribe, Miami 1996.

Overstreet, R. Larry, *Biographical Preaching*, Kregel, Grand Rapids 2001.

Oxnam, G. Bromley, *Contemporary Preaching. A Study in Trends*, Oxnam Press, 2007.

Pagitt, Doug, *Preaching Re-Imagined: The Role of the Sermon in Communities of Faith*, Zondervan, Grand Rapids 2005.

Palau, Luis, *Predicación. Manos a la obra*, Unilit, Miami 1995.

— con J. A. Monroy, *Cómo preparar sermones dinámicos*, Logoi, Miami 1974.

Park, John Edgar, *The Miracle of Preaching*, Macmillan Co., New York 1936.

Parkhurst, Charles H., *The Pulpit and the Pew*, Yale University Press, New Haven 1913.

Pasquarello, Michael, *Christian Preaching: A Trinitarian Theology of Proclamation*, Baker, Grand Rapids 2007.

— *Sacred Rhetoric: Preaching as a Theological and Pastoral Practice of the Church*, Wm. B. Eerdmans, Grand Rapids 2005.

Pattison, T. Harwood, *The History of Christian Preaching*, American Baptist Publication Society, Philadelphia 1903.

— *The Making of the Sermon*, American Baptist Publication Society, Philadelphia 1941.

Patton, Carl Safford, *The use of the Bible in Preaching. A plea for modern Biblical knowledge in the Pulpit*, Willet, Clark Co., Chicago 1936.

Peinado, Miguel, *La predicación del Evangelio en los Padres de la Iglesia*, BAC, Madrid 1992.

Pepper, George Wharton, *A Voice from the Crowd*, Yale University Press, New Haven 1915.

Perelman, Chäim, *El Imperio Retórico. Retórica y argumentación*, Grupo Editorial Norma, Bogotá 1997.

— con Olbrechts-Tyteca, *Tratado de la argumentación. La nueva retórica*, Gredos, Madrid 1989.

Perry, Lloyd M., *Biblical Preaching for Today's World*, Moody Press, Chicago 1973 (traducción cast.: *Predicación bíblica para el mundo actual*, Vida, Miami 1986).

— *A Manual for Biblical Preaching*, Baker, Grand Rapids 1965.

— con Faris D. Whitesell, *Variety in Your Preaching*, Fleming H. Revell, Old Tappan (traducción cast.: *Variedad en la predicación*, Editorial Libertador, Maracaibo 1974).

Phelps, Austin, *The Theory of Preaching. Lectures on Homiletics*. Scribner's Sons, New York 1881 (reimpreso y revisado por F. D. Whitesell, Wm. B. Eerdman, Grand Rapids 1947).

Phillips, Harold Cooke, *Bearing Witness to the Truth*, Abingdon-Cokesbury, Nashville 1949.

Piper, John, *The Supremacy of God in Preaching*, Baker, Grand Rapids ²2004.

Pittenger, Norman, *Proclaiming Christ Today*, Seabury, Greenwich 1962.

— *The Ministry of All Christians*, Morehouse-Barlow, Wilton 1983.

— *Preaching the Gospel*, Morehouse-Barlow, Wilton 1984.

Plus, Raúl, *La predicación «real» e «irreal»*, Ed. Librería Religiosa, Barcelona 1951.

Potter, Thomas Joseph, *Sacred Eloquence, or The Theory and Practice of Preaching*, St. Regis College, Dublin-London 1866.

— *The Spoken Word, or The Art of Extemporary Preaching, its Utility, its Danger, and its True idea*, Patrick Donahoe, Boston 1872.

Proctor, Samuel D., *How Shall They Hear: Effective Preaching for Vital Faith*, Judson Press, Valley Forge 1992.

Quayle, William A., *The Pastor-Preacher*, Methodist Book Concern, New York 1910.

Quicke, Michael J., *360-Degree Preaching: Hearing, Speaking, and Living the Word*, Baker, Grand Rapids 2003.

— *360-Degree Leadership: Preaching to Transform Congregations*, Baker, Grand Rapids 2006.

— *Preaching as Worship: An Integrative Approach to Formation in Your Church*, Baker, Grand Rapids 2011.

Rahner, Karl, y Bernard Häring, *Palabra en el mundo. Estudios sobre teología de la predicación*, Sígueme, Salamanca 1972.

Ramos Domingo, J., *Cómo transmitir hoy la palabra*, PPC, Madrid 1998.

Ramsey, G. Lee, *Care-Full Preaching: From Sermon to Caring Community*, Chalice Press, St. Louis 2000.

Randolph, David James, *The Renewal of Preaching*, Fortress, Philadelphia 1969.

Ray, Jeff D., *Expository Preaching*, Zondervan, Grand Rapids 1940 (reeditado por Kessinger Publishing, 2007).

Read, David H. C., *Sent from God: The Enduring Power and Mystery of Preaching*, Abingdon, Nashville 1974.

Reeder, Charles W., *Preaching and Personality: Developing a Strategy to Improve Preaching Effectiveness*, Ashland Theological Seminary, Ohio 1994.

Reid, Robert Stephen, *The Four Voices of Preaching: Connecting Purpose and Identity Behind the Pulpit*, Brazos Press, Grand Rapids 2006.

Rice, Charles L., *The Embodied Word: Preaching as Art and Liturgy*, Fortress, Minneapolis 1992.

Rice, Charles (ed.), *Preaching the Story*, Fortress, Philadelphia 1980.

Richard, Ramesh, *Preparing Expository Sermons: A Seven-Step Method for Biblical Preaching*, Baker, Grand Rapids 2001.

— *Preparing Evangelistic Sermons: A Seven-Step Method for Preaching Salvation*, Baker, Grand Rapids 2005.

Riley, William Bell, *The Preacher and His Preaching*, Sword, Murfreesboro 1948.

Ríos, Asdrúbal, *La predicación a su alcance*, Ed. Libertador, Maracaibo 1977.

Robertson, A. T., *The Glory of the Ministry*, Baker, Grand Rapids 1967.

— *Biblical Preaching*, Baker, Grand Rapids 1980.

Robinson, E. G., *Lectures on Preaching*, Henry Holt & Co., New York 1883.

Robinson, Haddon W., *La predicación bíblica*, Logoi, Miami 1993 (org.: *Biblical Preaching: The Development and Delivery of Expository Messages*, Baker, Grand Rapids, 1980, rev. 2001).

— *Biblical Sermons: How Twelve Preachers Apply the Principles of Biblical Preaching*, Baker, Grand Rapids 1997.

— *It's All in How You Tell It: Preaching First-Person Expository Messages*, Baker, Grand Rapids 2003.

— con Craig Brian Larson (eds.), *The Art and Craft of Biblical Preaching*, Zondervan, Grand Rapids 2005.

Robinson, James H., *Adventurous Preaching in a World of Change and Trouble*, Channel Press, Great Neck 1956.

Robinson, Wayne Bradley (ed.), *Journeys Toward Narrative Preaching*, Pilgrim, Cleveland 1990.

Robleto, Adolfo, *El sermón evangelístico y el evangelista*, CBP, El Paso 1968.

Rodríguez, Rafael Antonio, *Homilética simplificada*, Pub. Katallage, Barcelona 1983.

Root, Michael y Buckley, James J. (eds.), *Sharper than a Two-Edged Sword: Preaching, Teaching, and Living the Bible*, Eerdmans, Grand Rapids 2008.

Ross, Michael F., *Preaching for Revitalization: How to Revitalize Your Church Through Your Pulpit*, Christian Focus Publications, Ross-shire 2006.

Rostago, Bruno, *La fe nace por el oír. Guía de la predicación*, La Aurora, Buenos Aires 1989.

Rueter, Alvin C., *Making Good Preaching Better: A Step-By-Step Guide to Scripture-Based, People-Centered Preaching*, Liturgical Press, Collegeville 1997.

Rummage, Stephen Nelson, *Planning Your Preaching: A Step-By-Step Guide for Developing a One-Year Preaching Calendar*, Kregel, Grand Rapids 2002 (traducción cast.: *Planifique su predicación. Cómo desarrollar un calendario de predicación por un año*, Portavoz, Grand Rapids 2011).

Ryken, Leland y Todd A. Wilson (eds.), *Preach the Word: Essays on Expository Preaching: In Honor of R. Kent Hughes*, Crossway Books, Wheaton 2007.

Rzepka, Jane Ranney, *Thematic Preaching: An Introduction*, Chalice Press, St. Louis 2001.

Salmon, Bruce C., *Storytelling in Preaching: A Guide to the Theory and Practice*, Broadman, Nashville 1988.

Salter, Darius L., *Prophetical-Priestly Ministry*, Evangel, Nappanee 2002.

— *Preaching as Art: Biblical Storytelling for a Media Generation*, Beacon Hill Press, Kansas City 2008.

Sánchez, Jorge Oscar, *Comunicando el mensaje con excelencia* (Prox. pub.).

Sangster, W. E., *The Craft of Sermon Construction*, Epworth, London 1949 (reimpreso por Zondervan, Grand Rapids 1987).

— *The Approach to Preaching*, Westminister Press, Philadelphia 1952.

— *The Craft of Sermon Illustration*, Westminister Press, Philadelphia 1950 (reimpreso por Baker, Grand Rapids 1987).

— *Power in Preaching*, Epworth, London 1958.

— *Speech in the Pulpit*, Epworth, London 1961.

Santander Franco, José, *Introducción a la predicación bíblica*, Desafío, Grand Rapids 1991.

Saxman, James, *Memorializing the Dead. Preaching to the Living*, Pleasant Word, 2004.

Schlafer, David J., *Playing with Fire: Preaching Work as Kindling Art*, Cowley Publications, Lanham 2004.

Schmit, Clayton J., *Performance in Preaching: Bringing the Sermon to Life*, Baker, Grand Rapids 2008.

Schmitmeyer, James M., *Preacher in a Hard Hat: A Guide to Preaching for Pastors and Everyone Else*, Chalice Press, St. Louis 2006.

Semmelroth, O., *La Palabra eficaz. Para una teología de la proclamación*, Dinor, San Sebastián 1967.

Shedd, William G. T., *Extemporaneous Preaching*, Kessinger Publishing, Whitefish 2005.

Shelley, Marshall (ed.), *Changing Lives through Preaching and Worship*, Ballantine, Nashville 1995.

Shepherd, J. Barrie, *Whatever Happened to Delight?: Preaching the Gospel in Poetry and Parables*, Westminster John Knox Press, Louisville 2006.

Shepherd, William H., *No Deed Greater Than a Word: A New Approach to Biblical Preaching*, CSS Publishing Co., 1998.

— *If a Sermon Falls in the Forest: Preaching Resurrection Texts*, CSS Publishing Co., 2003.

Shields, Bruce E., *From the Housetops: Preaching in the Early Church and Today*, Chalice Press, St. Louis 2000.

Silva, Kittim, *Manual práctico de homilética*, Unilit, Miami 1995.

Simpson, Matthew, *Lectures on Preaching. Delivered before the Theological department of Yale College*, Phillips & Hunt, New York 1879.

Sittler, Joseph, *The Ecology of Faith*, Muhlenberg Press, Philadelphia 1961.

Skinner, Craig, *The Teaching Ministry of the Pulpit: Its History, Theology, Psychology, and Practice for Today*, Baker, Grand Rapids 1973.

Sloyan, Gerard S., *Worshipful Preaching*, Fortress Press, Philadelphia 1984.

Smith, Robert, Jr., *Doctrine That Dances: Bringing Doctrinal Preaching and Teaching to Life*, Broadman & Holman, Nashville 2008.

Snowden, James Henry, *The psychology of Religion, and its application in Preaching and Teaching*, Fleming H. Revell Co., Chicago 1916 (reeditado por Kessinger Publishing, Whitefish2005).

Sockman, Ralph Washington, *The Highway of God*, Macmillan, New York 1942.

Sperry, Willard Learoyd, *We Prophesy in Part*, Harper, New York 1938.

Spiazzi, Raimondo, *Teologia Pastorale, Didattika Kerigmatica e Omiletica*, Mariettti, Roma 1965.

Spurgeon, C. H., *Discursos a mis estudiantes*, Casa Bautista de Publicaciones, El Paso 1950.

— The *Art of Illustration*, Wilbur B. Kitcham, New York 1894.

— *Un ministerio ideal*, vol. I: El pastor-su persona; vol. II: El pastor-su mensaje, El Estandarte de la Verdad, Edimburgo 1964.

Stalker, James, *The Preacher and His Models*, Hodder & Stoughton, London 1891.

Stevenson, Dwight E., *In the Biblical Preacher's Workshop*, Abingdon Press, Nashville 1967.

— con Diehl, Charles F., *Preaching People from the Pulpit*, Harper & Brothers, New York 1958.

Stewart, James S., *A Faith to Proclaim*, Scribners, New York 1953.

— *Heralds of God*, Hodder and Stoughton, London 1946 (reimpreso por Baker, Grand Rapids 1972).

Stibbs, Alan M., *Exponiendo la Palabra. Principios y métodos de exposición bíblica*, Ediciones Hebrón, Buenos Aires 1977.

Stillman, Samuel, *Apostolic Preaching considered in three discourses*, B. Edes and Son, Boston 1791.

Stone, Richard, *The Healing Art of Storytelling*, Hyperion, New York 1996.

Storrs, Richard S., *Conditions of success in Preaching without notes*, New York, Dodd and Mead, New York 1875 (reeditado por University of Michigan Library, 2006).

Stott, John R. W., *El cuadro bíblico del predicador*, CLIE, Terrassa 1975; *Imágenes del predicador en el NT*, Nueva Creación 1982.

— *La predicación: puente entre dos mundos*, Desafío, Grand Rapids 2000 (org.: *Between Two Worlds: The Art of Preaching in the Twentieth Century*, Eerdmans, Grand Rapids 1982).

Suchocki, Marjorie Hewitt, *The Whispered Word: A Theology of Preaching*, Chalice Press, St. Louis 1999.

Sunukjian, Donald R., *Invitation to Biblical Preaching: Proclaiming Truth with Clarity and Relevance*, Kregel, Grand Rapids 2002 (traducción cast.: *Volvamos a la predicación bíblica*, Portavoz, Grand Rapids 2007).

Swears, Thomas R., *Preaching to Head and Heart*, Abingdon Press, Nashville 2000.

Sweazey, George E., *Preaching the Good News*, Prentice-Hall, Englewood Cliffs 1976.

Taylor, Barbara Brown, *The Preaching Life*, Cowley Publications, Boston 1993.

Taylor, Gardner C., *How Shall They Preach?*, Progressive Baptist Publishing House, Elgin 1977.

Taylor, William M., *The Ministry of the Word*, Anson D. F., Randolph & Co., New York 1876.

Telford, John, *A History of Lay Preaching in the Christian Church*, C. H. Kelly, London 1897.

Thomas, Frank A., *They Like to Never Quit Praising' God: The Role of Celebration in Preaching*, Pilgrim Press, Cleveland 1997.

Thompson, Leslie, *El arte de ilustrar sermons*, Portavoz, Grand Rapids 2001.

Thompson, James W., *Preaching Like Paul: Homiletical Wisdom for Today*, Westminster John Knox Press, Louisville 2000.

Thompson, William D., *Preaching Biblically: Exegesis and Interpretation*, Abingdon Press, Nashville 1981.

Tizard, Leslie, *La predicación, arte de la comunicación*, Aurora, Buenos Aires 1962.

Townsend, Michael J., *Thinking about Preaching*, Epworth Press, London 2007.

Trenchard, Ernesto, *Consejos para jóvenes predicadores*, Lit. Bíblica, Madrid 1957.

Treviño, Alejandro, *El Predicador*, Casa Bautista de Pub., El Paso 1950.

Troeger, Thomas H., *Imagining a Sermon*, Abingdon Press, Nashville 1990.

— *Ten Strategies for Preaching in a MultiMedia Culture*, Abingdon Press, Nashville 1996.

— *Preaching While the Church Is Under Reconstruction*, Abingdon Press, Nashville 1999.

— *Preaching and Worship*, Chalice Press, St. Louis 2003.

Tubbs-Tisdale, Leonora, *Preaching as Local Theology and Folk Art*, Augsburg/ Fortress Press, Minneapolis 1997.

Turnbull, Ralph G. (ed.), *Diccionario de teología práctica. Homilética*, TELL, Grand Rapids 1976.

— *The Preacher's Heritage, Task, and Resources*, Baker, Grand Rapids 1968.

Turner, Mary Donovan, *Old Testament Words: Reflections for Preaching*, Chalice Press, St. Louis 2003.

— *Saved from Silence: Finding Women's Voice in Preaching*, Chalice Press, St. Louis 1999.

Turner, William Clair, *Preaching That Makes the Word Plain: Doing Theology in the Crucible of Life*, Cascade Books/Wipf & Stock 2008.

Uriarte, J. M., *Servidores de la Palabra de Dios*, Idatz, Donostia 2008.

Unger, Merrill F., *Principles of Expository Preaching*, Zondervan, Grand Rapids 1980.

Van Dyke, Henry, *The Gospel for an Age of Doubt*, Macmillan, New York 1896.

Van Seters, Arthur, *Preaching and Ethics*, Chalice Press, St. Louis 2004.

— (ed.), *Preaching As A Social Act: Theology and Practice*, Abingdon Press, Nashville 1988.

Vila, Samuel, *Manual de homilética*, CLIE, Terrassa 1978.

Vines, Jerry, *A Guide to Effective Sermon Delivery*, Moody, Chicago 1986.

Vinet, Alexandre R., *Homiletics. The Theory of Preaching*, Ivison & Phinney, New York 1854 (reeditado por University of Michigan Library, 2006 y Kessinger Publishing, 2006).

Ward, Richard F., *Speaking from the Heart: Preaching with Passion*, Abingdon, Nasville 1992.

— *Speaking of the Holy: The Art of Communication in Preaching*, Chalice Press, St. Louis 2002.

Wardlaw, Don M., *Preaching Biblically: Creating Sermons in the Shape of Scripture*, Westminster John Knox Press, Philadelphia 1983.

Webb, Joseph M., *Preaching and the Challenge of Pluralism*, Chalice Press, St. Louis 1998.

— *Old Texts, New Sermons: The Quiet Revolution in Biblical Preaching*, Chalice Press, St. Louis 2000.

— *Preaching Without Notes*, Abingdon Press, Nashville 2001.

Webb, Stephen H., *The Divine Voice*, Baker, Grand Rapids 2004.

Webber, F. R., *A History of Preaching*, 3 vols., Northwestern Publishing House, Milwaukee 1952.

Westerhoff, John, *Spiritual Life: The Foundation for Preaching and Teaching*, Westminster John Knox Press, Louisville 1997.

Wilder, Amos, *Early Christian Rhetoric. The Language of the Gospel*, Harvard University Press, Cambridge 1970.

White, Douglas M., *The Excellence of Exposition*, Loizeaux Brothers, Neptune, NJ 1977.

— *Así predicó Jesús*, Pub. de la Fuente, México 1961.

White, James, *Pulpit Crimes: The Criminal Mishandling of God's Word*, Solid Ground Christian Books, USA 2006.

White, R. E. O., *A Guide in Preaching: A Practical Primer of Homiletics*, Eerdmans, Grand Rapids 1973.

Whiteley, Raewynne J., *Steeped in the Holy: Preaching as Spiritual Practice*, Cowley Publications, Lanham 2008.

Whitesell, Faris D., *The Art of Biblical Preaching*, Zondervan, Grand Rapids 1950.

— *Power in Expository Preaching*, Revell, Westwood 1963.

— con Lloyd M. Perry, *Variety in Your Preaching*, Fleming H. Revell, Old Tappan (traducción cast.: *Variedad en la predicación*, Editorial Libertador, Maracaibo 1974).

Whittaker, Bill D., *Preparing to Preach: A Practical Guide for Beginning Preachers*, Providence, Franklin 1999.

Wiersbe, Warren W., *Preaching and Teaching with Imagination: The Quest for Biblical Ministry*, Baker, Grand Rapids 1997.

— *The Dynamics of Preaching*, Baker, Grand Rapids 1999.

— con David Wiersbe, *The Elements of Preaching*, Tyndale, Wheaton 1986.

— con Lloyd M. Perry, *The Wycliffe Handbook of Preaching & Preachers*, Moody Press, Chicago 1984.

Williams, Charles D., *The Prophetic Ministry for Today*, Macmillan, New York 1921.

Willhite, Keith, *The Big Idea of Biblical Preaching: Connecting the Bible to People*, Baker, Grand Rapids 2003.

— *Preaching with Relevance Without Dumbing Down*, Kregel, Grand Rapids 2001.

Willimon, William H., *Preaching and Leading Worship*, Westminster/John Knox, Louisville 1984.

— *A Guide to Preaching and Leading Worship*, Westminster/John Knox, Louisville 2008.

— *Preaching to Strangers: Evangelism in Today's World*, Westminster/John Knox Press, Louisville 1993.

— *Peculiar Speech: Preaching to the Baptized*, Wm. B. Eerdmans, Grand Rapids 1992.

— *The Intrusive Word: Preaching to the Unbaptized*, Wm. B. Eerdmans, Grand Rapids 1994.

— con Richard Lischer (eds.), *Concise Encyclopedia of Preaching*, Westminster/John Knox, Louisville 1995.

Wilson, Paul Scott, *Imagination of the Heart: New Understandings in Preaching*, Abingdon Press, Nashville 1988.

— *Concise History of Preaching*, Abingdon Press, Nashville 1992.

— *The Four Pages of the Sermon: A Guide to Biblical Preaching*, Abingdon Press Nashville 1999.

— *Broken Words: Reflections on the Craft of Preaching*, Abingdon Press, Nashville 2004.

— *The Practice of Preaching*, Abingdon Press, Nashville ²2007.

— *Preaching and Homiletical Theory*, Chalice Press, St. Louis 2004.

Wingren, Gustaf, *The Living Word: A Theological Study of Preaching and the Church*, SCM Press, London 1960 (reeditado por Wipf & Stock Publishers, 2002).

Wisdom, Andrew Carl, *Preaching to a Multi-Generational Assembly*, Liturgical Press, Collegeville 2004.

Wogaman, J. Philip, *Speaking the Truth in Love: Prophetic Preaching to a Broken World*, Westminster John Knox Press, Louisville 1998.

Wright, John W., *Telling God's Story: Narrative Preaching for Christian Formation*, IVP, Downers Grove 2007.

Yawn, Byron Forrest, *Clavos bien calvados*, Portavoz, Grand Rapids 2012.

Yates, Kyle M., *Preaching From the Prophets*, Harper & Brothers, New York 1942.

Yoder, June Alliman, *Preparing Sunday Dinner: A Collaborative Approach to Worship and Preaching*, Herald Press, Kansas City 2005.

York, Hershael W., *Preaching with Bold Assurance: A Solid and Enduring Approach to Engaging Exposition*, Broadman & Holman, Nashville 2003.

Zenses, Christophe, *Siervo de la palabra. Manual de predicación*, ISEDET, Buenos Aires 1997.

Zincke, F. Barham, *The Duty and the Discipline of Extemporary Preaching*, Rivingtons, London 1866 (reeditado por University of Michigan Library, 2006).

Printed in the USA
CPSIA information can be obtained
at www.ICGtesting.com
LVHW020708050824
787165LV00009B/47